贵州大学中国文化书院
贵州省高等学校人文社科基地中华传统文化与贵州地域文化研究中心 主办

人文世界
——区域·传统·文化

【第五辑】　　　　主编＼张新民

四川出版集团　巴蜀书社

编委会

顾　问　龙超云

主　任　封孝伦

副主任　张新民　洪名勇

委　员（排名不分先后）

　　　　　张新民　王良范　陶渝苏　王晓卫
　　　　　徐之明　龚妮丽　杨军昌　龚晓康
　　　　　周光琴　黄　诚　李红毅　马国君
　　　　　张　明　罗正副　廖　峰　洪名勇
　　　　　李　波　杨仁厚

主　编　张新民

副主编　黄　诚（执行）　龚晓康

学术联系人　王凤梅　罗　旋

本辑作者简介

王　锳　贵州大学人文学院教授
栾成显　中国社会科学院历史研究所研究员、博士生导师
张新民　贵州大学中国文化书院院长，教授、历史学硕士，贵州省高校人文社科基地中华传统文化与贵州地域文化研究中心主任，贵州省儒学研究会会长
徐则平　贵州大学人民武装学院副院长，教授，历史学博士
吴国凯　长江大学教授
龙正清　贵州省赫章县古籍整理办公室主任，贵州大学中国文化书院兼职教授
龚晓康　贵州大学中国文化书院副院长，教授，哲学博士，贵州省高校人文社科基地中华传统文化与贵州地域文化研究中心副主任、研究员
黄　诚　贵州大学中国文化书院副教授、哲学博士，贵州省高校人文社科基地中华传统文化与贵州地域文化研究中心副研究员
王胜军　贵州大学中国文化书院副教授、历史学博士
文永辉　贵州师范大学法学院副教授、法学博士
何　锐　巴蜀书社编审、文献学硕士，贵州大学中国文化书院兼职教授

青　山	贵阳长城酒店投资有限公司财务副总监、项目技术副总监，MBA（工商管理）硕士，工程师
刘先和	原贵州省铜仁地委统战部退休干部，佛教研究学者
张　明	贵州大学人文学院讲师、历史学硕士、教育学硕士，贵州省高校人文社科基地中华传统文化与贵州地域文化研究中心兼职副研究员
于爱华	云南师范大学教师，历史学博士
隋思喜	东北师范大学马克思主义学院讲师、哲学博士
龙泽江	凯里学院贵州原生态民族文化研究中心助理研究员，锦屏文书研究室主任，讲师、历史学硕士
高　勇	贵州大学党委组织部副处级组织员
李　斌	凯里学院人文学院院长，教授，厦门大学历史系在读博士研究生
王　学	贵州省正安县信访局干部、民间学者
吴才茂	凯里学院人文学院讲师、历史学硕士
程泽时	凯里学院法律与政治学院讲师，法学硕士
张志建	山东枣庄市委党校哲学部副主任，讲师，哲学硕士，西安科技大学法学专业在读博士生
任　雯	江苏师范大学管理学院讲师、管理学硕士
刘梅兰	福州市闽清县职业中专学校教师，哲学硕士
张体珍	贵州省沿河县地方志办公室干部，民间学者
袁宏禹	福州大学讲师、厦门大学哲学系在读博士研究生
李德嘉	苏州大学法学院法律史专业研究生
杨乔文	贵州大学人文学院中国古代史专业2010级硕士研究生
蔡明均	贵州大学人文学院中国古代史专业2010级硕士研究生
张永强	贵州大学人文学院中国古代史专业2010级硕士研究生
林东杰	贵州大学人文学院中国古代史专业2010级硕士研究生
黄健琴	贵州大学人文学院中国古代史专业2010级硕士研究生
金　波	贵州大学人文学院宗教学专业2010级硕士研究生

本辑主要论文简介

周易哲学文化现代化的时代意义

本文阐述了周易哲学文化的主范畴与其当前的国际地位以及改变这种尴尬地位的具体可行性和诸多重要性。

孔子的科学精神与李约瑟难题

李约瑟博士在《中国科学技术史》中对儒家的责难,引发了笔者对儒家思想创始人孔子思想的探索。孔子思想虽然以人文思想见长,但是却蕴含着科学精神,孔子的科学精神还绵延到后来的儒家。笔者从孔学对科学的贡献中探究出"李约瑟难题"命题之伪,并提倡效仿孔学之风范以解李约瑟难题。

"使由使知"章句辨义——兼论儒家"善教"思想的基本理路

"民可使由之,不可使知之"是论语中一句广为人知的名言,然而近代以来的学者对这句话的理解却是众说纷纭。理解这一章句的前提是对儒家的政治思想进行一个整体上的解释和把握，其中的关键就是如何理解儒家的"善教"思想。首先，儒家"善教"思想是建立在人性善的基础上，既承认百姓的人心本善，有通过教育选择向善的行为的可能，也承认"小人之德草"，民众需要君子的引领和教化；儒家的"善教"既不是政治权威的道德教化，也不是修身致圣的高调道德理想，而是通过教育引导百姓自觉的实践日常的生活伦理。对儒家章句的解读不可断章取义或片面扩大意义，从而导致对儒家思想的妖魔化或是过度的拔高，应该正确理解儒学政治思想的现代意义。

孔子"幽赞而达乎数，明数而达乎德"含义之再考释

本文对《阳明学刊》第一辑《孔子"幽赞而达乎数，明数而达乎德"含义考释——兼论孔子的易学方法论》一文中把古圣人的教诲理解为易学六法论提出了质疑；通过对"占"、"数"、"卦"、"爻"基本概念的解释，进一步诠释了"幽赞而达乎数，明数而达乎德"的含义。

孙子兵学流传与编注述略

所谓"孙子兵学"，是指围绕着孙子及其兵法的整理、研究和运用而形成的一种专门学问。它是我国军事学术史的重要组成部分，也是我国文化思想史的重要组成部分。研究孙子兵学源流问题不但可以使我们了解其发展过程及其广泛的思想影响，而且也可以使我们更好地以古鉴今，使之为现实社会服务。

论张伯行对朱学的传承与发展

张伯行是清初理学名臣，其理学在道统上尊崇程朱，又融合王学的若干因素，将程朱理学的重心由心、性、理、气等形而上的逻辑思辨转变为主敬、读书、践履、敦伦等形而下的实

行工夫与伦理法则，展现了清代理学异于宋明的特殊理路。

阮籍的死亡思想研究

在阮籍复杂而矛盾的思想中，对死亡的恐惧是贯穿始终的。面对时间无情的流逝与无可奈何的现实，阮籍敏感的心灵充满了对生命的留恋，死亡的焦虑激活了他超越死亡的渴望。因而，阮籍试图构架一个理想的世界来实现生命的超越，但是主观精神上的超越并不能解决肉体消亡的恐惧，其同传统和社会的对抗所带来的死亡威胁也激起了更大的恐惧和不安。由此注定，阮籍只能在岁月不居、人生短促的悲叹中度过彷徨、抑郁的一生。

从佛道关系的演变看北宋道教理论转型的实现

北宋道教的理论转型与佛道关系的演变有内在联系。北宋时期的佛道关系实现了从激烈的"对抗"到彼此间平等的"对话"与"共存"的重大转折，而转折的实现与佛道两家实力的消长变化、统治者的政策导向以及佛道思想的发展演变有紧密联系。佛道关系转折代表了最基本的观念态度的转变："佛道一致"的关系模式因其强调佛道两教的高低优劣，侧重于阐述佛道思想的差异而仍然坚持"对抗"的观念态度；而"佛道合一"的关系模式则强调佛道思想的融合，侧重于阐述佛道思想的共通处，因而突出了强调彼此间平等的"对话"与"共存"的观念态度。正是由于道教率先突破"对抗"的观念态度，站在平等对话的基础上吸收佛教思想，从而实现了理论的转型。

青岩宗教的现状调查及现代化省思

青岩地区由于历史与文化的多元互动，形成了佛教、道教、天主教、基督教等多种宗教混融共生的局面，在当地的经济社会与精神生活中有着重要的地位和作用。本文通过对青岩宗教的历史及现状调查,力求把握其在现代化进程中的嬗变轨迹,厘清其面临的当下生态,反思其现代化诠释与创造性转化的关键问题。

宗教市场论视野下的宗教归信原因剖析——对贵州一个乡村天主教社区的田野研究

关于宗教归信,旧有的"苦痛+教义"的解释模式存在缺陷,宗教市场论从"情感依附"视角为宗教归信提供了全新解释。通过对贵州一个乡村天主教社区——草塘的深入田野调查,考察了草塘天主教徒因"情感依附"而归信的各种情形,用宗教市场论的视角来对我国的宗教归信问题进行了实证研究。

沿河佛教文化史考

沿河土家族自治县,位于贵州省东北部,地处黔、渝、湘、鄂四省(市)边区结合部的乌江中下游。沿河历史悠久,远溯新石器时代晚期,春秋时为巴国的南境,战国属楚,一度属秦,秦属黔中郡,汉武帝时属涪陵县,蜀汉于县北置汉复县,北周于县地置费州,隋于今县城置务川县,唐置务州,后改宁夷郡、思州,北部置洪杜县,元置沿河祐溪长官司。沿河不仅是中原文化传入贵州的必经之地,也是贵州佛教文化的发源地之一,在整个贵州的佛教文化中占有重要地位。沿河早在东晋就有佛教传入。据冉氏家谱记载,冉安昌住于沿河官舟常乐山卜龟坪,在那里兴建寺院福常寺,成为贵州历史最早的寺院之一。进入宋代后,由于思州田氏"素事佛",宋朝时的佛寺遍布黔东北。清中叶以后,沿河佛教开始衰落。沿河与其他地方一样,佛教受到儒、道两家思想及当地民间信仰影响,沿河境内出现了佛神合祀一庙,佛道儒巫并存一山的现象。佛教传播在沿河民间有其特色：一是自传自信；二是诵经礼忏，搞超度，消灾免难，谈生死轮回的佛、巫掺杂。除了佛教外，沿河的道教、地方巫教也渗杂佛教内容，且碑碣石刻、民间传说、地方史志以及文物遗存保留了大量的佛教文化信息。

梵净山佛教文化保护与旅游开发

梵净山是"贵州第一佛教名山"和"中国弥勒菩萨道场"，具有深厚的佛教文化资源，在贵州旅游大开发的背景之下，梵净山将获得千载难遇的大好时机。但我们必须注意到，梵净山旅游开发中的一些功利性趋向及其负面影响。本文目的在于思考在旅游开发的背景下，如何促进梵净山佛教文化保护，从而使两者和谐健康发展。

武益纳与武多同相争夜郎王位

夷人建立文明古国，历史极为悠久。历史发展到武益纳时代，声势浩大，统一了南国和中部之国，各王国都打益纳旗号，一方一王国，贤能守基。武益纳天下，因夺权战争，造成了氏族的交错杂居局面。可乐宫殿是武益纳君臣师议政之所，是四方氏族的高贵根基。武益纳君长建国分封后，天下社会安定，大有发展，事事顺心如意。国家日益发展，时光美好，天地顺应，风调雨顺，五谷丰登，六畜兴旺，百姓安乐。可乐大城是百姓的智慧和结晶，是君主的基业治所。九营十八部是可乐大城的拱卫主力军。武益纳君主王朝的政治中心城就这样建成。武益纳君主建治可乐，统天下军民，行令治国治军，先法治人。各部将领，各部军营，皆行令统一，四邑治安。按时缴租贡赋，天下良田好土，都是赋税区域。辖区青年都有入军卫国的义务，出征时必须踊跃争先。君主行令，藩国臣民不得违法乱纪。武氏族王国君长袭任七世时，隶有五氏族君长，各自有江山社稷，各据一方，各自立势，互不谦让，常常战争。战争造英雄，武氏族王国能人辈出。

尹珍北学中原路线探索

尹珍从家乡毋敛坝前往中原洛阳求学路线，因史载遗迹不多，一直无法定论，直接记载尹珍事迹的，仅《华阳国志》和《后汉书》。有研究学者认为：一是从古毋敛坝（新州）南下南海郡（番禺），再乘船北上；二是北出南川至巴郡（重庆），经长江向京师洛阳。笔者认为，尹珍走这两条线路的可能性都不大，也不会后来从家乡就近向东前往武陵郡师事应奉，而是选择走北方经长安到京师洛阳的的可能性最大。

绕家人原生性族群文化调查与研究——以麻江县河坝地区和都匀市绕河地区为中心

绕家人是一个较为特殊的少数民族共同体，长期处于未识别民族状态，较少受到外界关注。近年来，因"枫脂染"的蜡染工艺成功申报国家级非物质文化遗产和"呃嘣"大歌在2008年"多彩贵州"歌唱大赛一举夺得原生态演唱"金黔奖"，这一族群才逐渐为外界所知。2010年年底至2011年年初，我们对绕家人原生性族群文化展开了多视角多途径研究，通过挖掘绕家人原生性族群文化的渊源与留存，力求廓清绕家文化与周边苗族主体文化及其他瑶族分支文化的界限，真实客观地展示绕家文化的精髓与魅力。

试论宋朝对大理国与越南的治策

有宋一代，大理国和交趾皆被宋朝视为化外，不予统一，在不阻绝与二者之间的政治联系时，又严加提防，即通过互市贸易对其怀柔羁縻和牵制；借助笼络西南各族首领和积极经营广西来牵制大理国和交趾。但由于大理国与交趾对宋朝的政治影响各有不同,宋朝对二者治策又有所区别:交趾的进贡和宋朝的册封皆相对频繁,且对交趾之军事侵扰尤为纵容;但宋朝对大理国的朝贡和册封则较为冷淡和慎重,甚至拒绝。

明清地方文书档案遗存述略

二十世纪、特别是二十世纪下半叶以来,一些有代表性的地方文书档案相继面世,一批利用地方文书档案的史学研究成果引人注目,地方文书档案对于历史研究的价值被越来越多的学者所认识。地方文书档案已成为中国古代史史料构成的一个重要方面。然而,总体来看,利用地方文书档案研究历史的时间并不算长,其研究成果也不为多;特别是有关地方文书档案的史料仍在发掘之中,其确切的遗存情况尚不十分清楚。

叩开苗疆走廊文化的大门——以清水江流域天柱县契约文书为中心的调查

本文乃赴清水流域田野调查,采访当地知识精英,共同商讨契约文书地方俗语解读问题,并赴注溪、鲍塘、孔阜等自然村落,咨询契约文书原有代笔人,获取大量第一手史料,兼比对各种文献记载,逐日排比撰写之学术笔记。随着文本时间空间观察格局之凝聚与扩大,我们可以步入古今交汇的民族生活文化场域,目睹现实与历史不断对话并从中涌现出价值与意义的真实过程,体会观察者主观的观察视角与客观的观察对象互动式的取象致思方式,从而既将历史视为有生命的存在而主动与其对话,也对现实寄以情怀并揭示其存在意义,是一种场景性的知识考古学叙事取向,或许能产生视野交融的解释学效果,有裨于更好地体会或领悟历史的

"活态"形式与内容。作者近年积极提倡多元化的学术与思想的言说方式，力图打破单一的论文流行体一统天下的文本格局，希望开辟从形式内容到个性风格均显得多姿多彩的殊途同归的写作表达新路径。本文即为其实践性、尝试性的文本写作策略成果之一。

汉苗边界：清代清水江下游的宗族建构与国家认同

本文以田野调查所收集的大量清水江下游清代和民国版本的苗族侗族家谱为中心，考察了清代清水江下游苗族侗族的建祠修谱、移民记忆等宗族活动。认为苗侗宗族制度是对宋明理学纲常伦理思想的传承，是边缘族群国家认同的体现，是王朝国家推行教化政策的工具。

清代锦屏三寨当江之"利权"考——兼与杨有耕先生商榷

清代三寨当江始于乾隆年间，并非雍正年间。其独享利权，不仅因为官府批准了毛价、行用、牙口、厘金、经费、扣称、扣色、扣招等抽扣山贩和水客的名目，而且还因为私抽乱扣、"有抽扣不服务不管理"，更重要的原因是木行的独特公私混合的体制。

《贵州古旧文献提要目录》简评

《贵州古旧文献提要目录》终于在1996年杀青面世了。这部书目共计三十多万字，只印了五百册，且属内部发行。但"十年辛苦不寻常"，可以毫不夸张地说，这是一项弘扬贵州传统文化的基础工程。它的竣工，对进一步发展贵州当代文化，振兴贵州，提高并增强贵州人民的自信心和凝聚力，都会起到不可低估的作用。

不信东风唤不回——窃书小记

生于一九五〇前后的中国大陆人，必将有如梦魇、"纠缠如毒蛇，执著如厉鬼"的饥饿铭刻于心。六七十年代更是肉体与心灵饥饿双重叠加：竭尽全力打食也未必能活着；而识得些汉字的年轻人面对花木凋落、无书可读的荒漠，唯有喟叹：这阴险乏味的人世还有什么活头。

关于本文，节引几句知青老友的点评："这是他在物质与精神都极度饥饿的'文革'岁月一段偷书被囚经历，读罢果觉精彩刺激，其中有一代书痴落入精神荒原的勇毅、决绝、创怆与苍凉。当年我们一伙穷哥们常深夜出入他家那个小院高谈阔论乐此不疲，加上他那些几乎以命换来的珍宝书籍，使一干朋友在精神饥馑的岁月有了罕见难遇的精神大会餐。……其记忆力及其叙事功夫，使此文别饶趣味亦不乏寄托矣。"

盛世佛缘，佛恩浩荡——读《虚云和尚全集》南老序言所感

《虚云和尚全集》的出版，无疑是当今佛学、佛教发展事业中的一大盛事，不仅是虚云大师与众生的一大殊胜因缘，也是净慧大师的无量功德。南老序言开篇从"传记与年谱"说起，以司马迁《史记》牵出东汉以来刘向首著的《列仙传》，再至慧皎著的《高僧传》，再到后来的《景德传灯录》，寥寥数言便将中华文史的脉搏展现。万言之序，本不多见，且年、月、日，且人物、地名、事由，如此详尽，真乃大智之南老。南老之序言，一解学佛人善以别人之果作为自己之因的学佛习气；一解学佛人对虚云大师众多久久不解的质疑。解答之中，言语活泼幽默，深入浅出，深睿大智，

处处显现出南老的大师风范,泰斗风格。

从甘地的土布运动看英印文化之间的冲突

十九世纪末二十世纪初,英国殖民者的统治和剥削,引起了印度各阶层的强烈不满。英印交流中出现了一系列问题,作为民族主义运动的绝对领导人,为了维护民族本土经济利益,使印度走向民族独立,甘地提出了"土布运动"这一主张,土布运动思想是甘地根据当时印度特殊的社会背景以及甘地的亲身经历并吸收了印度及西方学者相关的思想而产生的,直到甘地逝世,土布运动才宣告结束。甘地主张土布运动的目标是恢复传统的村社式的印度,其本质则在于对西方物质文明的批判,对西方现代工业文明的一种反思,是英印文明冲突的一个产物。甘地的反工业化思想沉重打击了以牺牲人类精神为代价换取物质利益的现代西方文明,打击了那些沉迷于享受物质利益而泯灭了人类灵魂发展的现代西方文明的倡导者。

梵净山三大古寺佛教文物考

随着社会的发展,人们的旅游活动的要求正在不断提高,游客旅游需求正在由浅层次观光旅游逐渐向深层次文化旅游及体验旅游上倾斜,文化旅游在整个旅游业中发挥着越来越重要的作用。文化旅游是一个立体概念、一个综合概念,其中历史因素是构成旅游目的文化的重要组成部分。现在梵净山正在大力发展佛教文化旅游,如何挖掘梵净山的历史文化追溯梵净山佛教历史将有利于强化其发展佛教文化旅游的深度及广度。本文通过铜仁地区政协工委赵幼立秘书长组织的"梵净山佛教文物考察"对西岩寺、天庆寺、天马寺三大古寺佛教文物的实地考察成果,来具体考证梵净山佛教历史源流,以便进一步促进梵净山佛教文化旅游的发展。

目录

◎ 儒学与中国文化研究 ◎

周易哲学文化现代化的时代意义……………………… 吴国凯 /003
孔子的科学精神与李约瑟难题 ………… 刘梅兰 袁宏禹 /019
"使由使知"章句辨义
　　——兼论儒家"善教"思想的基本理路…… 李德嘉 /037
孔子"幽赞而达乎数，明数而达乎德"含义之
　　再考释……………………………………… 青　山 /058
孙子兵学流传与编注述略……………………… 徐则平 /063
论张伯行对朱学的传承与发展………………… 王胜军 /082
阮籍的死亡思想研究………………… 张志建　任　雯 /092

◎ 宗教研究 ◎

从佛道关系的演变看北宋道教理论转型的实现
　…………………………………………………… 隋思喜 /113

青岩宗教的现状调查及现代化省思……………… 龚晓康 /136
宗教市场论视野下的宗教归信原因剖析
　　——对贵州一个乡村天主教社区的田野研究
　　…………………………………………… 文永辉 /149
沿河佛教文化史考……………………………… 张体珍 /162
梵净山佛教文化保护与旅游开发……………… 张　明 /178

◎ 地域文化研究 ◎

武益纳与武多同相争夜郎王位 ……… 龙正清　翻译整理/193
尹珍北学中原路线探索………………………… 王　学 /241
绕家人原生性族群文化调查与研究
　　——以麻江县河坝地区和都匀市绕河地区
　　为中心 ………………………………… 高　勇 /250
试论宋朝对大理国与越南的治策……………… 于爱华 /289

◎ 清水江学研究 ◎

明清地方文书档案遗存述略…………………… 栾成显 /307
叩开苗疆走廊文化的大门
　　——以清水江流域天柱县契约文书为中心
　　的调查 ………………………………… 张新民 /341
汉苗边界：清代清水江下游的宗族建构与
　　国家认同 ……………… 龙泽江　李斌　吴才茂 /388
清代锦屏三寨当江之"利权"考
　　——兼与杨有耕先生商榷 ……………… 程泽时 /415
开创文书学研究的新天地
　　——贵州大学国家社科基金重大课题"清水江文书
　　整理与研究"开题论证实录 …… 林东杰等记录整理 /430

◎ 地方文献资料整理与研究 ◎

王阳明《唐氏家乘赠序》………… 黄 诚 唐寿荣 校点 /465

◎ 书评与札记 ◎

《贵州古旧文献提要目录》简评 …………… 王 锳 /469
不信东风唤不回——窃书小记 …………… 何 锐 /474
盛世佛缘，佛恩浩荡
　　——读《虚云和尚全集》南老序言所感 …… 刘先和 /491

◎ 研究生论坛 ◎

从甘地的土布运动看英印文化之间的冲突 ……… 黄健琴 /497
梵净山三大古寺佛教文物考 ………………… 金 波 /515

编后记 ………………………………………………… /524

人 文 世 界

区域·传统·文化

儒学与中国文化研究

周易哲学文化现代化的时代意义

◎ 吴国凯

著名学者南怀瑾先生曾感叹道：周易哲学文化是"大道文化，不管你用到心理学、物理学、化学等等，可用的地方太多啦"。"现在没有一个真正学物理科学，或者学最新科学的，能在这方面下工夫努力。假设真能由这两方面来配合，对这个宇宙的奥秘，科学上一定有新的贡献，东西文化配合了一定有新的发展"①。南老所言极是，在科学飞速发展的今天，将周易哲学文化现代化实在具有时不我待的意义。

周易作为中国文化之根，是全球华人共同的精神财富，是中华民族历代先民在"人法地、地法天、天法道、道法自然"之则指导下累积的知识传承，是十八世纪以前中华民族社会长期繁荣的思想基础，是当今中华民族伟大复兴的理念之魂；欲使之在现代语境中发扬光大，当使之在不失真髓的前提下尽可能现代化，这是时代的呼唤！也是人类文明全球化趋势的必然。

---

① 南怀瑾：《南怀瑾选集》第三卷，复旦大学出版社，2008年，第419页。

周易哲学文化涉及了人类精神传承的几乎所有领域，下面从周易哲学文化的主范畴开始论道。

一、周易哲学文化的主范畴

周易哲学文化是以易经为经线、阴阳五行说为纬线交织而成的中国传统哲学文化。易经和阴阳五行说是周易哲学文化的根本，也是它的主范畴。

1. 易经

易经是远古圣人据天道、生命之类自然现象总结、提炼而成的。上古圣人连山易祖初创《连山古易》，盘古改进为《归象易》；再经年累代聚多方贤才之智锤炼成《归藏易》。六千多年前伏羲在《归藏易》的基础上，① 据"天球"河图，经实践体察创立八卦，奠定了易经的象、数基础——"太极生两仪，两仪生四象，四象生八卦"。

公元前十一世纪，伏羲去世后三千三四百年间，周文王据天象背景和当时的社会实际将八卦演化为六十四卦、三百八十四爻，并作卦辞和爻辞，形成了周易，初创了系统的易理。

文王后五百多年，孔子对易经加了注词。《易传》是孔子对《易经》的注释和阐述，又称《大传》，共7种10篇。它们是《彖传》上、下篇，《象传》上、下篇，《文言传》、《系辞传》上、下篇，《说卦传》、《序卦传》和《杂卦传》。自汉代起，它们被称为"十翼"。易经经孔子以儒家理念解注后，演变成了一部包含诸多哲学观念的书；从而完善了易理，建树了象、数、理、占论易的系统哲学，创造了中国传

---

① 段邦宁：《濮阳西水坡 M45 墓主为伏羲考》，发表于 2005 年 12 月 3 日。来源：www.cdragon.com.cn。

统文化的典范。

《易传》是《春秋》乃至整个孔学的理论基石。孔子对《易经》的兴趣主要集中在"古之遗言"的道德训诫意义上。孔子的《易传》为道德提供了形上学依据,其中"尽性至命"突破了传统道德功利论。①

中国的封建社会维持了两千多年,源于《易传》的孔学礼教思想无论封建王朝如何更迭,始终是封建社会的主流道德观,周易因孔子的注词便自然而然成了华夏文化之根。

2. 阴阳五行说

南怀瑾先生曾根据阴阳家邹(驺)衍在战国时代的显赫社会地位推断,"阴阳五行的文化,可以说比《易经》的文化,亦即中原文化还要古老一点……"。②邹(驺)衍可谓阴阳五行学说的集大成者。阴阳五行文化,在先秦时代已渗透到了社会各个领域。《黄帝内经·素问》对五行说作为当时社会的指导思想已有详尽记载。③

五行说认为世间一切事物都被分为木、火、土、金、水五类要素,这五类要素统称五行。五行是广义的,它们与青、红、黄、白、黑五色,与肝、心、脾、肺、肾五脏,与目、舌、口、鼻、耳五窍,与酸、苦、甘、辛、咸五味,与怒、喜、思、忧、恐五志,与风、暑、湿、燥、寒五气相应相通,是诠释世间各种现象的手段,就像物理学中的夸克理论,这个手段迄今仍未过时。

最近些年,自然疗法大行其道,五行蔬菜汤、五行食谱、松、柏、银杏等五种千年长寿树种之"树叶、树皮"制成的全松茶,这些疗法对各种慢性病的治疗都有一定疗效,

---

① 朱翔飞:《孔子与〈易传〉——论儒家形上学体系的建立》,《周易研究》2002年第1期。
② 南怀瑾:《易经杂说》,复旦大学出版社,1997年,第64页。
③ 元阳真人:《黄帝内经·素问》,西南师范大学出版社,1993年。

都产生了较大的社会反响,而它们共同的理论基础都是五行说。

五行说发端于天文观测。太阳视运动轨道平面为黄道,古人把黄道平面分为东、西、南、北四方;东方五行为木,西方五行为金,南方五行为火,北方五行为水;天体运动是三维运动,黄道平面不足以确定各种天体相对于地球的位置;为识别各种天象,还须引入另一空间坐标。若忽略岁差,可认定过北极星(即北辰)垂直黄道面的轴线为这个空间坐标轴,它与黄道平面一起便构成了三维天球坐标系;北辰位于天球坐标系的北天极,五行属土。在天球坐标系中,东、西、南、北每方各分七个天区,每天区用一重要而明亮的星体为代表,就是二十八宿。据太阳和月亮相对二十八宿的运动位置,可精确判定二十四节气。此乃五行说的天文学本原。

阴阳五行说源于天象,天象是决定地球生态环境的最根本因素。太阳对地球产生的引力场在水平方向基本均匀,地球上的动、植物形态在水平方向都基本对称;除地球外的太阳系八大行星对地球产生的附加引力场是∽型曲线,[①] DNA是若干∽形构成的螺旋。

中医学就是以源于天象的阴阳五行说作为自身的学术基础,它是人类最早考虑了环境因素对人体之影响的复杂系统理论,因而也是迄今世界上唯一的系统生态医学学说。

五行说不仅流传于汉文化中,也流行于西域文化;据《史记·匈奴列传》,汉高祖六年(前201年),高祖被冒顿单于困于平城白登山。匈奴骑兵分四种,"其西方尽白马,东方尽青駹马,北方尽乌骊马,南方尽骍马"。足见公元前

[①] 吴国凯:《八卦的天体物理学背景与先、后天八卦间的数学变换》,《科学研究月刊》2004年第10期。

三世纪的冒顿单于已深谙五行兵法。

3. 京房易

易经和阴阳五行说本来是中国传统文化的两个分离的范畴，但汉代以后，这两个分离的范畴经由焦延寿和京房等人的创造而合流，并渗透到了中国传统文化的各个方面。

京房（前77—前37），西汉学者，本姓李，字君明，东郡顿丘（今河南清丰西南）人；师从梁人焦延寿（焦赣）学易，深得焦氏易真谛；汉代易学流变为阴阳五行术数理论始作俑者为焦延寿。

焦延寿"独得隐士之说"（《汉书·儒林传》），治易方法异于孔子，他的学术思想虽非孔子一脉，却承袭了周易真髓。

京房在焦延寿铺垫的基础上，用术数体系重塑了周易，把周易演进成了一个按阴阳五行生、克、制、化运行且体系趋于完整的术数理论；这个理论中，每个六爻卦都是一套动态图景，这套图景又以每种亲属为卷标，展示出一卷卷术数动画；从而，把周易六十四卦的卦辞和爻辞从语言模型演进成了生动、具体的术数演算结论。京房易由象入手、经数的推演、达于理的境界、展示占的真切，形成了象、数、理、占浑然一体的治易之学。整个周易经京房演替，成了因果关联步步明晰、阴阳消涨次序井然、五行生克环环相扣、数理链接顺理成章的逻辑大厦，这个大厦虽需完善，却已成术数体系。汉元帝时，京房的易学预测，累言累中。

京房的治易之道与当今自然科学的治学方法无异；正因为如此，易学的现代化宜从京房易切入。可是，在中华民族伟大复兴来临之际，真正认识到了易学现代化之必要性的因缘尚待培植。

二、周易哲学文化的当今国际地位

十六、十七世纪西方耶稣教传教士大量涌入中国，一方面给中国带来了文艺复兴以来西方的科学、文化、宗教和哲学，另一方面也把包括周易在内的中国传统文化带到了西方各国，于是引起了中西哲学文化的比较。

1. 西方文化对科学哲学的评定标准

西方文化的源头虽可追溯到两千五百多年前的古代希腊哲学，但当今西方科学哲学文化的主流却源于伽利略开创的实证科学。

十七世纪意大利学者伽里略推翻了自亚里士多德以来的信条——从同一高度下落的物体，重的落体先着地，轻的落体后着地。他在比萨斜塔上做的落体实验实证了落体的速度只决定于物体下落的的相对高度和重力加速度，与落体的轻重无关。

伽里略的落体实验开创了现代西方科学哲学的经典范式：

（1）科学理论规律是实验或实践的归纳；

（2）科学理论规律的最佳表述是以数学形式演绎出的定律或定理；

（3）在完备的理论中，同一学科的若干定律或定理应当构成一个以极少前提出发、又符合逻辑的封闭体系。

从十七世纪至今，西方科学哲学界评价世间一切涉及科学内容之学说的标准皆如上述。

2. 以易经为代表的中国传统文化的现代国际地位

易经的实质内容虽涉及了天、地、人（即自然界与人类社会）的各种领域，无论其实象般若，亦或其境界般若、文字般若、方便般若、眷属般若都是中国古典科学哲学的典范;但《周易》的直观表现形式却是易占六十四卦及其卦辞和爻辞。

从十六世纪法国传教士金尼阁(1577—1628)开始,西方汉学家不断有人把《周易》译成西文,但鉴于中西文化无论思想方法,还是表达形式都难于类比,若把《周易》译成的西文再直译成中文就变成了"关于机会的书"。在现代科学哲学中,关于机会的数学理论是概率论、是非确定性理论,而《周易》却不是用非确定性理论表述,而是用确定性理论坦陈的。所以,国际上大都不承认易经是一门科学哲学学说,认为易经是古老中国的一类关于占卜的方术文化,远没达到科学哲学高度。岂不知,非确定性理论是定解条件可进一步完善的理论,而确定性理论则是定解条件完整的理论;从这个角度看,《周易》应比现代预测学更完善,是更高层次的理论,只是沿用了西方学者完全不熟悉的术数表述,而未能用现代数学形式陈述,并非远没达到科学哲学高度,而是有待现代化罢了。

北宋易学家邵雍(1011—1077)以数学观念将易经六十四别卦按一定次序不同规则排成了横图、方图、圆图。他在《皇极经世》中明白指出:"太极既分,两极立矣。阳下交于阴,阴上交于阳,四象生矣。阳交于阴,阴交于阳,而生天之四象;刚交于柔,柔交于刚,而生地之四象。于是八卦成矣。八卦相错,然后万物生焉。是故一分为二,二分为四,四分为八,八分为十六,十六分为三十二,三十二分为六十四。故曰分阴分阳,叠用柔刚,《易》六位而成章也。"如此,便用语言模式明确给出了六十四卦的六位二进制数系。邵雍的六十四别卦卦序常被称之为邵子卦序。若用'- -'和'—'两个符号构成的卦象论邵雍的六十四卦卦序,并与用 0 和 1 表示的二进制数对应起来,邵雍的六十四卦卦序就可写成一组有序六位二进制数系的现代表达。可是,由于以往鲜有国人从二进制数学角度深入研究邵子卦序的数学实质，二十世纪，以葛兰言、巴尔德、爱顿为代表的一批西方学者认为，邵雍的六十四卦排布图只不过碰巧排出了一个与莱布尼兹的二进制数不谋而合的抽象顺序系统。殊不知，1660年斯比塞尔在荷兰出版了载有介绍易经的《中国文史评析》一书，而斯比塞尔跟莱布尼茨（1646—1716）过从甚密，《中国文史评析》是莱布尼茨1679年发表《二进位数学》前十多年参考过的书。

同样地，以阴阳五行说为理论基础的中医学说，像藏医、梵医、蒙医等古医学一样，由于没有与解剖学、病理学、药物动力学、生物化学、生物物理学之类的现代科学挂钩，也没有完成自己独到的数学理论体系，因而迄今不被现代正统医学承认，国际医学界大都以为中医只不过是一类缺乏现代科学理论支撑的奇巧淫技。

三、周易哲学文化现代化的可行性

自十七世纪西方科学文化传入中国以来，由于国人被西方科学哲学的简洁、直白所吸引，忽视了用现代科学和数学观念重新审视隐喻、曲折的周易哲学文化，致使周易哲学文化常被误读、误解。为实现中华民族的伟大复兴，将周易哲学文化尽可能地现代化就显得非常必要。

欲实现周易哲学文化现代化，首先应当用现代科学和数学观念重新审视周易哲学文化的主范畴——易经和阴阳五行说，再用现代科学和数学观念重新审视周易哲学文化的各分支。

1. 易经和阴阳五行说现代化的可能性

"《易经》原始是一本卜卦的书，后来加上文王、周公、孔子等等的演进，把卜卦的作用，变成文化的道理"①。易经是中华先民在"道法自然"之则指导下建树的抽象理论，是在归纳自然规律的基础上演绎出的理论模型；阴阳五行说更是在古天文学背景下演进出的关于世间万事万物演替规律的中国古典哲学。它们与现代科学的思维方式完全一致；所不同的是，定量的现代科学大都建立在数学模型的基础上，而易经和阴阳五行说至今还滞留在形象模型表达的术数理论上。只要把易经和阴阳五行说的形象模型改进成数学模型，就可以把易经和阴阳五行说及其导出的结论与现代科学进行定量比较。

其实，易经是建立在二进制基础上的形象模型，邵子卦序又是二进制数序，完全可以找出邵子卦序和易经形象模型之间的对应数学关系，进而把易经的形象模型改进成数学模型。阴阳五行说是建立在五进制基础上的形象模型，阴阳五行的生、克、制、化规律，不外乎是五进制的数学规律；只是这些规律不容易被习惯了十进制数学的人们发掘出来而已。

六千多年来，易学从伏羲时代的"形意墓"、历经文王周易的"语言模式"、孔子易传的"形上学程式"、京房易的"术数演算"，及至当今易学"数学模型"的形态演化，人类对它的认识与时俱进，然易学的象、数、理却在不同认识层次上始终自洽圆通，毫无瑕疵和拼凑隙痕；确乎是世界科学史上独步春秋的旷古奇观！

事实上，最近十几年有不少工作已经展现了把易经和阴

---

① 《南怀瑾选集》第三卷，复旦大学出版社，2008年，第184页。

阳五行说的形象模型改进成数学模型的现实性。① 这些工作显示，易经八卦的时空境界在爱因斯坦之前上千年就已经达到了相对论的高度，只是这类令人瞠目结舌的成就是用术数方式表达的，须用数学语言翻译出来才能让今人观透。

2. 邵子卦序与二进制数系

邵子卦序是易经六十四卦在"初爻为最高位、上爻为最低位"之进位规定下构建的六位二进制数系。把任一六爻卦与六位二进制数对应起来，有 $2\times 6! =1440$ 种对应方式，而易经六十四卦的可能排序有六十四种对应方式，故用概率论容易推知，邵雍碰巧排出邵子卦序的概率只有 $2/(2\times 6! \times 64!)=1.09\times 10^{-92}$，如此发生概率远远低于葛兰言之流所谓"碰巧可能"的允许概率。这就是说，从数理逻辑来推断，邵雍绝不是碰巧排出了一个与莱布尼兹的二进制数不谋而合的抽象顺序系统，而是精心研制出了六十四卦的有序系统。

更令人惊叹的是，在邵雍之前一千五百多年，孔子（前551-前479）的《说卦传》已明确指出"天地定位，山泽通气，雷风相薄，水火不相射，八卦相错"②。如果用0和1分别表示"- -"和"—"组成的八卦卦象，《说卦传》的陈述便是世上最早的二进制实例！

宋朝初年陈抟根据《说卦传》的以上论述，在《龙易

---

① 吴国凯、古立秀：《玄空学的数理逻辑体系研究（一）——各种九宫盘的数学结构》，《科学研究月刊》2004年第11期，第51-54页。吴国凯：《玄空学与狭义相对论的定量比较（一）——八卦时空观与闵可夫斯基空间中的九宫八卦时空变换》，《科学研究月刊》，2005年第1期第10-12页。吴国凯：《玄空学与狭义相对论的定量比较（二）——八卦时空理论中紫白数域外的数与运动学规律》，《科学研究月刊》，2005年第2期14-16页。吴国凯：《玄空学与狭义相对论的定量比较（三）——八卦时空理论中的动力学规律》，《科学研究月刊》，2005年第3期11-12页。古立秀、吴国凯：《京房之别卦五行与邵雍先天易卦序间的定量关系》，已送《阳明学刊》六辑并被接受，将发表。

② 《周易·说卦传》，湖南人民出版社，1996年，第340页。

图》中给出了一种不同于文王八卦的八卦排序，后世称之为先天八卦序：乾一、兑二、离三、震四、巽五、坎六、艮七、坤八。

将先天八卦序与"用'- -'和'—'两个符号分别代表'1'和'0'，在'初爻为最高位、上爻为最低位'之进位规定"下构建的三位二进制数系对应起来，有：

卦别	乾	兑	离	震	巽	坎	艮	坤
卦象	☰	☱	☲	☳	☴	☵	☶	☷
陈抟先天数 x	1	2	3	4	5	6	7	8
二进制数	000	001	010	011	100	101	110	111
对应十进制数 y	0	1	2	3	4	5	6	7

若以 x 表示陈抟的先天数，以 y 表示"用'- -'和'—'两个符号分别代表'1'和'0'、在'初爻为最高位、上爻为最低位'之进位规定"下构建的二进制 8421 码对应的十进制数，则上述关系的数学表达呈

$$x = y + 1$$

这是再清晰不过的八卦序与三位二进制单调数系的对应关系。

邵子卦序实质上不过是"天地定位，山泽通气，雷风相薄，水火不相射，八卦相错"之数学表述对六位二进制数的延伸，故邵子卦序又名邵子先天易，其卦序排列继承着陈抟的先天易逻辑，秉承了先天八卦卦序体现的∞型阴阳之气，根本不存在"碰巧排出"的可能。

有趣的是，无论邵子卦序，还是由《说卦传》中"天地定位，山泽通气，雷风相薄，水火不相射，八卦相错"导出的先天八卦序都是"用'- -'和'—'两个符号分别代表'1'或'0'，在'初爻为最高位、上爻为最低位'之进位规

定"下构建的二进制8421码之单调数系,而不是在"上爻为最高位、初爻为最低位"之进位规定下构建的二进制8421码之单调数系;从而说明,卦序是否呈单调数系有序结构是以爻序状态为序参量决定的;如此,先天八卦序和邵子卦序分别早在两千五百多年前和上千年前就已完整表达了"系统是否呈有序结构是由序参量状态决定的"这个1965年诺贝尔物理奖得主普里高津提出的"序"的概念。

3. 中医学说现代化的可能性

由于阴阳五行说是中医学说的重要理论基础,阴阳五行的生、克、制、化规律可以数学化,就意味着中医辨证施治的规律和组方配伍的方法完全可以转化为数学公式和定理。

那些把中医学说置于科学之外的学人,恐怕连什么是科学都还没弄清楚,最好还是先读一读贝尔纳的名著《历史上的科学》,① 把科学的概念弄明白了再发议论。

此外,基于中医经络学说的针灸疗法,由于疗效奇佳,受到美国、俄罗斯、日本、韩国等国不少学者的重视,他们试图寻找经络和穴位的解剖学证据;尽管至今并未发现经络和穴位的器官证据,却发现经络是生物电的低电阻通道、穴位是生物电的电阻异常区域。

1971年,加州大学伯克利分校华裔科学家蔡少棠发表了《忆阻器:下落不明的电路元件》的论文,预测除电阻、电容、电感之外,自然界还存在第四种电路元件,并称之为忆阻器(memristor)。忆阻器是一种有记忆能力的非线性电阻,通过控制电流变化可改变电阻值,即使电流中断记忆也不会消失。若把高阻值定义为"1",低阻值定义为"0",该电阻就可实现数据存储。2008年5月1日,惠普公司高级院士、惠普实验室(HP Labs)信息与量子系统实验室主任斯

---

① 贝尔纳著,伍况甫译:《历史上的科学》,科学出版社,1983年,第6页。

坦·威廉姆斯领导的小组，在《自然》杂志以《寻获下落不明的忆阻器》为题发表论文，不仅首次证实了忆阻器确实存在，而且成功实现了首个能工作的忆阻器原型。

按照这一新发现，我们认为，无论手太阴肺经、手厥阴心包经、手少阴心经、手阳明大肠经、手少阳三焦经、手太阳小肠经、足阳明胃经、足少阳胆经、足太阳膀胱经、足太阴脾经、足厥阴肝经、足少阴肾经十二经脉，还是别道奇行的督脉、任脉、冲脉、带脉、阴维脉、阳维脉、阴蹻脉、阳蹻脉8条奇经八脉都是生物电的忆阻器通道，而穴位（腧穴）皆是生物电忆阻器的敏感局域，经穴无非是生物电忆阻器通道上的节点，奇穴是生物电忆阻器的阻值跃变区，阿是穴则是生物电忆阻器的反射域。穴位在针灸之强弱不同的刺激下，会产生强弱不同的反射生物电流叠加在正常生物电流上，改变经络忆阻器通道及其跃变区或反射域的电阻值，于是改善了人体的生物电化学效应；由于经络忆阻现象具有记忆性，所以针灸治疗具有长效性，这是针灸疗效的生物物理实质，它充分展示了中医经络学说和针灸疗法的科学理论支撑。以此为据，用数学化的阴阳五行说诠释经络学说和针灸疗法，会使中医经络学说和针灸疗法既有明确的解剖学依据和病理学基础，又有自成一家的系统科学风貌。

立足于生物医学系统观的中医学说，其思想深度往往超前现代医学科学观许多时日；如果不采用忆阻器观念，就难以给出针灸治疗长效性的现代科学依据，于是针灸疗法便成了奇巧淫技。一旦有了忆阻器的观念，便展示出了针灸疗效的生物物理实质；针灸疗法也就成了行之有理、施之有据的物理疗法。

四、周易哲学文化现代化的重要性

从伏羲八卦算起,周易哲学文化已有六千多年的历史,经过六千多年积淀的文化必然包含各种现代科学的哲学雏形,因为人类的认识总是循环往复、螺旋上升的。

周易哲学文化现代化的重要性在于,可以从中归纳出,由科学的哲学雏形发展成为现代理论的缩影,从而为创造性思维提供借鉴,进而为自主发明创造奠定前瞻性的理论基础。

周易哲学文化注重幽思与阐辨,现代科学文化注重简捷与实用,所以周易哲学文化现代化是中、西文化的激烈碰撞,是中国传统思维模式与西方实证科学模式的浑然交汇,这种远源思维杂交虽然具有先天的当代难孕性和子代难育性,但一旦出现杂种后代,它们的性状便具有广谱的发散性,从而对后世人类思维流变将产生深刻而重大的影响。

周易哲学文化讲究境界般若与方便般若,而现代科学文化却侧重根究实象般若,因而中国传统文化现代化会使人类的认识更臻完善智慧。

周易哲学文化离不开时空比较,易经中邵雍的六十四卦方圆图就是一部关于自然、社会及生命的时空关联图。在这幅时空关联图中任何历史事件的相位在以外卦先天数为横坐标、以内卦先天数为纵坐标的空间坐标系上都"会"一目了然,邵子方图就是这个时空关联图中的六十四卦空间点阵分布图;而邵子圆图则是时间循环坐标,若依古法,不计乾、坤、离、坎四卦,六十四卦圆周按∽形排布恰与六十甲子螺旋对应，① 是时间循环流变的写照；六十四卦方图与六十四卦圆图一起组成方圆图便成了历史事件的时空流变图。邵雍凭此言中了后世许多历史事件。现代预测学也把历史事件放在时空坐标中用数学方程来根究事件的时变规律，但事件与时空的关系往往被简化成了函数关系，而非事物本来的泛函关系；因而，对诸如地震、海啸、飓风之类的复杂现象，现代预测学还显得十分稚嫩。而邵雍的六十四卦时空流变图，是事件运动的比较关系图，如能在这个时空流变图上确定一个中心事件，并找出中心事件与并发事件的网络关系，便有可能揭示邵雍准确预测的秘诀，对诸如地震、海啸、飓风之类复杂现象的探索将具有划时代的意义。

易经和阴阳五行说以及将两者结合起来的京房易都是系统论的典范，它们的现代化将为系统论提供新的丰富的知识基因库，为未来科学提供新的研究内容和研究方向。

周易哲学文化现代化的重要内容是易经和阴阳五行说的数学化，这个数学化的过程既是数制转化的研究过程，也是从有限数程递变到无限循环往复的认识过程，它包含了许多创造性的工作，从而可为数学建模提供新的思路和新的方法。

易经和阴阳五行说以及将两者结合起来的京房易都是关于复杂系统的理论，而现代复杂系统的普适理论雏形迄今还难觅踪影，易经和阴阳五行说以及京房易的数学化将有助于现代复杂系统普适理论之数学框架的构建，能为之提供基本原则和可能的探索途径。

周易哲学文化包含人文、社会科学、自然科学以及技术等广泛的人类知识领域，周易哲学文化的现代化是中华民族

---

① 古立秀、吴国凯：《六十甲子纳音五行的科学规律探微》，《中华学术论坛》，2004年第12期，第82—83页。

精神面貌全盘现代化的象征，对中华民族自立于世界民族之林有不可小视的作用。

总之，周易哲学文化的现代化是关乎中华民族前景的一宗大事，值得深入研究。

孔子的科学精神与李约瑟难题

◎ 刘梅兰　袁宏禹

李约瑟博士在《中国科学技术史》思想史分册的导言部分开宗明义地说道："我们将从儒家开始，以示尊崇，因为它在后来一直支配着整个中国的思想，虽然它对于科学的贡献几乎全是消极的。"① 笔者认为李博士的这句话很值得商榷。在笔者看来，儒家思想虽然是以人文思想见长，然而其中却蕴涵着科学精神，否则中国就不会出现科学。这从李约瑟博士的质疑中可以窥斑知豹。1954 年，李约瑟学者首次提出这样的疑问：在第一至第十五世纪，中国的科学发明和发现遥遥领先于同时代的欧洲，可是，中国的科学为什么持续停留在经验阶段，并且只有原始型或中古型的理论？② 中国没有科学，那么就不会有李约瑟学者的质疑。一英国学者梅森（Stephen F Mason）在谈到科学的起源时指出："科学主要有两个根源。首先是技术传统，它将实际经验与技能一代代传下来，使之不断发展。其次是精神传统，它把人类的

---

①② 李约瑟：《中国科学技术史》第二卷，《科学思想史·导言》，科学出版社、上海古籍出版社，1990 年第 1 页。

理想和思想传下来并发扬光大。"① 而儒家创始人孔子思想中的科学精神随处可见，并且其科学精神还绵延到后来的儒家。

目前，默顿的科学规范论在界定科学精神特质方面比较权威。笔者在此文中以默顿的规范论为参照系来探究孔子及其后来的儒家科学精神特质。

一、默顿的科学规范论

默顿在《科学界的规范结构》中阐述道："约束科学家的有感情色彩的价值观和规范的综合体。这些规范以规定、禁止、偏好和许可的方式表达。"② "四种制度上必需的规范——普遍主义、公有性、无私利性以及有组织的怀疑态度，构成了现代科学的精神特质。"③

（一）默顿的科学的精神特质

1. 普遍主义

普遍主义直接表现在下述准则中，即关于真相的断言，无论其来源如何，都必须服从于先定的非个人性的标准：即要与观察和以前被证实的知识相一致。无论是把一些主张划归在科学之列，还是排斥在科学之外，并不依赖于提出这些主张的个人或社会属性；他的种族、国籍、宗教、阶级和个人品质也都与此无关④。"普遍主义规范的另一种表现是，要求在各种职业上对有才能的人开放。……科学的精神特质与

---

① [英] 斯蒂芬.F.梅森著，周熙良等译：《自然科学史》，上海译文出版社，1980年，第1页。
② [美] R.K.默顿著，鲁旭东、林聚任译：《科学社会学》，商务印书馆，2003年，第363页。
③ 同上书，第365页。
④ 同上书，第365—366页。

更大的社会的精神特质不一致"①。

2. 公有性

财产公有制的非专门的和扩展意义上的"公有性",是科学的精神特质的第二个构成要素。② 意即,一有科学发现就应当公开发表,使之尽快进入科学交流系统,自己不能随意使用和处置它们。

3. 无私利性

无私利既不等同于利他主义,也不是利己主义感兴趣的行动。③ 对无私利性的要求在科学的公众性和可检验性中有坚实的基础,可以说,这种环境有助于科学家的正直④。简而言之,科学家从事科学活动的唯一目的是发展科学知识。

4. 有组织的怀疑精神

有组织地怀疑与科学的精神特质的其他要素都有不同的关联。它既是方法论的要求,也是制度性的要求。⑤ 按照经验和逻辑的标准把判断暂时悬置和对信念进行公正的审视,业已周期性地使科学陷与其他制度的冲突之中了。⑥ 意即,科学家时刻得保持怀疑精神与批判态度,并且不崇拜权威,即使常常陷于与其他社会制度的冲突之中也在所不辞。

(二) 默顿的科学精神特质与清教的精神特质的相似性

默顿从"历史上清教徒的最好的代表人物"理查德·巴克斯特(Baxter)所著的《基督教指南》一书中,发现了关于清教精神特质的主要因素的经典性表述,后来他把它概括为七点:"(1)对功利主义不加掩饰的强调;(2)对世俗的

---

① [美] R. K. 默顿:《科学社会学》,第 368 页。
② 同上书,第 369 页。
③ 同上书,第 373 页。
④ 同上书,第 374 页。
⑤ 同上书,第 375—376 页。
⑥ 同上书,第 376 页。

兴趣；（3）相信对世界本质的科学理解表明了自然的伟大创作者上帝的荣耀；（4）挑战各种形式的权威的权利乃至责任；（5）强烈的反传统主义倾向；（6）彻底的经验主义；（7）崇尚理性"①

美国科学社会学家斯托勒认为，默顿提出的普遍主义等四个规范与十七世纪新教伦理有着明显的相似性②。这正如默顿所言："科学体现了一些行为模式，它们投合清教徒的口味。首先就在于它拥有两种受到高度赏识的价值：功利主义和经验论。"③"可能正是在这一点上，清教主义和科学最为气味相投，因为在清教伦理中居十分显著位置的理性论和经验论的结合，也构成了近代科学的精神实质"④。

默顿对科学精神的界定及其与清教的科学精神特质的相似性，这些都在启发笔者探索孔子及其后来的儒家思想中所蕴涵的科学精神特质。

二、孔子思想中的科学精神特质

（一）孔子善疑及一切依理性为依归

孔子的怀疑精神及其重视理性的思想通过他的话语投射出来。辟如"子张学干禄"。子曰："多闻阙疑，慎言其余，则寡尤；多见阙殆，慎行其余，则寡悔。言寡尤，行寡悔，

---

① Merton, Robert K. 1984. The Fallacy of Lastest Word: The Case of Pietism and Science. American Journal of Sociology. P1099. 转引自 欧阳锋、徐梦秋：《默顿的科学规范论的形成》，载《自然辩证法通讯》2007年第5期。
② 欧阳锋、徐梦秋：《默顿的科学规范论的形成》，载《自然辩证法通讯》2007年第5期。
③ [美] R.K.默顿著，范贷年译：《十七世纪英格兰的科学、技术与社会》，第287页。
④ 同上书，第130，133页。

禄在其中矣。"① 孔子的善疑及重视理性的精神也得到李约瑟博士的认可与赞赏。李约瑟博士在思想史分册中说了这么一句话："……孔子本人也时常告诫人们不要妄作判断；他说，要存疑，而在沿用旧籍时应遵循良好的旧范例，宁可阙疑，也不要杜撰不实之辞。"② 就是提倡不盲从，不附和，一切依理智为依归③。而孔子的善疑与重视理性，甚至还相当功利的思想都在美国科学社会学家默顿所界定的科学精神特质的范畴之内。

（二）孔子提倡"有教无类"

众所周知，孔子是大教育家。他的教育思想之所以至今还像璀璨珍珠般在闪烁，是因为孔子的教育思想包含科学精神特质。孔子提倡"有教无类"③ 即对任何人都可能有所教诲，没有种类的限制。这体现了孔子在教育思想方面没有富贵贫贱区分，把教育大门向各行各业的人开放，有广罗天下人才之情怀。这与当时阶级等级森严的奴隶社会的格调格格不入。孔子"有教无类"的思想与美国科学社会学家默顿提倡的"普遍主义"内涵相似。默顿"普遍主义规范的另一种表现是，要求在各种职业上对有才能的人开放。……科学的精神特质与更大的社会的精神特质不一致"④。

（三）孔子的"鬼神观"闪烁着科学精神的光芒

李约瑟博士认为孔子对待鬼神的观点是重理性的，并且认为孔子重理性的思想不利于科学的发展。然而，美国科学

---

① 王国轩、张燕婴译注：《论语·大学·中庸》，中华书局，2010年，第24页。
②③ 李约瑟：《中国古代科技史》第二卷，第7页。
③ 王国轩、张燕婴译注：《论语·大学·中庸》，第193页。
④ ［美］R. K. 默顿：《科学社会学》，第368页。

社会学者默顿在他的科学规范论中所界定的科学精神特质就包含重视经验与理性的方法。这从默顿评价清教精神的话语中可窥一斑知全豹。"在默顿看来，这些体现在清教精神特质中的价值观念与科学的价值观念在很大程度上是一致的；特别是清教强调经验和理性是行动和信仰的基础，更是与科学精神之核心（求实和尚理，笔者注）相吻合"①。笔者在此具体分析体现孔子鬼神观的具体事件。

第一件事是：季路问事鬼神。子曰："未能事人，焉能事鬼？"② 第二件事是：樊迟问知。子曰："务民之义，敬鬼神而远之，可谓知矣。"③ 第三件事是：季路敢问死。子曰："未知生，焉知死？"④孔子认为，"祭如在，祭神如神在"⑤。总之，子不语怪、力、乱、神。⑥

对于是否存在鬼神，孔子从其经验出发——没见过鬼，如何认同他人的观点？然而，在当时整个社会弥漫着鬼神论，孔子若直接说没有鬼神，那么他的话如同拿鹅卵石击打大海，会被吞没得无影无踪。

孔子聪明之处在于不直接回答有与没有，而是婉转地引导人们重视现实生活中德性的培养，要注重对活着的人好，要关注现实生活。因为纵然到了科学如此发达的今天，我们还不能真正认识是否存在鬼神。唯物主义观点是否认有鬼神存在的，而灵魂论者认为，灵魂是相当于精气之类的物质，意即存在鬼神。

目前，科学家声称宇宙中看得见的东西只占5%，而宇宙中还有70%是暗能量，25%是暗物质。为何会存在暗能

---

① 欧阳锋、徐梦秋：《默顿的科学规范论的形成》，载《自然辩证法通讯》2007年第5期，转载在《科学文化评论》。
②④ 王国轩、张燕婴译注：《论语·大学·中庸》，第127页。
③ 同上书，第69页。
⑤ 同上书，第33页。
⑥ 同上书，第81页。

量、暗物质？暗能量、暗物质又是由什么东西构成的？到底暗能量、暗物质中是否含有鬼神？到科学如此发达的今天，人们还是无法弄清楚，更何况在孔子那个时代。

孔子引导他的学生们关注现实生活，对活着的人好，是很现实的、很仁道的，虽然有其功利性的一面，但是又很合情合理。这也正体现了孔子的科学精神。美国科学社会学者默顿认为"当科学尚未获得社会自主性的时候，对功利的强调可以作为对科学的一种支持"①。更何况春秋战国时期生产力高度不发达，人的温饱问题还没解决，而当时的大多数人们却浪费食物去祭祀鬼神。人们去祭祀鬼神时，他们总要煮上许多道菜摆在坟墓或路边以犒鬼神。这些祭祀鬼神的食物摆在坟墓上或放在路边后，不再取回来吃，这是何等的浪费！然而，当时的人们几乎都沉溺在敬拜与侍奉鬼神之中，在不知不觉中浪费食物。

当周边的人都对鬼神狂热崇拜之际，孔子敢于唱对台戏，这体现出孔子不盲从、不畏强暴、不屈不挠、实事求是的精神。同时，孔子用以上简短的话语表达了他的鬼神观及彰显了他的经验论与重视理性的精神，而这些都是默顿科学精神特质的内涵。默顿界定的科学精神特质中"普遍主义"直接表现在下述准则中，即关于真相的断言，无论其来源如何，都必须服从于先定的非个人性的标准：即要与观察和以前被证实的知识相一致②。

三、孔子的科学精神绵延到后来的儒家

孔子的科学精神绵延到后来的荀子、董仲舒、张载、朱

---

① ［美］R. K. 默顿：《十七世纪英格兰的科学、技术与社会》，第287页。
② ［美］R. K. 默顿：《科学社会学》，第365-366页。

熹、王阳明等人。以默顿所规范的科学精神特质做参照物，这些儒家的思想都蕴涵在默顿所阐述的"普遍主义"中，特别是与默顿所阐述的这句话很相符。那就是"普遍主义直接表现在下述准则中，即关于真相的断言，无论其来源如何，都必须服从于先定的非个人性的标准：即要与观察和以前被证实的知识相一致。"① 他们的行为具有"公有性"、"无私利性"和"普遍的怀疑精神"。

（一）荀子"明于天人之分"的唯物主义自然观

荀子既重视天道，又强调人为，他提出了"明于天人之分"的光辉命题。他的自然观具体体现为"天道自然"的思想、"天行有常"的思想、以及"制天命而用之"的思想之中。②

荀子认为世界上的一切现象都被认为是"天地之变，阴阳之化"（《天论》）。荀子指出："天有常道矣，地有常数矣。"（《天论》）"常道"、"常数"都是指自然界固有的法则、规律性。荀子提出"制天命而用之"这一命题，就是提倡要遵循自然规律办事。他在《天论》一书中指出："天行有常，不为尧存，不为桀亡。应之以治则吉，应之以乱则凶。"其意思就是：自然界是按其自身固有的规律运动变化的，它不因人世间统治的好坏而发生变化；相反，人们只有遵循自然规律，才能取得好的结果；如果违背自然规律，就要遭殃。③ 遵循自然界规律办事有其存在的时代意义与现实价值，这具有默顿所规范的科学精神特质。

---

① ［美］R. K. 默顿：《科学社会学》，第 365—366 页。
② 参见肖萐父、李锦全主编：《中国哲学史》上卷，第 200—204 页。
③ 同上书，第 202 页。

（二）董仲舒用阴阳观点解释世界是科学的

西汉儒学大师董仲舒（前179—前104）所倡导的"罢黜百家，独尊儒术"被汉武帝采纳。从此以后儒学在封建社会中一直占据显赫的地位，董仲舒的思想也因此影响深远。董仲舒写道："阴与阳反之物也，故或出或入，或左或右……有一出一入，一休一伏，其度一也。"晋初刘智简单明了地指出，"阴阳相承，彼隆此衰"。这是对"一休一伏"和阴阳波动的最好解说。[①] 董仲舒思想中的阴阳观点对后人影响很大，董仲舒的阴阳观彰显着他的科学精神特质。

（三）张载的气化论

张载明确地把"凡有皆象，凡象皆气"（《易说》下）的唯物论与"动必有机，动非自外"（《正蒙·参两》）的辩证法结合起来，得出了"知虚空即气则无'无'"（《正蒙·太和》）的结论。[②]

张载的"气化论"具体表述为：虚和物、无和有、事实上是统一的，统一于气，无形的"虚"和有形的"物"都是气的存在形态；[③]"太虚无形，气之本体，其聚其散，变化之客形尔"[④]；"气聚，则离明得施而有形，气不聚，则离明不得施而无形"[⑤]。张载并且指出这种变化的动因不是来自外部，而是来自内部。

张载的"气化论"与康德的"星云假说"，以及与"宇宙大爆炸论"有相似之处。其相似之处在于——都是气的变化而形成物质，变化的原因都是来自内部。而张载做出这种

---

① 自然辩证法百科全书编辑委员会：《自然辩证法百科全书》，中国大百科全书出版社，第731页。
② 肖萐父、李锦全主编：《中国哲学史》下卷，第50页。
③ 参见肖萐父、李锦全主编：《中国哲学史》下卷，第50—52页。
④ 同上书，第52页。
⑤ 同上书，第52—53页。

猜测却比康德的"星云假说"早七百多年。不言而喻，张载的"气化论"有其科学性的一面，张载的"气化论"也正体现了张载思想中蕴涵着科学精神特质。

（四）朱熹的"格物穷理"的认识论

李约瑟博士称朱熹是"一位深入观察各种自然现象的人"①，胡道静先生称"朱熹是历史上一位有相当成就的自然科学家"②，董光璧称朱熹是"一位有创造力的科学家"③。朱熹的科学思想已得到世人的认可，笔者在这里就其"格物穷理"来分析其所蕴涵的科学精神。

朱熹通过三个命题来呈现其"格物穷理"的认识论。一是"心包万理，万理具于一心"（《语类》卷九）；二是"穷理"通过"格物"；三是"力行"首在"致知"。④ 朱熹的理分为"性理"和"分理"，性理指事物内部所禀得的天理，分理指具体事物的规律、本质。"穷理"就是探究事物的本质、规律及天理，而途径是"格物"。所谓格物就是接近事物并加以考察与观察，甚至是去身体力行之，从而达到"致知"之目的。朱熹的"格物致知"论透析出朱熹思想中蕴涵着科学精神特质。

---

① （英）李约瑟：《雪花晶体的最早观察》，载李约瑟：《李约瑟文集》，辽宁科学技术出版社，1986年。转引自乐爱国：《中国传统文化与科技》，广西师范大学出版社，2006年，第167页。
② 胡道静：《朱子对沈括科学学说的钻研与发展》，载武夷山朱熹研究中心：《朱熹与中国文化》，上海：学林出版社，1989年。转引自乐爱国：《中国传统文化与科技》，第168页。
③ 董光璧：《作为科学家的朱子》，载武夷山朱熹研究中心：《朱子学与21世纪国际学术研讨会文集》，三秦出版社，2001年。转引自乐爱国：《中国传统文化与科技》，第168页。
④ 参见肖萐父、李锦全主编：《中国哲学史》下卷，第80—82页。

（五）王阳明的天道观

王阳明是很重视自然知识、重视天道的。他的天道观乃至自然物候变化的论述包含"元"、"会"、"运"、"世"、"年"、"月"、"气"、"候"、"日"、"时"。他曾说："古之君臣，必谨修其政令，以奉若夫天道；致察乎气运，以警惕夫人为。故至治之世，天无疾风盲雨之沴，而地无昆虫草木之孽。"（《气候图序》）王阳明的天道观与对自然物侯变化的论述透析出他的思想中包含着科学精神特质，这种精神特质只是鲜为人知罢了。

四、对李约瑟难题的反思

（一）李约瑟难题的提出

李约瑟在不同的时间中在不同的书本中所提的问题有所不同。1954年，李约瑟在其巨著《中国科学技术史》（第一卷）序言中，首次提出这样的疑问：在第一至第十五世纪，中国的科学发明和发现遥遥领先于同时代的欧洲，可是，中国的科学为什么持续停留在经验阶段，并且只有原始型或中古型的理论？欧洲在16世纪以后就诞生了近代科学，这样科学已被证明是形成近代世界秩序的基本因素之一，而中国文明却未能在亚洲产生相似的近代科学，其阻碍因素是什么？① 1964年，李约瑟在《东西方的科学与社会》中提出"为什么近代科学，亦即经得起全世界的考验，并得到合理的普遍赞扬的伽利略（Galileo）、哈维（Harvey）、维萨留斯（Vesalius）、格斯纳（Gesner）、牛顿（New ton）"的传统——这种传统注定会成为统一的世界大家庭的理论基础——是在地中海和大西洋沿岸，而不是在中国或亚洲其他任何地

---

① 李约瑟：《中国科学技术史·导言》，第一卷，第1页。

方发展起来呢?"这些问题就是"李约瑟难题"。1976年,美国经济学家肯尼恩·博尔丁首先明确提出"李约瑟难题"这一说法。经过美国科学社会学家雷斯蒂沃的归纳和科学史家等人的质疑,"李约瑟难题"才不胫而走,不久就传入中国并引起广泛的重视。①

(二)国内外学者对李约瑟问题的研究

自二十世纪八〇年代以来,"李约瑟难题"几乎一直是我国学术界的一个研究热点;1982年掀起了国内研究的第一次高潮;1990年掀起了难题研究的第二次高潮;最近的2000年,掀起了第三次对难题的研究高潮。据中国学术期刊网统计,仅1994年至今直接以"李约瑟难题"为标题的研究论文就有百余篇。②综合考察解"李约瑟难题"的观点发现其中有顺着李约瑟思路对中国文化妄自菲薄;亦有反对李约瑟观点的。

对中国文化妄自菲薄的有以下这些观点:地理环境阻碍论,语言文字障碍论,制度决定论,内部因素说,综合因素说等等,不一而足。

反对李约瑟观点有以下四个观点:一种解答是干脆否定"李约瑟难题",认为"'李约瑟难题'实际上是一个'伪问题'"③;另一种解答是认为李约瑟难题有逻辑矛盾。④

第三个观点是反对用欧洲早期科学和近代科学为标准,

---

① 刘钝、王杨宗编:《中国科学与科学革命:李约瑟难题及其相关问题研究论著选》序言,辽宁教育出版社,2002年,第13页。
② 左勇、钱兆华:《李约瑟难题述评》,载《江苏大学学报(社会科学版)》,2006年第8卷、第6期,第19页。
③ 江晓原:《被中国人误读的李约瑟》,载《自然辩证法通讯》第二十三卷、第1期,2001年第1期,第55—64页。
④ 张秉伦、徐飞著:《李约瑟难题的逻辑矛盾及科学价值》,载《自然辩证法通讯》,第十五卷,1993年第6期,第35页。

来评价非欧文明①。第三个观点的代表人物是：美国科学史家席文，他在1984年发表的《为什么中国没有发生科学革命——或者它真的没有发生吗？》一文，他提出中国的文化传统和环境不同于西欧，不能要求在西方发生过的历史在中国同样发生……同时，他还反对西方文化中心主义和辉格式的历史研究方法，反对用欧洲早期科学和近代科学为标准来评价非欧文明②。

第四个观点是认为中国没有科学③。第四个观点代表人物有：任鸿隽、冯友兰、竺可桢等人。1922年，现代新儒学冯友兰在《国际伦理学杂志》第三十二卷第三号上发表了《为什么中国没有科学——对中国哲学的历史及其后果的一种解释》一文。文章通过对中国哲学传统的简要但却系统的考察，试图从哲学层面揭示中国没有产生近代科学的原因，并得出结论："中国没有科学，是因为按照她自己的标准，她毫不需要。"④

美国科学史家席文提出："中国的文化传统和环境不同于西欧，不能要求在西方发生过的历史在中国同样发生。"⑤笔者认为，"近代科学"是由西方多个国家与民族的集体贡献而产生的。"近代科学"的中心不是一成不变地固定于某一个国家或地区，而是一直处于动态转移的过程之中，大体上经历了从意大利→英国→法国→德国→美国这样一个次第兴盛的历程。⑥譬如，哈维医生、科学家牛顿都是英国人，伽利略是意大利人，格斯纳是瑞士博物学家，维萨留斯是比利时佛兰芒族人……拿中国与整个西欧国家比文化成就，

---

①②⑤ 梁卫、曾华铎：《李约瑟难题》，载《东北电力学院学报》，第二十三卷第5期，2003年10月，第59页。
③④ 冯友兰：《三松堂学术文集》，北京大学出版社，1984出版，第23页。
⑥ 张秉伦、徐飞：《李约瑟难题的逻辑矛盾及科学价值》，载《自然辩证法通讯》，第十五卷，1993年第6期，第37页。

很显失公平,有西方霸权主义倾向。所以,笔者很赞成美国科学史家席文"反对西方文化中心主义和辉格式的历史研究方法,反对用欧洲早期科学和近代科学为标准来评价非欧文明"①。

现代新儒学冯友兰谈道:"中国没有科学,是因为按照她自己的标准,她毫不需要。"② 在此,笔者不想讨论中国有没有科学这个问题,笔者通过历史史实看到了这样一个现象,中国在被英国用大炮轰开国门之前与靠"圈地运动"起家的英国比也落后不了多少。实际上,即使到了清代前期,中国占世界人口的$\frac{1}{3}$,生产粮食能养活这么多人,说明中国农业是世界上生产力最高的。据戴逸先生研究,当时中国的工业产值在全世界占32%,而全欧洲的工业产值仅占23%。可见中国当时的工农业总产值是世界上最高的,当时生产力与总体国力都居于世界的前列。③

后来,中国之所以大大落后于西方国家,而开始于十六世纪的西方近代科学之所以会成为世界秩序的基本因素之一,关键是西方国家对中国的侵略造成的。历史事件要放在历史进程的大背景中才有对比的可能和意义。科技发展也是历史事件,所以推敲科技发展问题也不能离开历史进程这个大背景。就算中国科技一直停留在经验阶段,甚至不发展,可是也许哪一天中国也会主动的融入世界先进的行列中去。那是事物发展的普遍规律性——在发展中挫折,在挫折中前进,就像欧洲经历了"中世纪的黑暗"最后却自我突破发展出近代科学一样。

---

① 梁卫、曾华铎:《李约瑟难题》,载《东北电力学院学报》,第二十三卷第5期,2003年10月,第59页。
② 冯友兰:《三松堂学术文集》,北京大学出版社,1984年,第23页。
③ 参见周桂钿:《李约瑟难题试解》,载《自然辩证法研究》,第十八卷,2002年12月,第12期,第26页。

可是，以英国为首的西方国家强大起来后，就去侵略中国、印度等落后的国家。从1840年开始，中国经历了鸦片战争、第二次鸦片战争、中法战争、中日甲午战争、八国联军入侵中国的战争，以及外国殖民者在中国掀起了强占租界地与瓜分势力范围的狂潮……任何一个国家在这种环境中求生存都很难，更不用说科技会进步。

五、效仿孔学之风范以解"李约瑟难题"

不言而喻，孔子及其后来的儒家思想中所蕴涵的科学精神特质是有利于科学的发展。这些儒家思想中重理性、重功利的一面也不会成为阻碍科学的发展的绊脚石。默顿曾经说过："功利性应该是一种科学可以接受的副产品而不是科学的主要目的"。① 科学的主要目的是"扩展被证实了的知识"。② 笔者在此提倡学习孔学之风范，以解"李约瑟难题"。

（一）关注现实社会生活

李约瑟博士认为"儒家有两种自相矛盾的倾向，一方面它助长了科学的萌芽，一方面又使之受到损害。因为就前一方面来说，儒家思想基本上是重理性的，反对任何迷信以至超自然形式的宗教……就后一方面来说，儒家思想把注意力倾注于人类社会生活，而无视非人类的现象，只研究'事'（affairs），而不研究'物'（things）。因此，对于科学的发展来说，唯理主义反而不如神秘主义更为有利"③

---

① ［美］R. K. 默顿：《科学社会学》，第287页。
② 同上书，第365页。
③ 李约瑟：《中国科学技术史》第二卷，《科学思想史》，第12页。

而笔者却认为这恰恰是儒家的高明所在。勿庸置疑，人们发展高科技的目的是为了生活得更好，然而高科技是一把"双刃剑"。美国科学社会学家默顿认为："科学在很大程度上被认为对提供毁灭人类社会的工具负有责任，据说，它会使我们的文明陷入永久的黑暗和混乱之中。"① 两次世界大战血淋淋的现实还历历在目，那是高科技用在非理性的一面的例子之二。而儒家强调唯理主义以及重视引导人们关注现实生活，这可以说是一切事物发展的基调，也是更有利于科学发展。

（二）提倡"仁爱"之美德

在《论语》中有段话："子罕言利，与命与仁。"（《子罕》）……这是他世界观的核心。② 孔子的仁爱思想对后世影响很大，成为中华传统美德。正因为儒家仁爱思想孕育了中华民族"厚德载物"之美德，所以，中国无论如何强大也都不会去侵略其他国家。而恰恰相反的是西方国家的一强大就去侵略他国。这从整个人类历史进程史来看，是资本主义国家的侵略人为地让世界历史进程倒退。

当笔者在反思"李约瑟问题"时，似乎觉得李博士很自豪于大西洋沿岸能产生出近代科学。在各国都在进行高科技竞赛的当今时代，在国防军事方面都在进行高科技的较量，导弹、原子弹等先进武器若都应用出来，可能会让地球上的文明毁灭好几回。再加上日益严重的全球化环境污染问题，大家都在担心地球的存在期限。因此，有识者都在想人类的未来何去何从？有科技实力的国家就想转移到其他星球上去住。虽然"三十六计，走为上计"，但是，也许还没等到那

---

① ［美］R. K. 默顿：《科学社会学》，第304页。
② 肖萐父、李锦全主编：《中国哲学史》上卷，第71页。

天，若再出现"希特勒"之流的人，地球文明就要毁灭了。因此，在高科技时代，更要关注人文精神的发展。

（三）中庸之道

孔子曾说过："过犹不及。"（《论语·先进》）孔子提出"中庸之为德也，其至矣乎，民鲜久矣"（《论语·雍也》），这是孔子第一次提出中庸这个概念。孔子提出中庸之道应用之原则："……执其两端，用其中于民，其斯以为舜乎！"（《中庸》第六章）孟子对孔子的"中庸"思想做了充分的发挥，他认为："中也者，天下之大本也；和也者，天下之达道也；致中和，天地位焉，万物育焉。"（《中庸》一章）中庸之道虽然是规范人们的伦理思想，但是它肯定了一定事物或行为的质与一定的量相联系，达不到或超出了这个量，质就要转化，要求反对"过"和"不及"。① 这关系到"质"与"量"在转化过程中"度"的问题，这蕴涵在默顿所界定的科学精神特质的范畴中。

在现实生活中，我们处理事情若能做到中庸之道，是非常理性而智慧的。提倡个性自由化的后工业化时代的大多数人们在行为准则上有"过"和"不及"之现象，不同国家在处理人类的共同文化遗产与全球性生态环境问题方面也存在"过"与"不及"之状况。因此，当我们在解"李约瑟难题"时，不要局限于问题本身，为问题而解答问题，我们要站在历史发展的长河中看问题。当我们在解李约瑟难题时，不要忘了一个根本，那就是：我们无法选择固有的生产力，我们只能面对它。当我们面对固有的生产力时，我们要遵循客观规律。同时，我们不要妄自菲薄，不要全盘抛弃中华文化传统中的精华部分，也不要跟着李约瑟学者非难儒家思想的思

---

① 邢贲思主编：《哲学小百科》，中国青年出版社，1986年，第631页。

路走。我们应当很自豪于孔学思想中科学精神处处可见。当我们在反省我们的不足时，我们更要坚信孔学思想中所拥有的科学精神的价值所在。

"使由使知"章句辨义
——兼论儒家"善教"思想的基本理路

◎ 李德嘉

引 言

《论语·泰伯》中有一句广为人知的名言：民可使由之，不可使知之。古代学者对这一句话的注疏并无太大分歧，然而在近代以来却引起了广泛的争议。许多人认为这句话的意思是："老百姓，可以使他们照着我们的道路走去，不可以使他们知道那是为什么。"① 而另有一些学者则认为对这句话的句读有问题，正确的句读应该是：民可，使由之；不可，使知之。② 这样一来，对这句话的理解就变成：舆论所许可者，则使百姓共由之；如果舆论不许可，则使百姓共知之。如果按照这样的理解方式，孔子的这句名言就不仅不是愚民

---
① 杨伯峻：《论语译注》，中华书局 1980 年版，第 81 页。
② 盖莉：《关于'民可使由之，不可使知之'的释读》，《孔子研究》2002 年第 3 期。

思想，而且富含了深刻的现代民主精神。我们可以发现对这句话的理解实际上关系到对儒家政治思想定性的重大理论问题。由于对"民可使由之"这一章的理解不同，因此，一些从专制王权角度批判儒家政治思想的学者就将此章句作为儒家愚民的经典依据，而另一些学者则从这句话中读出了现代民主政治的意味，并以此作为论证儒家政治思想可以转化为现代民主政治的论据。仅仅靠文本的疏义训诂或是句读的变化都不能为正确理解这一章句提供有力的论证，必须在深刻理解儒家政治思想内涵的基础上，从儒学整体脉络的角度上来理解"使由使之"的内在涵义。张分田教授就是从儒家思想的整体脉络上去理解这句话的，他的研究具有代表性。张教授指出，论语的词义研究和思想体系分析表明"民"在孔子的话语体系中是心智愚昧、道德瑕疵的群体，因此，道德有缺失、心智不健全的"民"就需要统治者"风行草偃"式的道德教化。① 正是由于孔子将"民"看作是道德瑕疵、心智愚昧的群体，于是，对待草民就只能是"使由"而"不可使知"，并且需要统治者的道德教化。

　　张分田教授从儒家的思想体系分析入手研究"使由使之"章句的涵义，这从思想史的研究方法角度而言很具有启发性，但是，笔者认为张教授的一些观点依然值得商榷。探讨这些问题实际上已经离开了简单的章句意义之争，而涉及到一些儒家的社会治理模式的探讨。要理解这一章句的内涵，需要对几个儒家政治思想中的重大问题进行回答：第一，儒家到底是怎么认识"民"的？所谓"民者，瞑也"是否是认为百姓心智愚昧而道德有瑕疵，"小人喻于利"是一个价值判断还是一个事实描述，这些是否可以作为论证孔子

---

① 参见张分田：《儒家愚民思想的经典依据——略论'民可使由之，不可使知之'的句读之争》，《人文杂志》2009年第6期。

轻视"民"的依据?第二,不可否认,儒家确实强调教化的意义。那么,我们需要回答的问题就是,孔子所谓的"教之"到底是怎样内容的教化?是否可以简单地理解为"风行草偃",即统治者通过树立道德楷模来实现对百姓的道德教化?本文希望从儒学政治思想的整体脉络上去把握《论语》的个别章句,通过其他儒家经典与《论语》各篇章的内容互证,来对"民可使由之,不可使知之"这一纷争百年的《论语》名言做出一个尝试性的回答。同时,本文并不仅仅满足于解决章句的词义、字义,而是希望透过这一章句的解读来探讨儒家"善教"思想的内涵与价值。

需要注意的是,自汉代独尊儒术之后,先秦儒家思想与统治者的思想相互结合而形成所谓"正统儒家","正统儒家"与先秦的原始儒家思想差异很大。在这里我们不展开讨论区别,只是说明一点,本文所讨论的儒家都是指先秦时期的原始儒家而言,不包括大一统之后的所谓"正统儒家"思想。另外,原始儒家的思想与中国古代政治法律制度中所体现的所谓"儒家化"的内容也有区别,本文对儒家的评述只涉及先秦原始儒家典籍中所体现的思想而不涉及中国政治史、法制史上的"儒家化"实践中所体现的思想。

一、回归"使由使知"章句的传统理解

1. 近代思想家的过度诠释

近代以来的许多大思想家都对这句话有过全新的阐释,其中比较有代表性的就是严复和康有为。严复诠释"民可使由之,不可使知之"一语的新意在于,严复主要从"由之"、"知之"的"之"字入手,结合西方的政治理论,认为"之"字无非是指道德、宗教、法律而言,然而这三者实际上"以

情势利害言，皆可使由而不可使知"。① 因此，圣人所言只是一种事实的描述，并不含有愚民的含义。而康有为对"使由使知"的理解则秉承了他作伪经考的一贯作风，凡是难以理解的圣人之言一律斥之为"伪"。康有为认为愚民思想是老子之教，而绝非圣人之所立言，因此，这一章句可能是"刘歆倾孔子伪窜之言，当削附伪古文中"。② 这些理解虽然十分具有新意，但是论证却很难站得住脚。因此，这些大思想家虽然意图在为圣人回护，力斥那些将孔子思想视作愚民思想的说法，但是由于他们的论证缺乏充分的依据，因此也广为后人所诟病。不但未能成功为圣人辩护，反而对后人理解这一章句增添了新的困难。

　　近代大思想家由于时代背景的限制，在解释中国古代思想时往往喜欢以己意附会，以使古代思想出现新的意义，能够适应新的时代发展。这样的解读诚然有其历史意义，在当时而言也具有深刻的现实意义。但是，就思想史的研究而言，需要的是搞清楚古人思想的真实含义，而不是任凭己意的穿凿附会。附会古人，名为尊古，但也使古人的真正思想被掩盖，实际上是对古人的大不敬。钱穆就曾经批评康有为以现代理念注释《论语》的做法是："貌为尊孔，实则尊西俗。"③ 在考察"民可使由之，不可使知之"的文义的时候，笔者就发现了这一现象，对这一章句的意义纷争实际上起自于近代的思想家，回护孔子者力持这一章句中的民主意义，反对者则将其解读为愚民思想。近代思想家对这一章句的理解虽然众多纷纭，但是并无益于真正解决问题，相反，古代的思想家对这一章句的理解却没有太多的争议。因此，想真

---

① 王栻主编：《严复集》（第二册），中华书局1986年版，第329页。
② 康有为撰：《论语注》，中华书局1984年版，第114页。
③ 钱穆：《中国近三百年学术史》（下册），商务印书馆1997年版，第780页。

正理解"使由使之"的真实涵义,需要我们回归这一章句的传统理解,并且从儒学思想的整体脉络上去把握这一章句的真实含义。

2. "民可使由之,不可使知之"的传统注释

(1) 对"可"的字义辨析

传统儒家对这句话的理解并没有太大分歧,朱熹在《四书集注》中解释这句话:"民可使之由于是理之当然,而不能使之知其所以然也。"① 首先,需要指出的是,"可使由"、"可使知"中的"可"不当作价值判断的词汇"应该"理解,而应该理解为"能够"。"能够"与"应该"一词之差,对整个语句的理解就相去千里。孔子原意只是说百姓不能够"使知",而只能"使由之",并不是说国家的政策、法律不应该被百姓了解,只能驱使百姓去按照法律的规定生活。宋代大儒程灏就指出:"圣人设教,非不欲人家喻户晓也,然不能使知之,但能使之由之尔。若曰圣人不使民知,则是后世朝三暮四之术也,其圣人之心乎?"② 这样一来,我们可以发现,孔子实际上是说百姓可以按照道理去做,但是却不能知道为什么,这仅仅是一个事实判断,而不是说百姓不应该了解圣意。

然而,即便是将"可使由不可使知"中的"可"作"能够"理解,也依然不能避免非议。"不可使知之"似乎是在贬低百姓的理解能力,儒家认为"民者,暝也",百姓天生就是冥顽不灵,愚昧无知的群体,他们天生追逐私利而忽视对道义的追求,因此,百姓在儒家看来是需要圣人教化的。对于这个非议,笔者认为应该分两个问题去考虑,一是原文本身的含义是否存有争议,二是对原文的正确认识和适当评

---

① 朱熹撰:《四书章句集注》,中华书局 1983 年版,第 105 页。
② 同上书。

价。对"民不可使知之"的非议在对原文的字义解释上并不存在争议,实际上是对这一句的认识与评价不同。就对儒家经典的理解而言,儒家确实认为民众在对"道"的认知和理解方面有赖于君子的教化之风,小人与君子在道德操守和智识水平上有差异,因此,儒家才会有"君子德风、小人德草"、"君子喻于义,小人喻于利"的言论。这些都是事实,但是,如何去正确评价儒家对民性的认识以及儒家所认识的这种君子小人的差别?这才是问题的关键。

首先,君子小人的差别是一种社会管理上的客观事实,也是管理的现实需要。实现对社会的良好管理,需要解决两个基本问题:一是人人各尽其职,各尽其力;二是使贤者在高位,使具有管理才能和品质的人居于管理者的位置。故而,治国经邦,乃是一些具有战略眼光、高尚品质、过人才略的君子的份内之事,而种粮种菜,乃是经验丰富的老农份内之事。这些原本都是基本的社会分工,并不存在高下、贵贱的区别。孟子所说"劳心者治人、劳力者治于人"也是在社会分工的意义上谈的。据学者考据,"君子"一词原指社会地位而言,是指社会的管理阶层,而小人则是指田野市井之细民,君子、小人的区别原本也只是在社会分工的意义上而言,并不含有现代语境中的歧视性意义。

其次,在儒家的思想中,君子与小人的区别并不是由个人的种族、出身等先天的因素所决定,而完全取决于个人的道德修养。故"子路问君子,子曰:修己以敬。曰:如斯而已乎?曰:修己以安人。"[①] 儒家所提倡的不是原本就已经居于社会管理阶层的统治者宣扬"德治"来自我标榜自己具有统治者的君子之德,儒家所提倡的是让那些有德之人成为"君子",取代那些尸位素餐的无德的统治者。因此,在儒家

---

① 《论语·宪问》。

看来，君子小人的区别绝不是天生形成且一成不变的，能够以"君子之学"为自己终生实行的道理的人就可以成为"君子"。而那些只知争夺自己眼前利益而不顾百姓死活的君主在儒家看来就只能是"喻于利的小人"。荀子将这一点表述的十分清楚："虽王公士大夫之子孙不能属于礼义，则归之庶人。虽庶人之子孙也，积文学身行，能属于礼义，则归之卿相士大夫。"①

最后，自孔子之后，"君子"就不仅仅是一种社会地位的指称，而是与个人的道德修养紧密相关。孔子将君子的社会地位与个人德性紧密联系在一起实际是在为古老的宗法制设立一项合理性的标准，乃是希望有道之君子成为国家社会的管理者。萧公权指出："故孔子之理想君子，德成位高，非宗子之徒资贵荫，更非权臣之仅凭实力。前者合法而未必合理，后者则兼背理法。"从目的上来说，孔子的理想实际在于"为封建天下重新创造其统治阶级"。② 如果以现代的法学理论去看，孔子所提出的"以德致位"的君子之治实际上是为现实的统治者确立一个正当性的伦理准则，孔子所关注的乃是权力的伦理问题。由什么人掌权力、掌权力的人应该具有什么样的品质，甚至于国家制度本身所应具有的德性，这些话题是一个古今共同面临的问题，这些在孔子提出的"君子之治"的理想中都有体现。孔子的君子之治本质上是一种"人治"的思想，但是需要注意的是，这种"人治"思想与现代的民主法治并非水火难容，关于统治者的德性以及统治的正当性问题即便是在一个民主法治的社会里也依然存在。

从字面的含义上看，儒家思想确实强调了君子小人的区

---

① 《荀子·王制》。
② 萧公权：《中国政治思想史》，新星出版社 2010 年版，第 48 页。

别,儒家也确实认为民众需要君子如风行草偃一般的教化。但是,这并不能理解为愚民或是对民众能力的轻视,如果从这一点推出儒家不支持民主制度的结论,则是令人难以接受的。

(2)以《孟子》解释"民可使由之"

虽然,上面我们已经驳斥了那种将"民不可使知之"理解为儒家轻视民众,认为儒家的"君子、小人之别"是将民众看作是一个道德有缺陷、能力低下的群体的观点。但是,问题依然存在。既然,儒家不曾轻视民众,那么又该如何真正理解"不可使知,只可使由之"的问题呢?民众为何"不能使知",又将如何被"由之"?这些问题在《论语》中并不能找到合理的解释。

梁启超曾经提出以《孟子》中的章句来解释"民可使由之"的含义,这样的思路恰好可以为正确的理解孔子思想提供一个视角。[①] 孟子曾说:"行之而不著焉,习矣而不察焉,终身由之,而不知其道者众矣。"《周易·系辞传》中也有"百姓日用而不知"一语,今天也有人指出,这种观点是贬低百姓,认为百姓天生不能理解大道,因此需要圣人教化。其实,如果这样理解,那么又是断章取义了。其实,儒家所提倡的教育出发点在于良好的道德习惯的养成,并且仁义等等道德价值都是内在于人心的,都应该是个人的内心认同的产物,因此,伟大人格的养成仅仅在于个人的"存心""养心"过程并不决定于外在的"教化"。孟子也反对戕贼人性而为仁义,指出人的向善就如水之向下。因此,百姓的良好政治道德的养成也应该在不知不觉之中养成,任何外力的教化和约束都是对人性的破坏。因而,在此不知不觉的过程

---

① 参见梁启超:《先秦政治思想史》,天津古籍出版社2004年版,第215页。

中，百姓"徙善远罪而不自知"。这才是"民可使由之"一句的正确理解。

《孟子》中说"终身由之，而不知其道者，众矣"，可知儒家始终认为民众不能理解"道"的深层涵义，对百姓也无需以修身平天下的致圣之道来进行教化，只需要百姓能够体认日常的生活伦理即可。所谓"修齐治平"的内圣外王之道，对百姓而言，太过高深，也太过奢侈，如果让普通草民也去以"平天下"为己任，终日以修身至圣为目标，不仅不可能，也会造成普遍的伪善。人人以圣人君子为目标，最后使人人变成伪君子。对百姓而言，无恒产则无恒心，因此，首要的是治民之产，使人们有私产而"养生丧死无憾"，对百姓而言不仅不能"狠斗私自一闪念"，而且要为自己的产业而努力生活，这才是儒家所谓"小人喻于利"的真实涵义。对于苍生百姓，让他们整天去高呼解放全人类的口号，整天对自己的私心私利进行批斗，这样的社会一定是一个政治与生活混同的变态社会，对百姓而言，天生就应该"喻于利"。而对于那些以兼济天下为己任的君子而言，他们处于社会管理者的角色，他们所考虑的就不仅仅是个人的私利和幸福，而应该有更高的政治理想和道德追求，因此，君子应该"喻于义"。如果这样理解孔子所说的可使由之而不可使知之的问题，就可以使原本的非议和困惑得以解决。

二、儒家对民性的基本认识

1. 儒家对人性善的讨论

性善，是儒家思想家对人性的基本认识和总体态度。过去，人们常以为孟子讲"性善"，而荀子主"性恶"，孔子则仅仅讲了一句"性相近也，习相远也"，以为孔子对人性的看法是人性之初无所谓性善性恶，是后天的教育、习惯等使人产生了善恶。实际上，从孔子开始，儒家对人性的基本看法就是性善的。孔子虽然很少谈论"性"与"天道"的问题，所谓"夫子之言性与天道，不可得而闻也"①，只是说明孔子对于人性和天道的问题十分慎重，但是从孔子思想的整体来看，孔子依然坚信人性本善。首先，孔子曾说："人之生也直，枉之生也幸而免。"② 此处的人，乃指普遍性的人而言。既以"直"为一切人之常态，以"枉"为一种变态，即可证明孔子是在善的方面来说性相近。其次，孔子虽不曾谈过"性善"，但是"仁"却是孔子思想的一大核心，孔子自己也承认自己一生学问的"一以贯之"之道就是推己以及人的"仁道"。试言之，若孔子不相信人性之善，如何会将"仁"的基础建立在"推己"之上。人如果人性本恶，处处利己害人，又怎么可能以己心度人，将心比心，推己及人。如果没有性善的人性基本前提，那么，孔子所说的"己所不欲，勿施于人"的忠恕之道就根本不可能实现。其实，孟子就曾说过，"仁，人心也。"③ 仁，实际上就是人心、人性的指称，孔子言仁，也就是在言人心人性之仁。

  荀子思想体系庞大、而且杂糅王道与霸道，礼法兼用，不仅是儒学在战国时的代表人物，其思想对法家也产生了重要的影响，因此，思想与学说比较复杂。人们一般认为，在人性的问题上，荀子与孟子思想对立，孟子道性善而荀子则说"性恶，其善者，伪也。"然而，徐复观先生却指出："荀子对于孟子主张性善，而自己主张性恶的争论，不是针锋相对的争论。"④ 实际上，荀子与孟子根本没有在同一个层面上

---

① 《论语·公冶长》。
② 《论语·雍也》。
③ 《孟子·告子下》。
④ 徐复观：《中国人性论史·先秦篇》，引自李维武主编之《徐复观文集》（第三册），湖北人民出版社2002年版，第217页。

使用"性"的概念,荀子所称之"性",乃是指人的本能与本能所产生的欲望而言。"今人之性,饥而欲饱,寒而欲暖,劳而欲休,此人之情性也。"① 饥饱、寒暖、劳休这些概念都是人的基本欲求,这些欲求如果不加以节制或者一味地放纵,当然会产生争夺,这也就是荀子所说的"性恶"。这一层面上所言的"性恶",即使是孟子也不会反对,孟子甚至指出人与禽兽之别"几希",如果人放其心而不知求,就和禽兽没有区别。人之所以为人,乃是因为人能够保全自己天生的羞恶之心,即所谓的"仁之四端"。因此,孟子言性善,乃是指人的天生的同情心、羞耻感、道德感而言,也正是因为人具备这些天生的仁心仁闻,才是后天加以修养、扩充的基础,故孟子说:"乃若其情,则可以为善矣,乃所谓善也。若夫为不善,非才之罪也。"② 而孟子所说的这种人性中先天具备的为善的可能性,人见邻家之子落井而起恻隐之心是人之常情,乃是基于人性观察的经验判断,是人之所同然,则虽是荀子也不能反对。荀子也强调这种人性中向善的力量,只不过,荀子不将其称为性善,而称之为"知","凡以知,人之性也"③。荀子认为人与禽兽之别在于人能知礼义,"水火有气而无生;草木有生而无知;禽兽有知而无义;人有气有生有知亦且有义,故最为天下贵也。"④ 人生而有知,故而可以通过学习修身致善甚至成为圣人,"然而涂之人也,皆有可以知仁义法正之质,皆有可以能仁义法正之具,然则其可以为禹明矣。"通过这样的比较可以发现,我们可以说,荀子所言"性恶"是在人的本能的基础上而言的,而荀子与孟子都认为人性中有可以为善的先天因素,只不过孟子是从

---

① 《荀子·性恶》。
② 《孟子·告子上》。
③ 《荀子·解蔽》。
④ 《荀子·非相》。

经验的角度论证人所具有的同情心和道德感，而荀子则认为人性有可以通过学习致善的能力。也可以说，荀子所谓"性善"，是指人有可以为善的能力而言，这种能力是人人生来就有的。

2. 对儒家性善论的理解和评价

儒家的性善又不单纯指人的先天具有的为善的能力，而且体现了儒家对人性的一种信任，是儒家伦理思想的人性基础和出发点。也正是因为性善，儒家尊重人人生而就有的道德感和同情心，儒家的道德规范都是建立在人的普遍的道德感基础之上，从来不曾提出扭曲人性的道德要求。儒家的道德伦理要求儒家必须顺应人情、人性制定礼义规范，而不是超越人性，提出人性所无法承受的道德理想。因此，儒家所提出的伦常之教是以百姓的日常之道为基础的，这也就是儒家所说的中庸。现在的人们往往以为中庸就是不敢超越、不敢突破、思想保守、平庸的代名词，以为中庸就是做和事佬、不得罪人，不偏不倚的做人做事就是中庸，其实这些都是对儒家中庸思想的误解和滥用。朱熹注"中庸"之意时说："中者，不偏不倚，无过不及之名。庸，平常也。"① 所谓平常之道，也就是每个人可以实现，而且应该实现的道德，既然可以是为普通人所日常实践的道德，那也必然是"不偏不倚，无过不及"的。有人批评性善论追求至善，企图实现一个道德上的乌托邦，最后造成的结果却是造成人们的全面伪善。这样的批评并不适合儒家思想，中庸思想充分说明儒家的目的并不是追求人的至善，对于施行于全社会的道德而言，一定是普通人所能日常实践的道德，既不对人性失去信心，同时也不奢求人性能有所超越，造就全社会的圣人君子。中庸的思想品格是保守的，它警惕一切企图在人间

---

① 《徐复观文集》第三册，第17页。

打造一个天堂的社会乌托邦思想,也反对一切大规模的社会工程来改造人性、改造社会,那种以秋风扫落叶式的社会运动来治理国家的思想是不符合中庸的思想品格的。

同时,值得指出的是,儒家的性善思想虽然是对人性的信任,但其对于人性中的恶也有充分的认识和警惕。荀子一方面指出人有善质,"涂之人"通过学习积累都可以成为圣人,另一方面也警告人们,人性本恶,所有的人类善行都来自于后天的学习修养,如果人失去了对自己本性的控制,就会堕落于罪恶。更为重要的是,儒家对于人性恶的警惕往往集中于对掌握权力的人身上,儒家通过义利之辨来告诫掌握权力的君子们应该追求公义和道义而不能汲汲于自己的私利,如果君子不修德不养性,专门谋取一己之私,那么就将堕落为小人,不再具有掌握社会管理权力的资格。君子与小人的区别仅在乎一线之间,关键就在于能否修持自己的心性,故而孟子说:"人之所以异于禽兽者几希,庶民去之,君子存之。"① 有人通过儒家主张性善来说明儒家忽视了对人性中的阴暗的警惕,从而试图解释为什么儒家没有提出控制权力的法治思想。这种对儒家性善论的批判不仅是对儒家思想的误读,其实也犯下了一个决定论的错误,我们不妨重温波普尔的告诫:"事实上,我们可以设想,不能引用'人性'的某些倾向来解释的事件是极少的。但是,能够解释一切的方法恰恰有可能什么也解释不了。"②

3. 儒家对民性的认识与儒家之教的关系

首先,儒家对人性的认识是经验的,一方面承认人性中有朴素先验的道德感存在或者可以认识学习道德的善质,这

---

① 《孟子·离娄下》。
② [德]卡尔·波普尔:《历史决定论的贫困》,华夏出版社1987年版,第122—123页。

就是儒家的性善；另一方面，儒家也认识到世间的恶也与人心紧密相关，孟子说的放其心而不知求，就是对人心中的堕落的警告。荀子更是一针见血地指出，人若不经后天的道德学习与修养，人就无法克制膨胀的欲望和本能，自然会导致恶的产生。因此，无论荀孟，儒家都十分重视后天的道德学习和修养。儒家的所谓君子之治，首先表现的就是君子的修身之学。《中庸》中说："修道之谓教。"可见，君子的个人修身养心，是儒家之教的重要部分。儒家也正是通过对人性的认识来论证"教"的重要的。

其次，儒家强调普遍的性善，在人性的善质和普遍的道德感面前，庶人与君子、圣贤人人平等，人皆有"心之所同然"①。这一点，更可以证明那些批评儒家轻视民众，认为民众天生与君子存在道德上的差异上的观点的荒谬。君子与小人在人性的普遍道德情感面前是平等的，其差别只在于后天之教。君子能够自养其心，而小人则放其心不知求，需要依靠君子风行草偃的教化之功。因此，"教"是儒家区别君子、小人的重要内容。

最后，儒家基于性善而对人性有着足够的信任，因此儒家的教化就要求按照一般人的道德伦理观念来约束普罗大众，而不是超越人性、扭曲人性，提出违背人性发展的道德要求。法律和礼制等社会制度产生目的在于顺应人性和人情，社会制度的创制也不能背离人性的要求。孟子批评告子的"性如杞柳"的观点是"戕贼人以为仁义"②，孟子的意义就在于指出政治应该考虑人性中的正当需求，顺应人性而设计制度，仁、义、礼等社会规范都是人性的体现，是内在于人心的。荀子也指出，礼的作用就是要使人类情感的表达抒

---

① 《孟子·离娄下》。
② 同上书。

发在一个适当的度里,使人能够"相与群居而无乱"。①

三、儒家"善教"政治思想的基本内涵

1. "善教"与儒家的政治观

《孟子》首先提出了"善教"的思想,他在《尽心下》中说:"善政,民畏之;善教,民爱之。善政得民财,善教得民心。"实际上,孟子之善教思想直接源自于孔子,孔子面对学生问如何治国,孔子的回答就是:"庶之"、"富之"、"教之"。孟子对孔子"教之"的主张更作了进一步的发展,孟子提出"善教",并且与所谓的"善政"做了对比,指出"善政不如善教得民心"。一方面,我们需要认识到孟子口中的"善政"与今天的政治既有些联系也有很大的区别。在孟子的时代,政与刑紧密相关,古人常以"政""刑"连用,可见古人眼中政与刑内容相近,都是国家强制力的体现,因此,孟子说"善政,民畏之"。孔子也说"道之以政、齐之以行,民免而无耻。道之以德,齐之以礼,有耻且格。"② 由此,也更证明所谓"善教"思想不是孟子独创,而是儒家政治思想的一个重要内容。另一方面,儒家对政治的认识也与其他各家学派以及今天人们对政治的定义有所不同。法家将政治视为纯粹的权术,与道德、教化都没有关系,除了严刑峻法,法家根本排斥道德与教化在政治中的作用。今人认为政治是关于社会资源分配、权力归属、社会管理等问题的科学,西方政治学自马基雅维利时起就与道德完全脱离了关系,成为一门独立的学科。儒家对政治的看法十分独特,在儒家看来政治与道德其实没有区别,孔子就曾经这样论述自

---

① 《荀子·礼论》。
② 《论语·为政》。

己的为政之道:"《书》云:'孝乎,惟孝友于兄弟,施于有政。'是亦为政,奚其为为政?"梁启超将儒家的政治概括为道德和教育,他在强调儒家政治思想的特点时说:"以目的言,则政治即道德,道德即政治。以手段言,则政治即教育,教育即政治。"① 在梁启超看来,儒家的政治思想从根本而言不外两端:一是以正己之德约束君主与群臣的行为,二是以教育提高每个个人的道德水平,从而达到天下大治的局面。

儒家的"善教"又与德治的理论紧密相关。德治的关键在于统治者能否先尽其德,要求统治者自身应该首先具备合格统治者所必需的德性。而儒家的"善教"其关注的出发点与德治基本相同,都是首先要求统治者具备必须的德性。这种对君主的道德规范,就德治的角度而言可以称之为"正君",而就"善教"的方面而言,也就是统治者自己反躬自省的"正己"之道。《孟子·离娄上》说:"惟大人能格君心之非。"朱熹对这句话的注释是:"大人者,大德之人,正己而物正者也。"② 朱熹一语揭示了"正己"和"正君"的关系,儒家所谓"正君",正是通过君主自身的"正己"来达到"格君心之非"的目的。《论语》中所谓"政者正也,子率以正,孰敢不正"③,及"为政以德,譬如北辰,居其所而众星拱之"④,也都是这种思想的表达。

2. 儒家之教在修己治人方面的区别

一直有人认为,儒家"风行草偃"的教化是树立以君子为典型的道德楷模,然后要求全社会效法君子之行的道德教化。因此,有人将儒家的"风行草偃"之教与现在的道德教

---

① 参见梁启超:《先秦政治思想史》,第101页。
② 《徐复观文集》第三册,第285页。
③ 《论语·颜渊》。
④ 《论语·为政》。

育相比较，认为这样的做法不仅造成教化者假话空话大话连篇，而且在社会上酿成了伪善成风的局面。树立君子为榜样，要求一般百姓人人向君子学习，要求人人致圣，会导致强制推进道德，消灭公权力与私人生活的界限，使得个人自由的空间消失殆尽。这种对儒家的指责实际上并不能成立，将"忠恕之道"一以贯之的儒家怎么可能认可这种强人从己的思想呢？"子曰：君子不以其所能者病人，不以人之所不能者愧人。"① 其实，儒家不仅不可能要求人人学习圣人君子的道德品质，相反，儒家一定会反对道德教化的强制推行。这也就是儒家在修己治人上的不同标准。

《中庸》特别强调"慎独"的意义，也是通过自省而内圣外王的唯一途径，但是这只能作为个人修己的标准，不可因此而作为政治上要求人民人人都去施行的标准。《礼记》中说的"君子议道自己，而置法以民"也正是这个意义。"议道自己"的"道"，就是儒家所要求的修身致圣的做人的标准，这种标准只能自己给自己设立，是自我约束的。"置法以民"，就是社会一般人的生活规约，这种规约的制定标准显然不能是君子修身致圣的标准，而只能以社会一般大众所能实践的日常伦理为依据，也就是"中庸之道"。董仲舒也曾经说："内治反理以正身，据礼以劝福。外治推恩以广施，宽制以容众……是故以自治之节治人，是居上不宽也。以治人之度自治，是为礼不敬也。"② 可以看到，儒家之教，严于正身正己而宽于以道德约束百姓。

儒家之"教"强调在修己治人上的区别有两个方面的意义：一方面是如果以修己之道来要求百姓，势必会导致程朱理学教导人们宁可饿死不可失节，所谓"以理杀人"的局

---

① 《礼记·表记》。
② 《春秋繁露·仁义法第二十九》。

面。期待人人修身而成君子,终究将使人人变成伪君子。同时,如果统治者强制在百姓中推行自己的所谓君子的道德,不论这种道德的内容如何,都将导致政治权力介入到人民的日常生活中来,导致个人自由的空间日益缩减。百姓以统治者的道德为道德,统治者的是非为是非,其实就是一个极端集权的社会,从肉体到灵魂都受到统治者的约束,也必将使百姓失去自己的是非判断,迎来一个道德沦丧的社会。而儒家强调修己治人之别恰恰就是对这种政治与道德不分的最有力度的批判,不仅具有历史意义而且兼具现实意义。

另一方面,儒家对待百姓"宽制以容众",力图在思想道德领域造就一个有一定的宽容、自由度的社会。而与此同时,儒家对待君子的要求是严于正身,实际上就是对那些掌握社会权力的人提出更高的道德要求,希望在德性上对居于统治集团的人提出约束。这也正是儒家之"教"对君子的要求,儒家所谓"风行草偃"并不是通过树立道德楷模之君子来教化百姓,而是首先对统治者提出更高的道德标准,要求统治者自身作表率,成为百官和万民的榜样。"成王之孚,下士之式"①,诗经中的这一句,看似是在歌颂成王,实际上是说明统治者应该以身作则。孟子在"风行草偃"的前一句中说,"上有所好,下必甚焉"②,正是阐明了这样的政治心理现象:专制时代的民众总是会投统治者之所好。因此,统治者更应该格外重视自己的模范意义,对自己提出更高的道德要求。儒家严于正己,关注的正是权力执掌者自身的德性,希望能通过"正己"来约束统治者的权力行使。

3. "可由而不可知":儒家对百姓的教

儒家相信人类的普遍道德感和道德规范都必须深植于普

---

① 《诗·大雅·文王》。
② 《孟子·滕文公上》。

遍的人性之上。既然，人在性善的基础上是平等的，人性皆有所同然，那么儒家的道德规范就不只是按照君子的道德情感来设计的，或是依照圣人的标准来要求的，儒家的道德规范其实就是普罗大众所能实践的日常伦理。儒家的道德规范既不企图矫正人性，也不奢望超越人性。从这一点而言，儒家道德规范应该是能够使百姓做到"日用而不知"的。百姓每日就是按照这样的道德规范来待人接物的，他们天生依照自己的朴素的良心就能够实践儒家的道德规范，但是作为大众，他们却不能自觉的反省这种道德的来由，这才是真正的"民可使由之，不可使知之。""可使由而不可使知"的道德规范是儒家之教的基本内容，因此，理解儒家的"善教"思想必须从对"民可使由之，不可使知之"一语的真实含义的理解入手，对整个儒家思想进行一种体系性的解读。

儒家之所以如此重视对百姓的教化与其对政治的认识息息相关，儒家始终认为良好的政治不仅仅是一二贤人在位而可实现的，必须植根于"全民"之上。礼治秩序的重建、仁政王道的实现都不仅仅依靠统治者的"正己"之功，而有赖于"君臣、父子、夫妇、兄弟、朋友"五伦之道德在全民中的接受与自觉的践行。因此，梁启超这样评价儒家的政治思想："儒家所谓人治主义者，绝非仅恃一二圣贤在位以为治，而实欲将政治根基于'全民'之上。"① 这样的政治思想虽为"人治"，但在今日也有其意义，如何培养体制中有德行、有责任、有担当的公民，如何恢复并重建一个社会的普遍价值与道德基础，儒家的经验都值得我们认真总结。

关于以上的探讨我们发现，儒家的教并不是朝三暮四的愚民之教，也不是政治领袖与精神导师、伟大舵手三位一体的政治教化。儒家的教根植于对人性善的基本认识，以百姓

---

① 梁启超：《先秦政治思想史》，第101页。

日常实行的"中庸之道"为内容，乃是一种旨在养成百姓良好伦理习惯的日常之教。

结 语

"民可使由之，不可使知之"一语实际上是儒家"善教"政治思想的核心内容，其中表达的思想涵盖了儒家对民性的认识、对教化意义的认识等等重要内容，我们可以通过对这一句话的解读作为理解儒家善教思想的一把钥匙。然而，从另一个角度而言，要正确理解这句话的含义，也需要我们首先对儒家政治思想的基本品格有一个大体的判断。研究思想史，需要对原典进行解读。在解读原典的过程中，我们不能断章取义，脱离思想的整体逻辑结构和思想的独有品格来解读原典中的语句，也不能仅凭文字的文义注释和断句来对原典中的思想进行任意的解释。脱离思想的原有结构来解读思想势必导致对思想的误读，要么是任凭己意的贬低、批判，要么是根据现实需要加以无限制的拔高。这两种做法都是不可取的。研究思想史，一方面是还原思想家的原始面貌，另一方面涉及到评价，对儒家的善教思想也不例外。儒家"善教"思想在很大程度上对中国的政治实践有着相当的历史意义和现实意义，一方面儒家的"风行草偃"之教强调权力行使者自身的德性，要求他们通过"正己"来实现统治的正当。任何社会的统治者都需要有一定的品德，这即便是在今天的法治社会也依然需要。另一方面，儒家"善教"在民间倡导一种植根于普遍人性基础上的道德规范，这种道德既不超越人性，也不扭曲人性，强调道德本身应该是百姓可以践行的日常伦理。对于经历了"四万万人皆尧舜"、"狠斗私字一闪念"的中国而言，这样的思想尤其具有反思的价值。

然而，对于儒家"善教"政治思想中的局限，我们也应该有着正确的认识。其中，儒家思想最大的局限就在于，他仅仅奢望统治者能够凭自身觉悟实现"正己而物正"，总是从统治者的思想内部寻求解决权力滥用的方法，从来不曾研究过如何合理分配权力、如何使权力能够互相监督的问题，不希求从制度上解决权力的难题，权力的滥用是永远无法得到克服的。同时，儒家思想使每一个人都与政治的问题息息相关，政治问题的解决需要从百姓"孝悌"的日常伦理入手，这样的思想从表明上看不存在问题，然而，在实践中却会造成个人缺乏独立于政治的生活空间。现代的中国就曾经经历过一个人人参与政治，政治像阴霾一般笼罩人生的时代，因此，这样的思想难道不应该被我们警惕吗？

孔子"幽赞而达乎数，明数而达乎德"含义之再考释

◎ 青 山

读《阳明学刊》第一辑《孔子"幽赞而达乎数，明数而达乎德"含义考释——兼论孔子的易学方法论》一文，费尽思考不得其要，可能是我们个体对古圣人孔子的原意在理解上存在差异所致。文中把古圣人的教诲理解为易学方法论，似乎有些牵强，至于离原文之意有多远，我们还是一起前往分析一下就知道了。

首先，我们先看一下原文之引言：帛书《周易·易之义》第四章有这样一段话："昔者圣人之作易也，幽赞于神明而生占也，参天两地而义数也，观变于阴阳而立卦也，发挥于刚柔而生爻也，和顺于道德而理于义也，穷理尽生而至于命也，将以顺性命之理也。"

我们看，文中的关键字是"占"、"数"、"卦"、"爻"，这四个字很敏感，也是问题之所在。如果我们把这个字看错了或是理解错了，那么我们就可能会把古圣人给曲解了而缪以千里。

一、"占"、"数"、"卦"、"爻"在此文中的意义

1. 我们来研究一下"占"这个字

《尔雅·释言》:"隐占也。"《集韵》《韵会》《正韵》:"之廉切,音詹。"《说文》:"视兆问也,从卜口。"《广韵》:"固也。"《韵会》:"固有也。"《增韵》:"擅据也,著位也。"《汉书·宣帝纪》:"流民自占八万余口。"

结合文意"幽赞于神明而生占也",这个"占"可以理解为擅据也,著位也,固也,固有也。由此,我们可以基本确认"占"这个字可以理解为著位的意思。

那么我们把"幽赞于神明而生占也"这句话组织一下就成为:"幽见于神,明而生占。"其意为"有"生,也可以直接把"占"读为"有",就如老子所说的"无中生有"的意思,其原文只是语法优化或是用词华丽而已,其意思完全相同。

2. 我们来研究一下"数"这个字

《集韵》:"爽主切,音籔。"《说文》:"计也。"《礼·曲礼》:"问国君之富,数地以对。"《群经音辨》:"计之有多少曰数。"《类篇》:"枚也。"《集韵》:"耸取切,音籔。数数,犹汲汲也。"

结合文意"参天两地而义数也"。这个"数"可以理解为耸取、数数、计也、汲汲。由此,我们可以基本确定"数"为汲汲的意思。

我们把"参天两地而义数也"这句话组织一下就成为:"参承天雨,地而仪数。"与上句"幽见于神,明而生占",形成递进式对应句。此时"数"这个字意可以理解为多的意思,多到什么程度呢?还是老子那句话,叫做"有生万物"。补充一下,"仪"在这里应该是状态和象的意思。

3. 我们来研究一下"卦"这个字

《说文》："卦，筮也。所以筮也。"《唐韵》《集韵》："古卖切。"《正韵》："古画切，音挂。"《徐曰》："筮而画之，三变而成画，六画而成卦。"《玉篇》："八卦也，兆也。"《广韵》："八卦者，八方之卦也。乾、坎、艮、震、巽、离、坤、兑。"

结合原文"观变于阴阳而立卦也"这句话，此时，这个"卦"字可以理解为"筮"。筮——《广韵》《集韵》《韵会》《正韵》："时制切，音誓。"《说文》《易》："卦用也。"《广韵》："龟曰卜，蓍曰筮。巫咸作筮。筮，决也。"观——《说文》："谛视也。"《韵会》："所观也，示也。筮者筮何，无非筮画、筮书、筮策也。"《归藏》："云丰隆筮云气而告之，则云师也。故筮者筮师也。"

由此，我们可以基本确定"卦"这个字在这句话中为"筮"的意思，即筮画、筮书、筮策之意，即由可见之现象而画之、书之、策之。

我们把"观变于阴阳而立卦也"这句话组织一下就成为："观变于阴，阳而立筮"，与上句"参承天雨，地而仪数"形成递进式对应句。此时，"卦"字可以读为画的意思，也是对前句进行分析和体征，同时说明了无和有相互间的逻辑关系。从逻辑关系上来说，只是多了一对下和上、阴和阳、暗和明对应关系而已。

4. 我们来研究一下"爻"这个字

《唐韵》："胡茅切。"《集韵》《韵会》《正韵》："何交切，音肴。"《说文》："交也。象易六爻头交也。"《易·系辞》："爻者，言乎变者也。"《正韵》："易，爻法之谓坤。"

结合原文"发挥于刚柔而生爻也"这句话，此时，这个"爻"字可以理解为"交"的意思。

我们把"发挥于刚柔而生爻也"这句话组织一下就成

为:"发挥于刚,柔而生交。"与上句"观变于阴,阳而立筮"形成递进式对应句。这句话不难理解,就是说谦柔而能交融的意思。

5. 把这四句话归纳一下就是:"幽见于神,明而生占。参承天雨,地而仪数。观变于阴,阳而立筮。发挥于刚,柔而生交。和顺于道,德而理于,义穷理尽,生而至纤。命将以顺,性命之理"。

其原意我想大家读一下就明白了,无非就是《易经》和《道德经》的生化原理而已,也是故圣人之精华。可以这样说,古圣人所述的"占""数""卦""爻",以及七八九六,并非是我们大多数人认为的单一的卜筮预测法。而是为系统地传承远古文化、优化和发展远古文化所做的提炼和修饰,发扬和光大。

二、"幽赞而达乎数,明数而达乎德"的含义

我们说,古圣人著书造句一般都有三个方面的意思,也是说我们通过正面可以理解到的也就是三个方面,如同我们看物体一样,譬如说建筑物、桌子、电脑、香烟盒等等,我们只能够看到三个面,而另外三个面我们从正面是看不到的,但是它存在着,这是对物体而言。那么古圣人作品所表达的高度,就是在于他们利用了这个自然规律,让后人不断的发掘和想象,从而达到传承其文化的目的,因为文章不像物体能够走到反面去看那么简单。所以说要解释"幽赞而达乎数,明数而达乎德"这句话的含义也确实很难。不过通过上文的解析应该已经很清楚了。

我们说,看过《说文》就知道什么叫意会,意会这两个字俗话叫"悟性",所以说意会和悟性就是对事物的想象力,对问题的想象力。说了那么多大家肯定要问,看来是不想解

释了，或是解不出来了。确实如此，知道的则已经知道，不知道者说再多还是不知道。不过还是要提示一下，读过《易经》或《道德经》以后，我想理解这句话就比较简单了。

孙子兵学流传与编注述略

◎ 徐则平

所谓"孙子兵学",是指围绕着孙子及其兵法的整理、研究和运用而形成的一种专门学问。它是我国军事学术史的重要组成部分,也是我国文化思想史的重要组成部分。研究孙子兵学源流问题不但可以使我们了解其发展过程及其广泛的思想影响,而且也可以使我们更好地以古鉴今,使之为现实社会服务。

一、《孙子兵法》的成书与流传

关于《孙子》的成书,司马迁说得明白:"孙子武者,齐人也,以兵法见于吴王阖闾。阖闾曰:子之十三篇,吾尽观之矣……"。对这种看法,自秦汉至隋唐,都从未有人提出过异议,至宋才成了疑问,以后也一直存在着意见分歧。

---

① 作者简介:徐则平,贵州大学人民武装学院副院长,教授,博士,硕士生导师。本成果为贵州省教育厅人文社科项目(项目编号:10SSD04)和贵州大学人文社科项目(项目编号:GDYB2010013)的阶段性成果。

一说作于春秋孙武,一说作于战国孙膑,甚至说孙武即孙膑,一说作于某无名氏,各持己见,相互排斥。这种种猜测和臆断,终于被当代考古成果所消除:1972年临沂银雀山汉墓同时出土了《孙子兵法》与《孙膑兵法》两种竹简,从而使笼罩于《孙子兵法》及孙武本人头上的种种迷雾,立刻消散。

春秋末期《孙子兵法》诞生后,就广为流行。《尉缭子·将理》:"兵法:十万之师出,日费千金。"就是引用《孙子·作战》篇中的成文。尉缭又赞誉道:"有提七万之众而天下莫当者谁?曰:吴起也;有提三万之众而天下莫当者谁?曰:武子也。"而作为"武之后世子孙"的孙膑在其《孙膑兵法》中不但运用并发挥了《孙子兵法》的某些思想观点,而且甚至在语言上就有许多相同或相似之处,如"避而骄之,引而劳之","攻其无备,出其不意",以及"料敌计险,必察远近"等,都几乎全是《孙子兵法》原文。《荀子·议兵》说:孙吴用兵,"无敌于天下"。关于《孙子兵法》在春秋战国时期的影响,韩非指出:当时"藏孙、吴之书者,家有之",也就是说,到战国末,孙子其人其书已是家喻户晓的了。

秦汉时期《孙子兵法》普遍传颂,魏晋时期被尊为"兵经"。这一时期,《孙子兵法》不但经历了多次编订,确立了体制,而且由于战争较频繁,故其指导作用也很明显。韩信背水破赵,双方都曾援引孙子之言以为指导。武帝也曾欲教其爱将霍去病学"吴、孙兵法"。卫青因苏建亡军,征询部下处置意见,也有人援引孙子"小敌之坚大敌之禽"一语来表示自己的态度。宣帝欲讨伐西羌,问于冯奉世,对曰:"臣闻善用兵者,役不再籍,粮不三载。"尤其值得称道的是名将赵充国,他"少好将帅之节,而学兵法,通知四夷事",出镇西陲,与屯田、治甲兵、知彼知己,战无不胜,卒败羌人贵族。他上书数言兵事,皆寻《孙子兵法》之言以为指导。

隋唐之际,在唐太宗李世民的统帅下,出了许多杰出的将领,而尤其值得称道的则是李靖。他是隋将韩擒虎的外甥,"少有文武才略",韩擒虎"每与论兵,未尝不称善,抚之曰:可与论孙、吴之术者,唯斯人矣"。他用孙子思想指导战争所向无敌,所以太宗深倚重之,常与论兵。后人遂据其与太宗论兵之语而演绎为《李卫公问对》。诗歌鼎盛的唐代诗人也多不忘情于孙子。刘希夷、高适、李商隐等人的诗歌,韩愈的文章,都曾提孙子或其兵法之名言。罗隐《题杜甫集》亦有"忍教孙武重泉下,不见时人说用兵"的诗句。至于杜牧,那自然就不只是称引《孙子》的问题了。这是继《文心雕龙》和《文选》之后,孙子兵学在我国文学艺术上所产生的强烈折光。

宋代边患频仍,朝廷虽重文治,然有识之士也多主张重视武备。嘉祐间,胡瑗就曾上疏,建议朝廷成立武学,并请梅尧臣去"讲孙、吴,使知制胜溃敌之术"。晁公武《郡斋读书志》又说:"仁庙时,天下承平久,人不习兵。元昊既叛,边将数败,朝廷颇访知兵者,士大夫人人言兵矣。故本朝注解孙武书者,大抵皆当时人也。"南渡之后,边境形势江河日下,讲武之事不绝于书。据《宋史·选举志》载,绍兴间,高宗赵构也曾"诏兵部讨论典故,参立新制","凡武学生员,习七书兵法"。杰出的爱国词人辛弃疾,也是个杰出的爱国将领。他在《美芹十论》、《九议》中运用孙子的某些基本观点,联系当时宋金对峙的形势,提出了个人的主张和建议,如在《议练民兵守淮疏》中,建议以民兵防御,采取类似游击战的战法,"彼进吾退,彼退吾进";正规军则集中机动作战,并重视战地居民条件,等等。宋代的孙子兵学就是在这样的基础上繁荣起来的。

孙子兵学至明代，由于边患始终存在，所以讲武之风也颇盛行。洪武三十年曾旨令兵部复刻元板《武经七书》。景泰二年，又诏"内外诸学生徒合令兼习"。同时，朝廷也颇注意从科举中选拔人才。就在这种情况下，《武经七书》本《孙子兵法》便广泛流传开来。这时期的孙子书，见于著录者约五六十种（《明史·艺文志》只著录数种），其中《武经七书》的注本就有二十余种，其他专著于《孙子兵法》正文也多采用《武经》本。在这些孙子书中，为应付策试而刊印的标题讲章之类，也逐渐发展起来。

清代由于朝廷的提倡，同时也由于清中叶以前的社会生活比较安定，再加上汉学的复兴，孙子兵学亦很发达。这时期，注解《孙子》者共五十余家。顺治间邓廷罗的《孙子集注》（在《兵镜备考》内）乃清代最早的注本。王皞的《孙子集注》是为初学而作，于字义、节义、篇义均详作解释，注解能兼存异义，亦能存疑，提出了一些校勘意见而慎于改动，故不失为清代初期可取之作。这一时期注家最有成效者为孙星衍校《十家注》和于鬯所著《香草续校书》。由于以孙星衍、于鬯、王念孙、孙诒让等大师为代表的学者们的努力，清代的孙子兵学在文字校勘和训诂上是有重大突破的，这是这时期的重大成就。这种成就就其对孙子兵学在其发展的意义上说，并不亚于汉代的编订与宋代的"钦定"。

《孙子兵法》饮誉千年，传抄翻刻者历代不断。自曹操开注《孙子》先河之后，更是注家蜂起，产生了众多的版本，有抄本、印本、纸本、竹简本、白文本、注解本、单行本、丛书本、汉文本、少数民族文本（如满文本、西夏文本）等。据现存有关书目统计，中国历代注解批校《孙子》者有两百一十家，各种版本近四百余种。现存最早的版本是银雀山汉墓竹简本《孙子兵法》，1972年4月临沂银雀山一号和二号西汉墓出土的竹简，包括《孙子兵法》、《孙膑兵法》、《六韬》等先秦古籍。大批竹简出土，特别是失传一千多年的《孙膑兵法》等古佚书的重新发现，具有重大的科学研究价值。竹简出土时浸泡在烂泥污水中，朽坏残断情况十分严重，由中国大陆文物保护科学技术研究所、山东省博物馆等单位清洗整理。山东省博物馆、北京大学、中科院历史研究所等单位考释校订，逐步将全部四千多号整简和残简编辑成书，由文物出版社陆续出版。1975年出版译文本，战士出版社1976年翻印。

现存最早的刻本是南宋孝宗光宗年间的《武经七书》本和南宋宁宗年间的《十一家注孙子》本。宋刊《武经七书》现藏日本静嘉堂。国内通行的是1935年上海商务印书馆采用中华学艺社借照静嘉堂藏本胶片影印出版的《续古逸丛书》本。宋刊《十一家注孙子》存世有三部，北京图书馆藏有一部足本和一部残本。现存最早的《孙子》单注本是影宋本《魏武帝注孙子》。最早的少数民族文本是西夏文本。宋以后，《孙子》的版本很多，但大体上都是从《武经七书》本、《十一家注孙子》和《魏武帝注孙子》这三种版本演化而来，其中尤以《武经七书》本为最多。

现代人以马克思主义为指导研究《孙子》的首推郭化若将军，其代表作是《孙子译注》（上海古籍出版社1984年版）。校刊用功最勤的是杨炳安《孙子会笺》（中州古籍出版社1986年版）。以注解信达准确见长的有军事科学院战理部《孙子兵法新注》（中华书局1977年版）。解说通俗而深刻的有吴如嵩《孙子兵法浅说》（战士出版社1983年版）。

《孙子兵法》不仅在中国传颂不绝，而且远播全世界。孙子兵法在唐朝时传入日本，1660年译成日文，1772年译成法文，1905年译成英文，1910年译成德文。据统计，被译成日、法、俄、英、德、意、捷克、罗马尼亚、希腊、丹麦、西班牙、希伯来、阿拉伯、印度、泰米尔、印尼、朝鲜、蒙古、越南、缅甸、泰国、马来西亚等二十七种语言文本，不少文本还有不同译本。全世界已有数千种关于《孙子》的专著先后问世。需要补充说明的是：十三篇奠基于春秋时代的孙武，基本完成于战国中期或稍前的兵家，而定型于秦汉之际。以后虽有多次编订之举，但其基本内容和体制则无大变化。它的成书与《管子》、《墨子》相类，不但有一个过程，而且也是集体智慧的结晶。它是我国春秋战国时代战争经验的基本总结和理论概括。

二、《孙子兵法》的注解与编订

（一）《孙子》的幸免秦火与汉代的三次大编订

《孙子兵法》一书问世后，虽受到普遍重视并得到广泛流传，但过了战国，情况就发生了变化。

众所周知，秦始皇统一六国后，为了加强其思想统治，曾大肆焚书。那么，《孙子兵法》是否也被焚了呢？《史记·秦始皇本纪》说："始皇……大怒曰：吾前收天下书，不中用者尽去之。"所谓"不中用者"，自然是指那些儒家的"诗书"之类，而《孙子兵法》作为一种"用之无敌于天下"的兵经，自然会被看得较"诗书"为有用。所以估计它不会被烧。再从临沂汉简保存有大量兵书，而儒家经典则一无所获这一事实来看，这种推断也可得到旁证。果真如此，那么，萧何入关，收秦图籍，《孙子兵法》就必在其内。余嘉锡先生也说："始皇不烧之，何又从而收之？"这话是可信的。

《孙子兵法》幸免秦火，至汉，又经历了三次编订。

第一次是张良、韩信"序次兵法"。所谓"序次"，余嘉锡先生说，就是"校理"，至于是否曾编定目次，则不敢肯定。这次编订，"凡百八十二家，删取要用，定著三十五家"。其时间当在韩信被贬（高帝六年，前201年）至被杀

(高帝十一年，前196年）之间。这时，秦亡未久，挟书之律未除（惠帝四年，即前191年始除），献书之路未开，在此情况下，竟得到一百八十多家，除来自咸阳秘府外，绝无其他可能。其所定著之三十五家，虽文献无征，未可确知，《孙子兵法》却必在其中。汉简《孙子兵法》，据考证，系汉初写本；这样，它就很可能是出于张、韩所序次的本子。而且，在临沂汉简逸文《见吴王》中既明确说是"十三扁（篇）"，那么，我们也可以由此推断，《孙子兵法》在秦以前很可能就是十三篇，它的基本体制就是十三篇。

第二次是武帝时杨仆"纪奏兵录"。张、韩所定三十五家兵法，至"诸吕用事而盗取之"。武帝以"书缺简脱"，"于是建藏书之策"，因而有杨仆"纪奏兵录"之举，其时间据余嘉锡先生的考证，是在元朔五年（前124）至元狩四年（前119）之间，司马迁开始撰写《史记》则在太初元年（前104），即在杨仆奏录之后不久，司马迁既曾大量检阅金匮石室的藏书，故必得见杨录；司马迁又说："世俗所称师旅，皆道《孙子》十三篇。"所以，我们也可由此推知：杨仆奏录当是在张、韩序次的基础上进行的，它的体制也是十三篇。

第三次是成帝时任宏"论次兵书"。当时朝廷"以书颇散亡，使谒者陈农求遗书于天下"，《孙子兵法》亦在搜求之列。由刘向任校书的总负责人，任宏以步兵校尉负责专校兵书，并分类为四即"权谋"、"形势"、"阴阳"、"技巧"。《孙子兵法》被列为"权谋"之首。刘向死后，其子刘歆就把任宏所校录入《七略》之《兵书略》，其分类亦仍任宏之旧；此外，班固又采《七略》而删其要以入《汉书·艺文志·兵书略》，《孙子》题曰："《吴孙子兵法》八十二篇，图九卷。"

本书是十三篇，这时却成了八十二篇，图九卷，其原因何在？有人说这是"两种传本"，也有人说这八十二篇是由十三篇"扩充"而来,究竟哪种说法更接近事实呢?看来,最大的可能是:八十二篇乃是以十三篇为主体,另合其后学所衍绎,附益的六十九篇而成;原来十三篇的基本体制似乎并未打乱而保存于八十二篇之中了。《通典》、《太平御览》以及张预、何氏等家注文所引《孙子兵法》逸文,从其内容多系补充、解释十三篇来看,可以都是属于这六十九篇的东西;至于阵图,亦当如此。

我国古代典籍的体制,原来大都比较繁乱,至刘向,始各标篇目,厘定次序,并命以书名,从此始成定制。我们现在所见十三篇的篇名和顺序,很可能就是刘向、任宏确定下来的。而临沂汉简,由于写成于校书之前,尚未形成定制,所以无论是篇目或次序,与今本相较,都有许多出入。

(二)三国时期曹操注解《孙子》的开始及其影响的扩大

三国时代,由于中国历史由统一走向分裂,又由分裂走向统一,战争的胜负关系着各自的命运,所以,同东汉时期形成鲜明对比,《孙子兵法》又受到重视。诸葛亮因街亭失守而斩马谡,蒋琬曾深表惋惜,诸葛亮挥泪说道"孙武所以能制胜于天下者,用法明也"。孙权也曾教其大将吕蒙与蒋钦"急读《孙子》"。司马懿老谋深算,常常引用孙子之言以指挥战争。袁绍、张郃、邓艾、钟会自不用说,连袁涣、满宠、丁奉、和洽、陈群与辛毗等人的传记或传注中都保存有关于他们如何运用孙子的原则去指挥战争,或评论战事的资料。但他们都偏重在实用,对孙子兵学理论的发展并没有作出多大贡献。既能创造性地运用《孙子兵法》,又对孙子兵学的发展作出重大贡献的人则是曹操。三国时,去先秦年代已远,某些古语,不加注解则难通其意,且经过东汉时期的衰落,故对《孙子兵法》作注便成了必要。而曹操其人,众所周知，不但行军布阵"仿佛孙吴"，"因事设奇，请敌制胜，变化如神"，而且"博览群书，特好兵法"，对《孙子兵法》备加赞赏，说"吾观兵书战策多矣，孙武所著深矣"。不仅如此，他又在戎马倥偬之际为《孙子兵法》作注，从而使孙子兵学进入了注解的新时代。他的注解简明质切，最为后世所推重。他还常常根据"御军三十年"的经验，提出自己的体会和见解。如说"安不忘危，常设备也"，"礼不可以治军也"，"以十敌一则围之，是将智勇等而利钝均也；若主弱客强，不用十也，操所以倍兵围下邳生擒吕布也"，以及"城小而固、粮饶，不可攻也，操所以置华、费而深入徐州得十四县也"，等等。这就不但更好地解释了孙子的原意，而且又丰富和进一步开发了孙子的思想。不过，他的注也并非没有缺陷，有时往往失之过简，言不尽意，而且也有失误，如谓《形篇》"九天"、"九地"之"天"、"地"乃实指天时、地利等即是。

曹注《孙子兵法》最早见于《三国志·魏书·武帝纪》注，以后，隋、唐、宋的官私书目也多于著录，《宋史·艺文志》又录有《魏武·王凌集解》、《曹萧（吉）注》、《曹杜（牧）注》与曹、杜、陈（皞）、贾（林）、孟氏《五家注》等好几种合刻本，而且都是以曹注为首。这说明在宋代以前，《孙子》主要是靠曹注流传的，同时，也标示集注的开始。到了宋代，曹注本被收入《武经七书》，又与其他十人之注汇集于《十家注》和《十一家注》，形成了《孙子》书的两大传本系统。

（三）隋唐时期杜牧等注家的蜂起与孙子兵学的初步发展

隋唐时期，随着统一帝国的再建和封建经济文化的恢复发展，孙子兵学开始进入注解的繁荣时期。

唐代注家很多，计有李筌、孙镐、贾林、杜牧、陈皞、纪燮，杜佑没有专门注《孙子兵法》，他只是在《通典》的引文中附以自己的意见；如果把他也算上，就是七家了。孙注，日昌平板《十家注》收之。关于纪注，宋晁公武《郡斋读书志》说是集孟氏、贾林和杜佑三家之注而成。至于李筌、贾林、杜牧和陈皞的注，后皆被收入《十一家注》，杜佑之说亦并收入。

在唐注家中，成就较大，影响也较大的是杜牧，他的注博大恢弘，且大量征引战史，开后人以史作注的先河，对《孙子兵法》本旨多有发明，不愧是曹操以来的第二大注家。《郡斋读书志》说："牧慨然最喜论兵……其学能道春秋战国时事，甚博而详，如兵者有取焉。"他本人对自己的成就也颇得意，曾在上宰相周墀书中表露过。不过，他毕竟是一个文人，既缺乏实战经验，学力也似有未足，故失误往往有之。陈皞就常常揭他的短处。陈注虽寸有所长，但总的说来，他的成就较之杜注则不逮远甚。李筌《读书志》说他"以魏武所解多误，约历代史，依遁甲，注成三卷"。李注也保存了许多值得注意的异文，但由于他以阴阳遁甲之说作注，所以在注中夹杂了些荒诞无稽的东西，这就不可取了。贾林，乃德宗时人，应在杜牧之前，《十一家注》本却列之于陈皞之后，其注过简，影响不大。《宋志》所录《五家注》，其中有贾隐林，疑即此人。

唐人于孙子兵学，还有一事值得一提，即赵蕤《长短经》。这部书，《四库提要》说它"辨析事势……大旨主于实用……其文格亦颇类荀卿、申鉴……"。该书不但多引十三篇旧文，且又以《孙子》思想为指导来评议有关军事问题。它是历代依据《孙子兵法》而编撰的一般兵学书的先驱。

（四）宋代两大传本系统的出现与孙子兵学的深入发展

宋代注家有十多人，而主要的则是梅尧臣、王晳、何氏与张预，其注皆存于《十一家注》。梅尧臣，北宋时的学者兼诗人，其注虽不似曹注之精切与杜注之博大，然亦简整明顺，多中要旨，深得欧阳修的称许，说它当与曹、杜"三家并传"。王晳，亦仁宗时人，以古本校正缺误，于孙子兵学固有贡献。何氏，《通志略》称何氏名延锡，孙星衍定其为宋人，其注过简，发明无多，唯保有若干逸文，可资参考。张预，南宋时人。其注征引战史而不繁芜，辨微索隐而不诡谲，中肯条理，堪称佳作。除上述注家外，郑友贤《孙子遗说》（传本《十一家注》附）对孙子思想多有发明，于十三篇文字也有所校勘，为研究《孙子兵法》者所不废。陆达节《孙子考》还录有胡箕与叶宏之注，孙诒让《温州经籍志》又录有陈直中、王自中的注，《宋志》又有宋奇的《孙子解》，惜皆逸。宋人在刊刻《孙子兵法》方面，有两件大事值得称道，即《武经七书》的刊行与《十家注》、《十一家注》的辑刊。这就是我们所说的孙子书两大传本系统。知此以后的《孙子兵法》刊本在文字上的差异，主要存在于此二系之间。

《武经七书》是元丰年间由武学博士何去非受诏校勘，国子司业朱服审定，并由国子监刊印颁行的官书。时尚无儒家经典"四书"之名，此书所收《孙子兵法》为曹注本并加编订，这是继汉代三次编订之后的又一次编订。这次编定确立了《武经·孙子》的体制和风格，从而使之同《十一家注》区别开来。该书元丰监本因本来印数无多，靖康间汴京为金人攻破，图书又遭毁劫，故非但不见传本存世，且诸家书目亦均无著录。清代孙星衍《平津馆丛书》中刊有顾广析影写的《孙吴司马法》本，"购"字、"慎"字缺笔，当是南宋孝宗时或其后的重刊本，宋刊《武经七书》另一种白文大字本，据书主陆心源考证，乃孝宗时所刊。此陆氏故物，清光绪间流落日本。1935年商务印书馆所印《续古逸丛书》本《武经七书》即用"中华学艺社"借照日本静嘉堂所藏陆氏故物影印，关于《十家注》，《宋志》录有吉天保辑《十家会注》，然未著十家姓名。传本《十一家注》约刊于南宋宁宗时代，初见录于尤袤《遂初堂书目》，即1962年中华书局据以影印者，该书虽有注家姓名，但不知辑者为谁，附有郑友贤《孙子遗说》。清代毕以珣与余嘉锡先生均谓此书即吉辑，并谓杜佑实未注《孙子》，称"十一家"者，或以佑为一家耳。所以，一般也都把这两部书看做是一部了。至于宋人编撰的一般兵书，如曾公亮的《武经总要》和许洞的《虎钤经》，也都引有《孙子兵法》。而沈括的《梦溪笔谈》、何去非的《备论》与辛弃疾的《美芹十论》、《九议》及其他论兵文章，则直接以孙子兵法为指导研究战争问题。这种探索标识着运用孙子思想从宏观上去总结历史经验和研究现实对策的新方向。这在孙子兵学史上是值得称道的。

与宋同时的北方女真族金国，也有一种孙子书刊行，即施子美的《武经七书讲义》，这要算是《武经七书》的最早注本了。它是当时武学上舍的通用教本，虽较详细条理，但新见无多，唯注中引有五代时张昭之语多处，则为他书所未见。至于刊本，江伯虎序称金贞祐年号，而书中"殷"，"慎"字则避宋讳改为"商"与"谨"，似施是宋人，其书则刊于金。该书国内官私书目很少著录，可知其流传不广，而日本则有刊本、钞本多种。孙子兵学在宋代，一方面出现了注解和刊刻的繁荣局面，另一方面也呈现出空前活跃的讨论气氛。大家各抒己见，自由争鸣。《武经七书》至元代亦有刊本行世，今已无传。从明初复刊本观之，《孙子》有曹注，其他六书无注，仍宋本之旧。然校勘殊劣，非善本。

（五）明代《武经·孙子》的广泛流行

在明代有关《孙子兵法》的著述中，值得称道的首先就是刘寅的《武经七书直解》。它是明代最早的《武经七书》注本。清代莫友芝《邵亭知见传本书目》说该书"诠解畅达，为明代七书善本"。《直解》首先刊于建文四年（1402），以后虽有数次刊刻，皆已难以见到。1933年南京国民党军事编译处影印本，乃据明万历刊本。继刘寅《直解》之后，万历年间张居正增订了《直解》，于十一家、纪燮、萧吉、沈友、孙镐、贾诩、吕惠卿与张载等二十余家中，进取注文补入刘书。因此，从保存旧注来说，不为无功，然其说乃沿袭刘说而稍有增补，新见无多，价值不大。

这里值得特别提出的是赵本学的《孙子书》。这是明代孙子兵学的明珠。它在《直解》的基础上对十三篇文字和义理，作了许多颇有价值的校订和阐释。如通行本《地形篇》"六过"一节，有"非天地之灾"句，也有作"非天之灾"者，历来注家均未予辨析，独赵能正其误，谓应作"非地之灾"，可谓有见。于《军争篇》末与《九变篇》首之错乱现象，也全面地提出了自己的意思。这些意见虽未必尽是，但也非率尔之言。赵本学乃抗倭名将俞大猷的老师，也许由于这个缘故，所以他的书在日本甚为流行，而在国内却几乎是默默无闻，直到清末，日本文久刊本书板从日本运回，杨守敬在《日本访书志》上加以称道之后继为人们所重视。此书刊本最早有隆庆间蓟辽刊本，原刻已流落美国，国内只能见到胶卷。此外尚有万历间梁梦龙刊本、郭惟贤湖湘刊本、梁见孟郧阳刊本，日文久本即自郧阳本重刊。

除刘寅、赵本学外还有郑灵、陈天策、李贵、周国雠、何守法、郭良翰、黄华旸等人的注本。由于这时期《武经七书》系统占主导地位，注《孙子》者多以《武经》为底本，《十一家注》本在相比之下，是被冷落了，但其刊本还是有的。这里值得特别提及的,则是戚继光的《纪效新书》和《练兵实纪》,以及茅元仪的《武备志》。戚继光根据自己在浙东长期抗倭的实践经验对孙子思想多有发挥。例如他要求将帅"常察士卒饥饱、劳逸、强弱、勇怯、材技、动静之情,使之如依父母",如此才能"气和"、"心齐","指呼如一人"。论赏罚,他说:"如该赏者,即与将领有不共戴天之恨,亦要录赏,患难亦须扶持;如犯军令,便是亲子侄,亦要报施恩仇。"论军纪,他又说:"杀敌只是万人一心,强者不得先进,弱者不得后退。如临敌敢有一人非令进,即斩贼首得马而还,亦以违令,军法从事。"凡此种种显然都是对孙子思想的新发挥。在其《止止堂集·愚愚稿》中,又对十三篇文字做了若干解释,如谓孙子"诡道"之说乃反映"诡其形以示敌,非在我治兵为将、存心制敌、发号施令俱要诡也",就很有见地。他对孙子所抱的"师其意不泥其迹"的态度,无疑也是正确的和可取的。至于茅元仪,他在《武备志·兵诀评》中对《孙子》也发表了一些有价值的意见。如谓《九地篇》"四五者"乃"此三者"之误,就颇有见地。他对《孙子》的评语"前孙子者,孙子不遗;后孙子者,不能遗孙子",也可谓至理名言。

  明代还有一部仿《孙子兵法》的军事著作,即嘉靖万历年间何守法的《投笔肤谈》。该书本《孙子》"遗旨",也写成十三篇,篇名与《孙子》相参,而文义则别,是以《孙子》思想为指导,结合历代战例,提出了自己的见解。他看出了战争有"义"与"不义"之分,而且注意到了士卒的作用。虽然其中也夹杂一些"天命"之类的东西,但总的说,它在明人的军事著作中也不失其为一部有价值的作品。

（六）清代孙校《十家注》的问世与孙子兵学的进一步繁荣

清乾隆时期修《四库全书》，世人多以其为文化史上的盛举。其实，它与秦始皇的焚书相同。秦始皇的焚书、历代皇帝的聚书，清修《四库全书》，其目的都在于统治思想，仅仅是变换手法而已。清修书时曾大肆搜索民间的藏书，而收入四库的《孙子》只有白文本（《武经》本）一种；收入《四库》各书，凡被认为有"违碍"者都被删改；不收入的，也有的被抽毁，有的被全毁。我们由此可以明白：为什么明代的《孙子注》有那么多，而失传的数量也很大；甚至有些书外国有而我们本国倒没有，有的书还要从外国倒传回来。可见清代修《四库》也是孙子兵学史上一大厄运。

《武经七书》（清康熙以后只用三书试士）流行最广的时候，也就是它流行最滥的时候；它流行最滥的时候，也就是它快要停止流行的时候。这个转变的契机，就是孙星衍校《十家注》的问世。孙星衍以《道藏·孙子集注》为底本，以《通典》、《太平御览》为主要根据，对传本各注家在编排时代上的混乱现象做了订正，对十三篇文字也做了许多校改，并据《宋志》改称《孙子十家注》。孙校本乃近世流传最广、影响最大的孙子书，其成就和贡献自不容抹杀。其校说也颇有善者，如谓《虚实篇》的"出其所不趋"应改为"出其所必趋"，《势篇》的"以碬投卵"之"碬"应从"叚"作"碬"等，都是有价值的校说。孙校刊本，当以嘉庆二年究州本为最早，后又收入《岱南阁丛书》，咸丰、光绪间也有几种刊本，再后又有中华书局《四部备要》本、世界书局《诸子集成》本等。

除孙校本外，这时期的注本还有多种，如郑达《孙子附解》、郑端《孙子汇征》、魏源《孙子集注》等。王念孙、牟庭、凌堃、汪宗沂等也都有校本，惜多不传。清末注家，可堪称道者,唯黄巩与顾福棠两家耳。黄氏《集注》对十三篇文字提出不少校释,虽不乏牵附之处,但善者亦颇有注。顾福棠的《孙子集解》多引外国战史,并试图用资产阶级的观点来解释《孙子》,这也是前所未有的。而值得特别注意的则是于鬯,他在所著《香草续校书》中对十三篇文字共校订了六十多条,其中有价值者颇不少。如解《作战篇》"兵闻拙速,未睹巧久"云:"孙子之意不过欲极言久之无巧,而非敢言速之无拙;盖久必拙速必巧。然因过速而取败者亦有之矣,是拙速也。而卒无因过久而巧者。两者相较,究贵速不贵久,而岂有贵拙之意乎!"此实道前人之所未道,又如同篇"近于师者贵卖,贵卖则百姓财竭",历来注家皆随文衍义,故上下文意多有不通。而于说则谓"百姓"二字乃衍文,此云"财竭"乃指军中,非指百姓。如此,则问题遂得以完满解决。不过,于说也有牵附之处,如谓《九地》"入深则拘"之"拘"应训"健",就是不对的。此外,叶大庄的《退学录》(卷二)也校有十余条,但较之于说,则不达远甚。这里需要补充的还有:王念孙校的抄本虽不可得见,但他的名著《广雅疏证》却多次引用《孙子》之言以释古训。古音韵学家江有诰的《音学十书》和姚文田的《古韵谱》,也均辟有《孙子韵读》。这都是前所未有的。据上可知,由于以孙星衍、于鬯、王念孙、孙诒让等大师为代表的学者们的努力,清代的孙子兵学在文字校勘和训诂上是有重大突破的,这是这时期的重大成就。这种成就就其对孙子兵学在其发展的意义上说,并不亚于汉代的编订与宋代的"钦定"。同时,我们也可以看到,孙子兵学的发展既不能脱离各个时代的环境条件,也就带着各个时代的特点。

三、《孙子兵法》的拓展与应用

《孙子兵法》诞生两千多年来，有过传诵与秘藏的不同命运，也有过成为法定军事教科书的风光。随着中国社会历史的发展变化，作为学术文化组成部分之一的孙子兵学，也在不断向着深度和广度发展变化着。

《孙子》之入诗于唐代，其义理又发明于宋代，而考订却发达于清代，这都不是偶然的。实际上，《孙子兵法》的思想已超出了军事领域。据《史记·货殖列传》载，魏文侯时有个颇有名气的人叫白圭，他"乐观时变"，善"治生产"，曾说："吾治生产，犹伊尹、吕尚之谋，孙吴用兵，商鞅行法是也。"这里还有二事值得提及：一是太平天国建都后，洪秀全曾诏令颁行《钦定武略》，内有《孙子》十三篇，惜国内今已无存。二是《孙子》的某些原则这时已开始被运用于医学领域。清初有个名医叫徐大椿，他在《用药如用兵论》中就明确指出：用药与用兵，"其道同也"。他又根据各种不同的病症具体地说明如何运用孙子关于"知彼知己"、"攻其所必救"、"以十击一"、"因敌变化而取胜"等原则来进行辨证施治。最后，他结论说："孙武子十三篇，治病之法尽之矣。"

孙子和《孙子兵法》被推崇为"兵学圣典"、"武经的冠冕"、"世界第一兵书"、"百世兵家之师"、"东方兵学的鼻祖"，受到各国重视，在世界军事史上占有突出地位，在军界、政界、学术界、工商界、体育界得到广泛运用。

孙子兵法在社会其他方面也有着广泛的影响：文学家："不朽不灭的大艺术品"；哲学家："人生的哲学"；政治家："政治秘诀、外交教科书"；医学家："治病之法尽之矣"；商人和管理学家：必读教材。

评定《孙子兵法》的历史地位，最妙的言辞则出自两个晚明的人。茅元仪《〈武备志·兵诀评〉序》："先秦之言兵者六家，前《孙子》者，《孙子》不遗；后《孙子》者，不能遗《孙子》。谓五家为《孙子》注疏可也。"梅国祯《〈孙子参同〉序》更进一步："今古兵法尽于《七经》（指《武经七书》），而《七经》尽于《孙子》。"

由此，若说要懂中国历史不能不懂中国军事史，要懂中国军事史不能不懂《孙子兵法》，绝不是什么夸饰之词。当然，《孙子兵法》以后的中国军事思想不可能真的没有任何发展，但一来在冷兵器时代，再发展也终究有限，二来好像无论如何发展也只是证明了《孙子兵法》思想的永恒性，所以才有这样不遗余力的赞颂。虽然这世间很难说真有什么思想是永恒的，特别是在西方军事思想主导了世界战争模式的当下，可《孙子兵法》对战争普遍规律的高度概括与那样完整周密的论述正是它得以彪炳军事思想史乃至人类思想史的根本原因，它不仅难以过时，更超越了战争的实用性，而成为人类认识、理解世界与自身的智慧和哲学。

纸上也能谈兵。谈兵也能入道。孙子以其所著的《孙子兵法》十三篇而被后世尊为兵圣，而这部兵书也被后世尊为兵经。这部兵法书是我国古代最负盛名的兵书，也是世界上现存最古老的军事理论专著。书中系统地总结了当时及之前的战争经验，在论述战争的本质及战争与政治、战争与经济关系的同时又揭示了普遍的战争规律。在孙子的著作中不仅仅是计谋与争战，其中所包含的心理学内容和其中的一些应用价值，早已渗透到中国人的生活中。而且到了现代，依旧被应用到没有硝烟的战争——经济竞争中。《孙子兵法》不仅仅是一部兵书，更是一部心理学著作，一部管理学的著作。《孙子兵法》丰富的管理思想，深刻的博弈理论，还被后人运用于商业经营和体育竞技之中。

举世公认,孙子和《孙子兵法》是跨越汉文化圈对世界产生巨大影响的少数中国伟人和中国伟大著作之一,《孙子》已成为全人类的精神财富。它不仅影响过去,也影响现在,并将影响未来。

论张伯行对朱学的传承与发展[①]

◎ 王胜军

张伯行（1651-1725），河南仪封人，字孝先，晚号敬庵，谥清恪，康熙中后期理学名臣。历任福建、江苏巡抚等职，累官至礼部尚书，被康熙帝称之为"天下清官第一"。学界目前对张伯行的研究主要集中在书院教育方面，对其理学思想的关注尚不足；同时，对张伯行理学多也停留在"专宗程朱"这样一个笼统的认识中。的确，张伯行是程朱理学的信徒，但是其理学却绝不是对宋明时代程朱之学的简单重复，而是在运用程朱理学中"理"、"敬"等概念的同时，又批判并吸收王学的若干精神，将程朱理学由宋明时代的形上探讨转变为清代理学的形下工夫，具体表现在"主敬以立其本，穷理以致其知，反躬以践其实"三个方面。[②]

---

① 2012年度教育部人文社会科学研究西部和边疆地区项目（青年基金项目）《清初庙堂理学研究》（12XJC770001）
② 张伯行：《正谊堂文集·与毛心易》，中华书局，1985年，第78页。

一、主敬以立其本

所谓"立其本"之"本",是指"心"而言。众所周知,陆王认为"心即理","心"在陆王一派具有本体意义,王阳明认为无善无恶是心之本体,强调心体虚明。朱学以外在格物为特征,虽然解"心"为"道心"、"人心",但是对于与天理合一的道心更多用"性"来表达,认为"性即理",肯定人的本性之善。

张伯行论"心",继承了朱熹道心、人心两分,肯定人性本善,同时又特别强调王学意义上心的虚明性。张伯行认为"有口腹即思饮食,人心为之也。非道义,万钟不取,道心为之也"①,既将心视做客观存在的、可以触摸的"血肉之心",又认为心被仁义礼智所规定:"心者,所以具乎天德者也。天德如仁义礼智之类"②,与朱熹"心具众理"相比较,张伯行论心更集中在道德义理与现实伦理层面。在解释现实人性时,张伯行与朱熹的观点却又不完全相同,朱熹强调气禀清浊,实际上将恶作先天存在来看;王阳明则强调气的积极意义,认为性善必须通过气来展现,在其看来,人性之恶更多只是被后天物欲所蔽而已。张伯行之论"心",一方面承认朱熹先天"气禀"说,但是更重视物欲之蔽,并且强调心的虚明,他指出:"心者人之神明,原无不活,惟为私欲蔽锢,故滞而不通。若无私欲则虚灵而活,由是穷理处事,自然周流无间。"③"心者,虚灵不昧之体"④,这里所谓"心

---

① 张伯行:《濂洛关闽书》卷之十五《朱子·气质章句上》,中华书局,1985年,第249页。
② 张伯行:《濂洛关闽书》卷之十一《程子·性善第十七》,第177页。
③ 同上书,第175页。
④ 张伯行:《濂洛关闽书》卷之十五《朱子·气质章句上》,第245页。

之神明"、"周流无间"、"虚灵不昧",实际上是吸收了若干王学的形而上取向,而将程朱理学中人先天中的性恶一定程度给祛除了。

为了祛除物欲之弊,张伯行主张"主敬"。在其看来,"千圣之学,括于一敬,故学莫先于主敬",① 因为"心一不敬则欲动情胜,而群邪得以中之","惟主敬而其进自有不能御者,此致知存养之功,所以为力行之要,而学者所当急务也。"② 从中不难看出,张伯行是用"主敬"来约束王学的高举的"心",是即所谓"立其本",不是形而下的血肉之心,而是虚明的本体之心。因此,张伯行同意朱熹以"畏"释"敬",并进一步又主张以"心为严师",认为:"人唯不知敬畏,故此心常放荡而入于邪。欲正其心者,当以己心为严师,常临于上。凡动作之间,凛然如有所督责而知畏惧。"③ 同时,张伯行还指出:"心思志意谨恪而不放肆则谓之敬,然必中实有是敬,而恭始非虚饰,必外能致其恭,而敬始有所持,则内外又交相养也。"④ 由此看来,"敬"在张伯行是属于道心的一种功能,它能正人欲之心。同时,在其看来,"敬"不仅仅是一种心理活动,而且与外在道德——"恭"是交相而养成的,因此张伯行进一步提出:"志气严恪,容貌端庄,自然心存理得而诸妄绝矣。是敬之一念,实有以胜乎百邪也。"⑤

"主静"作为一种涵养工夫倾向于在无事时去涵养,而"敬"作为涵养工夫是不管有事无事、也是无关动静的。王学发展至其末流,援佛入儒,主张主静,产生了许多流弊。

---

① 赵尔巽等:《清史稿·张伯行传》,中华书局,1977年,第9939—9940页。
② 张伯行:《濂洛关闽书》卷之四《程子·言学第三》,第94页。
③ 张伯行:《濂洛关闽书》卷之二《张子·经学理窟》,第61页。
④ 张伯行:《濂洛关闽书》卷之十一《养心第十八》,第181页。
⑤ 张伯行:《濂洛关闽书》卷之四《程子·言学第三》,第94页。

在这一点上，张伯行的"主敬"论，与朱学及王学末流均有不同。张伯行尤其反对"静坐工夫"，引陆陇其的观点认为："夫静坐之说，虽程朱亦有之，不过欲使学者动静交养，无顷刻之离耳。非如高子（高攀龙）《困学记》中所言，必欲澄神默坐，使呈露面目，然后有以为下手之地也。"①"动静交养"这个命题实际上是王廷相提出，将其与"敬"结合则是王阳明。张伯行认为无论"静"、"敬"，根本之处均是要"立本"，亦即培养"心"这一道德本源，如其指出："心能自得则无时不悦，何必处静而后悦，如人平居能敬，则无往不敬，岂待入庙而后敬乎？若以静为悦者，则必以动为厌，是方静之时而后能悦，静之心又安在其本能悦哉？"②"敬"贯通内外，不论有事无事，均可使心"无时不悦"，从而人的道德即可更好地落在现实行动中。

张伯行"主敬"论最终还是"立本"，在这点上与象山"先立乎其大"、阳明致内心良知的精神一致，虽然此"心"不像王学一样是道德判断标准，但与传统朱学相比则具有主动精神与道德本源意义。张伯行认为："心之所之谓之志，立则专于是，而无他歧之惑也。人苟志之不立，将见异必迁。"③"心"具有一种"本"的作用，是道德践履、成圣成贤的根本与前提，它具有将人的主体道德发挥于外的作用，是儒家道德实践及齐治均平事业的本源，张伯行认为："心一暗昧，邪僻皆得而中之，事者当时时提醒此心，使正大光明，一如日之方升，照临天下，将群邪自然潜藏伏匿，而不敢一至吾前矣。提醒之法则惟主敬其要哉！"④ 在其看来，主敬的作用不外"提醒此心"，使心这一道德本源恢复到与天

---

① 张伯行：《困学录集粹》，中华书局，1985年，第136—137页。
② 张伯行：《濂洛关闽书》卷之十一《程子·养心第十八》，第182页。
③ 张伯行：《濂洛关闽书》卷之四《程子·言学第三》，第89页。
④ 张伯行：《濂洛关闽书》卷之十四《朱子·圣贤章句下》，第237页。

理合一的境界并成为践履的指导。

二、穷理以致其知

"知"在理学中分为"见闻之知"、"德性之知",程朱、陆王两派对于知识是否能够促进道德观点不同。程朱一派认为事事物物皆有定理,要致知必先"格物",穷理也要"即物",因此重外在穷理、致知;陆王一派认为心即理,强调从心中求理,否定程朱一派赋予见闻之知对德性的促进意义,比如阳明就认为:"记诵之广,适以长其敖也;知识之多,适以行其恶也;闻见之博,适以肆其变也;辞章之富,适以饰其伪也。"①

张伯行与朱熹一样,主张通过读书来"尽知"。在其看来,"天下事物皆有所以然与所当然之理。穷理者务有以尽知之,知其所以然,则理之本原洞然。"② 这与朱熹的事事物物有定理的观点是一致的。但是,张伯行并不特别主张外在格物,也不关注见闻之知,而是关注于义理层面的、内在于人心的德性之知,指出:"欲求进于学问,则非知无以明理。"③

张伯行与朱熹一样推重儒家经典,尤其重视其中的义理及其现实功用,认为:"古人之书其理无所不备,而其用亦无所不该。"④ "经书为义理之渊源"⑤,并对《易》、《诗》、《春秋》、《小学》、《四书》等一一做出评论,认为这些儒家

---

① 王阳明:《王阳明全集》,上海古籍出版社,1992年,第56页。
② 张伯行:《濂洛关闽书》卷之十三《朱子·健顺章句上》,第220页。
③ 张伯行:《濂洛关闽书》卷之四《程子·言学第三》,第95页。
④ 张伯行:《濂洛关闽书》卷之五《程子·五经第五》,第105页。
⑤ 张伯行:《正谊堂文集·紫阳书院读书日程》,第160页。

经典深刻地体现了儒家所提倡的"天理"、"义理"。①

但是张伯行并不是简单重述朱熹的读书法,而是致力于对程朱一派所提倡的行为规范进行总结,并以之作为学者持身要有的"法度"。② 张伯行为此选编了诸如《学规类编》、《养正类编》等诸多类书。仅以《学规类编》为例,张伯行从各个方面为儒家道德实践提供了"法度",除极少部分涉及道体之外,主要包括四类,择其要者如下:

学规类:朱子白鹿洞教条、程董二先生学则、西山真先生教子斋规、胡文敬续白鹿洞学规、白鹿洞讲义、丽泽堂学约并序、布衣章璜为学次第八条。

读书法:诸儒读书法一、诸儒读书法二、读经、谕解经、读史、程端礼读书日程述语、集庆路江东书院讲义、陈北溪严陵讲义以及史学、字学、科举之学、论诗、论文。

为学工夫:诸儒总论为学之方一、总论为学之二、存养、持敬、论静、省察、知行、言行、致知、力行、克己、改过、杂论处心立事、理欲义利君子小人之辨、论出处。

人物品评:老子、列子、墨子、管子、孔丛子、申韩、荀子、董子、扬子、文中子、韩子、苏子(附王安石)。

箴铭类:程子四箴、朱子敬斋箴、张南轩主一箴、真西山勿斋箴、思诚斋箴、夜气箴、薛文清谨言箴、慎行箴、惩忿箴、改过箴、存理箴、持敬箴、程子颜乐亭铭、张子东铭、杨龟山书铭、朱子敬恕斋铭、学古斋铭、求放心斋铭、尊德性斋铭。

---

① 张伯行:《濂洛关闽书》卷之十八《朱子·德行章句上》,第303—304页。
② 张伯行:《困学录集粹》,第41页。

其中，学规类中"条"、"则"、"谕"、"约"、"序"就是张伯行对于现实伦理的规范做出的规定；读书致知之法极为详密，不仅涉及经史子集，还包括读书日程，前贤读书之法亦多备载；为学工夫涉及到现实的践履，所以张伯行从存养、持敬、论静、省察等诸多方面进行了全面的选辑；人物品评，以程朱理学的立场对历代著名思想家做了褒贬；"箴铭类"从本质上而言也是为学工夫，除了诚、敬、慎、恕等之外，还细致到"衣冠"、"书橱"等。这些儒家道德修养原则与践履规范，就是张伯行"德性之知"的主要内容。

张伯行致知的最终目的还是为了"穷理"，与"主敬立本"一样也是要确立"心"这一道德本源的地位。因此，张伯行指出："宁可终岁不读书，不可一日近小人。"① 其实，这与张伯行主张"致知"并不矛盾，因为在张伯行看来，见闻之知、德性之知的猎取只是手段，君子、小人的义利之辨，亦即穷理才是根本。其门徒蔡世远就认为张伯行"学以立志为始，以复性为归"，"学必先于义利之辩。"② 张伯行将"致知"与"穷理"两者紧密结合，认为只有通过读书才能"洞见本源"，才能确立为圣为贤的志向："学必穷理致知，先明诸心，使不迷于所往，然后身体力行以求至乎其域。"③ 张伯行进一步指出："天下之义理无穷而吾心之知识有限，以有限之知识当无穷之义理，必不能尽知而尽识之……君子所以务穷理，以为躬行之地也。"④ 在确立"心"作为道德本源的基础上，张伯行展开对儒家伦理知识的讲求，这与陆王的思路一致，当然从具体途径（读书）到最终目标（确立外在道德轨范）两个方面仍是朱学精神。

---

① 张伯行：《续近思录》，上海古籍出版社，1994年，第341—342页。
② 蔡世远：《困学录集粹·序》。
③ 张伯行：《濂洛关闽书》卷之四《程子·涵养第四》，第101页。
④ 张伯行：《濂洛关闽书》卷之十七《朱子·君子章句上》，第298页。

三、反躬以践其实

宋明时代，理学的理论形态处在创造变化过程中，当时诸大儒均比较重视宇宙生成、理气关系、人性之辨等问题。清初，"崇实黜虚"之风兴起，一派学者走向考证之实，一派学者走向践履之实。张伯行是后者的代表人物之一。所谓"反躬以践其实"，"反躬"是指反之"身心"，"践其实"是指践履，亦即对儒家先验道德在现实中的一种践行。

张伯行"反躬践实"基于对当时学风的批评："自异学纷起，其所宗主者虽不一其名，要之皆缺下学之功，妄议上达之效者也。"① 张伯行也不认同理学过多形而上的研究："善学者学问所至，其浅深高下，惟领之于心而不出之于口；不善学者，不务实求诸己，徒好为高论以夸于人，言虽是而其中之所得则无几矣。"② 在其看来，为学必须首先反诸自身、培养心体、最后于践履之中去落实："学问之道不外知行……故圣人之教人也，博学、审问、谨思、明辨。所以致吾心之知……胸中光辉明彻，触处旁通，而即其所知之理，见于践履服行之间，真诚无妄，而无一事之不实矣。"③ 只有胸中光辉明彻，即亦首先必须培养心体，践履才能达到"真诚无妄"，它是"主敬以立其本"、"穷理以致其知"的进一步演绎。

张伯行仍然试图为践履寻找一种外在的道德标准，以便对"心"这一道德源泉及"身"之行动进一步规范。在其看来，儒家的下学功夫与礼教恰可当此重任，张伯行批评道：

---

① 张伯行：《正谊堂文集·困学录序》，第106页。
② 张伯行：《濂洛关闽书》卷之四《程子·言学第三》，第91页。
③ 张伯行：《濂洛关闽书》卷之十八《朱子·德行章句上》，第302页。

"今日小学之功既废,而礼教又不讲。人家子弟,自幼便骄惰坏了,安能望其有成,故欲人材之成就,须是要兴礼教。"① 由于张伯行将道德式微、人才不振归之于礼教,因此不遗余力地推崇朱熹的《小学》,在其看来朱熹著此书的原因是:"以为人之幼也,不习之于小学,则无以收其放心,养其德性,而为大学之基本。"并认为《小学》乃是儒家最急需、重要的经典:"孔子教人之道,学者有志圣贤,诚未有于是书也。"② 即不经过"扫洒应对"的"小学"熏陶,就不能进入大学离经辨志、敬业乐群、齐治均平等新领域,"大学"与"小学"一样也无外乎伦理,即所谓"学以敦伦为本"③,亦即实践儒家的礼教。

张伯行特别将理学"敬"、"爱"等基于"天理"的精神植入到儒家礼教之中。张伯行认为礼就是天理在人类社会中的表现:"礼者,天理之当然也。"④ 这些"天理之当然"的法则使礼教成为本末一致之学:"吾儒之道,惟在日用事物之间,循循下学,久之功力既至,自驯致乎上达之诣,此本末一致之学也。"⑤ 只有从"君臣、父子、夫妻、兄弟、朋友之常"这五种关系入手,同时秉之以理学"敬"、"爱"等精神,才能建立起符合天理的人间伦理秩序。

在张伯行看来,"孝"是五伦秩序的核心:"天子至庶人,孝道无终始贵贱之异。"⑥ 孝与敬、爱一体,最集中体现于父母、子女之间:"父母生子,形气相续,人伦之道,莫大于斯,所以当爱也。有君之尊,有亲之亲,恩义之厚,莫此为重,所以当敬也。君子爱敬尽于事亲,而后推此心以爱

---

① 张伯行:《困学录集粹》,第44页。
② 张伯行:《小学集解·序》,中华书局,1985年。
③ 张伯行:《小学集解》,第9页。
④ 张伯行:《濂洛关闽书》卷之七《程子·行事第九》,第128页。
⑤ 张伯行:《濂洛关闽书》卷之三《二程子·传道第一》,第84页。
⑥ 张伯行:《小学集解》,第49页。

敬他人。谓之顺德、顺礼。苟不爱敬其亲，而爱敬他人，则悖乎德礼之序矣。"① 因此，孝是伦理中最基本的也是首要的，并且可以推之于"爱"、"敬"他人，从而使儒家伦理在整个社会中得以实现。

君臣关系、朋友关系作为五伦之一，也受到张伯行的重视。张伯行既强调君主的绝对尊地位，也认为应该用"礼"调节君尊臣卑的现实。他在解释《论语》中"君使臣以礼，臣事君以忠"时，认为"君臣泰交之道，君以尊临卑，易于慢，当尽其礼；臣以下事上，易于欺，当尽其忠。二者皆理之当然，各欲自尽而已。"② 认为礼可以矫君之慢、臣之欺，使君尽礼、臣尽忠，从而维持君臣之间的正常关系。同时，张伯行将"义"、"性"与之结合，认为："君臣为五伦之一，而大义则与生俱来。盖上下交而志同，君之礼臣，臣之忠君，皆自至性中流出。"③ 明代中后期由于党社兴起，朋友之伦也变得重要起来，清初这种遗风仍在，张伯行也同样受到影响，他认为："夫朋友列于人伦，所关甚重。非寻常泛交可以当也。"④ 因为朋友讲学，是对于躬行践履有促进作用的："人之为学，不外乎致知力行二事，而皆必须友以成之。"⑤ 对于如何处理朋友关系，张伯行指出："朋友之伦，以敬为主也。人交久则敬衰，久而能敬，所以为善。"⑥ 将"敬"作为朋友之交的原则。

---

① 张伯行：《小学集解》，第 25 页。
② 张伯行：《小学集解》，第 30 页。
③ 张伯行．《濂洛关闽书》，第 257 页。
④ 张伯行：《小学集解》，第 44 页。
⑤ 张伯行：《小学集解》，第 41 页。
⑥ 张伯行：《小学集解》，第 84 页。

阮籍的死亡思想研究

◎ 张志建 任雯

阮籍字嗣宗,陈留尉氏(今河南尉氏)人,生于汉献帝建安十五年(210),卒于魏元帝景年四年(263)冬,时年五十四岁[①]。《晋书》本传载:籍"容貌瑰杰,志气宏放,傲然独得,任性不羁,而喜怒不形于色",乃魏晋玄学名士,(籍)"才藻艳逸,而倜傥放荡,行己寡欲,以庄周为模则,官至步兵校尉"[②]。阮氏出身于儒学世家[③],本有济世之志,然时处魏晋乱世,身遭两次"禅代之局"[④],复遇"典午之变"[⑤],故隐身不问世事,酣饮为常。阮籍能文善诗,其文学

---

① 《晋书·阮籍传》载:阮籍"景年四年冬卒,时年五十四岁",由是推之,籍当生于汉献帝建安十五年。
② 《三国志·魏书·阮籍传》。
③ 刘孝标注引《竹林七贤论》说:"诸阮前世皆儒学",籍父瑀乃"建安七子"之一;范文澜《中国通史简编》第二册第四章指出,司马氏极重士族门阀制度;而《晋书》本传载司马昭欲求亲于阮籍,由此可见阮籍出身于世儒的士族家族。亦有人疑之,如王葆玹《老庄学新探》。
④ 汉献帝建安二十五年即魏黄初元年(220),汉帝禅位于魏王;魏元帝景年四年(263),司马昭封晋王,位相国,加九锡,阮籍被迫做《劝进表》。死后两年,魏元帝禅位于晋王。
⑤ 正始十年(249),司马氏政变,一举收曹爽、何晏等,劾为大逆不道,皆夷三族。

作品在中国中古时代文学史上地位极高,备受推崇。唐朝李京赞其"竹林乐志,蓬池养神,振百代之风骚,作七贤之领袖"①。其著作有《阮步兵集》传世。②

一、焦虑与自然

东汉末年,频繁的天灾、血腥的战乱、无耻的争夺和无情的屠杀无情地粉碎了儒家所构建的理想世界,"由汉儒道德幻想和政治幻想所构造的彼岸世界,因名教之治的破产和汉末空前残忍、毫无廉耻的混战而变成一片精神的废墟"③。应该说,在一定程度上,社会的大动荡,给思想的大解放创造了条件。在急剧变化的时代中,人们所要面临的死亡威胁增强,所受到的思想束缚也呈现宽松化,个体的自我意识急剧的膨胀,对生命的美好有更为深刻的认知,面对随时可触的死亡,人类所展现出来的恐惧是难以言表的,这种生命的焦虑也深深地刻在了阮籍的灵魂深处。

在阮籍眼中,生命是极其美好的,就好像绝代佳人。其《咏怀诗》曰:"妖冶闲都子,焕耀何芬葩。玄发照朱颜,睇眄有光华。"④ 阮籍用"妖冶"、"闲都"、"焕耀"、"芬葩"这

---

① (唐)李京:《重建阮嗣宗庙碑》,陈伯君《阮籍集校注》(附录),第427页。
② 《阮步兵集》,又称《阮嗣宗集》、《阮籍集》,为阮籍诗文著述汇编,原书十二卷(《晋书》卷四十九传),《隋书·经籍志》集部有"《魏步兵校尉阮籍集》十卷"。今存本有《阮嗣宗集》两卷(明汪士贤辑刻《汉魏诸名家集》录),《阮步兵集》一卷(明末张溥辑刻《汉魏六朝百三名家集》本),1958年中华书局重印严可均《全三国文》有《阮籍集》十三卷。1978年上海古籍出版社对其诗文加以校勘出版,即《阮籍集》由范钦、陈德文校刊。1987年中华书局出版陈伯君《阮籍集校注》。此外,"尚有《咏怀诗》八十余篇"(《晋书》本传载),有单行本行世:黄节《阮步兵咏怀诗注》,1984年人民文学出版社版。
③ 王晓毅:《儒释道与魏晋玄学的形成》,中华书局,2003年,第12页。
④ 《咏怀诗》(第二十七首),本文所引阮籍诗文皆采陈伯君《阮籍集校注》本,下同,只注篇名。

一连串的形容词来凸显了佳人的姣美和艳丽，象征着生命的华美与富丽，接着又用"玄发"、"朱颜"、"睇昒"、"光华"进一步层层渲染了佳人绝世的美丽，就好像生命的灿烂夺目，如此的光辉的生命，从而引得倾城思一顾，遗视来相夸。阮籍还以"芳树"、"绿叶"为喻，通过两者的生意盎然来展现生命的繁盛，浓密的绿荫如同青云一般婉转延绵，"芳树垂绿叶，青云自逶迤"①。

但是，这种美好却注定是不能长久的，时间正一步步地剥夺美好的生命。在时光流逝中，本属于生命的一切美丽必然被时间毫不留情地卷走。在时间的日消月耗中，生命被悄悄地窃取，"一日复一夕，一夕复一朝。颜色改平常，精神自损消"②。在悄无声息的时间流淌过程中，人逐渐地衰老，年华不再，生命流逝。而这种过程是必然的，"朝阳忽蹉跎，盛衰在须臾"③，华美的生命抵挡不住无情的时间，时间终将迅速、残酷地掠走生命。时光飞逝，一个人"朝为媚少年，夕暮成丑老"④；"朝生衢路旁，夕瘗横术隅"⑤。黄侃对阮籍的这种心态有着精辟的分析："儇薄之子，当年盛色荣，足以致倾城之顾；而荣华不久，始于合而终于离，非人力所能与也。"⑥

同时，阮籍还借用时间对其他美好的事物摧残，进一步论述了时间对生命的掠夺。木槿开花于丘墓，煌煌有光色，当白日西坠山林之时，花瓣则飘飞零落于路侧；蟪蛄高鸣于灌木荆棘之间，欢喜怡悦至极，却是春生夏死，夏生秋死，

---

① 《咏怀诗》（第七首）。
② 《咏怀诗》（第三十三首）。
③ 《咏怀诗》（第二十七首）。
④ 《咏怀诗》（第四首）。
⑤ 《咏怀诗》（第五十九首）。
⑥ 黄侃先生评阮籍《咏怀诗》（第二十七首），转引陈伯君《阮籍集校注》，第299页。

不知岁有春秋①；蜉蝣有采采华丽的羽翼，却是不食不饮，三日而死。他们的生命都是那么的美好，又是那么的短暂，使人为之悲泣哀伤。这就好像人的生命一样，如此的美好，却挡不住时光的流逝，死亡终将降临在每一个人的头上。人生乐于长寿久世，但生命却犹如日坠深渊，一旦迟暮不再朝。

从阮籍的诗文中，我们可以看到阮籍对时间很敏感。在其《咏怀诗》中涉及时间的词句反复出现，82首诗中竟有80%以上的诗中含有"时间"词，其中"朝"26处，"夕"15处，"暮"3处，"秋"10处，"春"6处，"一时"5处，"万世"4处。其主要基调是悲伤忧愁，其中"忧"字10处，"伤"字12处，"悲"字11处，"哀"字11处，"愁"字4处，"怨"字6处，"苦"字9处②。这一切都凸显了在死亡面前，阮籍无比忧愁和焦虑的心理，那种对生命流逝的惋惜溢于言表。

但是我们必须注意到，在道家的自然主义和相对主义思想影响下，阮籍理性地指出，"死生自然理"③，生死乃是人类之自然。

阮籍在道家自然主义思想的指引下提出"自然者无外，故天地名焉"④，自然之外不存在另一个天地，自然即是天地，"天地者有内，故万物生焉"。在阮籍看来，天地万物与自然一体，《达庄论》曰："天地生于自然，万物生于自然"，"当其无外，谁谓异乎？当其有内，谁谓殊乎？"认为自然是至大无外、包容一切的，天地与万物都是大自然的产物，在

---

① 郭庆藩辑：《庄子集释·逍遥游》，中华书局，第13页。
② 许征著，《论阮籍的"忧世"与"忧生"》，载《廊坊师专学报》1998年第3期，第35—36页。
③ 《咏怀诗》（第四十八首）。
④ 《达庄论》。

天地之间生长着的各种事物都属于自然，没有什么东西可以超出自然之外，也不存在不属于自然的物。万物的产生、成长都归结于自然的力量，阮籍指出"昔者天地开辟，万物并生，大者恬其性，细者静其形；阴藏其气，阳发其精"①。开天辟地之时，万物都是遵循自然的性、情、精、气一起生长起来的。

阮籍把人也归结为自然的产物。阮籍认为"人生天地之中，体自然之形"，人生于自然，其身乃"阴阳之积气"，其性乃"五行之正性"，其情乃"游魂之变欲"，其神乃"天地之所以驭者"②，故人与万物、自然是合一的，人的一切皆非独立于自然，因此人是一个纯自然之物。人生于天地之间，在人的身上处处体现着自然的种种属性，人的身体是宇宙间阴阳之精气所生成，人的本性是构成世界万物的五种元素——金、木、水、火、土五行之间相生相克的本性，人的感情变化是精神欲望的变动，而人的思想则是自然支配人行为的驭者。人的身、性、情、神无不本于自然。

因而，人和万物一样，都要受自然秉性的制约。《达庄论》曰："大均淳固，不贰其纪，清静寂寞，空豁以俟。"混沌自然的惠施极为均等并且淳厚专固，没有其他的法度，同时又清虚安静寂寞无声，空旷开阔并且广大无际，善恶无人加以区分，对错也不值得争辩，所以万物都能回归各自的适宜而满足各自的性情③。自然界遵照一定的规则而运行，而这种规则是自然清静的，宇宙万物顺自然而生死。阮籍由此指出"天地之永固，非世俗之取及也"④，故人有生有死，

---

①④ 《大人先生传》。
② 《达庄论》。
③ 参见韩格平：《竹林七贤诗文全集译注》，吉林文史出版社，1997年，第132页。

死亡乃是人的自然本性,"人生若尘露,天道邈悠悠"①。时间在生命面前是不可逆转和不可重复的,连永恒的日月都跟着变化,"四时更代谢,日月递差驰"②,世间万物莫不如斯,"视彼桃李花,谁能久荧荧"③。

同时,在道家相对主义思想的影响下,阮籍提出人的生死是一体的。宇宙万物之同异仅是一种主观思维上的差别,"自其异者视之,则肝胆楚越也;自其同者视之,则万物一体也"④。从其异看,万物彼此相分,是具有差别的;但从其同看,天地一体,万物在其内,其外无物,因而又可以说是无差别的。从宇宙宏观的角度,指出客观事物是"自然一体","万物一体"。而人是自然之物,故"以生言之,则物无不寿;推之以死,则物无不夭"⑤。自小说之,则万物莫不小;由大观之,则万物莫不大。殇子为寿,彭祖为夭;秋毫为大,太山为小。故生死为一贯,是非为一条,婴儿死亡,我们可以认为他是足寿,长寿老人的死亡,我们也可以把其看成夭折。

阮籍还从人的自然构成的基础上来证明人的生死之一体。阮籍认为人的死生乃是"一气盛衰,变化而不伤"⑥,认为万物由"气"而存,其形异变化不伤其质同,其生死变化并不改变其"气"之本质。因此,人死生在本质上是无差的,只是"气"发生了形式上的变化。阮籍还指出"大而临之,则至极无外;小而理之,则物有其制"⑦。从大的方面俯视万物,则看尽万物而不言其外;从小的方面审理万物,则万物各有其不同的形制;人生与死之间是存在着差异的,

---

① 《咏怀诗》(第三十二首)。
② 《咏怀诗》(第七首)。
③ 《咏怀诗》(第十八首)。
④ 《达庄论》,此句同《庄子德充符》句。
⑤⑥⑦ 《达庄论》。

但这只是形制上的差别；就其本质而言，则皆自然也。别而言之，则须眉异名；合而说之，则体之一毛也。

这也就是说，在阮籍的心中，人生是短暂的，而死是无穷的。而人的"性命有自然"①，生死乃是自然、无异的，因而阮籍教导人们长生与短生均循自然之规。应该说，这也正是阮籍实现生死超越的理论基础。

二、批判与超越

阮籍敏感的心灵充满了对短暂的生命和死亡的焦虑，应该说这是自建安以来个性觉醒思潮影响的结果，"由于人有自我意识，他意识到自身的无力和生存的极限"②，人就脱离了舒适的自然状态的无知，随之而来的就是畏惧和焦虑。而这种个性觉醒所导致珍惜生命思想在阮籍这里表现得尤为激烈，无力接受死亡激活了他超越死亡的渴望。因而，阮籍对现实社会的恶劣展开了不遗余力的批判，试图构架一个理想的世界来实现生命的超越。

阮籍借助对美好自然的赞扬来批判世俗社会的恶劣。在阮籍的心目中，自然是极为美好的。他通过对东平的地理描写来表述自己对自然的赞颂之情，东平外部有浊河萦绕其塘，清济涤荡其樊，北部有连绵的山冈，山陵崔巍，云电相干，长风振厉；南部有清深浮汶，行潦成池；"深林茂树，翁郁参差。群鸟翔天，百兽交驰"③。以小见大，通过对局部的赞誉，来展现整个大自然的美。这种美在阮籍的心中就好像那美丽的佳人，"沐洧渊以淑密兮，体清洁而靡讥。厌白

---

① 《咏怀诗》（第二十六首）。
② （美）E·弗洛姆著，孙恺详译：《健全的社会》，贵州人民出版社，1994年第18页。
③ 《东平赋》。

玉以为面，披彩霞以为衣。袭九英之曜精兮，珮瑶光以发辉。服儵煜以缤纷兮，綷众采以相绥。色熠熠以流烂兮，纷杂错以葳蕤"①，令人心驰神往。

与自然的美好相对立的却是世俗社会的污秽不堪。东平的自然是美好的，但民风却是"秽累之所如"②，有来自于西面的桑间濮上的荒淫，三晋郑卫的豪强；有历史上留下的刘氏诸王的奢华，叔氏婚族的多私；有来自三齐邹鲁的商旅，洞庭荆楚的蛮俗，从而使得东平变得田野荒芜，树艺失时，畴亩不辟，荆棘不治，强御横于户牖，怨毒奋于床隅。现实社会中，"人民侧匿颇僻，隐蔽不公，坏私抱诈，爽慝是从，礼义不设，淳化匪同"③，唱和矜势，背理向奸，尚气逐利，罔畏惟愆。这样恶劣的地方，故"凤翔过而不集兮，鸣枭群而并栖"④。

阮籍将这种社会与自然失和的原因归结于君臣之别、礼教之行，认为"造音以乱耳，作色以诡形，外易其貌，内隐其情，怀欲以求多，诈伪以要名。君立而虐兴，臣设而贼生。坐制礼法，束缚下民。欺愚诳拙，藏智自神。强者睽眠而凌暴，弱者憔悴而事人。假廉而成贪，内险而外仁。罪至不悔过，幸遇则自矜"⑤。在现实社会中，尊贤以相高，竞能以相尚，争势以相君，宠贵以相加，驱天下以趣之；竭天地万物之至，以奉声色无穷之欲，又害怕人民看穿其丑行，故重赏以喜之，严刑以威之。从而造成社会"循滞而不振"⑥，君臣之别、礼教之行是扼杀人的本性，败坏社会的罪魁祸首。

---

① 《清思赋》。
② 《东平赋》。
③ 《亢父赋》。
④ 《首阳山赋》。
⑤⑥ 《大人先生传》。

但我们必须注意到，阮籍并不是真正的否定名教①，只是因为司马氏打着"名教"的旗号篡夺曹魏的政权，而所谓礼法之士皆以劝进为忠，禅让为礼，攀鳞附翼为智，阮籍认为这是亵渎了礼教，"不平之极，无计可施，激而变成不谈礼教，不信礼教，甚至于反对礼教"②。实际上，阮籍认为社会失和的根源还是在于真正名教的丧失，"沈渐荼酷，仁义同违。如何不研，玉碎冰摧"③，苍茫大地灾难深重，仁义道德全部背违，万物怎么能不残败毁坏，莹玉怎能不破碎，洁冰怎能不被摧颓?!

在这样污秽的社会中，万物都会被毁坏，人也过着屈辱的生活，且难免死于非命，就好像被拘之猕猴和笼中之鸠鸟一样。猕猴行乖巧而外察慧，志在山林之间，却被人所拘，"婴徽缠以拘制"，"固受垢而貌侵"④，供人赏玩，终伏身死于堂阶之下，永远丧失其姿形神魂。鸠鸟在山林之中"噏云雾以消息，游朝阳以相从"⑤，过着优游自在的生活，却突然遭受萧瑟秋风的无情摧残；被人收养后"甘黍稷之芳饎，安户牖之无疾"⑥，期望在逍遥宠爱中陪伴主人一生，却遭狂犬残杀，以至薄贱微躯命殒黄尘。人的生命亦是如此，在污秽的世俗之中，终难免惨死，由此亦可窥见阮籍对生命深深的忧伤。

---

① 笔者认为，其激烈的反礼教之声的背后有一种对真正名教（理想名教）的回归的呼唤。《世说新语·任诞》载：阮籍子浑"少幕通达，不饰小节"，籍谓之曰"仲容已预之，卿不得复尔。"阮籍自己崇尚"自然"，却教子不可放弃"名教"，由此可见阮籍本心还是相信礼教的。《达庄论》曰："自然之理不得作，天地不泰而日月争随，朝夕失期而昼夜不分，竞逐趋利，舛依横驰，父子不合，君臣乖离"。故其理论的归宿仍然是使现实逆于"自然"之"名教"合乎"自然之理"，从而达到"天人合一"之境（可参见任继愈先生主编《中国哲学发展史·魏晋南北朝卷》）。

② 鲁迅著：《魏晋风度及文章与药及酒之关系》，载《而已集》，人民文学出版社。

③ 《吊北公文》。

④ 《猕猴赋》。

⑤⑥ 《鸠赋》。

而所谓"士君子"还视这样一个社会为一个"吉宅",其人犹如"裈中之虱"①,行不敢离缝际,动不敢出裈裆,自以为得绳墨也;饥则啮人,自以为无穷食也。然而一把火烧来,它们无处可逃,死于裈裆之中。而人亦"残生害性,还为仇敌,断割肢体,不以为痛"②,目视色而不顾耳之所闻,耳所听而不待心之所思,心奔欲而不适性之所安,所以疾病萌发而趋于死亡,祸乱四起而万物被残,李牧功而身死、伯宗忠而世绝就是很好的例证。

我们可以看到阮籍对污秽社会和所谓"君子"充满深深的厌恶与愤慨,并对他们进行了毫不留情的批判和抨击。阮籍在否定了君子式的生存方式的同时,也否定了隐士、薪者式的生活方式。在《大人先生传》中,阮籍对隐居山林"兽生禽死"糟蹋生命的颓废隐士进行了严厉地批评,称其"薄安利以忘生,要求名以丧体"的做法"何足言哉";而对于"藏器于身,伏以俟时",期盼着"先穷而后收"的薪者,阮籍则谆谆教导,告诫薪者道:"与世争贵,贵不足尊;与世争富,富不足先",希望薪者摆脱"世之名利"的牵累。

阮籍选择的是一种"大人先生"式的生存方式。在阮籍看来,只有"与造物同体,天地并生,逍遥浮世,与道俱成,变化散聚,不常其形。天地制域于内,而浮明开达于外"的"大人先生"才能实现其"人且皆死我独生"③的终极理想。在阮籍眼中,大人先生"以万里为一步,以千岁为一朝。行不赴而居不处,求乎大道而无所寓","以应变顺和,天地为家;运去势陨,魁然独存","与造化推移,故默探道德,不与世同","不处而居,不修而治,日月为正,阴

---

①③《大人先生传》。
② 《达庄论》。

阳为期"①。在阮籍心中,大人先生不仅超越了社会和个体,而且超越了天地自然之限。大人先生"登乎太始之前,览乎汤漠之初",超越时间之限;"飘飘于四运,翻翱翔于八隅"②,超越空间之限,从而达到"万物一体"、"天地一体"之境界。那么,要如何才能达到这一境界呢?

首先,要"恬生静死"。"恬于生而静于死。生恬,则情不惑;死静,则神不离。故能与阴阳化而不易,从天地变而不移。生究其寿,死循其宜,心气平治,不消不亏"③。一切皆听任自然,恬淡于生,平静于死,不为物欲左右,从宜而安、泰然处之。只有这样才能自然而然,在社会变迁中处事不惊,心气安然。在阮籍看来,人生旅途上的种种追求,往往都是适得其反的,"作智造巧者害于物,明著是非者危与身,修饰以显洁者惑于生,畏死而荣生者失其贞"④,认为害怕死亡而享乐人生的人就会丧失生命的真谛。人只有"守本"即顺乎自己的自然本性,才能在生死问题上获得超脱,即所谓:"潜身者易以为活,而离本者难以永存也。"⑤阮籍规划出了一条精神超越之路,指出在精神上超越生死,既是人顺乎自然的结果,也是人"循自然,佳天地"⑥的体现。

其次,要"适性"。在阮籍的眼中,人是由"气"而生,人性由"五行"之性而定,故人性有刚柔,情有爱恶,这就势必产生"得失"、"悔吝"、"吉凶"等冲突,损害性情的自然运作和发展。阮籍适时地提出"立仁义以定性,取蓍龟以制情"④,有意识地制约情感的恣意,从而使人在自然的本性轨道上运行。要达到"适性"的要求,就要求人们必须"清虚"、"无欲",据此来制御那些违背人"性"之自然的过度

---

①② 《大人先生传》。
③—⑥ 《达庄论》。
④ 《通易论》。

欲望,"夫清虚寥廓,则神物来集;飘飘恍忽,则洞幽贯冥;冰心玉质,则皦洁思存;恬淡无欲,则泰志适情"①。

最后,要"虚心"。所谓"虚心",即是"不以万物累心"②,忘却世俗社会的一切纷纷扰扰,彻底抛开精神的负担,忧患不系于怀,从而使自己的心灵始终处于平和的状态。在红尘俗世之中,求得者丧,争明者失,无欲者自足,空虚者受实。夫山静而谷深者,自然之道也;得之道而正者,君子之实也。所以阮籍要求人们"虚心"于物,做到无欲无求。

社会中每个个体都能做到"恬生静死"、"适性"和"虚心",人们一切都顺乎自然,利害、得失、祸福、生死,都不系于心,"明者不以智胜,暗者不以愚败;弱者不以迫畏,强者不以力尽"③,社会就会呈现一种和谐的状态。在这种理想社会中,无贵贱,无富贫,无强弱,无愚暗,无奇声淫色,社会和人回归到"无君无臣,无贵无贱"的自然状态④。无贵则贱者不怨,无富则贫者不争,各足于身,而无所求也。恩泽无所归,则死败无所处。奇声不作,则耳不易听;淫色不显,则目不改视。耳知不相易改,则无以乱起神。

阮籍在批判社会的同时,又试图超越这种社会,重新构架一个和谐的社会,在和谐社会中,人们可以"保身修性"⑤,进而超脱生死。通过对君子、隐士和薪者生活方式逐一否定,阮籍构架了一种既不脱离尘世、不脱离现实世界而又超越尘世、超越现实的自由境界⑥,体现出阮籍对清新自由人生的追求和生命超越的渴望。我们可以看到,阮籍心目中的现实世界和理想世界是交叉在一起的,在形式上它是时

---

① ② 《清思赋》。
③ ⑤ 《大人先生传》。
④ 参见刘大杰先生之观点,《魏晋思想论》,上海古籍出版社,1998年版。
⑥ 参见张世英先生关于"老庄最高境界"的界定,《天人之际》,人民出版社,1995年版。

代、社会以及个人矛盾的具体反映,在实质上它又是矛盾的消解器,这充分显露出阮籍的双重人格,在现实中断裂的人格,在理想世界得以修复①。

三、彷徨与抑郁

基于阮籍对人的肉身的有限性认识,我们可以认为阮籍这种"大人先生"式的生死超越只是一种主观思想上的超越,以有限的肉体追求无限,试图泯灭生死之间的差别,超越是非生死,从而达于逍遥之境。这种对绝对精神自由的论证和构架只是阮籍在无奈现实面前所做的退缩,企图挣脱肉体的、世俗的束缚,寻求自身的解脱。在本质上,它并没有解决如何抵制作为生命承载物——肉体消亡这一中心问题,因而,这种主观思想上的超越并不能使阮籍摆脱对肉体消亡的恐惧,也就无从摆脱对于死亡的焦虑心理。

阮籍清醒地认识到在肉体上延年的不可行。在死亡的忧愁和焦虑之中,阮籍不由地萌发了延年之思,自言:"独有延年术,可以慰吾心"②,渴望与云间鸟一样,千里一哀鸣,"三芝延瀛洲,远游可长生"③。但在理性上,阮籍清醒地认识到人是不能够长生的,对于"飘若风尘逝,忽若庆云晞"④的生命,阮籍悲伤地叹曰:"黄鹄呼子安,千秋未可期"⑤,故而阮籍独坐山岩中,侧怆伤怀。

死亡超越的主观性和肉体消亡的不可抗拒性使得阮籍始终无法从死亡的阴影中走出来,对于阮籍来说,那挥之不去

---

① 参见许建良先生《魏晋玄学伦理思想研究》,人民出版社,2003年,第215页。
② 《咏怀诗》(第十首)。
③ 《咏怀诗》(第二十四首)。
④ 《咏怀诗》(第四十首)。
⑤ 《咏怀诗》(第五十五首)。

的生存焦虑正是来自动荡的社会对人的生命的威胁。"焦虑是一种自我机能，它使人警惕将要来到的危险，并对之做出相适应的反应"①。生存还是毁灭，这个困扰人类的难题极为现实的摆在了阮籍的面前，阮籍在死亡恐惧的威迫下，艰难地选择了生存，这也就决定了阮籍的一生将在委曲求全中苦闷度日，矛盾充斥了其一生。

其一，生活上的放浪形骸与政治上的小心谨慎。阮籍耽酒而常醉，醉后坦然地卧于卖酒美妇之侧②；在司马昭的宴席上，箕踞啸歌，酣放自若③；临母丧吃肉喝酒，散发箕踞，旁若无人④；对叔嫂不通问的礼教不屑一顾，在嫂归宁时出门送⑤；兵家女未嫁而夭，不顾与其父母并不相识而径往哭吊⑥；凡此等等足以说明阮籍可谓是任性而为、放浪不羁。正由于阮籍在生活上对礼教的鄙视，导致一些礼教之士纷纷指责，伏义批评他说："言无定端，行不纯轨，虚尽年时，以自疑外"⑦；何曾也曾上奏司马昭，言阮籍以重哀饮酒食肉于公座，要求将阮籍摈四裔，无令污染华夏⑧。与此形成鲜明对比的是，阮籍在政治上的小心谨慎，"钟会数以时事问之，欲因其可否而致之罪，皆以酣醉获免"⑨；其友嵇康也

---

① 陈仲庚、张雨新著：《人格心理学》，辽宁人民出版社，1987年，第167页。
② 《世说新语·任诞》注引王隐《晋书》，上海古籍出版社，1982年，第382页。
③ 《世说新语·任诞》，第380页。
④ 袁宏著：《竹林名士传》，转引《竹林七贤诗文全集译注》，第635页。《世说新语·任诞》亦言："阮籍当葬母，蒸一肥豚，饮酒二斗，然后决别。"《晋书·阮籍传》载："裴楷往吊之，籍散发箕踞，醉而直视，楷吊唁毕便去。或问楷：'凡吊者，主哭，客乃为礼。籍既不哭，君何为哭？'楷曰：'籍既方外之士，故不崇礼典。我俗中之士，故以轨仪自居。'时人叹为两得。"
⑤ 《世说新语·任诞》，刘孝标引《曲礼》注曰："嫂叔不通问，故讥之"，第382页。
⑥⑨ 《晋书·阮籍传》。
⑦ 《伏义与阮籍书》，伏义著，《阮籍集校注》（附录）。
⑧ 《晋书·何曾传》。

说:"阮嗣宗口不论人过,吾每师之,而未能及"①;故司马昭尝言:"然天下之至慎者,其唯阮嗣宗乎?每与之言,发言玄远,而未尝评论时事,臧贬人物,可谓至慎乎!"②

其二,不仕之心与入仕之行的矛盾。阮籍早年亦有壮志,"壮士何慷慨,志欲威八荒"③。但是随着时局的变化,阮籍清醒地看到实现人生抱负的条件正在逐渐丧失,于是阮籍开始处处逃避入仕,渴望过着"从容与道化同,逍遥与日月并流"④的生活,并先后辞去了蒋济和曹爽的辟命⑤。但是后来他还是出仕了,为三百斛美酒而求为步兵校尉⑥;乐东平风土而求为东平相⑦。在对司马氏的态度上,阮籍从未公开表示反对,而是小心翼翼地与之周旋:不愿与司马昭结亲但又绝不公开挑明,于是大醉六十日得免;以沉醉来搪塞司马昭要他写劝进表的要求,最终却还是写下了《为郑冲劝晋王笺》;对司马氏语及玄远,却又赞其"皇灵诞秀,九德光被,应期作辅,论道敷化,开辟四门,延纳羽翼贤士,以赞雍熙"⑧,并为司马昭推荐卢播。

其三,真实世界与彼岸世界之间的矛盾。应该说,阮籍一生都在这种矛盾的境地中挣扎,他生存在一个虚伪、荒谬、丑陋的真实世界之中,独自面对着世俗世界的冰刀霜剑,感受着生命的短促和脆弱,"生命有年,时过虑深"⑨,

---

① 嵇康:《与山巨源绝交书》,载夏明钊译注:《嵇康集译注》,黑龙江人民出版社,1987年第1版。
② 《世说新语·德行》注引李康(当为"秉")《家诫》,第30页。
③ 《咏怀诗》(第三十九首)。
④ 《答伏义书》。
⑤ 《辞蒋太尉辟命奏记》、《辞曹爽辟命奏记》。
⑥ 原见于《太平御览》卷六一一,疑为《竹林七贤论》,转引自《竹林七贤诗文全集译注》,第634页。
⑦ 《晋书·阮籍传》。
⑧ 《与晋王荐卢播书》。
⑨ 《四言诗》(第一首)。

翘首期待着彼岸世界的逍遥自在,"岂若遗世物,登明遂飘飘"①,"岂若遗耳目,升遐去殷忧"②;既希望彼岸的实在,"兹年在松乔,恍惚诚未央"③,又自知彼岸的缥缈,"可闻不可见,慷慨叹咨嗟"④,"三山招松乔,万世谁与期?"⑤既明白彼岸的虚幻,却又期待着采纳,"招彼玄通士,去来归羡游"⑥。期望能够过着神仙般的逍遥生活,却又对现实生活中的求仙持一种批判的态度。王子晋成仙,"清荡易恍惚,飘摇弃其身。飞飞鸣且翔,挥翼且酸辛"⑦。阮籍指出世人视王子晋成仙是清荡恍惚,飘摇弃身,摒弃肉体;而王子晋本人是心怀辛酸,不忍离开人间的。黄侃就明显地指出:阮籍"言神仙难信,富贵无常。"⑧阮籍通过对"成仙"的否定,直言:"采药无旋还,神仙志不符。"⑨

其四,否定名教和信奉名教之间的矛盾。一方面,阮籍直指:"君子之礼法,诚天下残贼、乱危、死亡之术耳!"⑩另一方面,阮籍又是极为信奉名教的,这与阮籍出身于世儒的士族家庭是密切相关的。阮籍少年时是按照儒家的理想和信念来修身并设计自我人生的,"昔年十四五,志尚好诗书。被褐怀珠玉,颜、闵相与期"⑪;"违礼不为动,非法不肯言"⑫圣人"明于天人之理,达于自然之分,通于治化之

---

① 《咏怀诗》(第八十一首)。
② 《咏怀诗》(第二十七首)。
③ 《咏怀诗》(第七十六首)。
④ 《咏怀诗》(第七十八首)。
⑤ 《咏怀诗》(第八十首)。
⑥ 《咏怀诗》(第七十七首)。
⑦ 《咏怀诗》(第六十五首)。
⑧ 黄侃先生评阮籍《咏怀诗》(六十六首),陈伯君《阮籍集校注》,第376页。
⑨ 《咏怀诗》(第四十一首)。
⑩ 《大人先生传》。
⑪ 《咏怀诗》(第十五首)。
⑫ 《咏怀诗》(第六十首)。

体，审于大慎之训"①，以"建天下之位，定尊卑之制，序阴阳之适，别刚柔之节"②，法天道顺自然而立人事。同时阮籍甚至还提出了以"礼乐德治教化"为主，以"刑政名法强制"为辅的政治理想，"刑、教一体，礼、乐，外内也。刑驰则教不独行，礼废则乐无所立"③。

从以上的矛盾中，我们可以看到阮籍的生活是何等的吃力，任诞不拘于礼法，又处处小心谨慎；不能做敛迹韬光之隐，了却尘念，入仕又不愿同流合污，多有回避；内心信奉礼教，在表面却又否定礼教；企盼延年益寿生命长存却又知仙人难相随，不满于喧嚣尘世却又不得不居住其间。由此可见阮籍生活之彷徨，从这些彷徨，我们也可以清晰地窥见阮籍惧祸心理之重，阮籍醉酒猖獗，其实质是佯狂避世，"盖身不能维世，故逃为惊世。广武之叹，苏门之啸，穷途之恸，综忧乐而横歌哭，亦夫大不得已者乎！"④罗宗强先生经过分析后指出，阮籍之出仕，"与其说他是耽于仕禄，毋宁说他是惧祸"⑤。

阮籍就这样在彷徨和犹豫之中，苦苦地追寻生命的出路：追求友情，而人与人间多有疑惑，不能相互直言议论评说，"损益生怨毒，咄咄复何言"⑥；追求彼岸世界，而"天阶路殊绝，云汉邈无梁"⑦；醉酒，也有醒时。阮籍始终无法摆脱内心的孤独和忧虑，"徘徊将何见，忧思伤我心"⑧，故阮籍时常率意独驾，不由径路，却迷茫于车迹所穷之处，只

---

① 《通老论》。
② 《通易论》。
③ 《乐论》。
④ （明）张燮著：《增定阮步兵集》，载陈伯君《阮籍集校注》附录，第413页。
⑤ 《玄学与魏晋士人心态》，第134页。
⑥ 《咏怀诗》（第六十九首）。
⑦ 《咏怀诗》（第三十五首）。
⑧ 《咏怀诗》（第一首）。

能恸哭而返。这时候的阮籍在放达与至慎的矛盾中挣扎，陷入一种进退失据的精神困境。阮籍是软弱的，他推崇舍生取义、效命沙场，却在险恶的政局下苟安；他崇尚自然，追求个性独立和自由，却从来没有超脱现实的羁绊。在恐怖黑暗的社会中，阮籍不安于生，也不甘于死，伴随他终生的只能是痛苦和忧伤，焦灼和恐惧。他尝试了多种摆脱人生痛苦、超越生存困境的方式，诸如清谈、饮酒、放诞，但却唯独没有选择一了百了的结束痛苦的方式——死亡，过着一种不生不死的矛盾生活方式。

关于阮籍的一生，余嘉锡先生曾经有过一段精彩的评价："嗣宗阳狂玩世，志求苟免，知囊括之无咎，故纵酒以自全。然不免草劝进之文词，这司马昭之狎客，智虽足多，行无故取。"[1] 因而，我们可以说，在阮籍复杂而矛盾的思想中，对死亡的恐惧是贯穿始终的。"自然有成理，生死道无常"[2]，面对着无情的流逝时间和无可奈何的现实，阮籍痛苦的呻吟道："终身履薄冰，谁知我心焦"[3]，凸现出不可解脱的悲凄与焦虑，这是阮籍对死亡彻底悲嚎，储满了冷寂悲苦的情愫。故而阮籍的一生都处于殷忧和怵惕之中，"殷忧令志结，怵惕常若惊"[4]，在岁月不居、人生短促的悲叹中度过了彷徨、抑郁的一生。

---

[1] 余嘉锡：《世说新语笺疏》，上海古籍出版社，1993年，第537页。
[2] 《咏怀诗》（第五十三首）。
[3] 《咏怀诗》（第三十三首）。
[4] 《咏怀诗》（第二十四首）。

人 文 世 界

区域·传统·文化

宗教研究

从佛道关系的演变看北宋道教理论转型的实现

◎ 隋思喜

研究唐宋历史的学者们指出，唐宋时期的基本特征之一就是社会与文化的"转型"，如日本学者内藤湖南认为："唐宋时期一词虽然成了一般用语，但如果从历史特别是文化史的观点考察，这个词其实并没有意义。因为唐和宋在文化的性质上有显著差异：唐代是中世的结束，而宋代则是近世的开始。"① 社会与文化的转型也反映在道教方面。北宋时期道教的转型是多方面、多途径的，而核心则是道教思想的理论转型，确切地说，"道教思想最突出的转变主要表现在由注重本体论、重玄学、心性论的探讨而转向了内丹心性学。内丹心性学在唐末五代兴盛，其影响力逐渐超过了外丹，在宋代以后成为道教思想与实践的主流"②。北宋以后道教内丹心

---

① [日]内藤湖南著：《概括的唐宋时代观》，《日本学者研究中国史论著选》，中华书局1992年版，第10页。
② 孙亦平著：《杜光庭与唐宋道教的转型》，南京大学出版社2004年版，第257页。

性学兴起的主要原因是道教自身在思想义理和修炼实践等方面深厚积累的基础上实现了突破性的发展,其中,佛道思想的融通互补与道教方面援佛诠道从而实现了理论的开拓则是关键因素之一。北宋时期道教理论转型的实现与佛道关系的演变有密不可分的内在联系,在某种意义上也可以说,正是由于道教方面自觉地实现了佛道关系的转折从而推动了道教理论转型的实现。

佛道关系的演变经历了既差异有冲突又融求共存的复杂的历史过程,在北宋时期,佛道关系实现了从激烈的"冲突对抗"与思想的"融通互补"共存的局面走向以彼此间平等的"对话"与"共存"为主要关系的重大转折。"对话"与"共存"是宗教与宗教之间经过长时间的激烈对抗之后认识到的最有利的相处模式,佛教与道教关系的演变就体现了这一点。

一

佛道关系的演变往往与佛道两家实力的消长变化有密切的联系,主要表现在:在佛道两教的发展兴盛时期,佛道之间虽有主张融通与共存的良好愿望,但往往更多地表现为激烈的冲突和对抗;而在佛道两教的发展衰微时期,佛道之间的关系则表现为比较友好,能够实现思想的"对话",寻求共存和共同发展成为主导的关系模式。佛教传入中国之时正是道教的草创时期,在佛教与道教的初期接触中,佛道关系并没有后来发展中所表现出的那么"水火不容",其间虽有互相批判的现象,但总体来说表现出了可以"共存"的倾向。这主要归因于佛教初传因力量弱小而采取的依附态度以及人们对佛教的"误读":一方面,佛教本是外来的宗教,初传中国时力量非常弱小,不易为人们接受和广泛的传播,而当时的道教正处于创教兴起阶段，有深厚的文化传统资源、广泛的信众基础以及浓厚的神仙方术信仰氛围，因此为了更好地适应中国的社会和文化以及更广泛地传播，佛教便有意识地依附与迎合中国本土文化尤其是黄老神仙方术与老庄道家思想从而在中土扎根，进而为人们所接受；另一方面，佛教初传中国之时人们对其并不了解，往往将佛教看作是黄老神仙方术的一种，将佛陀等同于神仙真人而信仰，甚至当时有"老子化胡"的说法以说明佛道同源，因此对于佛教并没有激烈的排斥。

经过魏晋时期的积淀，南北朝时期，佛教和道教都获得了繁兴的发展。就佛教来看，随着经典的翻译以及佛教学者们的深入阐释，佛教已经从思想上摆脱了依附玄学的困境而获得了独立发展，形成了研习不同经论的诸多学派。同时，在统治者的大力扶持下，修建了大量的寺庙和普度了众多的僧尼，僧官制度也得以确立，寺院经济也得到了极大的发展，佛教发展获得了坚实的思想、信仰和经济基础。同一时期，随着信众阶层从平民扩大到士族阶级，统治者的支持以及大批士大夫的皈依信仰，道教从内容到形式都获得了极大的发展，制作了大量的道书，出现了新的教派如上清派、灵宝派、楼观道等。而陆修静与寇谦之在南北两方对道教进行的全面改造，则使之成为符合统治者需要的官方宗教，道教也因此实现了快速的发展。在实力增长的基础上，佛教显然不能容忍自己继续受道教的歧视以及作为道教附庸的现状，因此同道教展开了激烈竞争和思想论战，而道教面对势力日益壮大、信众日益增长的佛教也展开了激烈的排斥和攻击。

当时南齐道士顾欢著《夷夏论》抑佛扬道，引起了佛道之间思想上的激烈冲突。《夷夏论》中虽有调和二教之语，如称"二经所说，如合符契"，"道则佛也，佛则道也"等，但论述重点还是明二教之异，倡"夷夏"之别，认为二教虽皆可致教化，但各有其适用之范围，即道教适用于中国，而佛教只适用于夷狄：

> 虽舟车均于致远，而有川陆之节；佛、道齐乎达化，而有夷夏之别。若谓其致既均，其法可换者，而车可涉川，舟可行陆乎？①

顾欢以"老子化胡"说论证佛道二教同源，并且主张"夷夏"之别说，这自然要受到已经兴盛起来的佛教的大力驳斥。《弘明集》中收录了不少佛教徒驳斥《夷夏论》的文章，可概见其争论之激烈。如僧绍作《正二教》扬佛抑道，称：

> 论曰："道则佛也，佛则道也。"正曰："既教有方圆，岂觐其同？夫由佛者固可以权老，学老者安取同佛？苟挟竞慕高撰会杂，妄欲因其同树邪去正，是乃学非其学。"
> 是乃佛明其宗，老全其生。守生者蔽，明宗者通。②

对于"佛即道"的主张都不能认可，更何况刻意贬低佛教的其他观点更不可能获得佛教的认同了。

此后又有道士假托张融之名作《三破论》，更是直接称佛教为"入国破国、入家破家、入身破身"的祸害，甚至谩骂说："胡人无二，刚强无礼，不异禽兽，不信虚无，老子入关故作形像之教化之"，"胡人粗狂，欲断其恶种，故令男不娶妻，女不嫁夫，一国伏法，自然灭尽。"③当时的道教从各方面对佛教发起了猛烈的攻击，如释僧佑就曾列举了包括

---

① 以上引文见《南齐书》卷五四《顾欢传》，中华书局1972年版，第931—934页。
② 《正二教》，《弘明集》卷六，《大正藏》第五十二卷，第37、38页
③ 《灭惑论》，《弘明集》卷八，《大正藏》第五十二卷，第50页。

道教在内的疑佛排佛论的六种观点:"一疑经说迂诞,大而无征;二疑人死神灭,无有三世;三疑莫见真佛,无益国治;四疑古无法教,近出汉世;五疑教在戎方,化非华俗;六疑汉魏法微,晋代始盛。"①

道教的猛烈批判也激起了佛教徒的激烈反击。当时的佛教徒们从各方面回击了道教的批评,如有的佛教徒通过比较佛教与道教解脱方式之差别来对道教神仙信仰、长生久视方术等内容进行批判,称神仙信仰为道教愚惑世人之手段:

> 二教真伪,焕然易辩。夫佛法练神,道教练形。形器必终,碍于一垣之里;神识无穷,再抚六合之外。明者资于无穷,教以胜慧;暗者恋其必终,诳以飞仙。仙术极于饵药,慧业始于观禅。禅练真识,故精妙而泥洹可冀。药驻伪器,故精思而翻腾无期。若乃弃妙宝藏,遗智养身,据理寻之其伪可知。

> 若乃神仙小道,名为五通,福极生天,体尽飞腾,神通而未免有漏,寿远而不能无终,功非饵药,德沿业修,于是愚狡方士伪托遂滋。张陵米贼,述纪升天,葛玄野竖,着传仙公,愚斯惑矣。智可周欤?今祖述李叟,则教失如彼,宪章神仙,则体劣如此。②

有的佛教徒则直接从理论思维入手批判道教,认为道教无论是在思想理论还是在宗教实践方面都完全背离了老庄思想,试图通过这样的批判从根本上动摇道教的理论基础。如北周僧人道安在《二教论》中指出:

---

① 《弘明集后序》,《弘明集》卷十四,《大正藏》第五十二卷,第95页。
② 《灭惑论》,《弘明集》卷八,《大正藏》第五十二卷,第49页、51页。

老氏之旨，盖虚无为本，柔弱为用；浑思天元，恬高人世；浩气养和，得失无变；穷不谋通，达不谋己。此学者之所以询仰余流，其道若存者也。若乃练服金丹，餐霞饵玉，灵升羽蜕，尸解形化，斯皆尤乖老庄立言本理。①

南北朝时期佛道激烈对抗的局面也延续到了隋唐时期，这一时期的佛道两教，其发展均处于鼎盛时期。经过南北朝时期的充分酝酿，佛教在隋唐时期进入了建立宗派的发展阶段，形成了中国化的佛教宗派，这些宗派具有独特的思想体系、详细的教规戒律、完整的修持方法以及大量的寺院经济，从而获得了相对独立的发展；而道教也获得了"国教"的地位，政治上受到李唐王朝的青睐，在宗教地位上居于佛教之上，思想上也开始融合儒学与佛学的理论和思维来进行理论体系的建构，从而能够与佛教进行思想理论的抗衡。

李唐王朝建立之初，佛道关系就随着两家实力的增长而更趋紧张。例如，武德四年（621）道士傅奕上奏沙汰僧尼十一条，对佛教进行了猛烈的批判，称佛教"不忠不孝"、"虚多实少"、"舍亲逐财"、"畏壮慢老"，并且说"佛来汉地，有损无益，人家破家，人国破国"②。为了捍卫佛教，法琳著《破邪论》与傅奕展开激烈论辩，针对傅奕的批评一一回应。武德九年（626），又有道士李仲卿、刘进喜等人著排佛论，法琳则著《辩正论》与之回击，通过历数各代帝王名臣的佛教信仰，论证佛先道后以及道教经典、教义、修炼方术的伪妄谬误等内容宣扬佛教高于道教的观点。僧人静泰与道士李荣也曾就"老子化胡"说往来辩论，静泰旁征博引驳

---

① 《二教论》，《广弘明集》卷八，《大正藏》第五十二卷，第139页。
② 《破邪论》，《大正藏》第五十二卷，第477、482页。

斥此说，称《老子化胡经》为道士王浮之伪作：

> 泰据晋代杂录及裴子野《高僧传》，皆云："道士王浮与沙门帛祖对论每屈，浮遂取《汉书·西域传》，拟为《化胡经》。"《搜神记》、《幽明录》等亦云"王浮造伪之过"。①

并且从佛教与老庄思想的差异处加以论证"老子化胡"说的虚妄："《老子》二篇，《庄生》内外，或以虚无为主，或以自然为宗，固与佛教有殊。"②而李荣则坚持"老子化胡"的说法，借以抬高道教的地位："静泰无知，浪为援引。荣据《化胡经》云'老子化胡为佛'，又《老子序》云'西适流沙'，此即化胡之事显矣。"③隋唐时期的佛道论争在延续了之前的老子化胡、夷夏之争与礼义之争等问题的同时也扩大到具体的思想观念和理论范畴的相互辩论，较之以往在理论深度和思维方式等方面都有明显的深化和细化。例如，唐高宗时曾召见道士与僧人彼此进行辩论，当时僧人会隐法师、神泰法师等提出佛教的"五蕴义"、"九断知义"、"因缘义"、"三性义"、"四无畏义"等内容与道士论辩，而道士李荣等人则根据老庄思想提出"道生万物"、"拟佛法六通为六洞义"、"本际义"等命题与之论辩。④

唐朝中后期，由于安史之乱以及唐武宗灭佛等因素，佛教的发展受到了沉重的打击，渐趋衰落，此时的道教虽有所发展，但已不复之前的盛况。五代十国时期政权割据，战乱频繁，佛道两教的发展均受到非常大的影响，此后的佛道之

---

① ② ③ 《今上在东都有洛邑僧静泰勒对道士李荣叙道事第五》，《集古今佛道论衡》卷四，《大正藏》第五十二卷，第391页。
④ 具体内容详见《今上召佛道二宗入内详述名理事第一》、《上以西明寺成功德圆满僧创入荣泰所期又召僧道士入内殿躬御论场观其义理事第二》、《帝以冬旱内立斋祀召佛道二宗论议事第三》等文，见《集古今佛道论衡》卷四，《大正藏》第52卷。

争便不像之前那么的频繁和激烈。北宋以后儒学兴起成为社会的主导思潮和意识形态，佛道两教则处于附属地位，为了争取继续发展的可能，佛道两教都逐渐放弃"对抗"的态度而明确开始提出了"三教合一"、"佛道合流"的主张，通过吸收其他两家的思想内容以丰富和促进自身的发展，"合一"的主张超越了彼此之间的冲突对抗成为此后佛道关系的主流。

二

可见，佛道实力的消长变化往往会影响佛道关系的发展，而佛道实力的消长变化又往往与统治者针对佛道而采取的不同宗教政策有密切关系，统治者的宗教政策导向往往会对佛道关系的变化产生决定性的影响。在中国的传统社会中，佛道两教的发展离不开统治者的支持，"一般的说，在古代中国，不管哪一种意识形态，如果它想获得大规模的发展，就必须为王道政治服务，取得统治阶级乃至皇帝的支持，舍此任何发展都将十分困难。反之，如果一种意识形态受到统治者特别是皇帝的反对，那么它的生存就遭到威胁。"① 南北朝隋唐时期佛教与道教的繁兴局面就与统治者的支持密不可分。南朝的历代皇帝大都崇信并倡导佛教，其中尤以梁武帝对佛教的支持最为用力。梁武帝萧衍（464－549年）原先崇信道教后转向信仰佛教，他在位期间广建佛寺，盛造佛像，组织僧人讲习经论，亲自著书立说，阐释佛理，同时还大量布施财物，甚至多次舍身寺庙，由大臣出钱赎回，给寺庙供奉了大量的经济财产。在梁武帝的扶持下，佛

---

① 赖永海著：《中国佛教文化论》，中国青年出版社1999年版，第229页。

教实现了兴盛发展的局面。北朝的统治者也大多奉佛，除了北魏太武帝时曾进行灭佛运动给佛教的发展带来短暂的阻碍以外，佛教在北朝的发展也相当兴盛，据史料记载，至北魏末，有寺庙三万余所，僧尼二百万人①，可见佛教之兴盛。南北朝时期，道教也在统治者的支持下获得了进一步的发展。北魏太武帝拓跋焘信奉道教，在他与宰相崔浩的大力支持下，嵩山道士寇谦之改革天师道，使天师道从民间宗教的形式上升为统治阶级的官方宗教，改造后的天师道在魏太武帝的支持下在北魏境内迅速发展，据史书记载：魏太武帝"崇奉天师，显扬新法，宣布天下，道业大行。"②李唐王朝以老子后裔、神仙子弟自居，对于道教格外扶持，如唐高宗李渊就努力提高道教的地位，曾经先后三次召集道、释、儒三教人士进行道教与佛教孰先孰后的辩论，在辩论无果的情况下则亲自裁定"道大佛小"，又于武德八年（625）颁布诏令，明确规定："老教孔教，此土元基，释教后兴，宜崇客礼，今可老先、次孔、末后释宗。"③唐太宗也主张"李家据国，李老在前"④。在李唐王朝"崇道"政策的支持下，道教获得了蓬勃发展。而武则天"改唐兴周"以后则采取"崇佛"政策，抬高佛教的地位，诏令佛教居于道教之前，在利用佛教为其统治的合法性进行辩护的同时，也积极扶持佛教的发展，武则天本人还亲自参与和组织了对《华严经》的翻译，并且支持法藏创立了佛教史上影响巨大的华严宗，佛教发展实现了鼎盛局面。而实现"中兴"的唐玄宗基于武则天利用佛教篡夺李唐王朝的教训，则恢复开国以来的"崇道"

---

① 《魏书》卷一一四《释老志》，中华书局1974年版，第3048页。
② 《魏书》卷一一四《释老志》，第3052—3053页。
③ 《高祖幸国学当集三教问僧道是佛师事第二》，《集古今佛道论衡》卷三，《大正藏》第五十二卷，第381页。
④ 《文帝幸弘福寺立愿重施叙佛道先后事第八》，《集古今佛道论衡》卷三，《大正藏》第五十二卷，第386页。

政策，采取了一系列的措施提高道教的地位，使唐代道教的发展达到全盛时期。

统治者的扶持政策使得佛道两教在南北朝隋唐时期实现兴盛发展的局面，这期间，也由于统治者的政策导向，佛道之间不仅有思想的论争，而且也往往演化为现实的流血冲突事件。三武一宗灭佛事件的背后就有道士参与其中。北魏太武帝灭佛起因于怀疑长安寺庙的僧人与盖吴通谋造反，但也与佛道之间的冲突以及魏太武帝的道教信仰不无关系。北周武帝的灭佛与道士张宾以及还俗僧人卫元嵩的排佛论有直接的关系，张宾就曾屡屡向周武帝进言，称"唐虞无佛图而国安，齐梁有寺舍而祚短"①，佛教无益于治世且有损教化，应该下令废黜。唐武宗继承了李唐王朝的"崇道"政策，据史料称"帝在藩时，颇好道术修摄之事"，登基以后，"召道士赵归真等八十一人入禁中，于三殿修金箓道场"，并"以衡山道士刘玄靖为银青光禄大夫，充崇玄馆学士，赐号广成先生，令与道士赵归真于禁中修法箓。"在道士的影响下，唐武宗于会昌年间采取了废除佛教的行动："时帝志学神仙，师归真。归真乘宠，每对，排毁释氏，言非中国之教，蠹耗生灵，尽宜除去，帝颇信之。……归真自以涉物论，遂举罗浮道士邓元起有长年之术，帝遣中使迎之。由是与衡山道士刘玄靖及归真胶固，排毁释氏，而拆寺之请行焉。"而最终的结果便是："其天下所拆寺四千六百余所，还俗僧尼二十六万五百人，收充两税户，拆招堤、兰若四万余所，收膏腴上田数千万顷，收奴婢为两税户十五万人。"②佛教史称此为"会昌法难"，是佛教发展遭受到的最沉重的打击。此后又有

---

① 《佛祖统纪》卷三十八《法运通塞志第十七之五》，《大正藏》第四十九卷，第358页。
② 以上引文均见《旧唐书》卷十九《本纪第十八上》，中华书局1975年，第585—606页。

后周世宗崇信道教，采取灭佛行动。他一方面宠信道士，如史书记载其曾召见陈抟"问以飞升、黄白之术"①，另一方面则采取强硬手段大规模的拆毁佛寺、佛像，禁止私度僧尼，严格限制佛教的发展，其结果是："是岁，天下寺院存者二千六百九十四，废者三万三百三十六，见僧四万二千四百四十四，尼一万八千七百五十六。"②此后佛教的发展日益衰落。虽然三武一宗的"崇道灭佛"运动包括经济、政治等多方面的因素，但佛道之争在其中显然也起了催化剂的作用。

北宋时期佛道两教的发展也因统治者的政策导向而呈现不平衡的态势。宋王朝的历代统治者多崇奉道教，在他们的一系列推动道教发展的政策支持下③，改变了五代末"道教微弱，星弁霓襟，逃难解散，经籍亡逸，宫宇摧褪"④的局面。而佛教的发展却多次受到统治者的限制，如宋太祖下令"禁铁铸浮屠土及佛像"⑤，宋真宗下令"禁毁金宝塑浮屠象"⑥，宋仁宗也下令"禁以金箔饰佛像"⑦，宋徽宗也曾下诏要"佛改号大觉金仙，余为仙人、大士。僧为德士，易服饰，称姓氏。寺为宫，院为观"，并"改女冠为女道，尼为女德"⑧。北宋道教虽然处于相对繁荣的发展局面，但与儒学的蓬勃发展相比仍然不足，也受到儒家学者的猛烈批判，而其自身也面临着诸多的问题和困境。例如道士数量的急剧增长素质良莠不齐，尤其是北宋政府采取"进纳"法更是严重影响了道士素质，宋人王栐就曾评论说："自昔岁度僧道惟

---

① 《资治通鉴》卷二九三《后周纪四》，中华书局1956年版，第9561页。
② 《资治通鉴》卷二九三《后周纪三》，第9527页。
③ 参见卿希泰、唐大潮著《道教史》第三章第四节"北宋道教的高涨"，江苏人民出版社2006年版。
④ 《道藏》第32册，第166页。
⑤ 《宋史·本纪第三》，中华书局1985年版，第37页。
⑥ 《宋史·本纪第七》，第140页。
⑦ 《宋史·本纪第十》，第208页。
⑧ 《宋史·本纪第二十二》，第403页。

试经，且因寺（观）之大小立额，如进士应举。然虽奸猾多窜身其中，而庸蠢之甚者无所容。自朝廷立价鬻度牒，而仆厮下流皆得为之，不胜其滥矣。"①

在北宋时期，儒、佛、道三教之间形成了以儒为主、佛道为辅的关系格局。佛道两教的实力与儒学处于不平衡的状态，无力与之对抗，此时三教关系的重心与中心便集中在儒佛、儒道关系身上，佛道关系反而渐趋边缘化和非主题化，与魏晋南北朝时期佛道关系为三教关系的重心和中心的情形截然相反。佛道彼此之间不再是相互竞争的主要对手，由此佛道关系便随之发生转折，从激烈的对抗转向彼此"对话"，努力实现共存和共同发展。

三

佛道关系的演变能够实现转折的最主要原因则是佛道思想发展演变中蕴涵着"三教融合"、"佛道一致"的基本要求，这一思想的发展最终促成了佛道关系转折地实现。自佛教传入中国以后，即使是在佛道关系渐趋激烈紧张的时候，也有要求佛道彼此之间实现对话与共存发展的良好愿望。《牟子理惑论》中就表达了"三教一致"、"佛道共存"的愿望，该论作者牟子自称其为学宗旨在"锐志于佛道，兼研老子五千文"，并站在佛教立场上援引老子的观点以佐证佛教理论的合理性以及佛道一致的思想，如用老子思想"无为"思想来附会佛教教义，认为佛道思想有共同处："道之言导也，导人致于无为"、"佛与老子无为志也"②。

---

① [宋]王栐：《燕翼诒谋录》，转引自任继愈主编《中国道教史》，中国社会科学出版社 2001 年版，第 429 页。
② 《牟子理惑论》，《弘明集》卷一，《大正藏》第五十二卷，第 2、3 页。

即使是在佛道表现出激烈的"冲突"与"对抗"关系的南北朝隋唐时期,主张"三教融合"、"佛道一致"的呼声也不绝于书。南北朝时期,佛教方面,例如,晋宋之际的宗炳著《明佛论》提出了"孔、老、如来,虽三训殊路,而习善共辙"①的主张,梁武帝亦以帝王的身份主张"三教一致"的思想,在崇信佛教的同时对于道士也非常礼遇,如对茅山道士陶弘景就"恩礼愈笃……国家每有吉凶征讨大事,无不前往咨询"②;道教方面,例如,南齐时的道教信徒张融著《门津》认为"道也与佛,逗极无二,寂然不动,致本则同,感而遂通,逢迹成异。……皆殊时故不同其风,异世故不一其义"③,道士陶弘景也持调和佛道两教的观点,他认为"夫万象森罗,不离两仪之育;百法纷凑,无越三教之境"④,因此主张"崇教惟善,法无偏执。"⑤此外,道教徒制作的道教经书中也吸收了大量佛教的内容,如《太上洞玄灵宝智慧定志通微经》中引大乘空宗的思想来讨论"生死"问题:"当知三界之中,三世皆空。知三世空,虽有我身,皆应归空。明归空理,便能忘身,能忘身者,岂复爱身?身既不爱,便能一切都无所爱,唯道是爱。"⑥至于佛教的因果报应、天堂地狱等说法在道教经书中更是随处可见。

隋唐时期,佛道两教在彼此激烈论争的同时也感受到了相融互补、共同发展的必要性。在佛教方面,不仅有佛教学者提出了三教融合、佛道一致的主张,如神清认为:"三教玄同,彝伦克谐。但法被乎多方,经籍出乎多门。释宗以因果,老氏以虚无,仲尼以礼乐,沿浅以洎深,籍微而为著,

---

① 《明佛论》,《弘明集》卷第二,《大正藏》第五十二卷,第12页。
② 《南史》七十六《陶弘景传》,中华书局1975年版,第1898—1899页。
③ 《张融门津》,《弘明集》卷第六,《大正藏》第五十二卷,第38页。
④ 《道藏》,第二十三册,第651页。
⑤ 《华阳陶隐居集》卷上,《道藏》,第二十三册,第643页。
⑥ 《道藏》,第五册,第889页。

各适当时之器。相资为美。"① 宗密主张:"然孔、老、释迦皆是至圣,随时应物,设教殊涂,内外相资,共利群庶,策勤万行,明因果始终,推究万法,彰生起本末。"② 而且此时的各个佛教宗派也在建构自家理论体系的同时吸收道家道教的思想,比如禅宗,作为一个典型的中国化佛教宗派,在其思想演变发展过程中就吸收了不少道家的自然、无为等思想,禅宗后期的"无情有性"思想也受到了庄子"道遍在万物"思想的影响。在道教方面,这一时期道教的理论体系、戒条教规以及修行方式等方面都受到了佛教的影响,此时的道教大量吸收佛教的思想、戒律、实践等内容以充实道教的发展,如重玄学的兴起就是吸收融合佛教般若中观思想的产物。

入宋以后,"三教融合"、"佛道合一"既是佛道两家共同的主张,也是佛道关系演变的主要趋势。此时的佛教学者如智圆、契嵩等人都提出了融合三教的主张,如智圆说:

> 尝谓三教之大其可遗也。行无常、正三纲,得人伦之大体,儒有焉;绝圣弃智,守雌保弱,道有焉;自因克果,反妄归真,俾千变万态,复其心性,释有焉。吾心其病乎,三教其药呼!矧病之有三,药可废耶?吾道其鼎乎,三教其足乎,欲鼎之不覆,足可折邪?③。

而道教方面主张"三教合一"、"佛道合一"观点的更是很多,其中尤以张伯端最著名。他说:

---

① 《北山录》卷第一,《大正藏》第五十二卷,第578页。
② 《华严原人论》,《大正藏》第四十五册,第708页。
③ 《闲居编》卷三十四《病夫传》,《续藏经》第五十六卷,第915页。

释氏以空寂为宗，若顿悟圆通，则直超彼岸；若有习漏未尽，则尚徇于有生。老氏以炼养为真，若得其要枢，则立跻圣位；如未明本性，则犹滞于幻形。其次，《周易》有穷理尽性至命之辞，《鲁语》有毋意、必、固、我之说，此仲尼极臻乎性命之奥也。

教虽三分，道乃归一。奈何后世黄缁之流，各自专门，互相非是，致使三家宗要迷没邪歧，不能混一而同归矣。①

可见，佛教传入中国以后，佛道两教就已有相融互补的"合一"主张与实践，但真正将主张转化为思想的现实实践，并将"合一"主张明确为佛道关系发展主流的，是在宋代，才真正地实现了思想上的"三教合一"、"佛道合一"。正如日本学者窪德忠所说："宋代宗教的特点是儒佛道三教各自吸收其他两教的优点，以丰富本教的教义内容。……但只要仔细想想，各教互相学习的情况不仅宋代才有。汉代的老子化胡说，南北朝时代的清谈、格义佛教、新天师道等，全都可以作为这种例子。因此自佛教传入中国以后的中国宗教史，不妨说是儒佛道三教的渗透史或交流史，而且其倾向在宋代以后也继续了下来，不过清楚地显现这种交流或渗透现象的是宋代，从这个意义上也许可以说宋代具备了某种转变时期的特点。"②

四

窪德忠的这一说法，既意味着在北宋时期佛道关系清楚

---

① 张伯端：《悟真篇·自序》，《悟真篇浅解》（外三种），中华书局 1990 年版，第 1、2 页。
② ［日］窪德忠：《道教史》，上海译文出版社 1987 年版，第 188—189 页。

的显现了从激烈的"对抗"到彼此间的"对话"与"共存"的重大转折,也意味着即使从主张佛道"交流"与"渗透"关系发展的角度来看,北宋时期佛道关系也具有"转变时期的特点"。如果将南北朝隋唐时期主张交融的佛道关系称为"佛道一致"模式,北宋时期称为"佛道合一"模式,那么,这一转变特点就表现在"佛道一致"关系模式与"佛道合一"关系模式具有不同的内在特质。具体而言:

"佛道一致"关系模式认为佛教与道教都具有深刻的思想义理以及实现"解脱"的可能性,但佛教与道教具有价值上的高低优劣之分。佛道两教都有其"判教"思想,在佛教看来,道教具有其合理性,分享了佛教的部分真理,但要实现彻底的"解脱"还是必须归到佛教的名下。例如,北周僧人道安在回答有的学者提出"三教虽殊,劝善义一;途迹诚异,理会则同"①的说法时指出"子谓三教虽殊,劝善义一;余谓善有粗精,优劣宜异"②,明确认为佛教与道教以及儒家具有高低优劣之差异:

佛教者穷理尽性之格言,出世入真之轨辙。……虽复儒道千家,墨农百氏,唯释氏之教,理富权实。

菩提大道,以智度为体;老氏之道,以虚空为状。体用既悬,固难影响。外典无为,以息事为义;内经无为,无三相之为。名同实异,本不相似。③

主张"孔、老、释迦皆是至圣"的唐代僧人宗密也说:

---

① 《二教论》,《广弘明集》卷第八,《大正藏》第五十二卷,第136页。
② 同上书,第137页。
③ 同上书,第137、139页。

虽皆圣意，而有实有权。二教唯权，佛兼权、实，策万行，惩恶劝善，同归于治。则三教皆可遵行，推万法，穷理尽性，至于本源，则佛教方为决了。①

而在道教看来，佛教思想也具有合理性因素，因此在理论体系的建构过程中吸收了佛教大量的思想，但也认为佛道两教具有高低之别，"解脱"目标的最终实现必须归于道教名下。例如南北朝时期道教坚持的"老子化胡"说本就表明佛教出于道教创始人老子之门下，为道教之余绪；隋唐时期佛道之间有激烈的论争，道教方面有"自然之道为本，余者为末"、"元气已来大道为本，万物皆从道生，道为万法祖"等说法②；李唐王朝尊老子为"玄元皇帝"，奉道教为"国教"，不仅赋予道教高于佛教的政治地位，同时也宣称道教思想具有理论和信仰上的"至高性"，如唐玄宗称赞老子：

大道混成，乃先于天地。圣人至教，用明其宗极。故能发挥妙品，宏济生灵，使秉志者悟往，迷方者知复。以此救物，故无弃人。其孰当之，莫若我烈祖元元皇帝矣。

我烈祖元元皇帝，禀大圣之德，蕴至道之精，著五千文，用矫时弊，可以理国家，超夫象系之表，出彼明言之外。③

"佛道合一"关系模式则认为每一家都是实现彻底"解脱"的有效道路，佛道两教（包括儒学在内）彼此之间地位上是平等的，思想上是相通的，可以实现彼此间平等的"对

---

① 《华严原人论》，《大正藏》第四十五卷，第708页。
② 《大慈恩寺沙门灵辩与道士对论第六》，《集古今佛道论衡》卷四，《大正藏》第五十二卷，第393页。
③ 《全唐文》第1册，中华书局1983年版，第350页。

话"和"共存"。道教方面，主张三教"混一而同归"的张伯端则是其中的典型。张伯端融儒佛性命思想于道教的内丹修炼之中而提出了性命双修的理论，他主张"解脱"之实现有赖于"佛道合一"："先以神仙命脉诱其修炼，次以诸佛妙用广其神通，终以真如觉性遣其幻妄，而归于究竟空寂之本源。"① 他的"教虽三分，道乃归一"的"混一而同归"主张更是突出了"合一"模式的最主要特征——平等。而在佛教方面，北宋时期的佛教徒也都主张三教圆融，尽管他们将主要重心放在融通儒佛关系上，认为儒佛两教在地位、价值上是平等的，思想上是相通的，对于佛道思想也倾向从地位、价值平等而旨趣有异的角度进行融通。如智圆以三足鼎立比喻三教关系，明三教并重无所偏废之义，明显带有"合一"模式的平等特征。

可见，在佛道关系从"一致"模式到"合一"模式演变的背后有最基本的观念态度的转变："佛道一致"的关系模式因其强调佛道两教的高低优劣，侧重于阐述佛道思想的差异而仍然坚持"对抗"的观念态度；而"佛道合一"的关系模式则强调佛道思想的融合，侧重于阐述佛道思想的共通处，因而突出了强调平等的"对话"与彼此间"共存"的观念态度。所以，北宋时期佛道关系模式转折的实现本身就可以看作是道教理论转型的主要内容之一，而事实上，正是由于道教突破了"对抗"的观念态度，站在平等对话的基础上有意识地吸收佛教思想从而实现了思想理论与修炼工夫的彻底转型。以张伯端为代表的内丹心性理论成熟体系的建立为标志，北宋道教的发展实现理论的转型，融三教"性命"思想于一体的内丹心性学成为北宋以后道教理论与实践的主流，其后更是出现了倡导"三教合一"的金丹派南宗与全真

---

① 《悟真篇拾遗·禅宗歌颂诗曲杂言》，《道藏》第二卷，第1030页。

道北宗的兴盛局面。

五

内丹心性学的兴起与理论体系的成熟是北宋时期道教理论转型实现的主要标志，这一点学者们早已指出，此外，老学诠释宗旨的转型也可以看作是北宋道教理论转型的重要内容进行认识。老学在北宋成为了一种公共话语，既有儒者如张载、二程等人出入其中后回归儒学原典而批判老子思想，亦有儒者如王安石等人以儒学的思想和精神注释《老子》，而道教内丹心性学的兴起也与《老子》思想义理的诠释联系在一起，如张伯端在《悟真篇》中就明确地指出："《阴符》宝字逾三百，《道德》灵文止五千。今古上仙无限数，尽从此处达真诠。"[①] 北宋时期注解《老子》的道教代表人物是陈景元（？－1094），他的思想在当时影响很大，元代道士薛致玄对其思想之意义评价甚高，称"而后道家之学翕然一变，自兹始也"[②]，而蒙文通先生也曾评价说："唐代道家，颇重成（玄英）、李（荣）；而宋代则重陈景元，于征引者多，可以概见。"[③] 可见，陈景元的思想在道教理论发展过程中具有转型之意义，其注解《老子》的诠释宗旨的变化就集中体现了这一点。

陈景元指出，《老子》的宗旨是："此经以重渊为宗，自然为体，道德为用，其要在乎治身治国：治国则'我无为而民自化，我无欲而民自朴'；治身则'塞其兑，闭其门'，

---

① 张伯端撰、王沐浅解：《悟真篇浅解》（外三种），中华书局1990年版，第123页。
② 《道德真经藏室纂微开题科文疏卷一》，《道藏》第十三册，第731页。
③ 蒙文通：《校理陈景元〈老子注〉、〈庄子注〉叙录——附论陈碧虚与陈抟学派》，《蒙文通文集》第六卷《道书辑校十种》，巴蜀书社2001年版，第710页。

'谷神不死','少私寡欲',此其要旨可得而言也。"① 重渊即是重玄。陈景元可能参考了杜光庭的说法,杜光庭说：

> 又诸家禀学立宗不同：严君平以玄虚为宗；顾欢以无为为宗；孟智周、臧玄静以道德为宗；梁武帝以非有非无为宗；孙登以重玄为宗。宗旨之中,孙氏为妙矣。又此经以自然为体,道德为用。修之者,于国则无为无事,自致太平；于身则抱一守中,自登道果。得之者排空驾景,久视长生。于国失道德则必败亡,于身丧道德则致沦灭。②

而杜光庭的论述则是参考了成玄英的说法。成玄英说：

> 夫释义解经,宜识其宗致。然古今注疏,玄情各别。而严君平《旨归》以玄虚为宗；顾征君《堂诰》以无为为宗；孟智周、臧玄静以道德为宗；梁武帝以非有非无为宗；晋世孙登云"托重玄以寄宗"。虽复众家不同,今以孙氏为正。③

成玄英、杜光庭皆以"重玄"为诠释《老子》的最妙宗旨,陈景元也认为《老子》以"重玄"为宗,体现了解注老子思想传统的持续发展；杜光庭说"又此经以自然为体,道德为用",并未指明这一宗旨是谁所立,是否表明这是杜光庭倾向于以"体用"立宗？杜光庭对前人的"有无"之辩从"体用"角度进行了细致的辨析,他说：

> 今于体用门中,分为五别：一曰以无为体,以有为用,

---

① 《道德真经藏室纂微篇·开题》,《道藏》第十三册,第654页。
② 杜光庭：《道德真经广圣义》卷五,《道藏》第十四册,第341页。
③ 敦煌经卷 P2353 号成玄英《道德经开题序诀义疏》,黄永武主编：《敦煌宝藏》,第一一九册,台湾新文丰出版公司,第546页。

可道为体,道本无也,可名为用,名涉有也;二曰:以有为体,以无为用,用其无也;三曰以无为体,以无为用,自然为体,因缘为用,此皆无也;四曰以有为体,以有为用,天地为体,万物为用,此皆有也;五曰以非有非无为体,非有非无为用,道为体,德为用。①

通过"体用五别"论述说明道与万有之间的体用关系,所以他说:"分而为二者,体与用也,混而为一者,归妙本也。"②

比较成、杜二人对诸家立论宗旨的评述,可以看出杜光庭在有意识的突出"体用"宗旨,而陈景元则进一步发挥了杜光庭的思路,以"体用"禀学立宗,围绕"体用"建构哲学理论体系,较之杜光庭更加地重视和集中。当然并不是说在杜光庭之前,学者们在注解《老子》时就没有用"体用"之结构解释各哲学命题,魏晋玄学就较早的涉及哲学意义上的体用问题。如王弼说:

故遂〔德〕盛业大,富（而）有万物,犹各得其德,〔而未能自周也。故天不能为载,地不能为覆,人不能为赡。万物〕虽贵,以无为用,不能舍无以为体也。（不能）舍无以为体,则失其为大,所谓失道而后德也。以无为用,〔则〕（德）〔得〕其母,故能己不劳焉而物无不理。③

而是说从杜光庭之后,以陈景元为代表,"体用"成为哲学理论体系建构的最基础的和核心的思维范式,所以卢国龙先

---

① 杜光庭:《道德真经广圣义》卷六,《道藏》第十四册,第344—345页。
② 同上书,第335页。
③ 王弼:《老子道德经注下篇》第三十八章,《王弼集校释》,第94页。

生将陈景元的老学思想归纳为"明体达用"之学。① 不仅仅是道教方面,在宋儒者那里,"体用"也已经成为普遍使用的建构哲学理论体系的主导思维范式,以至于蒙培元先生指出:宋明儒学的本体论,在严格的意义上,就是通过体用而建立起来的。② 可以说,"体用"成为北宋以后的古典哲学理论体系的基本特征之一,可见陈景元"明体达用"宗旨的提出具有转型之意义。

而这一宗旨的提出也与佛道关系的演变有内在联系。佛教传入中国以后,通过与中国固有的儒道等思想的交流和对话,深化了"体用"思维,使之更加的圆融和辩证,以至于在历史上甚至有"体用"说源自佛教的观点。如北宋晁说之说:"经言体而不及用,其言用则不及体。体用所言,乃本乎释氏。"③ 明末清初的李颙也断言:"体用二字,出于佛书。"④ 说"体用"范畴出于佛教还需进一步商榷,但若说佛教推动"体用"成为中国古典哲学的核心范畴之一与主导的思维范式则是可以成立的。作为佛教中国化哲学体系成熟的代表人物之一的僧肇,曾就"寂""用"关系阐述过"体用"之说,他说:"用即寂,寂即用。用、寂体一,同出而异名,更无无用之寂而主于用也。"⑤ 所以汤用彤先生认为:"肇公之学说,一言以蔽之曰:即体即用。"⑥ 唐代时,以华严宗的"一多相摄"、"理事圆融"等思想为代表的唐代佛学更是推动了"即体即用"思维的进一步提升,而受佛教般若中观思

---

① 卢国龙:《论陈景元的道家学术》,载陈鼓应主编《道家文化研究》第19辑,三联书店2002年版。
② 蒙培元:《理学范畴系统》,人民出版社1998年版,第148页。
③ 《宋元学案》卷二十二《景迂学案》,第863页。
④ [清]李颙:《二曲集·答顾宁人先生》,中华书局1996年版,第148页。
⑤ 《肇论·般若无知论》,《大正藏》第四十五卷,第154页
⑥ 汤用彤:《汉魏两晋南北朝佛教史》,北京大学出版社1998年版,第234页。

想影响很深的重玄学也有对"体用"范畴的论述,成玄英说:"夫玄道窈冥,真宗微妙。故俄而用,则非有无而有无,用而体,则有无非有无也。是以有无不定,体用无恒,谁能决定无耶?谁能决定有耶?此又就有无之用明非有非无之体者也。"① 可以说,佛道融通从而推动了体用思想的发展。若说成玄英假借"即体即用"之思想仍然在阐述"重玄"之宗旨,而到陈景元这里,体用已经成为思想的主旨和建构理论体系的主导范式,而这一转型的实现显然也与佛道进入平等的"合一"关系模式的新阶段从而自觉地实现思想的融通互补有不可分之内在联系。

---

① [清]郭庆藩:《庄子集释》卷一下《齐物论疏第二》,中华书局1961年版,第81页。

青岩宗教的现状调查及现代化省思

◎ 龚晓康

一、青岩宗教的历史变迁

位于贵阳市南郊的青岩镇,从明清以来就汇集了佛教、道教、天主教、基督教等多种宗教,并拥有"九寺八庙一堂"的宗教建筑群,文化内涵丰富,宗教氛围浓厚,历史积淀厚重。

据史书记载,道教传入贵阳的时间约为元代,传入青岩则在明万历、天启年间,至新中国成立时,青岩尚有药王庙、水星楼、万寿宫、斗姆阁、孙膑庙、玉皇阁、三官阁、东岳庙等。现今,仅有万寿宫开放为道教活动场所。万寿宫亦称天柱宫,原为江西会馆,建于清乾隆四十三年(1778),道光十二年(1832)重修,2008年12月恢复宗教活动。

佛教约在明万历年间传入青岩,至清道光年间已先后修建了十多座寺庙,如朝阳寺、凤凰寺、龙泉寺等,现在尚存的寺庙有迎祥寺、慈云寺、寿佛寺、龙泉寺,但仅有迎祥寺于二十世纪八十年代起恢复宗教活动。迎祥寺建于明天启年初（1621），是贵州唯一没有中断过住寺僧侣的古刹，又因宏福寺开山和尚赤松曾在此削发落脚，所以有"黔山祖庙"之美誉。

天主教在清乾隆年间传入贵阳，咸丰年间由法国人得斯德望传入青岩，咸丰十一年（1861）发生了著名的"青岩教案"，同治六年（1867）天主教重回青岩。1978年末到80年代中期，教堂逐步整修，宗教活动得以恢复。

基督教传入青岩时间最晚，始于1924年贵阳基督教"内地会"教徒陈六姑在青岩杨眉堡传教，1958年停止宗教活动，20世纪80年代恢复宗教活动，1987年由政府拨款修建教堂，结束了青岩基督教无教堂的历史。

值得注意的是，在青岩宗教的历史发展过程中，逐步形成了儒释道三教合一，天主教与基督教和谐相处的特点。陈晓毅先生的《中国式宗教生态——青岩宗教多样性个案研究》（社会科学文献出版社，2008年版），指出青岩宗教具有交涉互动、混融共生的特点，并以"宗教生态范式"来解释青岩宗教的多样性现象。

二、青岩宗教的现状调查

自上世纪八十年代初以来，随着国家宗教政策的逐步落实，特别是青岩古镇旅游事业的蓬勃发展，青岩宗教呈现出了较好的发展态势，主要表现在以下几个方面：

（一）宗教场所焕然一新

道教万寿宫占地面积一千多平方米，为单进院落式格局，由正殿（高明殿）、配殿（慈航殿）、西厢、戏楼（悟道楼）组成，坐东朝西，大门挑檐飞扬，砖作斗拱带有鲜明的江西风格。据说此处有两个贵州之最，一是别具匠心的整木空雕"下山狮",是青岩古镇的标志;二是栩栩如生的六十真身彩绘甲子图。佛教迎祥寺座西朝东,殿宇巍峨,气势雄伟。进入寺庙山门,依次为天王殿、大雄宝殿、观音殿。天王殿两侧为斋堂、缮房;大雄宝殿与观音殿之间为四合院天井,有往生池、游戏功德池;天井北侧为玉佛殿,南侧为祖师殿。观音殿北侧为药师殿,南侧为地藏王殿。青岩天主教堂位于古镇西门,其老建筑为典型的青岩民居,教堂院门上的联语十分值得玩味:"两大包罗统属一元开造化,群生普仰并无二帅可钦崇。"于2006修成的具有哥特式风格的新教堂,在阳光下显得格外庄严肃穆。基督教堂于1987年建成,但由于建材质量低劣,在2001年发生水泥板垮塌事件,后在吉林省一个基督教会的资助下重修。现在,青岩主要宗教场所不仅成为信众进行宗教活动的地方,亦成为当地著名景点,特别是万寿宫,由于独具特色,精致典雅,外来游客络绎不绝。

(二)神职人员安心办道

目前,青岩主要宗教活动场所有神职人员14人,其中迎祥寺7人,道教5人,基督教2人,天主教现无神职人员。其中,大专以上文化程度者仅3人。由于神职人员流动较大,迎祥寺目前只有释通修、释真贵、释祖传常住,住持通修法师今年已是74岁高龄,出家逾30年,现任贵州省佛教协会理事、贵阳市佛教协会常务理事,花溪区政协常委。万寿宫住持张崇新道长担任贵州省道教协会会长、贵阳市道教协会会长、仙人洞道观住持等多种职务。基督教堂神职人员为张银忠、黄开翠夫妻,张银忠毕业四川神学院,2008年应教堂邀请来到青岩。天主教堂现无神职人员,由贵阳天主堂代管,在举行重大宗教活动时,一般由贵阳天主堂神父主持。

（三）信教群众分布广泛

在整个花溪区，佛教徒约两万余人，道教徒约三千余人，天主教徒约一千余人，基督教徒约七百余人。信教群众广泛分布于社会各阶层，但以农民、退休职工等弱势群体为主，近年来高校教师、大学生、都市白领等信仰者亦逐步增多。

（四）宗教管理渐入正轨

首先是健全宗教管理组织网络，加强对宗教工作的领导。花溪区成立了由分管宗教工作的区委副书记为组长，区政府分管副区长、区政协副主席、区委统战部部长为副组长，相关部门主要负责人为成员的宗教工作协调领导小组。具体日常事务由区民宗局负责。各乡（镇）、办、村（街道）明确了分管领导及宗教工作干部，形成了区、乡、村三级负责的宗教工作网络。其次是综合施策，突出依法管理。一是狠抓宗教活动管理。建立健全了经登记开放的宗教活动场所组织管理、教务活动管理、财务管理、治安消防管理等场所规章制度，加强了场所内部的自身管理，指导它们正确处理好场所与信众之间的关系，树立良好形象。二是开展非法宗教活动点和非法传教人员摸底调查及治理工作，维护宗教领域的稳定。三是密切排查，坚决抵御外来势力利用宗教进行渗透。

（五）管理制度逐步规范

作为青岩宗教的主管部门，花溪区民宗局以国家宗教法律法规为基础，于2005年5月6日下发了《花溪宗教场所管理制度汇编》。其中，《各民主管理小组职责》规定各宗教场成章民主管理小组，管理小组由五至七人组成，经信众和居士代表发扬民主，充分协商的基础上选举产生。设组长一人，副组长两人，组员若干人，报区民族宗教事务局批准。管理小组任期三年，连选可连任。《宗教活动管理制度》规定宗教场所内不准跳神、赶鬼、扶乩等封建迷信活动；国外信徒可以在宗教场所内过正常宗教生活，但不得干预宗教事务。《财务管理制度》规定各场所财务独立核算，民主理财，接受区民宗局的监督；各场所的一切经济收入都必须纳入财会账目，归集体所有，用于维修和保护文物古迹，安排信众生活和日常开支，任何人不得无偿调用和私自占有；严格财会审批手续，加强收支管理，配备会计和出纳，严格遵守国家财务有关规定；财会审批范围、经常性开支1000元以下由管理小组副组长审批，一千元以上由正组长签字审批报销；财会一切收支，必须账账、账物相符，出纳必须有现金、银行账，会计、出纳不得私设账目、自设小金库，备用金数目不得违反银行规定，要存入保险柜，由专人负责，开箱或其他收入，一千元以上必须入行。根据《花溪宗教场所管理制度汇编》精神，各宗教活动场所也根据自己的实际情况，制定了相关的管理制度。以万寿官为例，制定了《道观创建和谐宫观标准及管理制度》，内含《道观创建"和谐宫观"标准》、《道观教务管理小组职责》、《道观教务活动制度》、《道观财物财务管理制度》、《道观治安消防安全制度》、《道观会议和学习制度》、《道观吸收道教信徒制度》等，基本上做到有章可循、依法办事。

（六）宗教活动正常开展

青岩主要宗教活动场所的宗教活动主要是围绕宗教节日与仪轨展开。佛教方面主要有正月初一日的弥勒佛圣诞、二月十九的观世音菩萨圣诞日、六月十九观世音菩萨成道日、九月十九观世音菩萨出家纪念日，民间俗称"观音会"，清岩万寿宫一般也在这几日举办"慈航会"。节日期间，由于参加人员众多，特别是迎祥寺香客有烧纸习惯，所以花溪区民宗局一般要进行相关检查，以确保消除火灾隐患。青岩天主教堂每周日晚进行主日礼拜及祈祷。主日礼拜除学习《圣经》、唱诗外，最主要的宗教活动是望弥撒。祈祷所念的经有圣号经、天主经、圣母经、信经、悔罪经、望德经和爱德经等，参加者约有二十余人，以年老者居多。天主教堂最重要的节日有四大瞻礼，即耶稣复活瞻礼（复活节）、圣神降临瞻礼、圣母升天瞻礼、耶稣圣诞瞻礼（圣诞节）等，参加人员较多。青岩基督教堂礼拜一般是星期日上午开始，参加者约有五十人。其重大节日有圣诞节、复活节、受难节、圣灵降临节等，参加人员有一百人以上。

（七）宗教自养有效实施

宗教自养作为宗教活动场所的一项重要工作，是宗教界培养自身造血功能，加强自身建设的要旨所在。青岩宗教活动场所严格执行宗教事物管理条例，坚持宗教自养原则。在四大宗教中，迎祥寺每年约有四十万元收入，主要来源于信众捐献及举办法会收入；万寿宫每年约有二十万元收入，主要来源于信众捐献及门票收入（万寿宫系青岩唯一收取门票的宗教活动场所，且导游一般会带旅游团队进入）；天主教堂每年约有三万元收入，主要是房屋租金收入、田地出租收入、教徒捐献；基督教堂每年约有两万元收入，门面房租收入约一万五千万元，教徒捐献约五千元。支出方面，主要有基础设施建设、日常维护及神职人员补贴。迎祥寺现正在修建客房及斋堂，耗资约三百万元，主要来源信徒捐献。神职人员补贴方面，迎祥寺出家众每人每月七百元，服务的居士三百元至六百元不等。基督教堂内专职传道人员每月补贴九百元，天主教堂无专职人员，有一名信众负责日常维护，不领分文。花溪区民宗局作为主管部门，积极协调各种关系帮助各宗教活动场所发展，如协调到位天主教堂修建资金八万元，基督教堂五千元等。

（八）慈善与社会事业有序开展

青岩镇各宗教活动场所积极参与经济文化建设，特别是参与社会慈善事业，并根据各自宗教教义，发掘其与社会主义相适应内容，诚如万寿宫住持张崇新道长在讲话中所言："慈善事业是一项利国利民的高尚事业，是社会保障体系的重要组成部分，也是社会文明进步的重要标志。万寿宫全体道众及信教群众将在党和政府的领导下，继续坚持爱国爱教的优良传统，坚定不移地走与社会主义社会相适应的道路，发扬道教'仙道贵生、无量度人'的精神，秉承'济世利人、慈爱和同、奉献爱心、服务社会'的理念，积极投身于'三创一办'的活动中，为纵深推进生态文明城市建设贡献力量。"万寿宫于 2007 年老年节前夕向青岩镇敬老院捐赠约五万余元物资，2010 年 3 月 12 日向青岩镇敬老院捐赠服装、床单、被子、袜子、开水器等近万元物品，2010 年 9 月 9 日在石板镇幼儿园开展献爱心活动，2011 年春节凝冻期间到息烽慰问孤老和残疾人。2011 年 3 月 28 日向息烽县初慧希望小学捐赠一千八百元安装师生饮用水，2011 年 4 月 15 日向"和谐花溪促进化"捐款一万元。

青岩各宗教场所积极参与社会活动。迎祥寺建有网站，大力宣传青岩地方文化，栏目设置有寺院简介、寺院动态、寺院图库、视频欣赏、佛家音乐、布施功德等，主要宣传国家宗教政策、佛教教理教义、寺院最新活动、地方历史文化等。近年来，为配合贵阳市开展的"三创一办"活动，各主要宗教活动场所通过张贴宣传标语、发放宣传单等形式，让信教群众知晓和参与"三创一办"工作。基督教堂和天主教堂还结合自身教义，宣传爱国爱教的思想。基督教堂的宣传标语为"'三创一办'作贡献，爱国爱教爱贵阳"，其内容为："一个基督徒要爱国爱教爱神爱人，使人和睦，宣讲和好永生之道，神的儿子耶稣基督用他的躯体和宝血，拆毁了人与神之间的隔断的墙，使父亲的心转向儿女，儿女的心转向父亲，愿人都听神的话，真善美的事要持守，各样的恶事要禁诫不做。愿赐平安的神常与人同在，直到永远。先知是神的代言人，早就说过，惟愿公平如大水，滚滚公义似江河滔滔，充满天下人间。"天主教方面，2010年3月，由贵阳市天主教爱国会、贵阳市北天主堂、贵阳市新华路天主堂联合印行"参与'三创一办'，争创'和谐教堂'"小册子。在"行为规范守则"前言中指出："圣经与我们现时文明社会及目前倡导开展的'三创一办'活动和创建'和谐寺观教堂'有着密不可分的关联，圣经教导我们：'你们要为主的缘故，服从人立的一切制度'（伯多禄前书，第二章十三节）、'你们的一切事，都应以爱而行'（格林多前书，第十六章十四节）、'应与爱德与人相处'（伯多禄前书，第三章八至十四节）。从以上圣经中，天主要求我们在各自国家中，当尽自己的本分，爱国爱教，遵守国家法律法规。我们在生活中应遵守社会公共场所公德、文明出行，维护良好的交通秩序，爱护公共设施，维护良好的人际关系，积极参加社会志愿者服务和社会慈善公益活动。时代在发展，社会在进步，贵阳的文明需要不断完善自我，全面提高自身素质。宗教界在参与贵阳市的'三创一办'活动中应发挥自身优势，不断推动创建'和谐寺观教堂'的活动。"宗教教义与社会事务的有机结合，加深了信众对教义的理解，增强了信众的社会责任感。

虽然青岩主要宗教活动场所在落实国家宗教政策，服务地方经济文化建设方面做出了较大贡献，但我们也调查到这些宗教活动场所在发展的过程中还存在着一些困难,面临着一些亟待解决的问题。

1. 宗教自养存在诸多困难

在青岩主要宗教活动场所中,迎祥寺与万寿宫由于信众捐献较多,经济情况较好,与群众保平安、求财富的信仰心理有着莫大的关系。相比较而言,天主教与基督教经济来源单一,又由于其信徒多为普通民众,捐献较少。由于经费紧张,天主教堂与基督教堂很少开展宗教慈善等活动。

2. 宗教教职人才缺乏

宗教教职人员综合素质普遍偏低,大专以上文化层次者仅三人,天主教堂更是无专职人员,正常宗教活动往往受到一定的影响。同时,现有神职人员多为年老体弱者,如管理天主教堂的张乐群老人已是七十七岁高龄。更由于人才缺乏,寺观教堂的民主管理特别是宗教活动管理、财务管理等受到很大影响。

3. 宗教管理难度加大

在青岩区域内,仍有个别教职人员、信教群众乱建寺庙,乱塑佛像,私设聚会点,进行非法宗教活动;有些宗教活动场所由于家族势力渗透,帮派林立,内部矛盾不断。同时,有些宗教活动场所由于管理不善,负面新闻较多。

4. 弘扬宗教文化方面缺乏创新

受经济收入等诸多限制,青岩各个宗教活动场所在弘扬宗教文化方面缺乏创新,目前,只有迎祥寺建有自己的网站,由于其网站系委托外单位制作,所以更新较慢。而天主教堂与基督教堂甚至没有电脑与网络。

三、对青岩宗教的现代化省思

纵观青岩主要宗教活动场所,佛教与道教作为本土传统宗教，天主教与基督教作为外来宗教，均面临着如何适应现代社会，如何与社会主义相适应的问题。佛教与道教脱胎于封建社会，其内部组织架构、管理模式、传法方式等基本上还是因袭旧有传统，在二十世纪四十年代，佛教高僧太虚曾极力呼吁佛教之教理、教制、教产革命。然而直至今天，如何对传统宗教进行现代化诠释，从而实现宗教的现代化转型，任务依然艰巨。

（一）宗教教义之现代化

随着时代的变迁，社会思潮的演进，如何将传统宗教教义进行创造性转化，从而成为现代社会精神文明建设的宝贵资源，这一点尤其重要。青岩镇的宗教活动场所对此亦有所认识。万寿宫石刻有"华夏民族自己的宗教——道教与兴起"一文，阐述了道教界及学术界对道教现代化转换的创新性思考，文中阐释中国道教协会副会长张继禹"生活道教"的主张，认为道教文化中蕴涵着丰富的生活智慧，如尊道贵德的教义宗旨、成仙得道的信仰理想、济世利人的社会责任感、慈爱和同的处世方式、顺应自然的行为原则、崇俭抑奢的生活信条、清静恬淡的精神境界、抱朴守真的价值取向、性命双修的养生思想、天人和谐的生态智慧。这些思想对于现代人正确树立文化观、经济观和人生观，正确认识自我，正确认识人生的价值，正确处理人与人、人与社会、人与自然之间的关系，都具有启迪意义。然而我们也应看到，理论的创新固然重要，而如何贯彻于实践则更为迫切。在青岩主要宗教活动场所中，"生活道教"、"人间佛教"等要真正进入信众的日常生活还有一个漫长的过程。

（二）宗教民主管理之现代化

就我国传统宗教佛道教而言，在长期的发展过程中主要是建基于封建小农经济下的以"剃派"、"法派"私相传承的家族式宗法制度,实行共住清规的丛林内部自治性质的组织管理。由于清规具有宗法制度性质,仅是一个家庭化的生活管理模式,并且诸大丛林或山头各自为政,互不隶属,缺乏统一的协调与管理。随着千年来的历史变迁,佛教丛林制度在现代社会面临着激烈的挑战,日益呈现出其不适应现代社会发展的落后性,亟需从根本上进行管理上的变革。民国年间,佛教高僧极力主张"教制革命",其主要内容就是要改革僧众的生活、组织制度,仿戒律与丛林清规的精神,以十方选贤的方式选举产生宗教场所管理者,建立起适应时代需要的住持僧团,彻底改变传统各地僧寺互不相属而各依"法派"、"剃派"把持寺院的局面,实际上是结合现代民主选举理念,构想出现代寺院的人事管理制度。但由于阻力巨大,太虚所说的教制革命并未能在佛教界实现。就基督教和天主教而言,面临着如何融入中国社会、如何与社会主义社会相适应的问题,自治、自养、自传的任务极其繁重,新中国成立后,为改变中国宗教半殖民地半封建的性质,在1958-1960年间进行了宗教制度的民主改革,废除一切封建性的戒规戒律,制定符合新中国法律法规的管理制度,组成了由全体教众选举产生的民主管理委员会。但也应看到,由于旧有体制的堕性,家族式宗法制度及等级特权依然存在,特别是在寺观日常管理方面较为突出,存在着事实上的方丈、住持终身制,年青僧侣地位低下,管理模式陈旧,缺乏创新活力等问题。因此,宗教活动场所亟需吸收现代管理理念,借鉴现代管理模式,成立有效的管理组织,并依照有关法律、法规、规章的规定,建立健全人员、财务、会计、治安、消防、文物保护、卫生防疫等管理制度,真正实行民主化管理。

(三) 宗教经济之现代化

通过对青岩主要宗教活动场所的经济活动来看，其收入来源较为单一，主要来源于组织和个人的捐赠，其次是提供宗教服务的收入和宗教活动场所门票的收入。经销宗教用品、宗教艺术品和宗教出版物的收入，从事社会公益慈善事业和其他社会服务的收入较少。寺观提供的宗教服务，主要是诵经拜忏、超度亡灵，从而赚钱资生。从教堂寺观的支出来看，基本建设支出与日常支出占了较大比重，从事公益慈善事业和其他社会服务支出则相对较少。同时，教堂寺观往往未能严格账务管理制度，熟悉会计法的合格财务人员更是少之又少。从宗教经济的现代化而言，首先应改变僧人道士以超度鬼神谋生的陋习，改变只重视集资建庙的做法。其次，应倡导在弘法利生过程中，通过服务社会与人群，从而积聚社会资源。第三，应增加教堂寺观在教育及慈善事业等的支出，从而回馈社会。第四，应加强现代经济管理知识培训，实现教堂寺观资产的有效管理和保值增值。

(四) 宗教精神生活之现代化

依照学者的研究，宗教在世俗精神生活方面具有诸多作用。首先，宗教具有心理调节作用，针对现代生活到处充满了危机和不确定因素，舒缓人的恐惧、孤独、空虚、苦闷、紧张、压抑，从而使人保持心理稳定与平衡。2007年媒体曾有报道，贵阳都市白领趁周末到黔明寺体验"出家"生活方式，以寻求心灵宁静，缓解生活压力。其次，宗教具有惩恶劝善的道德功能，有利于净化社会道德空气，有利于社会的安定与和平，有利于抑制现代社会中极端个人主义、拜金主义的膨胀和盛行。第三，宗教具有强大的社会整合功能，特别是在少数民族地区尤其突出，通过社会整合可以促使社会成员遵守相同的行为规范和共同的价值观念，是构建社会主义和谐社会的重要方式之一。通过对青岩主要宗教活动场所的调查可以发现，在万寿宫与迎祥寺，求签算卦、祈福攘灾依然盛行，对于道教的"清净无为，无量度人"，佛教的"诸恶莫作，众善奉行"等核心理念仍未能真正进入信众之精神世界。如何对传统宗教进行创造性的现代性转化，从而走入现代人的精神世界，为现代人提供安身立命之本，依然任重道远。

宗教市场论视野下的宗教归信原因剖析
——对贵州一个乡村天主教社区的田野研究

◎ 文永辉

一、旧有宗教归信解释框架的缺陷

关于宗教归信，长期以来形成了一种"苦痛"加"教义"的解释模式，即在一个群体内查明该群体所遭受的种种痛苦，再结合某种似乎解决苦痛的宗教教义，进而得出结论，认为之所以归信就是因为这些苦痛的经历。①

改革开放后，中国大陆各地宗教活动的复兴增长十分引人注目，中国学者在考察这种宗教复兴热潮时，也很大程度沿用了上述模式，比如，有学者认为，"现代城市的文化多元、现代社会的迷失感和'现代化综合症'为新兴宗教提供

---

① Glock Charles Y. 1964. *The Role of Deprivation in the Origin and Religious Groups* [J], In Religion and Social Conflict [M], edited by Robert Lee and Martin E. Marty, New York: Oxford University Press. P. 24—36.

了有形和无形的生存环境，现代的高科技为新兴宗教提供了迅速扩张、广泛传播的渠道"①，"现代宗教热导源于现代工业文明所引发的精神危机，有着深刻的社会根源"②，还有人认为是农村的贫困、封闭和落后导致了农民的迷信和邪教。③一些学者认为是干部腐化堕落、干群关系疏远、不能为群众解决实际问题等导致群众对党和政府失去信心从而转信宗教，④或者认为农村和城市"组织"缺乏导致的归属感和集体感缺失是宗教热的重要原因。⑤笔者认为，上述解释模式存在以下的缺陷：

第一，疾病、社会不公、腐败、城市病等社会问题，在世界各地几乎普遍存在，但各个地方的宗教图景却是大有不同，甚至出现与上述解释模式完全相反的情形。比如，有些疾病横生的村庄并没有什么人信教，而富裕的温州被称为"中国的耶路撒冷"，基督教极盛。⑥但这并不表明温州的"苦难"一定多过中国其他地方。因此，用社会问题来解释宗教，似乎解释了一切又似乎什么也没有解释，这种解释方法，用来讨论犯罪、自杀、吸毒、离婚等社会现象似乎也合适。

第二，疾病等问题并不会必然直接导致人们产生宗教信仰，或者说，它不会必然导致归信某种特定的宗教。例如，某甲生病后，肯定不会立马产生"我要信天主教"的念头，

---

① 高师宁：《世俗化与宗教的未来》，《中国人民大学学报》（社会科学版），2002年五期，第37页。
② 张高翔：《现代宗教热的社会根源探析》，《思想战线》，2000年三期，第62—66页。
③ 崔小天：《破除民间迷信与邪教论析》，《黑龙江社会科学》，2004年第六期，第126页。
④ 宫哲兵，周冶陶：《90年代湖北省宗教现状及其分析》，《社会主义研究》，1999年三期，第七十一页。
⑤ 何兰萍：《从组织的视角考察当前的宗教热》，《四川大学学报》（社会科学版），2005年二期，第68页。
⑥ 张静：《身份认同研究》，上海人民出版社，2006年第86页。

这中间还有一些因素，比如遇到天主教徒传授福音，受到教徒关怀被感动，或者报着试一试等心态而入教。在这里，某甲是这样一个归信过程：生病——遇到天主教徒传授福音、受到天主教徒的关怀——被感动、试一试——入教。生病与宗教归信之间并没有必然和直接的联系。某个教徒生病后信了天主教，本身更多地依赖于天主教会工作的勤勉和一些偶然的因素。在这一过程中，他可能遇到天主教，也可能遇到基督教、伊斯兰教、佛教，而遇到"哪教"就信"哪教"的可能性是相当大。只是人们有时候习惯于以结果来推定原因，把疾病等误认为是宗教归信的原因，而忽视了宗教组织积极主动的工作所起的作用。

因此，旧有宗教归信的解释框架存在明显不足，疾病、基层组织的匮乏、乡村干部的腐败、社会分层使人产生的不安感和孤独感等，还不足以完全解释宗教归信和宗教热等问题，而新近兴起的西方宗教市场论从"情感依附"的视角，可以提供另一种新的解释路径。

二、宗教归信的一种新解释模式——宗教市场论及"情感依附"

宗教市场论是西方宗教社会学界 1990 年代开始兴起的一个最新的理论，被称为是近 10 年来宗教的社会科学领域发生的堪称"哥白尼革命"式的范式转换①。宗教市场论，将宗教参与的解释中心从"需求方"（demand-side）转向"供给方"（supply-side）。

---

① Warner, R. Stephen. 1993. *Work in Progress towards a New Paradigm for the Sociological Study of Religion in the United States*. [J], *American Journal of Sociology* 98, P1044.

宗教市场论者注意到了很多加入新兴宗教（如统一教）的人都是那些与该种宗教的内部成员之间的情感依附关系强于他们与外部人群情感依附关系的人。从而逐渐发展出了宗教归信中的"情感归附"的命题，宗教市场论的领军人物罗德尼·斯塔克认为，"向一个新的异化宗教团体的归信，通常发生在这样的情况之下，即其他条件相同，但此人与该宗教团体内部成员的情感依附强于他与外界人员之间的情感依附关系"①，"成功的归信运动建立在社会网络组织的基础之上，建立在由直接并且亲密的个人关系的构筑成的社会构架之上。……成功的归信运动都掌握了保持开放的社会网络以及向新的临近社会网络靠近并渗透的技巧"②。布朗也认为，"家庭关系、婚姻关系、对于一家之主的忠诚，这些因素都是教会得到新教徒的最有效途径"③。

那么，这一视角在中国的宗教场景中是否具有价值？笔者通过2006年3-7月在贵州省瓮安县草塘镇的一个乡村天主教社区的田野考察，④初步认定，这种视角对于研究中国乡村的宗教热具有较大意义。

三、草塘天主教徒归信中的"情感依附"因素

草塘镇位于贵州省中部，距瓮安县城约十六公里，距省城贵阳约两百公里，有人口三万多人。在二十多年的时间里，草塘天主教徒从改革开放前的两户人家发展到现在约两

---

① 罗德尼，斯塔克：《基督教的兴起——一个社会学家对历史的再思》，上海古籍出版社，2005年，第21页。
② 同上书，第24页。
③ Brown, Peter. 1988. *The Body and Society*：*Men , Women and Sexual Renunciation in Early Christianity* [M]. New York：Columbia University Press, P90.
④ 笔者的田野调查地也涉及到了草塘集镇周边属于松坪乡的通水、冉家塘、清池、松坪场等四个村。

千人。从草塘天主教的发展历程中，可以看到"情感依附"在宗教归信中的重要作用。

（一）疾病、苦难、危机——"情感依附"的突破口

前已述及，"苦痛＋教义"实际上是一个归信的假命题，是教徒信教后将以前的"苦难"与归信简单联系了在一起。人们在遇到疾病、生活危机时，往往也是情感依附危机的时候，这时如果遇到教会，就很容易与教会产生新的情感依附。所以，疾病或其他生活危机，本身不是信教原因，它只是教会与非信徒建立"情感依附"、从而导致归信的极佳"市场突破口"，为教会吸收信众提供了可能性。最终能否成功吸收到新信众，除了有赖于一些因缘际会的因素外，更有耐于宗教组织的勤勉和有效经营，不断将这种"市场突破口"变成真正的"市场"。

先以1949年前草塘两个天主教家庭的归信历程为例：草塘最早的教徒是那乡村老寨子孙军的外公①，他1949年前逃难在外，在福泉县龙昌镇的团坡天主教堂帮教会养马多年，后来进了教。显然，对一个逃难在外、无亲无故的人来说，他原有的情感依附对象全部失去，当他得到天主教会救助时，天主教会很快就成为了他主要的情感依附对象。而1949年前的另一家信徒——宋家寨的刘明家之所以进教，也是因为刘明的爷爷当年与别人打官司打得非常惨烈，最终是天主教的人来帮助"解交"才解决了官司纠葛，刘家也因此信了天主教。可以想象，刘家当年在惨烈官司的压力下，四顾彷徨、求告无门，天主教会出现并最终帮助解决了问题，这立即就会引发刘家极大的"情感归附"，此时，天主教组织若再加以福音宣讲，入教就是自然而然的事情了。

---

① 文中所涉人名均为化名。

在改革开放后新进的教徒中，情况也很类似，我们来看几个例子：

白碧（六十八岁，草塘新川人）：她被认为是草塘的第一个新教友，在谈到自己信教原因时，她说："我年轻时病得厉害，当时信巫教、敬鬼神，寸把大的菩萨都去烧香，结果搞得晚上鬼在耳边叫，信过基督教也不行。新川医院的吴奶奶家长期信天主教，我去医病，她就向我宣讲，后来就跟着吴奶奶信天主教，医院的袁学珍的嫂子在团坡教堂，知道了我的情况就过来辅导我。我信教以后病就好了。"

李先（六十多岁，住清池村下浦）："1994年我二儿子医病花了三千多元，家里很贫困。车水坝的周叔方知道我的情况后，叫我用天主教的方法试一下，后来没有医好，儿子死后是寨子里第一个按天主教教仪式埋葬的，不久我们全家都领洗入教了。"

陶明（七十六岁，住草塘木瓜河）："我家四姑娘小时候得了脑病，发病后就像疯子一样乱跑，什么都信了也不见好。有人建议去找天主教的人看，白碧信教时间长，她给处理后好了一点。后来我四姑娘的病还是没有好，跟人跑了。白碧时常来给我们讲一些天主的道理，我觉得这个教好，就信了。"

表面看起来，一些人是因为天主的"灵验"而选择入教，这与中国传统宗教的功利性极为相似。但应该注意到，在自己或家庭成员长期受到疾病折磨的过程中，这些人面对生活和精神的巨大压力，彷徨无助。天主教徒主动表达对他们的关怀和帮助，一定让他们心存感激，对天主教产生了一定的情感依附。随后，如果病碰巧好了，就很可能入教；即使天主不"灵验"，在情感依附作用下也可能入教，李先一家和陶明一家就是如此。这说明疾病只是诱因，疾病、危机期间与天主教建立起来的情感依附，才是其后入教的真正动因。

另外一些因生活危机而入教的例子也可以看出这一点：

教徒龚红（三十五岁，住草塘街上）："我母亲去世得早，1988年我十七岁时在太平开了个门面打衣服，家里给我介绍了一个男友，我不喜欢他，家里逼我，我特别烦，经常想到自杀。后来跑出去打工，乱走到了安顺（贵州一个城市——笔者注），复活节时，我进了教堂，教堂里的老神父对人特别温和，里面的其他人也都非常温和善良，我很感动，老神父说无论我是否信教他们都会帮助困难的人，并说我要待多久都可以。我在那里一住就是三个月，看了很多书，九个月后我就领洗入教了。"

我们看到，龚红因为婚姻的和生活的不顺碰巧进入教堂时，天主教会用他们的温和、善良与帮助，成为了龚红最重要的"情感归附"。即便如此，她也是在教堂住了三个月、不断地强化这种"情感归附"后，才最终入教。

（二）"继发性归信"的稳定路线——配偶、家庭成员、亲属、朋友关系

上述因为疾病等生活危机，直接与天主教组织发生联系而信教，我们把这种称为"原发性归信"，这样的信徒数量不少。然而，就绝对数量来说，大多数教徒是在配偶、家庭成员、亲属、朋友等信教后跟着入教，这样的归信称为"继发性归信"。在"继发性归信"中，"情感依附"的作用更加突出。

1. 配偶之间的特殊情感依附关系，使一方信教以后，另一方绝大多数会随之归信。这从对"已婚者配偶是否信教？"这一问题的问卷调查结果可以看出：

配偶信教		配偶不信教		未回答	
人数	%	人数	%	人数	%
34	75.56	9	20	2	4.44

近76%的夫妻是双方信教的。比如陶明归信后，他的妻子随后也归信了；通水村教徒曹福的母亲本来一直在做祖传的"叫魂、栓胎、烧蛋"等手艺，但后来丈夫信天主教后，她就完全抛弃了自己的那些手艺，改信了天主教。冉家塘村下河坝组的张才入赘草塘的老教友潘家后，也跟着入了天主教，后来与妻子离婚后就开始动摇，天主教会的人对他做了很久工作才又把他稳住。

2. 家庭成员由于相互情感依附强弱的不同，会使"继发性归信"出现差异。

一般而言，如果子女对家长的情感依附很强，父母信教后，子女一般也会跟着成为教徒。在"子女是否信教"这一问题上，问卷调查的结果如下：

子女信教		子女不信教		有的子女信有的不信		未回答	
人数	%	人数	%	人数	%	人数	%
19	42.22	11	24.45	7	15.56	8	17.77

有近58%的家庭至少有一个以上的子女是跟着入了教。子女幼小时，对父母的情感依附很强，子女跟随父母成为教徒的可能性非常大，如孙军家，由于父亲在他一岁时就去世了，信奉天主教的外公和四个守贞娘娘（姨妈）把他们三兄弟抚养长大，他们自然对天主教徒有强烈的情感依附，即便后来在寨子里长期只有他一家信教，乡邻们经常嘲笑他家，但在强烈的情感依附下，他们也坚持了信仰。下司村的余江夫妻在1980年代初期开始信教时，子女最大的都不到20

岁，所以全家都跟着领了洗，这样的例子在草塘很普遍。

相反，那些在子女年龄比较大后才开始信教的家庭，由于子女有了独立的生活空间和新的情感依附，跟随父母一起进教的比例就要小得多，特别是分家单过子女更是如此。比如陶明夫妻在1985年信教，一起居住的女儿和岳父都跟着进了教，但是儿子分家单过，就一直没有入教，后来在埋葬陶明妻子时还与儿子发生了矛盾。冉家塘村的老王夫妻信教后，与两老关系密切的二儿子、三儿子及女儿女婿都跟着进了教，但分家单过、与大家庭关系不好的大儿子一家，则一直没有进教，并曾为信仰问题对老王夫妻大打出手。

另外，家庭中某一非核心的成员信教，与家庭中的情感依附核心成员所起的作用又是不一样的。龚红的例子就很典型，她说：

1988年我17岁时入天主教，后来被父亲知道了，父亲和哥哥们坚决反对，父亲曾以挑断我的脚筋相威胁，要求我退出天主教，我上过几年神学院，信仰很坚定，不仅没有放弃，还反复的劝说哥哥和父亲进教，但都没有成功。后来，与我感情很好的妹妹在我的影响下进了教，入了神学院并在上海做修女。前年，我和妹妹将父亲接到上海的神学院，在上海的日子里，父亲与众多高素质的上海教友接触并听他们慢慢讲天主的道理，他终于改变了，决定领洗入教。

可以看到，由于龚红不是家庭情感依附的核心，因此，她虽然受过神学院三年严格训练和有过近六年的修女生涯，都没能帮助她用天主的"道理"来说服家人信教。她的妹妹之所以入教，似乎更多源于与她同为女性的特殊感情。而她的父亲，最终在上海领洗，龚红把这归结为父亲接触了高素质的上海天主教徒后的觉悟。但是可以想象，一个农村老伯，离开土生土长的环境后，与两个作为天主教徒的女儿来到陌生的大都市，他对两个女儿及其所处的天主教环境会产生多强烈的情感依附，这同时也会大大冲淡他原来一直习惯了的情感依附体系，在这种情况下，两个女儿劝说他入教，该是一件比较轻松的事情。

3. 从外教嫁入天主教家庭的媳妇和从天主教家庭嫁入外教人家的女儿这两类人的"改教"，也很能说明"情感依附"因素在宗教归信方面所起的重要作用。

一个女子嫁人后，其情感归附的重心一般会逐渐从娘家转到婆家，按照"情感依附"视角，这就很可能导致改宗或改教的发生。笔者在草塘的调查表明，几乎所有嫁入天主教家庭的外教女子都改了教，比如松坪场村的余三妹的两个兄弟媳妇，在嫁入余家之前都是外教人，在嫁入余家后就很快入教了；孙军的妻子代李学在嫁入孙家之前是外教人，嫁入孙家以后因为改信了天主教，与娘家的人闹翻了，至今都不往来。这样的例子非常多。

从天主教家庭嫁出去的女子，如果是嫁到天主教家庭中，自然不涉及改教问题；但是如果是嫁到外教人家的，则大多改了教，比如草塘新川教徒文珍的大女儿唐芳出嫁前信教，出嫁以后，婆家信佛教，给她的压力很大，她很快就"反教"了。曹福的大女儿嫁到湖南常德、二女儿嫁到黔西南的兴义，两个女儿都是嫁的外教人家，曹福称现在不知道两个女儿是否还信教，不过农闲回来时也没有见到她们有宗教活动。松坪场村的教徒吴仁的两个女儿嫁到四川和江苏的外教人家后，也不再信教了。这种情况在草塘天主教群体中具有普遍性。

4. 家庭成员生活环境的改变，导致情感归附发生变化，也会影响宗教归信。

比如，孙军家三兄弟都是从小领了洗的，又由四个信教的守贞姨妈拉扯长大，但是大哥民国时候被拉壮丁，出去十七八年后才回来，回来后他不再信天主教了，并劝说家庭成员不要信教，结果与家人产生了矛盾，孙军的大哥一家至今都没有信教并与信教的两个弟弟家矛盾极深。这里，我们可以这样理解孙军的大哥的改教行为：他在军队呆了18年，与天主教家庭的感情疏远，建立了新的情感依附，复员回家后，又与两个弟弟因信仰不同而产生矛盾并没有得到有效调适，导致情感依附没有回归，因而信仰也无法回归。可以想象，如果当年孙家老大复员时，没有因信仰问题与两个弟弟发生激烈冲突，在其后的朝夕相处中大家可能又会复归情感依附，那也许孙家三兄弟的宗教归信又将是另一番景象。

5. 在天主教徒在向家庭以外的成员传教时，他们最终成功的往往也是本来就具有一定情感依附基础的人。

你最早是通过谁的介绍了解了天主教？

配偶		家人		亲戚		朋友		其他	
人数	%	人数	%	人数	%	人数	%	人数	%
2	4.35	8	17.39	18	39.13	8	17.39	10	21.74

（其他包括：医生、邻居、神父等）

从问卷调查结果可以看出，近80％的教徒是通过具有较多情感依附的人接触和了解到天主教的。这就决定那些有能力、有机会、有热忱与外界建立某种广泛情感依附的人，其传教成功的可能性要大得多。比如白碧被公认为草塘天主教传教的第一大功臣，这与她早期的社会活动面比较广有极大关系，她年轻时做裁缝，后来进入盖头山水银厂工作，又调到高石煤厂、天都水库、铁厂等几个地方工作过，还到过威宁县修铁路，回来后又一直做裁缝。她说："很多教友都是我在厂里认识的人，做裁缝也认识了很多人。"可见，比一般农村妇女大得多的有效的社会感情网络是她传教成功的重要保证。她在向笔者介绍她的传教经历时，也说传教时要注意首先与对方建立起感情，她所租住的房屋的几个房东和邻居，都经她传教而成了天主教徒。别的传教功臣，如吴仁的情形也大致如此。

四、结　语

总体上，在草塘天主教徒形形色色的宗教归信中，我们看到了"情感归附"所起的巨大的作用。它同时也符合宗教市场论的一个命题，即"人们在进行宗教选择时，会试图最大化地保守他们的社会资本和宗教资本"①。在有紧密的"情感依附"的人里面发展信徒，正好使社会资本的保守尽可能实现最大化，这使我们可以从"投资——收益"的理性视角来看待某些个人或群体的宗教归信。

同时，从"情感依附"这一视角来看宗教归信，为我们看待各地宗教复兴和宗教热的差异提供了合理的视角。它提醒我们：宗教归信并不是一个独特的、异乎寻常的问题，不要随意把它与一些宏大的社会问题联系起来，也不要神秘化和夸大宗教教义的作用，或者干脆把它看成是群众的愚昧，或者是宗教组织对群众的"洗脑"行为。从宗教组织内部观察，用"理性"去看待宗教组织是如何发现宗教的"市场突破口"？并通过与信众建立起"情感依附"，最终导致宗教归信，宗教组织不断使自身网络保持开放同时渗透到其他社会网络建立新的"情感依附"的能力的不同，是各个地方宗教图景差异的一个重要原因。

---

① 罗德尼.斯塔克，罗杰尔.芬克：《信仰的法则——宗教解释之人的方面》，中国人民大学出版社，2004年，第148－157页。

当然，必须强调的是，"情感归附"是宗教归信的一个视角，但不是宗教归信中唯一的因素，也不能把"情感归附"绝对化。

首先，情感不是一个绝对实在可测的东西，它可能受个人的性格、经济状况、能力、职业等多种因素的影响，并且可能城乡之间也有差别，具体的个人、家庭或社区的情感依附情况也很复杂。比如，有一些情感依附很深的夫妻，在一方成为教徒后，由于对配偶信仰的宽容或冷漠，另一方并没有随之归信；再如，并非少数人就一定会出于对多数人的一方情感归附，从而听从于多数人一方的宗教召唤。例如，一个性格强悍、能力很强的信仰天主教的媳妇，就有可能通过她自身的努力使性格温和、信仰巫鬼的婆家人改信天主教，笔者在调查中也发现了这种情形。

其次，在中国，宗教身份比起社会身份而言，还不是划分人与人之间关系的最主要因素，即便在一些信教家庭里，新进入的成员虽然在情感上处于对这一家庭的依附，但由于大家宗教委身程度的低下、对宗教身份认同的普遍弱化，从而导致新成员并无改教压力而没有产生宗教归信；而在一些不信教的家庭中，也可能出于对宗教身份的淡漠，而容忍某个成员的宗教信仰，不会由于情感依附而产生宗教归信。

沿河佛教文化史考

◎ 张体珍

沿河土家族自治县，位于贵州省东北部，地处黔、渝、湘、鄂四省（市）边区结合部的乌江中下游，总面积2468.8平方公里，辖22个乡镇，2010年末总人口65万。沿河历史悠久，远溯新石器时代晚期，春秋时为巴国的南境，战国属楚，一度属秦，秦属黔中郡，汉武帝时属涪陵县，蜀汉于县北置汉复县，北周于县地置费州，隋于今县城置务川县，唐置务州，后改宁夷郡、思州，北部置洪杜县，元置沿河祐溪长官司。

沿河是土家族聚居区，以土家族为主体的少数民族人口占全县总人口的66%以上。土家人按本民族的风俗崇拜祖先，祭祀土王，祈求风调雨顺，消灾免病，人寿年丰，六畜兴旺。由于佛教的传入，在这些信仰活动中，很自然地融入了佛教内容。沿河境内佛教属禅宗南派中的临济、曹洞两支派。大多数佛教徒属临济宗，少数佛教徒属曹洞宗。

佛教在沿河的兴起

沿河是中原文化传入贵州的必经之地，也是贵州佛教文化的发源地之一，在整个贵州的佛教文化中占有重要地位。唐代时修建福常寺，五代时修建天缘寺，宋代修建沿丰寺，在元、明、清时期，沿河寺庙林立，仅县城就有三十多处。元时，沿河佛教开始向西和向南发展。

沿河早在东晋就有佛教传入。在距沿河县城北面不足十五公里的沿河与酉阳交界地至今存有一座晋代古佛寺永和寺，始建于东晋永和八年（353），距今已有一千六百多年的历史。古寺所在地酉阳县万木乡与沿河县黑獭乡同处一条街，当地人们长期友好往来，互通婚姻，关系密不可分。历史上，从春秋至北宋，沿河与酉阳大部分地区长期同属于一个行政区域，直至南宋初年，酉阳才从思州分出，而永和寺所在地直到清乾隆十七年（1752）才由沿河司拨归酉阳。东晋时代，沿河与酉阳的西部包括永和寺在内同属于汉复县（今沿河境内）。因此，永和寺佛教不仅是酉阳佛教文化传入的标志，也是沿河佛教兴起的标志。

沿河在隋代置务川县，隶属巴东郡，县址在今沿河县城东岸。唐初，巴东郡首领冉安昌向唐高祖李渊奏："务川当牂牁要道，请置郡以抚之。"于是在县地置务川郡，后改为务州、再改思州。据冉氏家谱记载，冉安昌住于沿河官舟常乐山卜龟坪，在那里兴建寺院福常寺，成为贵州历史最早的寺院之一。明《思南府志》记载："常乐寺，唐为福常寺，宋敕赐中胜院，国朝改为常乐寺。"直到今天，冉氏还把常乐寺看作本族的家祠。

唐朝时，朝廷还派一些文人到沿河任职，徇节睢阳的南霁云将军之子南承嗣就是其中之一。南承嗣时为务州别驾，来务州（即思州，治务川，今沿河）时，多善政，离开务州时，人思其德，为立生祠，南承嗣辞命祀其父，于是在沿河修建"忠烈"祠，以纪念南大将军。以后，黔省通祀南将军庙曰"忠烈"，自承嗣始（明《思南府志》）。忠烈祠，在沿河又名黑神庙、将军庙，位于沿河县城东岸东山脚下，在谯家镇、官舟等也有黑神庙。谯家镇黑神庙，传说因庙内黑神菩萨显灵，至今香火不绝，庙内现有僧尼住持。

在唐代，沿河境内大姓除了冉氏外，还有田氏。南北朝时期，田氏入居沿河北部。隋时，田宗显被皇上任命为黔州刺史，黔州大治，后掌管黔州沿河四十八渡。唐朝时，田氏成为思州首领，子孙世袭。思州，唐贞观四年（630）置，领三县：务川（今沿河）、思王（今德江）、思邛（今印江）。史载思州田氏"奉佛兴寺"，但是否在唐代建有佛寺，史无记载。

沿河在唐代为思州、务川县治地，理应接受唐中央朝廷的敕令，境内又有佛寺，必有僧人住持。现见于文献记载的贵州高僧仅有通慧、海通、义舟和普达四人，他们或许与沿河的古佛寺有关。通慧在黔东创建了鳌山寺，又以医术名闻京城，奉诏治愈唐玄宗的病。海通生活于唐玄宗时期（712—756），是乐山大佛的最初创建者。大佛通高71米，肩宽28米，是迄今世界上最大的石刻佛像。义舟，与中唐诗人刘禹锡有交往，刘禹锡在《送义舟师却还黔南并引》诗文载其人其事：

黔之乡，在秦楚为争地。近世人多过言其幽荒以谈笑，闻者又从而张皇之，犹夫来蕴逐原燎，或近乎语妖。适有沙门义舟，道黔江而来，能画地为山川，及条其风俗，纤悉可信。且曰贫道以一锡游他方众矣，至黔而不知其远，始遇前节使，而闻今节使益贤而文，故其佐多才士，麾围之下，曳裙秉笔，彬然与兔园同风。蕃僧以外学嗜篇章，时或摄衣为未至客，其来也，约主人乘秋风而还，今乞词以贶之，如捧意珠，行住坐卧，知相好耳。余曰唯，命笔为七言以应之：

黔江秋水漫云霓，独泛慈航路不迷。
猿穴窥斋林叶动，蛟龙闻咒浪花低。
如莲半偈心常悟，问菊亲诗手自携。
常说麀围似灵鹫，却将山屐上丹梯。

由刘禹锡与黔僧义舟谈诗论道，可知义舟当与刘禹锡为同时代人，皆中唐时人。刘禹锡诗题的"黔南"指的是唐时的"黔州黔中郡"之南，"黔南"之"南"本指黔州黔中郡治之南，其治所在今重庆彭水县，唐宋时人将贵州之地称为"黔南"。刘禹锡的诗引和诗句中皆有"黔江"，黔江为今贵州境内乌江中下游，唐宋时称乌江为"黔江"。时义舟是从黔南由乌江乘船至中原见到刘禹锡的，义舟应是生活在乌江沿岸的人，沿河位于彭水之南的乌江沿岸，是到彭水的必经之路，故义舟一定到过沿河境内，而且有可能就是沿河人。

五代时期，在沿河中界修建了天缘寺，历代史志中虽无记载，但从现存的二十多块石碑记载中可以得知。

宋代，沿河佛教的传播

进入宋代后，由于思州田氏"素事佛"，宋朝时的佛寺遍布黔东北。据史志记载，沿河境内有沿丰寺、云台观等。沿丰寺，位于沿河县沙子境内。明嘉靖《思南府志·寺观》载，"沿丰寺，在沿河司东二十里，宋时建，明嘉靖元年里人何文材重建。"

宋徽宗大观元年（1107），田祐恭内附。政和元年（1118）置思州，领务川、邛水、安夷三县。宣和四年

(1122)废思州，以务川城为名，邛水、安夷二县改为堡，皆隶于黔州。南宋绍兴二年（1132）复置思州。民国《贵州通志·人物志·田祐恭传》据宋王象之《舆地纪胜》引《黔州图经》云："建炎五年（应为三年，1129），贵州（可能为"夔州"之误）防御使夔州路兵马铃辖珍州南平军务川城一带都巡检兼知务川城田祐恭，乞于黔州建置僧寺……绍兴十一年（1141），尚书省牒送到，知思州田祐恭奏状乞于黔州立小院，以安僧众，敕赐集福院。"田祐恭所置寺院当在沿河境内无疑，在沿河官舟今有集福洞。民国《沿河县志·古迹》："在县西六十里之集福洞，洞门正中有石龟盘伏水内，龟之口腹皆空，常有游鱼出入。"

宋人于观《宋敕赠少师思国公田祐恭墓志铭》云："公以绍兴二十四年（1154）秋七月九日薨，越十有七日，诸孤奉襄事葬公于务川县归义乡西山之原，附祖茔也。公讳祐恭，字子礼，威名有素……名山胜地，琳宫梵宇，或舍良田，或立浮屠，或铸洪钟，或建宝藏。一功一德，祈求之意，即非觊觎私门之福，皆以祝君王之万寿，其向善类如此……民从以安，乃立祠堂于水东梵宇，以备瞻仰，旱潦祈祷，常获昭应。九月之忌辰，远近生熟夷僚溪洞境上居民，不约而会，皆共携香纸，结为一社，诣公祠前稽颡奉献，各祈保佑而去。……公之为人，生为夷民信服，死为夷民钦畏，可谓安边之良将也。观谨依事实叙之。"此铭乃于观于绍兴二十六年（1156）冬"依事实叙之"，距田祐恭卒日不过两年，其所叙事当较具权威。由此铭文可知，其一，田祐恭生前数十年间在其辖地即今黔东北地区建有佛寺，置有寺田，铸有梵钟，招有僧人，可见其崇佛之深。其二，以田氏在"生熟夷僚溪洞境"中"威名有素"，其领头崇佛兴寺，其下土家、苗、瑶、仡佬之民自然热心佛教。第三，水东梵宇，应在沿河境内，沿河祐溪长官司原名水东长官司，辖地中有水东图,将田祐恭祠建立于水东梵宇之内,岁时瞻仰祈祷,说明沿河佛教之盛。

田祐恭归顺宋王朝后,将思州及务川治所从沿河迁出,思州地域有所拓展,唐朝时的思州仅有今沿河、印江、酉阳、秀山等地,到了宋朝,思州之地已包括了今天的铜仁地区和遵义、黔东南部分地区。

南宋初年,冉安昌的后代冉万耍因再次立功于国,宋高宗赵构赐名守忠,并以果公主配之,宋绍兴四年(1154)敕赐福常寺为土城忠胜院(明《嘉靖府志》记作中胜院)。

元明清,沿河佛教的遍及

南宋以后,由于思州及务川治所迁出沿河,沿河成了辖地而无名,这一时期,沿河佛教的领导地位开始淡出。元代,在沿河设沿河祐溪长官司,此后,历经明、清,佛教文化又有新的发展。沿河境内的土官、名士、大姓多好兴建佛寺、崇奉佛教。这时期,沿河寺庙林立,修建的寺庙主要有:金仙寺、白云寺、报恩寺、观音寺、龙兴寺、青龙寺、回龙寺、屏峰寺、桂林寺、清风寺、佛山寺;城隍庙、泗王庙、东岳庙、水浒庙、火神庙、川主庙、黑神庙、三抚庙、兴儒庙、娘娘庙、武庙、天官庙;朝云观、茶园观、祖师观;玄天宫、万寿宫、碧霞宫、禹王宫、巧圣宫;文昌阁、玉皇阁、财神阁、宜仙阁、观音阁;张氏宗祠、田氏宗祠、冉氏宗祠、杜氏宗词、杨氏宗祠等。很多宗祠与寺院合建在一起,如常乐寺建有冉氏宗祠,飞龙寺建有张氏宗祠,报恩寺建有肖氏宗祠,屏峰寺建有田氏宗祠。

金仙寺建于元代,位于今沿河县城西岸,新中国成立后成为沿河县政府所在地。里面有两尊铜佛,与大寺堂(常乐寺)里面的两尊铜佛大致一样。传说这四尊铜佛来源于播州、石阡交界处的铜佛嘴，在一个寺内有铜佛七尊，一日忽然全部丢失，其中的三尊流入铜仁府境内，人们认为是吉祥，并以铜仁（人）之名为府司的地名，另四尊顺乌江流入沿河司，被渔人取得，并立寺以贮，即为金仙寺，后有两尊飞至大寺堂。此事记载见明嘉庆《思南府志·拾遗》：

府江上流五十里，从播州、石阡二水合流处，地名铜佛嘴，寺址尚存。相传寺有铜佛七躯，重各千余斤。忽亡去。其三躯至铜仁府境，以为祥，因以名府司。其四躯顺浮至沿河司中，夜若有呻吟于中流者，渔人因取得之，立寺以贮，像至今存。

永乐十二年（1414），设贵州布政使司。朝廷采取土流并治政策，贵州遍设卫所，推行军屯、民屯、商屯。大量移民进入贵州，信仰佛教的移民在居地建佛教寺庙，为僧人入境提供了条件。相传，永乐年间（1403－1435），永乐皇帝派请王公大臣到思南，路经沿河境内蒲溪时发现观世音像，皇上震惊，怕因此得罪神仙，为了讨好观音，下旨在蒲溪修建观音寺，并从峨眉山请来高僧当住持，后又由一名高僧带领一批弟子到梵净山修道，梵净山的佛教也由此兴盛起来。

明成化三年（1467），沿河司副长官冉懋重修福常寺，改名常乐寺。正殿正厅供冉氏八大房祖宗牌位，左大厅供释迦、观音等木质佛像十余尊，并从后溪茶园金刚寺请来高僧一员，法名惠清。清初，有吴三桂妃田氏在官舟常乐寺梵修，田妃之墓至今保存。

明末，有一位高僧隐于龙头岩顶，法名海音，其住所遗址尚存。民国《沿河县志》记载："结庐瑰岩山巅，修真养性，不与世闻，清初飞升而去。后人名其庐曰海音寺，其址扰存。"

除了《沿河县志》记载的寺庙外，还有众多未收录在内的，如：钟岭山龙兴寺，建于明永乐年间，为沿河司正长官张珏（1422—1436年任职）所建；官舟飞龙寺，建于明中叶；钟南三壶坪兴龙寺，建于明代。还有原属于后坪县，因地处偏避，但佛教文化却深厚的客田、塘坝、洪渡、中寨、黄土、新景等乡镇内的寺庙，已没有收录在内。

近代，沿河佛教的衰落

清中叶以后，沿河佛教开始衰落。沿河与其他地方一样，佛教受到儒、道两家思想及当地民间信仰影响，沿河境内出现了佛神合祀一庙，佛道儒巫并存一山的现象。人们将佛教神像与其他神像供在一起便于奉献香火。此外，僧人趋于功利，损害佛门声誉的事时有发生。咸丰、同治年间（1851—1874），黔东北战事不断，沿河有许多佛教寺庙毁于战火。

此外，"庙产兴学"，使佛教受到一定破坏。"庙产兴学"，是指提取寺庙财产兴办义学。具体办法有：将寺庙财产分成两分或三分，以二分之一或三分之二入书院，剩余部分为寺庙所有；或将所谓不法寺僧驱逐出庙，将庙产全部充公，以作办学经费。一些寺院自愿捐产或直接兴办学堂，获得成效。

民国《沿河县志》载："民国25年（1936），地方教育行政会议主张统筹统支，将各乡原有之场捐、渡捐、称捐、庙产、祠产、族产等私有筹集之款项一律收归县有，由地方财务委员会负责保管，各项年需经费则纯由县政府令饬（通敕）财务委员会负责支出，此所以有三十二年（1943）之通盘一律通筹之新计划也。"在教育复兴之时，全县各乡庙产、祠产受到严重影响。

据不完全统计,民国时期,沿河境内将寺庙设为学校的有 40 多处。民国《沿河县志》记载的有:沿河中学(屏峰寺)、官立高等小学堂二(万寿宫)、县立第一初等小学(西岸陕西会馆)、县立第二两等小学(玄天宫)、县立第一女校(川主庙)、县立第二初等小学(南将军祠,后迁东岳庙)、县立第三初等小学(小景中央寺)、县立第五小学(官舟田氏宗祠)、县立第六初等小学(水田坝玉皇阁)、县立第七初等小学(谯家铺禹王宫)、县立第八初等小学(符家寨符氏宗祠)、县立第九初等小学(沙子场万寿宫)、县立第十初等小学(板场龙台寺)、县立第十一初等小学(思渠泗王庙)、县立第十二初等小学(土地坳田氏宗祠)、西二区区立第一国民小学(官舟三圣宫)、西四区区立第一国民小学(泉口司莲花寺)、南二区区立第三国民小学(枫香溪黄氏宗祠)、和平镇中心学校(陕西会馆)、黑獭乡中心学校(初设田氏宗祠,后迁回龙寺)、隘口乡中心学校(1930 年迁青龙寺)、甘溪乡中心学校(甘溪乡桂林寺)、中界乡中心学校(中界天缘寺)、夹石乡中心学校(夹石万寿宫)、塘坝乡中心小学(塘坝禹王宫)、私立竹溪初级小学(竹溪永兴寺)、私立蕉溪初等小学(县东芭蕉溪邹氏祖祠)、沙子乡第八保国民学校(坝坨杨氏宗祠)、黑獭乡第六保国民小学(天官庙)、淇滩乡第一保国民学校(兴儒庙)、板场乡第十保国民学校(回龙寺)、妙坝乡第三四五保联立国民学校(大寺堂)、官庄乡第十保国民小学(观音寺)、七格乡第十一保国民学校(庙丫寺)等。

除此之外大量寺庙还被政府、军队所占用。在沿河县城,1941 年沿河司法处设朝阳观;城隍庙和巧圣宫为县三青团团部、县保警大队住址,里面的神像全部被销毁;1939 年沿河县民众教育馆设于川主庙,第二年国民党县党部设川主庙,民众教育馆迁水浒庙;1942 年在火神庙设图书馆;

1941年改武庙为粮仓；1941年在金仙寺置城关区田赋粮食稽征处；黑神庙最初被设为学校，后成为驻军所用，1933年遭火毁，其址于1944年被田景万占为私有，修三楼的砖房一幢。此外，沿河下设的大部分乡（镇）公所都由寺庙改修。如和平镇（报恩寺）、沙子乡（关帝庙）、隘口乡（张氏宗祠）、黑獭乡（田氏宗祠）、晓景乡（万寿宫）、夹石乡（鲁班庙）、板场乡（冉氏宗祠）、思渠乡（万寿宫）、隘门乡（隘门寺）。被占寺庙内的大量神像、佛像、菩萨、罗汉、法器遭到严重毁坏。

民国四年（1915），县内成立中国佛教会贵州省沿河县支会，以理事会主持会务工作，并设监事会。会址在县城西岸碧霞宫（今一完小），该宫和尚释祯祥任理事长。佛教支会隶属中国佛教会和贵州省佛教会领导。理事会设理事长、常务理事、理事、候补理事；监事会设监事长、常务监事、候补监事；理监事会设文书、会计。信徒中的社会名流，党政要员被吸收为委员。会员中僧尼称"出家会员"，不是僧尼的称"在家会员"。民国二十三年（1934），会址迁至县城东山东岳庙（今二完小），改选释圣祥（女僧）任理事长。民国二十五年（1936）春，沿河县第二两等小学校，设于此庙，佛教支会迁至泗王庙（今二完小低年级和幼儿班校舍）直至新中国成立。

理事会的主要职能是管理全县的佛道教务和寺庙、僧尼道徒以及调解教内纠纷。每年农历四月初八（释迦牟尼佛的生日）召开一次各寺庙当家和尚和居士负责人参加的常年会议，商议教务，同时讲解佛经佛法，有时邀请外地的游方和尚或邻县的长老到会讲经说法。佛教支会的经费开支由各寺庙每年缴常年费，支会内设医务室一个，佛学图书馆一个，专供会员研究佛学之用。

在黔东革命根据地时期，红三军在黔东特区认真执行党的宗教政策，对宗教问题作出如下规定：主张信教自由，"凡信神的、不信神的、信教的、不信教的，均可以加入农民协会"；信教的和不信教的不得相互歧视；"教堂的粮食财产不没收"；"和尚、道士、尼姑、端公、基督教、天主教的牧师、神父等，本人是以宗教为职吃饭的不得分配土地，如果是以宗教为副，以耕田为主，可以分得土地"；宗教、神职人员的家属，如果不靠上述职业为生，而是工人、雇农、贫农、中农或富农的，仍按照工人、雇农、贫农、中农或富农的地位分配土地。由于红三军在黔东特区实行了宗教信仰自由，保护教堂和教民的政策，消除了宗教人士的顾虑，实现了红军与宗教界的联合，得到了宗教界人士的拥护，他们在发动教民参加苏维埃革命，加强教民和非教民的团结等方面都做了一些工作，产生了较好的影响。

现代，宗教政策对沿河佛教的影响

新中国成立初期，对寺庙进行调查统计：第一区（含县城）34座，有和尚、尼姑46人；第二区8座，僧尼3人；第三区五座，男僧3人，尼姑2人；第四区4座，男僧5人，尼姑5人；第五区11座，男女僧尼25人；第六区21座，男僧15人，女僧13人；第七区11座，僧尼7人；第八区5座，僧尼4人；第九区9座，男女僧尼12人；第十区8座，男女僧尼15人。共计寺庙116座，僧尼155人。僧尼多数靠在庙会中承接香火、供品、代人祈福为生。

中国共产党制定和实施宗教信仰自由政策。《中华人民共和国宪法》中明文规定，"中华人民共和国公民有宗教信仰的自由"。《中华人民共和国土地改革法》第三条规定，政府依法征收祠堂、庙宇、寺院、教堂、学校和团体在农村中的土地及其他公地。第十三条第五款规定，农村中的僧、尼、道士、教士及阿訇，有劳动力，愿意从事农业生产而无其他职业维持长期生活者，应分给与农民同样的一份土地和其他生产资料。第二十一条规定：……祠堂、庙宇、寺院、教堂及其他公共建筑和地主的房屋，均不得破坏。

民国时期，由于僧尼中通晓经典的人很少，传播形式转为信徒父子、母子口头相授，自传自信，参加诵经拜佛，超度亡魂。出家者多数是被生活所迫，家境贫困或从小就是孤儿。新中国成立以后，进行土地改革，僧尼跟常人一样分得了土地，纷纷还俗。由于很少有人出家，原有僧尼年老去世，后继无人，1990年统计，全县仅有僧尼4人，年龄大都在八十岁以上。2008年，天柱人罗孝文（法名释祖法）来到天缘寺任住持。

沿河在新中国成立初期，沿袭国民党时期占用的寺庙作为办公、教育用地，对大量的祠堂、庙宇、寺院没有进行保护和修复。由于大量僧尼还俗，许多寺庙长期无人看管，最终导致破败而倒塌。大多数地方干部和群众没有文化，错把佛教当作封建迷信而加以抵制，给僧尼乱扣"牛鬼蛇神"的帽子。在大炼钢铁时，大量宗教法器被当作废旧物品处理。

"文化大革命"全盘否定党的宗教政策，寺观教堂被封闭或占用，正常的宗教活动被禁止，文物古迹被破坏，宗教书籍、物品被焚烧，僧尼被批斗，信教群众受冲击，造成不少冤假错案。原金仙寺内两尊千年铜佛被作为"四旧"被搬到搬运社门，后被人"尸解"换成三千元钱。

在大量寺庙被破坏的同时，也有不少佛教界人士为保护寺院及文物作出努力，如钟岭山龙兴寺赵凤鸣，在"文革"期间巧妙地保存了寺内的大量文物。

党的十一届三中全会后，落实宗教信仰自由政策。近年来，随着佛教文化的复兴，信人自动集资，兴修寺庙，如在官舟由张氏族人集资修复飞龙寺，内置如来佛、弥勒、燃灯古佛、观音娘娘等神像。在县城东岸观音岩、屏峰寺、清风寺、中界天缘寺、河西洞灵山寺、钟岭山龙兴寺、谯家镇黑神庙、沙子观音寺等都有佛教活动。每年农历二月十九、六月十九、中元节（孟兰节）、九月十九，主要信仰人士要开展诵经、办庙会等活动接待信教群众烧香进供。每个活动点都有1—2名长期住寺，主要人员4—5名。诵的经书主要有《金刚经》、《皇经》、《大部经》、《观音救苦经》、《观音保生经》等。

教务活动

佛教传播在沿河民间有其特色：一是自传自信。未设佛教会前，系由父子、母女口碑相授，既无组织又无经典。因佛教浩繁邃密，难于以通晓，僧尼中能谈经论典的甚少，故佛教信徒一般皆属家传。二是诵经礼忏，搞超度，消灾免难，谈生死轮回的佛、巫掺杂。奉佛者形成多神教的信仰者。即一般寺庙、会馆、神祠，佛教的菩萨和其他神像皆杂处一块为人供奉。

出家僧尼与在家"居士"（多为女姓）的活动各有不同特点。出家僧尼，有严格的宗教仪式和教规，长年茹素，不娶不嫁，僧尼每日烧香拜佛，定期送经礼忏，以及承接香火供品，代人祈祷。较大寺庙的僧尼多诵《楞严咒》、《大悲咒》、《弥陀咒》等佛门正宗经典，小寺庙的僧尼多念《救苦经》、《保生经》、《解冤经》、《血河经》、《眼光经》等小经，为人消灾免难。僧尼有时也应人之请上门做法事，超度亡魂。

在家"居士"婚嫁自由，可荤可素，有的吃"长斋"，有的吃"花斋"，即逢年过节和每月的初一、十五日吃斋，家中设立佛堂神龛，早晚诵经膜拜。"居士"们常自愿向庙堂捐助香火油资。每逢"庙会","居士"相互邀约,结伴朝山拜佛,到寺庙敬神献会,烧香还愿,顶礼膜拜。

寺庙定期举行迎神赛会(庙会),农历二月十九观音菩萨的生日和出家道士六月十九日(得道日九月十九日)举办观音会。每年正月初一及十五日,寺庙香火最为兴旺,寺庙内盏盏神灯通宵不灭。特别是举办东岳会和城隍会更为隆重。

农历三月二十一日至二十八日为东岳会期。相传东岳系泰山神,掌管人间生死祸福,故人们十分敬畏。县城东岸东岳庙,信众用檀香木雕塑东岳神像祀于庙内正殿,饰以王冠、蟒袍、玉带,两厢塑以十殿阎罗,千奇百怪,狰狞可怖。每值会期,先一日散花,接着大做法事,进香信众熙来攘往。后三日则举行"迎春"(游亭子)盛会,四乡百姓皆入城观"春"、"还愿"。出会时,以旗锣执事开道,豪绅子弟华妆丽服,骑"摆马"继之,间以彩棚笙箫细乐、锣鼓、唢呐,吹吹打打喧闹盈途。随后便是"春台",挑选民间穷家孩童,施以精巧打扮,用帛捆扎于木柱铁桩上,装出各种折子戏中的某一姿态,用四人肩抬,让人观赏,谓之"妆春"。依次即为"顶案",酬愿队伍,酬愿者扮成乞丐、囚犯,伪作提罐挂拐和戴纸枷纸锁、木栲铁链、狂暴凶颠等状,佝偻前行。最后是东岳神像神气十足坐在八抬彩轿中。拱卫神像、手捧果品的善男信女在香烟缭绕中肃穆缓步而行,场面极为热烈。

农历五月二十八日为城隍会期,届时,举办祭祀城隍活动,仍按东岳会形式,将城隍"行身"用隆重仪式抬了摆队游行,口"山会"。城隍神像游到哪里,哪里的街坊住户均焚点香案虔诚迎送,叫"接城隍"、"送城隍",祈求保佑。

除了佛教外,沿河的道教、地方巫教也掺杂佛教内容。民国时期,县内出家道士有二十多人。道士皆结发成髻、身着青色圆领道袍，脚穿白布青袜和云履青鞋，传道授徒一般都与巫教混为一体。新中国成立后，初步统计全县有道教班子一百余坛，每坛五至八人，当地称主持人为"阴阳先生"，平时经常应请从事送葬、消灾、贺生等道场活动。其经书与佛教大同小异，主要有《血河经》、《太阳经》、《观音救苦经》、《地母经》、《大乘妙法》等，教义也基本同于佛教，即主要是劝人为善，尊老爱幼和超度亡人、祛病消灾。

地方风物

唐宋以后，在沿河出现了许多佛教古刹和名山，宋朝皇帝敕赐沿河境内的福常寺为土城忠胜院。沿河境内有东山、观音岩、佛山顶、钟岭山、洞灵山、贵阳山、木鱼山、朱瑙岩、龙头岩、天马山、莲峰山、凤凰山、困龙山等佛教名山。

在碑碣石刻方面，主要有：蛮王洞石刻、白云寺碑、天缘寺石碑、龙兴寺古石碑、观音岩石刻、白鹤洞石刻、清凉洞石碑等。

在民间传说中，关于佛教方面的传说主要有：《文昌阁传说》、《文峰塔传说》、《和尚岩传说》、《蛮王洞传说》、《媳妇坨传说》、《黑獭堡传说》、《田妃传说》、《金仙寺铜佛传说》、《观音岩传说》、《九姑传说》、《海音和尚传说》、《僧碧澄传说》、《张三丰传说》、《冉法通传说》、《封管带遭雷击》、《蒲溪观音寺的传说》、《白云寺的传说》、《钟岭山蛇坟的来历》等。

在地方史志中，明嘉靖《思南府志》、道光《思南府志》、《贵州通志》、民国《沿河县志》、《贵州古迹志》等书都记载有沿河境内的古寺院。其中明嘉靖《思南府志》中记载有常乐寺、金仙寺、沿丰寺、云台观、观音阁、清缘庙等处;道光《思南府志》中记载有报恩寺、屏峰寺、观音寺、财神阁等十多处。民国《沿河县志》中记载有四十多处。

在文物方面,主要有常乐寺、天缘寺、龙兴寺。常乐寺建于唐代,宋时"敕赐"忠胜院,明成化三年(1467),沿河副土司冉懋重修改名常乐寺,民国时寺内尚存有铜佛、罗汉、钟磬等,皆唐代法物。清《思南府续志》:"常乐寺……寺内铜佛二,高九尺,罗汉九十四,钟磬皆千余年物,思属寺观,惟此最古。"

梵净山佛教文化保护与旅游开发

◎张 明

梵净山位于黔东印江、江口、松桃三县边境，方圆六七百里，最高峰2572米，是武陵主峰。梵净山位于武陵五溪腹地，自古就是联结贵州、湖南、重庆、湖北的咽喉之地，各民族在此交流融合，形成了深厚的传统文化底蕴和历史人文景观，是佛教文化、土司文化、傩文化、巫文化、红色革命文化等多元一体、和谐共荣的历史名胜之地，在贵州旅游开发中具有极其重要的文化资源价值。本文仅就佛文化保护与旅游开发方面来展开论述，并提出几条建议。

一、梵净山佛教历史源远流长

梵净山佛教的正式传入可以追溯到一千多年前的北宋初年。北宋乾德三年（965），在梵净山西侧的思邛江县兴建了该地区明确可考的第一座寺庙——西岩寺。该寺历经千年，至民国时期衰落，"文革"时期最终拆毁。西岩寺是贵州最著名的千年古寺之一，是为梵净佛教的祖庭。

降至元代，梵净山以东兴建了黔东重要寺庙——正觉寺。《铜仁府志》载:"正觉寺,在府治东门内。元时渔者得三铜人,建寺以供之,今毁。铜人移供观音阁,尚存。"① 至明朝初年,梵净山以北又新建了该地区第一座"天"字号寺庙——天马寺。(万历)《天马寺钟铭文》载:"传始祖宗安和尚,号自然。"道光《天马寺碑》载:"始祖宗安和尚,号自然,于洪武年间得创天马寺;荒田一段,周围老山一副,册载额粮一斗四升。"明洪武年间,在西岩寺以东的印江河缝观音洞又兴建了江头寺②。

由上述考证可知,在宋、元、明初共四百年间,梵净山地区已经修建了西岩寺、正觉寺、天马寺、江头寺四大古寺,说明佛教在该地区有持续而良好的发展。故明代碑刻称梵净山为"古迹名山"、"古佛道场"。明代该山因梵刹林立,是"梵天净土",故正式得名"梵净山"。梵净山作为一座千年佛教名山,确实名不虚传。

明初,梵净山地区思南、思州田氏土司因争夺朱砂矿坑而仇杀。永乐十一年(1413),明王朝废除思南、思州两土司,实行改土归流,将两土司所辖三十九长官地方改设为八府、四州,另置贵州布政司统辖,于是贵州正式建省,成为中国第十三个行省。③ 梵净山环山建有五府:思南、乌罗、铜仁、思州、石阡,梵净山核心地区为五大土司共属之地。宣德年间,梵净山因盛产朱砂和金矿,明王朝派工部官员吴邦佐坐镇开采。④

明初梵净山地区的改土归流,特别是朝廷军队和流官对当地土家、苗族等少数民族的压迫,激起了梵净山地区少数

---

① 《铜仁府志·古迹》。
② 江头寺,见《思南府志》;观音洞摩崖,见《贵州省志·宗教志》,贵州民族出版社2007年版。
③ 《明史·贵州土司》。
④ 吴邦佐宣德铜香炉收藏于江口县。

民族一系列反抗和武装起义,其中松桃龙许保、吴黑苗领导的嘉靖年间的苗民起义,是贵州明代历史上规模最大的少数民族起义。龙许保义军建立苗王城,并联络湖南苗族义军,进攻黔东、湘西、川东三省边界各府、州、县。明王朝先后派右都御史、兵部侍郎万镗,以及都御使、三省总督张岳率领湖广、贵州、四川三省十万官军围攻,前后历经二十余年,才最终平定龙许保苗民起义。①

龙许保起义被平定后,明王朝对梵净山地区改变策略,一是移贵州总兵驻防铜仁,以全省军力加强对梵净山少数民族的军事高压态势;二是将"围剿"改为"围困",在梵净山以东"生苗"地区修建"边墙",是为著名的"南方长城";三是加强佛教对少数民族的教化作用,开始了嘉靖、隆庆至万历中叶的梵净山第一次佛教重建活动,时间长达四十年之久。②此间,除修复西岩寺、天马寺等四大古寺外,还新建了孝慈寺(在合水)、回龙寺(在木黄)、天庆寺(在木黄)、天池寺(即护国寺、在大园子)。此外,还重修扩建了金顶古茶殿(即承恩茶)、释迦殿、弥勒殿、三清殿等。金顶《院道摩崖》(万历元年,1573)、天马寺铁钟(万历元年)、护国寺石雕菩萨(万历三年,1575)、《剪刀峡摩崖》(万历十六年,1588)、河缝观音洞摩崖(即江头寺,万历二十四年,1596)等,都是梵净山第一次重建时珍贵的第一手文物史料和历史见证。

万历二十七年(1599),遵义播州土司杨应龙发动叛乱,是为明代末期中国最大的土司叛乱。播州之乱祸及梵净,《敕赐碑》称:"既自播乱之后,往来朝者见人稀,非复旧

---

① 《明史》万镗传、张岳传。
② 梵净山第一次重建时间为嘉靖三十九年至万历二十七年,即1560—1599年,详见张明:《梵净山历史上的几次重建活动》,载《土家族研究》第六集,贵州民族出版社2009年版。

盛。"明万历二十八年（1600），明王朝命四川总督兼巡抚李化龙、贵州巡抚郭子章、蜀将刘铤等调三省二十四万官军，分八路进剿播州，杨应龙退守海龙囤，最后自焚而亡，播州之乱平定。播州之乱引起梵净山地区苗民乘机再次起义。《明史》载："自杨应龙平后，销兵太多，苗仲所在为寇。"① 贵州巡抚郭子章、张鹤鸣调官军五千、士兵五千分两路到梵净山地区镇压水硙山苗民起义。万历三十四年（1606），水硙山苗民起义被平定。

  播州之乱和水硙山苗民被镇压后，梵净山开始进行第二次重建活动。主持重建者为著名高僧妙玄和尚及其弟子圆通和尚。妙玄和尚系万历皇帝之国舅，因喜好佛教而隐居梵净，被地方官员察觉而上奏朝廷，万历皇帝于是敕封妙玄为钦命僧，并下令重建梵净山。"心厌荣宠，喜浮屠者，遂隐于黔思铜之深麓"，"已而为当道者觉以状奏闻。帝追尺一为建刹，所谓古梵净鼎而新焉"。② 至万历四十六年（1618），梵净山第二次重建结束，斯时庙宇辉煌，梵呗喧和。计此次重建了五寺、一洞、六殿，其中金顶古茶殿被敕封为"敕赐圣旨承恩寺"，又称为"金顶正殿"，寺内供奉"当今皇帝万万岁"牌位一方。一洞、六殿分布正殿左右，世称"脚庵"。此外，天庆寺、朝天寺、天林寺、天池寺扼四方朝山大道，称"四大丛林。""金顶正殿"和"四大丛林"都带有"天"、"恩"字样，以示明朝天子的浩荡皇恩。此次重建，因惠沾皇家威严的神圣色彩，故梵净山名播于天下，香火盛极一时。《敕赐碑》载："海内信奉而奔趋，不啻若云而若水；王公大人之钦谒，恒见月盛而日新；久已灵驰于两京，倾动于

---

① 《明史·张鹤鸣传》。
② 《敕赐碑》。

十三布政；劳旌于抚按，烦顾于道府。"① 北京户部郎中李之彦撰《敕赐碑》，立于老金顶悬崖下之通明殿旁。妙玄为尊为"重辟之祖"，赐有镇山之印，统辖全山朝拜事宜。文人雅士登临游览，梵净山佛教极一时之盛。

降至明末清初，梵净山先后成为南明抗清斗争的根据地和吴三桂叛乱占据的重镇之一。南明相国、抗清名臣吕大临就曾在梵净山一带活动，并在松桃水月庵题写摩崖。② 此外，南明石阡推官谢国梗抗清失败后，就隐居于梵净山，自号"天台逸人"，时值梵净山少数民族起义，迁居印江。谢国梗有黄庭羲门之术，又通制艺，小楷亦为名家，印江周国栋等拜于门下，为其著名弟子，终成印江名士。③ 清康熙初年，吴三桂发动叛乱，其叛军一部占据梵净山，周围府、州、县及土司均遭蹂躏。康熙十三年（1673），郎溪土司第十世正长官田养民的清敕封世袭印信号纸被吴三桂叛乱动劫夺烧毁。④ 康熙帝派清军分路进攻，吴三桂及其子吴世蕃败亡，吴三桂之乱平定。

为了加强对梵净山的控制，清政府一方面继续修建梵净山以东的"边墙"，另一方面加强佛教对土家、苗族的教化作用。金顶摩崖明确记载了康熙赐封梵净山的史实："自我朝敕封以来，尤称黔中之佳景也。"⑤ 在印江天庆寺，保留下来的《大清康熙帝敕封天庆寺皇庵文》是继明万历四十六年

---

① 《敕赐碑》。
② 《松桃厅志》。
③ 《印江县志》。
④ 张明：《明清时期土司土官与贵州佛教关系考论——以贵州梵净山地区朗溪蛮夷长官司正长官田氏为例》，《贵州大学学报》2012年年第2期。
⑤ （清）《金顶新路观音殿碑记》。

《敕赐碑》之后梵净山地区又一皇家敕赐文的文字证据,① 这是长久梦寐以求却不知何处找寻的重要历史文献资料,② 与梵净山金顶摩崖相互印证,说明康熙对梵净山敕封加冕的真实性。明万历皇帝、清康熙皇帝对梵净山的两次敕赐加冕,为梵净山"弥勒菩萨道场"的形成奠定了坚实的基础。由于篇幅限制,梵净山弥勒菩萨道场的形成另有专文考证,此不赘述。

二、梵净山佛教文化丰富深厚

梵净山作为贵州乃至西南的佛教名山,积累了非常丰富的佛教文化。

第一,古代寺庙群星罗棋布。梵净山古代寺庙群有"四大皇庵,四十八大脚庵"之称,实际远不至此数。梵净山寺庙群往往沿朝山古道而形成,如在西朝山道就形成了五里一寺,十里一庙的古寺庙群及其文化景观:印江县城(西岩古寺、龙津寺)—河缝(观音洞、江头寺)—郎溪司(回龙寺、打儿洞)—合水场(孝慈寺)—永义乡(紫薇神树)—张家坝(镇江寺)—团龙村(古茶树王、梵净贡茶)—苏家坡(地母庙)—大园子村(护国寺、钟灵寺、山王庙)—棉絮岭(拜佛台、剪刀峡)—滴水岩(叫化洞、接引殿、通明殿、报恩寺、敕赐碑)—老金顶(玉皇殿、三清殿)—上茶殿(九皇洞、九皇殿、敕赐圣旨承恩寺、祖师塔、脉源宗谱碑)—下茶殿(镇国寺)—新金顶(天梯、天桥、观音殿、

---

① 《大清康熙帝敕封天庆寺皇庵文》:2011年8月,铜仁地区政协工委、地区民宗局、贵州大学人文学院组成的"梵净山佛教文物联合考察组"的实地考察中,由印江县民宗局杨再荣先生提供,杨先生转抄自李新铭先生。在此,对两位先生表示衷心感谢!
② 《梵净山佛教文物联合考察报告》(2011年8月)。

释迦殿、弥勒殿）等。五大朝山古道最后汇集于朝拜地金顶，金顶成为寺庙群最集中的地方。

第二，金石文物意义重大。梵净山留下了大量金石文物，"金"是指金属佛教文物，主要包括佛像、佛印、佛钟、佛磬、香炉等；"石"是指历代碑刻摩崖。据笔者所知，梵净山地区的佛印有钦命僧妙玄的镇山之印，《敕赐碑》明确记载："赐镇山印曰'古茶殿'。"但梵净山历经战乱，此印已不知所终。另外，梵净山"佛法僧宝"铜印已被印江县政府收集，并珍藏于印江县民族陈列馆。该印证明梵净山佛教具有统一的佛教组织，并由全山方丈统辖朝拜事宜，可与《镇国寺碑》所载"全山公举方丈"相印证。梵净山地区历代碑刻摩崖更是研究梵净山佛教文化的主要资料。笔者多年访求，已收集碑刻、摩崖、墓铭等百余帧。由于地方史志和私家文献对梵净山佛教的直接记载非常缺乏，这些碑刻、摩崖、墓铭就成为研究梵净山佛教非常珍贵的第一手资料。它们全面系统地反映了梵净山佛教的源流演变和兴衰更替，如金顶《院道摩崖》、《剪刀峡摩崖》、《河缝观音洞摩崖》就反映了明清两代至民国时期四百年印江历代知县负责管理西朝山大道的重要史实。《敕赐碑》、《新路观音殿碑记》等则反映明万历皇帝、清康熙皇帝两次对梵净山敕封加冕的盛况。《天庆寺界碑》、《名播万年碑》、《勒石垂碑》、《禁树碑》等则记载了思南府、铜仁府，以及贵州省级官员严禁在梵净山开采黄金、伐薪烧炭等事件，是官府处理僧商纠纷、保护寺庙和培修梵净山风水的法律依据。此外，梵净山金顶正殿和四大皇庵曾有规模巨大之塔林，现保留下来的墓铭也是研究历代高僧生平和佛学思想的重要材料。以上碑刻、摩崖、墓铭等大部分已列入省、县级重点文物保护单位。

第三，朝山习俗的形成。梵净山作为弥勒道场，是中原佛教在南方少数民族地区长期传播和明清两代统治大力提倡的双重结果。朝山习俗逐渐成为三省乃至南方善男信女重要的社会习俗。梵净山五方朝山古道和沿线寺庙群就是远近朝山僧众数百年经营的结果。清康熙间铜仁诗人徐阊载："三郡朝谒者岁如义聚，即邻省西蜀、湖南亦络绎不绝。"①康熙《脉源宗谱碑记》载："凡滇、黔、梦、蜀之人，无不争趋朝者见，自明迄今，逾有百载。"《镇国寺碑》也载："数百年进香男妇，时来时往，若城市然。"梵净山朝拜盛况一直持续到民国年间。民国初年，贵州佛教总会会长、著名高僧了尘和尚朝拜梵净山，并与梵净山方丈隆参和尚唱和，留下多首诗文，流传至今。②

第四，梵净山佛教文化与少数民族文化相互融和，塑造了少数民族敦厚淳朴的社会风俗。梵净山作为少数民族聚居地区，民风曾经十分彪悍。由于统治者有意加强佛教教化，在数百年佛教潜移默化影响下，佛教文化与少数民族文化互相融合，梵净山地区少数民族形成了敦厚淳朴的民俗风气。比如梵净山环山各府、州、县官员以及土司对梵净山佛教都培护有加，他们或共同踏看，开砍山道；或亲赴山巅，为民求雨；或捐资建庙，迎清高僧；或树碑禁伐，保护风水。上有所好，下必甚焉。他们对梵净山的培护形成了民间崇信佛教风气，如梵净山西侧的思南府"思郡寺为多，观百之一耳……举郡属计之，衣缁者不下数千人"③。东侧的松桃厅"厅属寺观之建，由都市以达村落，道相望也……寺以供佛，观以奉道……厅地寺居其九，观居其一。缁黄之资以生者，不下千人。"④

---

① 徐阊：《梵净山记》。
② 张新民点校：《贵阳高僧了尘和尚事迹》，巴蜀书社2000年版。
③ 《思南府志》。
④ 《松桃厅志》。

三、梵净山佛教文化保护面临的问题

西部大开发是我国当前及未来较长时期内的战略重点,其核心是全面贯彻科学发展观,促进社会、经济、文化各方面和谐可持续发展。梵净山作为国家级重点自然保护区和西南著名佛教胜地的双重名山,更应该在科学发展观指导下有序发展。以下仅就近年来梵净山旅游开发的一些负面影响略作评述。

自20世纪80年代宗教政策恢复后,梵净山就开始了旅游开发。据统计,梵净山外来游客在1985年仅3500人次,1990年增至32500人次,2004年,铜仁地区接待以梵净旅游为重点的国内外游客增至68.82万人次。近来年,由于梵净山在国内外知名度扩大,游客更是猛增,不可避免出现了一些负面影响。

一是佛教文物破坏和丢失严重。本文作者从20世纪90年代初开始研究梵净山,曾亲眼看到朝山道上曾留下许多佛教文物,如石菩萨、石罗汉、寺庙铁瓦、石碑、墓塔,甚至万历皇帝和明清官员的多方牌位等,但在最近几次实地考察中,这些佛教文物已经杳无踪影。在2011年夏天铜仁地区与贵州大学组成的梵净山佛教文物联合考察中,各县政协、民宗、文管官员,就对梵净山佛教文物的流失深表忧虑。[①]

二是以公司开发为主,各家公司互相竞争。现在梵净山有数家公司参与开发,但并未形成统一规范,如有索道公司、石油公司,民间居士各自投资,或兴建索道,或修建寺庙,或开办佛苑,或组织赛事。他们各有不同需求,形成互相竞争关系,甚至出现不必要的纠纷。

---

① 金波:《梵净山三大古寺佛教文物考》。

三是佛教文化景观遭到人为改变。梵净山是千年佛教名山，一殿一寺、一瓦一石都有几百年甚至上千年历史，但由于外来公司不太了解本地历史文化背景，造成人为改变佛教文化景观的现象。如：《敕赐碑》旁原是明代通明殿和清代报恩寺，"文革"期间才最终被毁。20世纪八九十年代，印江县在原址上建有旅店，后拆毁，现改修为亭子，完全不知此处乃是明清两次被敕封的重要寺庙。又如在老金顶之上，原是明清两代的玉皇殿，是梵净山道教最神圣之地，比梵净山佛教有更久远的历史，但现在已经改建成"燃灯殿"，然而梵净山历史上并未有"燃灯殿"的记载。再如下茶殿原为清代"镇国寺"，有著名高僧隆参和尚的《镇国寺碑记》可证，但现在改修为"山王殿"，不惜将清代梵净山最重要的"寺"下降为一个"殿"。此外，红云金顶原是梵净山雄伟神奇的重要标志，史称"游龙昂首啸吞烟"①，只有铁链和天梯、天桥可以攀登，但现在为了方便爬山，于是增修了爬山石梯，完全改变了金顶雄奇的外形，仿佛游龙被捆绑上了一副铁镣枷锁，昔日游龙雄姿荡然无存。2011年终于发生严重的雷击事件。

四是梵净山缺乏统管全山的高僧大德。梵净山是佛教名山，历史上虽属"五属之地"，但长期都由全山公举方丈管理全山寺庙和朝拜事宜，"圣旨承恩寺"和"护国寺"敕有"镇山之印"和"佛法僧宝印②"，具有至高无上的权威。但现在由于梵净山分属印江、江口、松桃三县，三足鼎立，互不联系，甚至因争夺边界激起群体事件等。梵净山佛教需要具有灵魂作用的高僧大德在新时期重新振兴佛教。

---

① 廖云鹏：《花山投戈集》，原件藏印江县民族陈列馆。
② 梵净山"佛法僧宝"印，铜质，正方形，宽5.4厘米，通高0.5厘米，1983年由护国寺附近村民卖往废品收购站，现收藏于"印江民族陈列馆"；"镇山之印"在明清碑刻中有多处载，惜尚未发现实物。

四、几点建议

从以上论述可以看出,梵净山是一座历史久远、文化深厚的西南千年佛教名山,但在当前旅游开发中却出现了一些不应该出现的负面影响。以下就解决这些问题提出几点建议:

一、理顺保护与开发的关系。梵净山的灵魂在于佛教,几百或上千年的梵净山之所以能吸收南方僧众前来朝拜,乃是因为梵净佛教在人心中的神圣地区。在当前必须形成"保护第一,开发其次"的观念。只有在保护好梵净山佛教文化遗产的前提下,才能谈得上开发和发展。

二、理顺管理权责。梵净山是佛教名山,其管理应由政府交给德高望众的高僧大德来统一管理,使其未来方向朝着佛教文化的发扬光大发展,而不仅仅只是旅游观光的商业目标。这是2004年和2010年两次中国梵净山佛教文化研究会上政府官员、专家学者、高僧大德已经逐渐形成了的共识。

三、深入研究梵净山佛教文化。梵净山的前途在于佛教是否得到可持续发展,弥勒人间净土观念是否得以发扬光大。因此,建议在梵净山护国寺建立"弥勒文化研究院"和"禅宗研修中心",同时加强对梵净山佛教文化的收集、整理和研究,特别要研究弥勒"人间净土"思想对净化当今社会风气、促进当前文化大发展、大繁荣的现实贡献和价值。

四、培养或聘请德高望重高僧统辖全山佛教事宜。梵净山历史上是由全山公举方丈来管理全山佛教事宜的,如:明代的妙玄和尚和清代的隆参和尚就是梵净山当时著名的高僧。历史证明只有在统一管理下,才能避免不必要的内耗和争夺,佛教才能得以良性发展。梵净山佛教目前迎来了千载难逢的发展时期,应该大力培养或聘请德高望重的高僧来统辖全山佛教事宜，以弥补当前梵净山佛教发展的一个严重缺失。

总之，佛教文化是梵净山宝贵的传统文化遗产。在旅游开发的背景下，一定要避免以佛教为名，经济优先，重视旅游开发，轻视文化保护的倾向；一定要坚持科学发展观，促进梵净山佛教文化的繁荣发展，从而使梵净山地区社会、经济、文化和谐可持续发展。

人 文 世 界
区域·传统·文化

地域文化研究

武益纳与武多同相争夜郎王位

◎ 龙正清　翻译整理

武益纳占据楚哪夜郎国都可乐城

夷人建立文明古国，历史极为悠久。这里讲武益纳王国都城可乐。六侯王国相互杂居的氏族，是笃弭高祖所封的诸侯王国氏族。南国的武氏族杜吐弭（滇）国与乍氏族楚哪蒙（夜郎）国，北国的糯氏族俄莫洪所（蜀）国与恒氏族溢蒙主姆（巴）国，中部的布氏族吐主禄卧国和默氏族举娄侯吐国，此六侯王国是同源兄弟王国，南北中各隶两个氏族王国，本是同根生。历史发展到武益纳时代，声势浩大，统一了南国和中部之国，各王国都打益纳旗号，一方一王国，贤能守基。久而久之，各王国间产生矛盾，时常发生战争，兄弟王国难以和睦。后世的矛盾难以怪罪于先世。

益纳与漏卧（在今兴义）都是武氏族，各自都有强大的军队，三天两头打仗，于是结下深仇大恨。武益纳氏族，人才辈出，贤人将帅众多，武益纳君长势力非常强大，威振西南，统一了南国和中部之国的四方天下，世为君长。夷人地区的每一寸好土，每一块良田，全都成了武益纳君长的基业国土，武益纳君长就这样成了众人的神君。他率领大军四处征讨，一下征东，一下讨南，一下伐左，一下战右。四方都被征服为属下君长国，由他一手遮天统一南国和中部之国。益纳君长居中央宫殿，治理中央氏族，置"妾"于四方，四方的君臣民都要诚心诚意进贡于他，武益纳的中央氏族王国就这样建立。

武益纳君长为了巩固和扩张王国基业，常率军四处征战，所战皆捷，每征服一方，都封有立功的大将为君长留守治理，江山社稷有了巩固和扩张，声势越来越大，威似日光普照，信如月辉通明。天下的濮人以牛马猪羊作为赋税进贡他。濮人所居的地方盛产荞麦，六畜兴旺，全民皆兵，氏族世守祖业，世世代代成为武益纳王国的军民。武益纳征服了楚哪蒙国的四方濮人，大用贤能之人，天下臣民尊武益纳为君主，国泰民安，武益纳君主的威望如中午阳光普照大地，自言："我益纳强军势不可挡。"武益纳君长法纪严明，出征作战，前将似猛虎下山，擂鼓促战，如雷电交加，惊天动地。武益纳君长用兵如神，强将汇集，分四方国军队拱卫中央王国，全民皆兵，以各君长名作为姓氏军队旗号，世守故地，以农牧为业，濮人也编入武益纳的各王国军民。

武益纳君主时代，征服了濮人，占领濮人地，建立以濮人为主体的军营。封能人为君长，以君长姓氏旗号为氏族姓氏名称，时常来武益纳宫中朝拜和庙祀。朝拜庙祀时更改氏族王国旗号，氏族王国称号不断演变。氏族称谓的繁多是这样演变过来的。官衔依统属等第关系进行排列。武益纳君长认为战争不利于社会的稳定，要依统属伦理互为尊重，为统一大业利益谋求发展。

武益纳君主国属兄弟氏族王国，以武益纳君主为代表的皇族夷人排行第一，濮人第二，俚人第三，阿武第四，青衣第五，苟葛第六。兄弟氏族间依伦理长次而互相尊重。

武益纳天下，因夺权战争，造成了氏族的交错杂居局面。东部的楚哪蒙国一带，原属濮人的居住地区，有邑城，称濮人落邑，是濮人的生息繁衍之地。楚哪蒙国土地肥沃，物产丰富，青山绿水，林木蔽天。濮人军民日夜守卫着自己的壮丽江山，时时刻刻防范着益纳军队的侵犯。武氏益纳君长终于率强军来临。楚哪蒙（大夜郎）国一时如雷电交加，打杀声震天。濮人军民拼命抵御，奋力拼杀，以濮人为主体的乍氏族楚哪蒙国，四处有军营，实力很雄厚。乍氏族王国与武氏族王国是同时受封的南国兄弟王国，武氏益纳君长为了权囊南国而起兵攻打乍氏族王国。

武益纳的军事实力很强，从叠卧（云南）调兵遣将供输军饷，把乍氏族王国的都城围得水泄不通，城内水尽粮绝。武益纳君长下令万箭齐发，千将冲杀，攻破楚哪蒙国都城，杀死濮人君长，楚哪蒙国归属了武益纳，并封爵世治其他。

俘获的楚哪蒙国兵和降服的濮人，全都成了武益纳的军民，武益纳势力又增添了一支奋勇善战的强军，设立四部军营，为武益纳君长国缴租贡赋，服官差劳役，男为奴，女为仆，首领时常进贡方物拜见武氏族君长。楚哪蒙国归属后，武益纳君长名扬天下。东部的大革（安顺），南部的漏卧（兴义），西部的可乐，全都归属了武益纳。

楚哪蒙国是濮人的居地，是武乍氏族濮人和睦相处的中央皇国地区。楚哪蒙国的西邑很有名望，是楚哪蒙王国政治、经济和文化中心，称中央大城可乐禄姆。可乐大城为濮人所建，位于中央皇国腹部，是楚哪蒙氏族王国的首府大城。武益纳率大军来攻打，可乐军民誓死守了两个月之久，终于被武益纳大军攻破。

武益纳打下楚哪蒙国，占据了可乐，势如风吹白云散，南国的山山水水全部归属了武益纳。武益纳自称天子，获得了南国的统治地位，益纳君主因此而雄长南国。益纳和多同是武氏族兄弟。武多同也是个善战的贤君，势力与武益纳不差上下。武益纳称南国天子后，武多同是其最有力的辅佐大臣。武多同的基业也兴旺发达，土地肥沃，位于东部大革（安顺），录属益纳氏族王国。因此，武益纳和武多同才共同统一南国，顶天立地，如日月光明，东西南北四向王国全归属武益纳大君长。

可乐宫殿是武益纳君臣师议政之所，是四方氏族的高贵根基。武益纳建都可乐以后，一直冥思苦想了十年。总觉得他的地位是靠战争获得的，于是命其卫戍军大造兵器，修整练兵，声势浩大，非常得意。一天，他差人去把多同叫来，兄弟二人同饮共商，说南部的一块宝地还未征服，享受不到贡物，这块宝地就是漏卧君长国。漏卧也是一方贤君，武功高强，兵精将众，豪强一方。漏卧君长国辖地广大，实力雄厚，漏卧氏族英勇善战，若能够把它征服了，不仅仅益强富厚，更重要的是统一了南国。武益纳君主话音刚落，武多同接着把话讲："古人言：可乐的蜜糖用不着渗水。""多同兄弟，你不必再说了，征服漏卧，命你为前锋将军，这次征战非你莫属。今天兄弟商量，就这样决定，战捷后漏卧归你，编入你的部下，不得违令，你去安排。"

武氏族兵马铺天盖地，如洪潮涌向漏卧。漏卧君长部署抗战，将帅军民纷纷投入抵御战争，个个奋勇当先。漏卧军队被武军隔断打乱，无法集中兵力，统一指挥作战，漏卧君长只好下令按各部军营实力分散作战。漏卧军的武器全是标、刀、矛、剑等近战装备。武益纳和漏卧两军短兵相接，犹如磨转周旋，四处轮回交锋作战。战争持续了三年，不分胜负。打得天翻地覆，每天一至两战，血流成河，草木不生，山上山下，阵亡将士尸体如柴堆盖地，不见寸土。

益纳君主的气焰十分嚣张，武多同也很能战，两人联手而战,始终无法降服对方,只好收兵归营重整旗鼓。武益纳回至可乐,整编九氏族纵队,武多同回到大革固守本营。可乐和大革辖区很广大,年年以牛羊祭祀,风调雨顺,五谷丰登。漏卧这玉明珠般的粮仓宝地未得降服,始终是武益纳君长的心头大患。

武多同治理大革,武益纳治理可乐,各自整军统一制度,按九宫八卦划封九邑,九地八王各自分封隶属部将,一层层往下封官命爵,谓之国门广开。八方十六部统一庙祀朝拜。修筑都城形式统一,龙、凤、虎为标志,花纹图案绚丽多姿多彩。各君长朝拜高堂议政,君臣师合力主掌教化传播四方,这就是武益纳王朝盛世。

建宅也按明堂构置,前朱雀、后玄鸟,左青龙,右白虎,群山拱卫,人有安乐。武益纳君主精通风水文化,建治可乐,分封氏族王国,规划修筑可乐城。五部氏族中的能人众多,奔赴各地开创基业,可乐大城居高位,调遣九部氏族中的能工精匠苟葛集中修造高堂华城。武益纳君主坐高堂,主持朝拜庙祀,统率四向的君臣师匠国君长行拜祭祖,统一教化制度,一为东部君国,二是南部臣国,三是西部师国,四是北部苟葛国,君长行令位居中央首府,五星一体,四方臣国拱卫。九宫九龙君臣国邑就这样布局。

论明堂风水,讲五行龙脉,九宫九龙星,九龙象九君,九君位九峰,九峰九龙君,据守九方国,九国九个部,九部九治所,九所九防将,九将九氏旗,九旗九军营,九营十八部,部部有能人。武益纳君主治可乐,建有九营十八部,部部有封名。

武益纳君长建国分封后,天下社会安定,大有发展,事事顺心如意。国家日益发展,时光美好,天地顺应,风调雨顺,五谷丰登,六畜兴旺,百姓安乐。可乐大城是百姓的智慧和结晶,是君主的基业治所。九营十八部是可乐大城的拱卫主力军。武益纳君主王朝的政治中心城就这样建成。

治国治军法规

　　武益纳君主建治可乐，统天下军民，行令治国治军，先法治人。各部将领，各部军营，皆行令统一，四邑治安。按时缴租贡赋，天下良田好土，都是赋税区域。辖区青年都有入军卫国的义务，出征时必须踊跃争先。君主行令，藩国臣民不得违法乱纪。

　　君主的治国法纪，是统一民心，规范道德，创建文明的规则；是知识的象征，智慧的源泉，能人的准则，人生的典范。先法治国，严纪治军。天下臣民铭记，违法必受处罚。

　　第一条　凡天下臣民个个要宾记，一律不许偷人，违者砍指头。一次砍五指，两次砍十指；

　　第二条　一不准骗人，二不准抢人。初犯挖一只眼，再犯挖两只眼；

　　第三条　忤逆不孝，族长有权惩处。重者剥皮，轻者体罚教训；

　　第四条　一不准拉帮结派，二不准结谋团伙，拉帮结伙谋反者，勿论君民，一律杀头处死；

　　第五条　天下庶民都有缴租贡赋的义务，按规定向国家缴纳粮租贡赋牛马猪羊。违者没收土地及财产。若有抗拒，轻者坐牢，重者处死；

　　第六条　各氏族王国，年年选献美女入宫服侍君主。违者以欺君论罪，要受讨伐；

　　第七条　中央及四方王国的男女老幼，出征作战时，一律不准哀哭。男犯挖左眼，女犯挖右目；

　　第八条　君主旨令，一律不准修改歪曲，各氏族王国统一遵照执行。如有违者必受讨伐；

第九条 天下百姓，一夫一妻，不准包办强婚。

男女自由恋爱，歌场定终身。两相情愿的恋人，不得反悔。不准以强欺弱。违者，重则杀头，轻则发落充军；

第十条 藩国君长，每年十月初一都要给君主拜年，无论什么人，言行不一，不孝忠君王者，一律处罚，轻则坐牢，重则斩首；

第十一条 藩国君长，年贡武益纳君主一头肥猪和一只壮羊，大年正月行贡。基业不发，贡物瘟疫的藩国君长，罢官免职，发落劳役，终身作奴；

第十二条 君长卫仕，可有三妻室。战争年代，男人多战死沙场，民间女多男少，特作规定，多生男儿者，奖壮牛一头，赏三块良田好土；

第十三条 战争年代的发落充军者，可带妻室安家。违纪潜逃者追捕就地处决；

第十四条 凡史书，教化经书、祭祀经典、医学书、分封命爵书、伐阅乐章等书籍，都必须经过国教大师过目审阅后方可施用，邪书异说书籍一律焚毁，不准留存。异端邪说不可有，以免乱世。违者处罚半死；

第十五条 凡兵将，无论作战到任何地方，要讲公心道德，行为正派。一不偷，二不抢，三不逃战，四不卖主。征途逃跑，战场逃兵，卖主之人，就地处决；

第十六条 凡军将，必须尊重国君旨令。教化部下执法守纪。违抗或逃避的将领，以首级祭旗。献首级者以继爵位；

第十七条 君臣将帅，作战必须勇猛顽强，冲锋陷阵，宁可战死，不可逃命，寸不让敌，违者立即斩首；

第十八条 善战的将帅，救护的勇士，凡战死在疆场的英雄，都要追荐功勋怀念，厚礼祭葬。凡贪生怕死者的尸首，一律不受礼葬，全尸留给虎食，碎尸投河喂鱼。祭葬阵亡的英雄将士时，必须做好细心验尸，凡奋战英勇杀敌者，箭从前面穿，要给予隆重祭葬，箭从背后入者，是逃命的胆小鬼，不受礼葬。国法军纪高于一切，祭烈士，颂英雄，立功将士名扬天下，永垂千古；

第十九条　将帅决策，养兵用兵。一要爱戴，二要自能善战，三要严法律纪，官兵团结，相互体贴。战前善析敌情，胸有成竹，必俱常胜将军之才。分赏战利品，厚薄要配当。有的赏战马，有的赏金银，有的赏田土财物，按功劳大小赏赐鼓励。战败者必受处罚，轻者撤销职务，重者择时砍头祭旗，委托新官替职；

第二十条　战争事关王国和氏族的生死存亡，将士必须心系王国和氏族。无论与谁战争，绝不能留情。里勾外合的叛逆，砍掉手臂，割断脚筋，挖掉眼珠，无论轻重，诛连九族。

以上国法军纪，天下臣民必须在意，铭刻心中。

武益纳君主颁发国法军纪二十条，先法皇国氏族，条理明晰，按法纪治国治军。君长行令传下，将帅执法统领氏族，违者必受处罚。当初，人们还不太相信，不当一回事。有一天，武益纳君主在宫里歇息散心，闻有女人哭声，问，何许人？时至半夜，卫士禀报："是宫里女仆。"武益纳君主气愤难忍，大吼一声："简直是无法无天，她不知道违了法纪是欺君之罪吗？挖掉她眼睛，看能哭多久。"卫士奉命速速退下，取出腰刀，挖了她右目。可怜的女仆，双手捧着眼珠，满脸血红，哭喊不休。武益纳君主大发雷霆："依法纪规定惩罚，拉出去砍掉她右臂。"从此以后，宫里宫外的人们严法律纪，规范行为。武益纳君主的威严，一传十，十传百，扬遍了天下。天下军民都称赞武益纳治国有方，是治国治军的贤明君长。

为了天下的统一，武益纳军四处征战，扭转各氏族王国割据而长期争战的局面。武益纳君主的军队无论到达哪里，都深受当地百姓的欢迎和支持，前呼后拥，踊跃入军。武益纳的军营遍布四面八方。

武益纳军队的兵源来自四面八方。他的养兵治军之道，深为各藩国君长信服。武益纳君主这样治军，目的是征服漏卧氏族王国。漏卧氏族王国，民富国强，是块肥肉，武益纳君长不想让它落入别人之口，谋略早日将其征服。武益纳君主陷入思考时，忽闻有小孩啼哭，问何原因。回报："一逃犯之妻坐月，去挑水时，孩儿啼哭。"武益纳君主发了怒："大坏军机，你等为何不清理？法纪是无情的，快把他眼睛挖掉。"卫士照办了。

执法两桩，百姓半信半疑，事隔不久，武益纳君长下访民情，闻有凄惨的女人哭声，差人禀报："君长的法纪严密，处死者之妻在哭丧，哭得人们跟着伤心。"益纳君主忐忑不安时，又闻女子哭声。禀报说："是个抓获的女逃犯。"君长吼声如雷，快把她眼珠挖掉。执法人取出腰刀挖了她的双目。女犯双手捧眼哭叫，益纳君主又令砍了她一只胳膊。

益纳君长的威严法纪，已家喻户晓，军心大振，民心大安。武益纳君主的法纪，很得民心。百姓说："威严法纪，整治乱世，国泰民安。"国法军纪如日月光辉，振兴国度，天下长期安宁。

武益纳君主率军南下，谋取漏卧益强富厚。征途闻有啼哭之声。禀报说："是避征人之孩儿在哭。"武益纳君长认为是不祥之兆，令处死孩儿。奉命者颤颤抖抖，抱走孩儿去处决。众人纷纷下跪求饶："君主大人！娃娃不知事，如何下得了手啊！我们去把他母亲叫来，好好求谢君主开恩，让这孩儿年满周岁，能离开母奶，我们再依法纪作处，可怜可怜这婴儿吧。求君主宽容，留他一条命，待长大后报答君主的大恩大德。"武益纳君长双脚一跺，怒气冲天，挥手而言：

"简直是反天,再闹都给我死于刀下,拿去喂鱼,法纪无情。"奉命者不敢违抗,把孩儿抱到河边时,孩儿之母赶到,苦苦求饶:"求你们行个好,孩儿无知,能犯什么事,把孩儿还给我。"执法人再三解说:"大姐呀大姐,你的孩儿犯了大事,坏了军机,君主的命令谁敢违抗,只有照令拿他喂鱼。"妇人双脚发抖,放声大哭:"孩儿犯了什么事,我替他去死。"一大臣好心劝她:"大姐呀大姐,你想想,国有法规,军有严纪,你这一哭,双眼难保。我们不执法也同样犯罪,连受处罚。养育之恩是无法替罪的呀,还是多加小心为好。而今你我都一样,若再违法都受连累,你儿的性命无法挽救了。"犯母被观众隔走,罪儿被投下了大河。

追荐阵亡将士制度

乾坤始定,乾象运数起于壬,坤卦运数终于癸。乾坤象卦的规律,形成天包地的圆周图后,即划分两仪四向,四向定四极,这是第一步作图。四极之东拟五行为青色,四极之南拟五行为赤色,四极之西拟五行为白色,四极之北拟五行为黑色,四极之中央设置人文祭祀文化的场面。写好文理,画美图像,在出征作战,固守国土江山胜利大捷之际,设此场景追荐阵亡将士,打杀牛羊牲为祭。凡战将英雄汇集悼念,树立悬崖般坚强的英雄形象,弘扬渊谷一样深的感情道德。让表达缅怀心情的牛羊牲血流成河,祭祀要诚心诚意,尽心尽力。请那些能工巧匠的精艺人,按照乾坤八卦的规律和星象及会动有血气生命的生物形象,写画和做出它们的模型,根据日象青天之君,月象赤地之壬,君王星结合统索满天星际的原理来进行设场和布置。其次呢,画出长袍老寿星像和所有的祭帐图,做出禽星模型作为祭场的排场装饰。把恒实楚、特乍木、举腮哲圣星神像挂司祭堂上,写作高手要做好实录。把青赤黑白黄的祭悼标志插上每个山头,延伸到每一个深谷。把天地间的一切美好形象写画和造作来布置成世界乐园般景象。让打杀牲声、人群的吆喝及各种响器交响热闹。大书特写,让历史书卷犹如布匹般长。这样,送终灵堂才有傲气,祭祀场面才像个规模,祭祀文化才有永世流芳,八卦理论才有生命力。这一切都是为了战将英雄的高歌颂德。

夜郎国故地君主氏族

武氏族王国君长袭任七世时,隶有五氏族君长,各自有江山社稷,各据一方,各自立势,互不谦让,常常战争。战争造英雄,武氏族王国能人辈出。武氏族王国的创始人是珥阿苦,他英勇善战,自称是天之仙子。珥阿苦,苦阿武,武阿糯,糯洛体,洛体书,书杰也,武也仆,武足余。七世武也仆君长时,划君臣师三部,武足余治君国,武阿纳治臣国,武仆安治师国。君臣师联合治天下,称武氏江山,久治长安。臣和师国君长辅佐君国,武氏族五国前景美好。山顶青松林,山腰乔木林,山下坝地田园。九地九名山,青山绿水,名山喻能人。祭祖同祭山,祭山同祭社,祭社封能人。君行令,臣执政,师教化,政令和文化似九名山雄伟,是武氏王国的象征。

武多同是武益纳王国的一方臣国君长,重于耕牧,国泰民安,灿烂辉煌。他的南臣在益博凯,北臣在江水流域,左臣在苦洪益,右臣在纪可发,多同据中央大革。辖区广大,江山翠绿,如此宽广而美好的江山社稷,也是靠战争获得的,亦称武氏江山。武益纳和武多同各据东西,各自为君臣师三位一体的国家政权。彼此兴旺发达。两家法纪同样威严,都讲教化治国。武氏族妥舒勒生有九子治九方,九国都强盛是按九宫八卦划封。舒毕直和舒毕姆封于震和巽二卦方位地。舒毕姆，毕姆洪，洪戛戛，戛戛举，举遮武，武蒙索，为六代贤能之君。武蒙索君长时代，重视贤能人。他身材魁梧，头戴金冠帽，文武兼备，有军事谋略，能克敌制胜，天下大安。他是武氏族六强君之一，精兵强将，都集于他的手下，天门开一方，武蒙索是一方王国君长。

武蒙德君长，三代坐皇城，基业大发展，爵位次第明，文明教化四向传播，民富国强。右相苟氏族舒腊戛，召集部将祭祀，特请岳真高师掌堂祭祀列谱，把一代代相继的苟氏族谱牒排列出来：舒腊戛，腊戛举，举则舍蒙，舍蒙余洽，余洽于列，于列阿古，阿古腊吐，腊吐娄米，娄米举吞。娄米举吞世居啥禄洼，生有九子，六子成才，据守首邑。六兄弟英勇善战，国度大扩张，拥有七十部，声势浩大，国力雄厚，江山美好。南部的载禄洼和载柏博禄洼两大氏族邑落，如天门放光，灿烂辉煌。

江山再壮美，国力再雄厚，也经不住战争的摧残。残酷的战争，就像风吹白云跑，一次接着一次。武氏族王国征战，武氏族王国盛世，记的是武氏族王国史。武氏族多同后裔的王国，最后被洛纪氏族所夺取，历史也就改变了。

舒阿腊君长建治于东部，以战争开创基业，立国于东方，祭祖求保佑，叙谱牒留后世：舒阿腊，腊阿卧，卧扯扯，扯扯哺，哺色也，也阿鲁，岱亨亨，亨亨多，多阿武。东部地区的势力，传到多阿武，称武氏族，如阳光下的青葱竹林。五十部氏族中九部是啥吐（百越）。首邑扯扯安禄洼和次邑安偶吐禄洼均为武氏所建，历史很悠久，史书是这样记载的。

东部的洛纪氏族根源，与西部的武氏族有血源关系，均系早期的武（皇）族王国后裔：佐洛纪、克鲁哈、鲁哈也，哈也载，也载费，费娄略，娄略尼，尼阿著，阿著武，武哺弥。世治额迭索发，子孙兴旺发达，先世治冒苦安禄洼和安武吐禄洼。子孙自此二邑繁衍铺开，辖地宽广，强盛一方，历史悠久千年。冒苦安禄洼是以氏族首领名命名，世守其地，冒苦安禄洼以彝文化教化文明发展，贤能之士很多，有万九千兵。

笃弭封君长时，武氏族和乍氏族是封于南国的两个兄弟王国。武氏族君长国于中央统领六氏族王国。犹如大树分枝桠，越分越多，越长越茂，六氏族同宗于笃弭氏族王国。美好的武氏族王国治地，君王称天子，六氏族基业国土上的贤能人，如雨后春笋，一代胜过一代。笃弭的第八世继承人阿德毕是武氏族，辅佐的冒述德是乍氏族，这两位君王同是一个根，分治两个氏族王国，基业就像晚霞一样映红了天南国。武、乍二氏族王国是一国分为二的兄弟国，实力基本相当。布和默二氏族王国也是一国分为二的君臣王国，同样有自己的基业国土和氏族。南国地区的氏族是佐洛纪氏族王国的先世氏族。佐洛纪氏族盛世时期的氏族，是武德㷄武陀尼氏族的融合地，有九千精兵，是远古时期实索氏族的演变，武、乍氏族的融合体。后来乍地的凯阿蒙即勿阿纳君长国、社安夔君长国、扯扯德君长国都由武氏族君长统治。武氏族多同君长时代是以果氏族区域创基立业，文化发达，民富国强而日益发展。

乍氏族王国中部地区的舒阿著君长国，南部的阿维仁、舒阿腊、播勒、舒阿武君长国，妥阿哲地区的舒阿苦，俄索地区的舒阿濮，德布氏族地区的舒阿鲁，笃国的舒阿迭，恒氏族地的舒阿夺，糯氏族地区的舒阿禄等九氏族君长名，也就是九氏族王国的旗号。九氏族九君长，九国九氏族，根系于六祖氏族君长，同宗于笃弭，历史悠久。都有祭祀天地先祖名王的传统，武氏族实力最强，凡征战凯旋，都要封官命爵，分封九君长国，每君长国又封君臣师国、叙史列谱。舒氏族谱系为：舒阿著，著维维，维维足，偶鲁索，鲁索列，列额默。列额默时代，列额默为君国，列阿鲁为臣国，列洛布为师国，君臣师联合治天下。龙体龙君持弓守江山，征战争地盘，基业兴旺发达。

舒阿著君国盛产铜铁，大造铜铁兵器，有戈矛刀箭。战势如暴风骤雨。战争造英雄，英雄封官爵，代代出英贤，能文能武。犹日光照水面，国貌大改观。舒阿著君国，氏族繁多，地灵人杰，祭祀巽卦龙神，创基于龙年，祖籍在鲁歹地。鲁歹君国力强盛，治在能赤（宫殿），是五方氏族君长的联络中心，各方氏族君长都要给他贡赋纳税，辖地宽广，所有良田好土都是他的赋税地。

辅佐臣诺克博君长治可乐，系五氏族君长之一。贤明能文善战的诺克博，是诺鲁歹的胞弟。择选吉日良期率军打天下，军势如腾云驾雾，每战必胜，推翻能赤的诺鲁歹氏族王国政权，建都可乐，诺克博氏族王国大力发展妥濮的军用良马，兵强马壮一时。"在生不善战，代代成弱人"。神仙相战也是为了争夺名利地位。

舒阿著氏族王国也很有名气，舒阿著氏族君长国系妥濮王国之臣国，称妥濮武著君长国，治在武勾地，名号武勾纪，占据能赤氏族地，是鲁歹的亲族。鲁歹的君主位由克搏替代后，君王世系改称克博世系。诺克博文武俱全，百战百胜，封爵命侯，所封君长氏族皆称克博氏族。著德也、德恒阿育、育阿宝、博各纪、纪各武洛五氏族，原隶各纪王国，统称尼妥濮王国，诺克博时代授封。诺克博系白夷（彝）君长国氏族后裔，称吐主禄卧国，都可乐。

英勇善战的白夷国军队，势如暴风骤雨，不分昼夜，四处征战。在笃弥（宣威）与鲁歹宣战，鲁歹大败，落荒而逃。克博开祭庆贺，赏功命爵而立君主国。杀牛九头，杀羊千百只。祭天地社稷，又祭祖灵，叙列姓氏谱牒：舒武余，武余恒，恒阿朵，朵阿各，各阿搏，搏阿娄，娄阿岱，岱赤叩，赤叩阿鲁，鲁阿纳，阿鲁弟，阿纳费足。费足举宝，举宝阿大，阿仇能社，能社濮，濮于确，恒余阿纳。阿纳为君长，武布色为大臣，笃吞布色为师国，君臣师联合主国政和教化。

武布色，布色赫，凯腊阿努，阿努阿吉，阿德阿纪，阿岱雅，色赫阿朵，尼笃，阿朵仆堵，尼笃仆堵，卓求尼笃，禄冒求费律，费律武余，武余阿默，阿妥阿索，阿索毕卓，费卓阿杜，杜阿尼，纳阿格，格阿尼，格阿蒙，蒙阿赤尼，德尼赫尼，尼育帕纳，帕纳阿卧，阿卧阿纳，余列阿纳，纳仇阿德，阿德额鲁，额鲁阿余。联名世袭谱牒，共袭四十九世，无错乱。

克博和鲁歹是武氏长族，是大主干。武益纳君长氏族，是皇氏族，苍天明朗朗，历史同样写得明白。能人都能善战，先伐西部国，再讨西南部，每次都获胜。祭祀分封时，立功按手指般排列等第行赏。战败者按责任大小受处罚。阿德额鲁氏族，也系诺博即中央皇国氏族，在鲁歹和克博争战时代，名声大望的英雄豪杰。勇如猛虎，在征服南部时立有不可磨灭的战功。南部归属后，阿余受封为南部君长，成了武氏族故国的主人，他胆大心细，治理有方，基业大发展。自他开始，南部的军事和财力都很雄厚。每次讨伐漏卧都是前锋军。武氏族和漏卧氏族战争世世代代不停息，梯田般衔接无间断，战势如潮水，遍地刮地皮，处处百姓受遭殃。派粮摊金银财物，百姓恨之入骨，喻两国战争军队是豺狼和虎豹。

自从分封六氏族王国之后，武氏族和乍氏族同源发展为两大流派，在六氏族王国中被尊为大哥二哥。武氏族发展到益妥时代，征服了乍氏族，乍氏族的濮氏族随之而称妥濮，都演变成了武氏族，如山中大树根深叶茂，分支繁衍覆盖大地，以盛产吉祥之物而称良马和大象二国，境内产粮丰富。南国武、乍二氏族以能赤为水岭，两个兄弟王国的社会文明都得到发展。益纳和多同时代，贤能君长主管国事，盛传四方。武氏族以崇拜艮卦神而称长氏族，代代繁荣昌盛。武、布君长时代，他的臣载蒙冒以肥沃的土地为基础，大力发展农牧业，维护中央皇国政权。一天载蒙冒到载能能君长府，载能能诚心地说，我早有预料你会来我这里，你是个奇才，我把君位让给你。载蒙冒、周妥洪、娄阿朵、司阿洪四氏族归你统一治理，形成一个氏族整体，隶属武濮舒君国，以你为旗号，充实武氏族王国势力。祭祖列谱，祭社龙山祀庙都同时进行，武氏王国建治妥濮可乐，以贤能强人树姓氏旗号列谱，根源系于实液诺濮，新兴的武氏王国，也都是濮人所演变，就像高山上的水流往平地一样，总有个汇聚地方。武氏族治妥濮，就以武濮为号。划境三域，谓之妻三室，封三个王子，各雄长一方。南国五氏族，五氏族封五天子，五天子治五国，妥濮建国，概称濮国。南国历史悠久，世居濮氏族，九氏族兄弟王国都是濮氏族世治，武氏族盛世取而代之。

　　九氏族王国是以战争开辟的，更换名称，九氏族就像雨水一样从天而降，时而晴天光明，时而阴天黑暗，时常有战争风暴来临，雷雨交加。武氏族兵强马壮，并吞四方濮地，置隶九氏族，统称武濮氏族。为人们所说："武氏族分九君，九君各有师臣，战马纵队雄纠纠，主将用马肥又壮，将领头帽结红缨，战马头上系彩球，战马遍及九山和九坝。濮氏族战马最优良，骑兵纵队一上路，像是江河在奔流。濮氏族国君治妥濮，九氏族国作拱卫，军营建九方，九千九百战马最强壮，遍及坪坝山冈，嘶声震天动地。各地濮氏族都成了妥濮国的养马氏族，尚骑又善战。所编良马纵队，按毛色列队，骑鞍及武士装备都统一同样色，奔腾的战马如天上彩云飘。强军兵马四处征战夺天下，立功赏赐，有的享皮革，有的得布帛，有的得牧畜，有的得金银财物。玾阿彩大将军获六匹战马，骑鞍最好，德高望众，百十五寿，执政十一年，是个善战的常胜将军，又是个贤能的君长，部下全是强将精兵，善用贤能得天下。"在洛城阁执政十一年期间，骑兵头盔统一成山羊角式，看上去四肢战马脚，头顶山羊角。妥鲁（堂琅）人尚骑又策略，时算也精通，耕牧很精细，一条心一股劲，统一羊头帽式，称为牧羊人，族长叫濮禄，善养羊群肥又壮。濮妥氏族地，水清气爽最宜人，人寿均高，尚武英雄多。全身长猪毛，眼毛浓又长，因他的长相称为猪人氏族。他们善养牲畜，六畜兴旺，尚驯良马，尚骑善战。但寡不敌众，大多数战死沙场，幸存者逃离了山清水秀的祖业江山。留下的故土和畜财全归属了濮妥，良马三百匹，山羊绵羊千万头。立功英雄都授了赏，住进了都城，享尽了清福，濮妥金银无数。封史尼腊苦为妥鲁君长。史尼腊苦长相很奇特，全身油黑，像人又像鬼，见什么取什么，什么他都吃。这一氏族喜欢羊皮装，称为羊氏族。

中央皇国氏族精通天文地理，有的是青氏族，濮氏族中的青氏族生活在山里，身穿虎豹皮，头戴凤冠帽，死了挂树上。有君臣师政权，教化有纲，组织严密。各氏族以濮氏族划区形成。

武氏族王国文化发达，向四方传播，铸造大铜鼓，响鼓惊天动地。造鼓的始祖是濮氏族，击鼓一响，苍天也变蓝，击鼓能唤雨。濮氏族的居宅圆如鼓，祭祀擂鼓祖神来，击响神鼓能使高天黑云散。人间时代更新，晨光照山头，天下明朗，濮妥王国兴盛，君臣的世纪终始于子年子月子日子时。

濮妥君长世袭谱系：濮阿鲁、鲁岩赫、赫岩得、得仇叩、仇叩妥。代代出英贤，四处找金银。用金银装饰庙宇和偶像塑偶像祭祀。用铜来立柱，柱子金黄色，用铁铸造梁，大堂宽敞华丽，作为祖祠庙，世以敬仰。孙辈来祭祖，后世祀先祖，兴起了制度，一代代叙谱。秋时祭祖吉，贤能叙谱，氏族共同祭。大祭用牛牲，用青叶松枝祛邪，用竹节洁净祭场，诚心诚意作祭祀，求祖神保佑，如青松万古常青，似翠竹青葱常绿。祈求先祖神灵赐后世福禄智慧，贤男淑女缅怀故祖，祭祀祖先规范道德。

君臣创基立业，氏族官爵遍天下，山川秀丽，文化发达，教化向四面八方铺开，六畜兴旺，五谷丰登，民富国强，日益发展。

诸侯攻打可乐争王位

可乐大城像高原上的一颗玉明珠，是西南夷王国的军事中心都城，城内龙宅设金椅，城里城外的装饰如太阳放金光。武益纳君主上高堂行令，坐上金椅威严如高山峻岭，武氏族各国君长国，处处闪金光。武益纳君主的贤能智慧如金光闪耀，伦理治国的制度以节庆和婚丧活动实施教化，从可乐向四方传播，各氏族君长都要行拜君主的教化礼节，若有缺礼，就意味着天门没开好。武益纳君主三思，漏卧君长国这块肥肉，征讨它三年，伤亡无数，一无所获，对外战争要靠内部的团结，内部战争都是为了争名夺利。大革的葛氏族和我武氏族是兄弟国氏族。

武益纳君主想把楚哪蒙（大夜郎）国与兄弟国关系变为隶属之国，与左右丞相商量办法。臣宰给他献策："大革君长武多同，是兄弟国君长，兄弟必有血缘感情，就说君主龙体不安，他一定会来探望的。等他到来时，来个有心安顿无心人！"臣宰奉命扬鞭催马，自可乐出发，不几日就到了大革。城里城外，人来人往，非常热闹。两人来到多同府，接受了祛邪洗尘的礼仪入宫。多同君长问："二位是兄差遣吧，有何要事?"多同君长轻言细语慢不经心地问。两个臣宰支支吾吾伴言。多同压抑内心的火气,猜度来者不善。君主欠安,当弟的一定去看望,今日准备,明早我们起程。又试探问,他长兄得的是什么病,好给他备药就医。臣宰心里发抖,若说了假话,性命难逃,不如说不知道,多同君长在问话的时候,猜度了臣宰的来意,问去问来,臣宰还是说:"君长身体不适,差我俩报信,请你去探病,不用带随从。"多同的目光,使得两个臣宰心头恐惧,"你俩不说真话。我一生在战火中成长,生死置之度外,看望长兄,还需带什么随从。"两个臣宰正在得意时,多同一声令下,把他们捆绑起来。臣宰苦苦求饶:"君长息怒,君长息怒,我俩所说都是真话。"多同冷笑说:"你俩旋生后颈窝,反正扯得圆。"心想是长兄真生病,还是起歹心,都要先下手为强。长兄据可乐,可乐大城声誉大,大革隶他管。可乐土地肥沃,粮丰林茂,六畜兴旺,人很勤劳。大革是我多同的基业国土,长兄胃口大,想独吞兄弟的基业,歹心害我,想夺走我的基业。古人言,人心隔肚皮,不得不提防!多同想来想去,心里很不安,臣宰的话是真是假,必须先搞清楚再说。

两个臣宰抢先开了口:"多同君长阿,弟兄团聚,今日期程好,我们早点上路吧。若晚了,我们回去无法交待。"话音未落,多同突然大吼起来:"你们编那么多谎言骗我啊!"骗局被戳穿,两个臣宰恐惧地说:"多同君长啊,你别生气,这桩事是真的,你也晓得清楚,我俩传话,奉请不奉叫,你对长兄要诚心啊。""完全是骗人的鬼话",多同发怒,臣宰知道大事不妙,多同自言自语,弟兄为敌,大难将临,长叹一声大喊:"来人,拉出去砍了。"两个臣宰双膝一跪,连喊饶命。"多同君长啊!饶了我们吧,我们招,我们招。我们是按君主的主意来骗你,他想占南国的全部基业。我们错了,以你的宽容饶了我们吧,我们可当面作证。"

多同沉思，长兄曾经说过，只要把漏卧征服过来就编入我们部属，而今他的野心，吞并整个南国，不认兄弟。往事涌入了多同的心头。武益纳君主做了一场梦，请了几个高师圆解，择登基吉日，预测征讨漏卧战事。结果战了两三年，无法获取漏卧。一山的雄伟要靠众山来衬托。武益纳君主为了自己的江山，制订了严酷法纪。在他的属区谁要有哀哭，都要挖掉眼目，违军纪者杀祭军旗。认为昏君才有天下大乱，若无处罚，也就是国无法，军无纪，祸国殃民。他采取了惩治哀哭的弱人，教训众将精兵，因此，婴儿啼哭也同样受处罚。征服氏族，都要先拿下他们君长的人头，今天我多同大难临头了。南部漏卧地区是块肥肉，武益纳君主时刻都想去征讨。我东部地区，辖区广大，六畜兴旺，财物富厚，姑娘也长得美貌。粮丰林茂，五谷丰登，都城秀丽堂皇，雄伟壮观。君臣师兄弟间无可错怪和仇视打杀，每次的争权夺利战争损失无可估量。看来还是先下手为强，先把兄长拿下。

多同召将共商，将计就计。众将听了多同的策划，要去踏平可乐，捉拿妥濮兄国君主益纳，一时间感到惊恐，谁也不敢多言，纷纷表示拼命卖力。

益纳君主的臣宰招认："益纳君主招我俩去商议，他想成为南国的擎天大柱，统揽天下。以病为由，差我俩前来，骗你去看他时把你除掉，占领你的江山。我俩不敢违令啊。"多同听了，心想，他俩一个是他的将领，一个是他的忠臣，他们和益纳同样的歹心。"事成后，我们需要土地，就划给我们半边江山，我们要金银，就赐金银千万两，我们要畜财，就给牛马猪羊千万头。可事成之后，益纳君长是要杀死我们的，我们的人头要落地。益纳君主稳坐可乐大城，拿我们开设九天九夜大祭，假心假意追荐你九天九夜。我们所说都是实话，你千万不能去。我们的命在你手中，哪里敢骗你。您待人宽怀,从不杀手下大将,从现在起,我俩愿死心踏地跟着你一生。"

多同感叹长兄变成了虎豹。我前往不带兵行吗?你们两个是猪,是武益纳的狗,到这里来送死。你们长期跟着武益纳到处虐掠百姓,今天同谋害我,知罪吗?两个臣宰捣蒜似地求饶。

从今天起,我也不认武益纳长兄了,你们一个是他的大臣,一个是他的大将,都身居高位,今天前来骗我去可乐大城谋害。两个臣宰连连叩头求饶。"打仗上前线,做奴当牛马,我们都情愿,我们是真心的啊。""自家人,行德这样卑鄙,这种人的差使会有真心对我吗?来人!把他们砍杀祭旗。押下去,让他们多活一个晚上。"第二天三更,鸡鸣三遍,刑场一片寂静,两个臣宰喊天天不应,叫地地不灵,多同吼道:"你这两个狗鬼子,还想活命!你们的下场自作自受,出卖主子,天下有这样的将臣吗?按我们的性格,凡是求饶都是胆小鬼,出卖主子的狗想来跟随我,我能信任您们吗?多同一声令下:"斩。"武益纳的骗局破灭,两个臣宰的命也丢了。

多同调遣各路大军,择吉日向可乐进发。将帅威风雄壮。刀矛兵器银光闪亮,多同君长骑上骏马率先。不几日,可乐大城,被多同大军围个水泄不通。卫士急禀武益纳君主,武益纳不知所措,问是何许贼寇。没想到多同会来得这样神速。武益纳边说边穿衣,只听到城头城尾杀声一片。多同的兵将,勇猛如虎豹,杀得天昏地暗,遍地横尸,哭喊声震动山谷,烟尘四起,漫没云天。战争持续了三天三夜,天空不见鸟飞,地上不见行人,全城阴森可怕。

战到第四天,武益纳军难以抵挡了,胆大心细的多同君长,来回踱着步子沉思,武益纳的兵将已疲惫不堪,便下令攻城。前门大战烽火,后门轻而易举被攻破,城内的武益纳兵看事不妙，都想早选退路，但是各门都在打杀，大军冲进了城，武益纳君主想都来不及想吃亏败战的原因，无法调度大军，长呼一声"天呐"，被活擒了。

多同坐高堂开祭庆功，请武益纳赴宴，武益纳难以猜度。多同叫了一声大哥："让你受惊了。"武益纳无话可说，多同继续说："长兄呀，你太无情意，我协助你打天下，次次拼杀冲锋陷阵，如今你起歹心谋害我，你的心也太狠了。兄弟之仇都是你挑起，兄弟之恨也是你激起，你的心如豺狼虎豹。今天的下场都是你自讨应得。你的差人我杀了祭旗了，你我是兄弟，是真正的亲人，今天砍杀你，不是我这个兄弟，是父母的灵魂不饶你。你设圈套谋害我。我的亲大哥，与兄弟为仇，我多同活着贪你什么？"武益纳一言不发，低着头耐性受责骂。

"我多同为南国的统一大业，处处为你大哥操心，次次征战我一马当先，古规常礼，尊兄当父，必须从命。从东征到西，从南战到北，我都拼命出力，你还什么不满足！你想做君主，心中无亲人，坏事你做绝，今天活捉你，都是为你好，慢慢行好事，重新做个好人。"武益纳就在庆典的众功臣面前从君主的宝座上被拉了下来。

可乐、大革和漏卧是乍氏族王国（夜郎）以君臣师为序排列的三大都城，因此，益纳占据乍氏族王国的可乐大城后，为征服漏卧而挑起了战争，战无休止，祸国殃民。历史上，凡新任君王都要征服隶属君长，得其供赋以稳定政局。

漏卧阿苦，是个治理有方的贤能君长，精通军事，为人耿直，兵精将众，也想用战争夺取可乐。多同君长早有防范，以大革军为先锋，可乐军为后备力量，调遣各路兵将，揭竿誓旗，待命大战。

漏卧国军队，势如高空的黑云翻滚，前呼后拥，声势浩大，是乍氏族王国的前门挡牌。另一门挡牌那就是大革，位在东部,隶属有两部氏族,基业兴旺发达,氏族门弟很多,都隶属多同君长的管辖。教化祭祖由多同主持庙祀树姓氏旗号。

多同和阿苦的战争,整个天南国的武、乍氏族王国都得不到安宁。百姓是很不愿意打仗的,战争是君长争权夺利引起的,百姓有地不能种,有家难归,夫妻不得团聚,死的死,伤的伤,不能正常开展伦理教化的祭祀活动,社会动荡不安。一场恶战的风波发起,满天飞箭,人逢之哪有不死,就是神通广大的武将也难以逃脱啊!战刀出鞘,如雷电火闪,战刀所及,活人成了死菩萨。所开战场,强将相逢,冲杀呐喊,惊天动地,天地不安。从山头到山脚铺满了死尸,百姓哭喊叫苦,何时才会有安宁。

多同战前总动员,这次战争不平凡,残酷的战争使晴朗天气流下泪水,当地百姓逃散四方。一战就是两年光阴,男女老幼和牛马猪羊都要遭殃。武多同的实力很强大,漏卧君长阿苦自悲势弱。漏卧公主阿谷是个强女子,是阿苦君长的胞妹,身如柳枝苗条,面色似桃花,白里透红,人才美貌,武功高强,很能善战,苦苦求哥随军作战:"早些年的益纳战争,阿维和漏卧各自为政,互不助战,漏卧国强将众多,势强闻名南部,当今的多同,你根本捉拿不了他,你让我率军去征讨捉拿,我定在三天之内把益纳打败。"

阿苦君长听了妹妹的请求,心想,我这样无能,在妹妹面前丢脸,这次战争苦不能取胜,我漏卧就完了。万万没有想到妹妹还有如此谋略,强军直接向可乐大城挺进,三天就可将益纳府讨平。

多同这边也谋划,这次战争,我想征服漏卧必定会受对方的蔑视,我多同的粮饷没有阿苦那么富足,兵马也不比他强,败阵了,这天下就是阿苦的了,胜败生死都决定于这次战争。若能取胜,固守政局,天助我开门户,有先灵保佑,久治天下江山。

可乐东部君多同，南面君长阿苦，揣度着对方的实力。这次战争规模不比往常，漏卧潮水般的实力势不可挡，有十分取胜的可能性。不到三日，多同的请战书到达，正合阿苦君长的心意。一是对方先挑起的战争，二是这种逆乱莫说我阿苦，就是老天爷也不会依他。仔细一想，只有用精兵强将速战速决。漏卧大军浩浩荡荡，按照多同的战书要求，向可乐大城外十里之地进发。漏卧大军开进了可乐东边费洛峡谷，只听一声令下，四处伏兵涌起，如蜜蜂般密集，喊杀声震谷，步步向漏卧军围拢，标枪弩箭齐发，漏卧兵将成了熟透的果子，不用摘也自家落地，死伤惨重。阿苦君长指挥突围，尽量保存实力，事已至此，无法挽回败局。对方战斗力不相上下，苦战了两天。由于战地不利，剩下的漏卧兵将全被俘。漏卧君长阿苦，仰首观天，一下把宝剑折断，长长一声叹气，也成了战俘。

凯旋归来的多同君长下令把宴席安排好，几天后把阿苦君长叫来说："漏卧君长啊，委屈你了，你我心里有数，交战多年，三天两头打，一天战到黑，害处实在太大。今天你落入我手中，我不忍心杀你。社会这样不安宁，你我都有过错，我们应该同心协力和好，共同创天下大业才是啊。想好了，请答复我。"漏卧阿苦听了多同的话，就开门见山地说："你的实力比我强，天下都归你所有了。你开设大祭，追荐阵亡将士，我阿苦率军到你跟前，成了你的垫脚物。你我都是统兵元帅，胜败是兵家常事，而今我死于你手下，但是漏卧的人民还存在，你我两国世为仇敌是无可避免了。"

多同爽朗一笑说："阿苦君长啊，你很有远见，是能君。这次战争，能人失策，中了我的计。一我不杀贤臣，二我照常封你为南国君长，我尊重你的才干，欢送你回到你的故土，你的兵马武器如实还你，若你不服气，也可以卷土重来，我照常奉陪。我们不谈胜败，阿苦君长，你应该想得到的吧，有智能的贤君受点委屈，你不会在意吧。"

阿苦君长实在不服气，多同一直在苦心相劝。阿苦大吼一声："多同！你这坏家伙，你能干，你的长兄益纳是你的前任，他都拿我无法，如今这时候，我阿苦落入你虎口，要死要活由在你，快快砍杀吧，我还有什么可贪图的，这样的处境还有什么可想的。"

多同满脸笑容说："阿苦君长啊，你想想嘛，我请了名医，献出良药，熬药治伤兵。太阳落山了，但月亮又从东山再起呀，良药治愈病，身上没有了病，不就舒服了吗?"

多同设宴款待饯行阿苦君长及其所有兵员。"劝阿苦君长回去后，别再提及以往的战事了。从这以后，两国之间无论有多大矛盾，都要想开些，不要再动武了。"阿苦也表示，"多同兄弟，我阿苦想不了那么多，你这样对我好，我们两国重新回到过去的和睦情意，我漏卧地方的人一定把你的好意铭记心中。"阿苦领着自己的兵马回程，一路上在沉思，作战不能掉以轻心，思想压力很大而闷闷不乐。

阿苦回国后，阿谷公主来到他跟前说："哥哥啊，你害不害羞！你早前的好景是老一辈给你留下的，你这次吃败仗，没有一句好传言，漏卧国的声誉都被你丢尽了，看来，你也不像过去的你了，你不配漏卧国的子孙，统兵元帅还是由我来充任吧，不把多同擒获，我绝不收兵，为夺回漏卧荣誉，宁可战死，不以败名活着。"说完转身而去。

阿苦再三考虑，这难为妹妹了。后来有一天，阿谷公主又来到阿苦跟前，一手持着弓，二手紧握剑柄，只见阿苦哥一言不发。阿苦呆了半天，看了看公主说："我的阿谷妹啊，你何必这般刚强，你听哥哥讲嘛，人家多同是益纳的同胞弟，亲族浩大，他心灵眼明，行事公道，待人宽容。这次擒了我，这是兵家常事，他把我当亲哥对待，满城满街的组织人欢送我返程。他诚心诚意劝告我,打仗对两国都不好,两国从此和好,他的话很有道理,我不能不听。我与他约盟决不反悔。"

阿谷公主听后生气地说,"打了这么多年仗,大战小战都是他先挑起,仇敌相和好,说来哪个信!我的阿哥,你这样软弱,我替你去擒拿多同,我率军前往,不捉多同誓不罢休。现在你胆小到如此地步,光是讲和、讲和,漏卧的底全给你丢尽了。妹妹我为阿哥复仇,他拿我怎个样!"阿苦君长大吼一声:"你别再说了,好不好!人家说的都是大道理,在你看来,一样都不是。我问你,谁是君长!自古以来,都是男人统军打天下,创基立业,你是个女子,会闹出乱子的。世间道路,无你相干,你太冒失了。"

阿谷公主觉得不耐烦,轻言慢语:"你阿苦贤能,率军打仗,祖业都归你,你不必这样大眼瞪我。太阳出来放金光,做事要光明,我哪里不对,你把我砍杀祭旗好了。你阿苦哥,这样无能主国事,我哪能看得过去?"

妹妹难说服,阿苦心头很纳闷。妹妹杀气腾腾,似乎想动手杀她哥哥。大喊一声,吓得阿苦没奈何。只好说:"阿谷妹啊,你是漏卧国军中的女将军,威风似虎,阿苦哥哥封你为统兵元帅,明日一早集众将开典授封还不行吗?"

第二天一早,阿谷公主全副武装,骑着战马,在坝中等候。阿苦一声令下,众将立即汇集。只见阿谷公主她手持长矛,身挎弯弓,威风凛凛。阿苦君长抽出大刀,战马嘶鸣,手舞战刀银光闪,马蹄踏踏声响,兄妹两人打了起来,奋力拼杀,互不相让,连战三天,不分胜负。到了第四天,阿苦君长觉得有些疲乏,只是勉强迎战。阿谷公主一刀砍去,阿苦君长不由自主翻落下马,阿谷公主急速下马,扶起阿苦,笑着说:"你的形象还在不在,漏卧国的统兵元帅该归我了吧。"阿苦踱步一圈,没有应答,踱步三圈后,又喊妹妹上马,战了三个回合,阿苦君长第二次落马在地,阿谷公主再三求任统兵元帅。阿苦战不赢妹妹,只好说:"阿谷阿谷,你实在太过分了,欲摄漏卧国事,连你亲哥也不放过,好了,好了,我把统兵交给你了。"

美丽富饶的漏卧地方,似乎地貌也变了样。阿谷公主这样固执,谁的话也听不进去,一个姑娘家竟夺取了统兵大权。她对漏卧军队编制作了调整,改变了以往的一些制度,调兵遣将自行主张。她和多同的战争终于发生了。双方的精兵强将云集,这次战争不同往常,前锋不是强将,而是阿谷公主一马当先。第一天战了六个回合,精兵强将个个争先奋勇冲杀,不敢拖延缩后。多同大声喊:"漏卧国出了个女帅,岂能把大事担。漏卧君长年迈体衰,你一个小小女毛贼,胆敢在我多同前跟前来耍威风,看我来捉拿你。"

多同把精兵强将都组织在自己的前后左右,一般是无法攻破的。阿谷公主早预料他这一招,加上她复仇心切,一心想的是活捉多同显示自己。阿谷公主的大军,从四面八方蜂拥而上,勇猛如虎,多同兵虽强悍,但始终寡不敌众,被漏卧公主蜜蜂般战术包围,无法施展力量,多同无处逃身,随军被俘。

阿谷公主高傲地说:"你多同也会落到如此的下场吗?从今以后,天下就是漏卧的了。我阿谷公主战争创基业,我的阿哥阿苦君长又扩张了一片江山。"阿苦君长却不这样想,他不希望因战捷而占据可乐,要为了诺言释放多同及其所有俘兵。于是引发了女元帅的杀气,阿谷公主把所有的战利品集中起来,要杀俘兵祭旗赏功。这时,能言善语的多同来到公主跟前问:"我想问你女元帅一句,你是否是君长?"公主说:"什么君长不君长!我是王族人,你算什么?胆敢问我话?"多同也毫不客气:"王族子孙,名声最为重要,你阿谷公主要找的也就是我多同。"公主惊呆了,看了半天,没吭声。

阿谷公主坐上高堂，下多同："你跪下说话。"多同昂首而立，说："阿苦兄，我给了你一条生路，死我不怕，如果你讲情面，也还我一次机会吧。"阿苦说："胜者为王，我高兴怎么办就怎么办。你数数看，你不是说对我多次征讨，杀戮过我军民吗？"多同说："我多同的财物都被你漏卧掳获。我多同的江山在你的东部，讲战争谁也胜不过你漏卧，你们要庆功，不要拐弯抹角，就直说。我多同好心没好报啊。"阿苦的心又一次被打动，多同说话有硬骨头气魄，杀了他觉得可惜，多同换过话头说："女帅呀女帅，你是个贤女君子，你的部下高强捉拿了我，给了你当君长的机会，不过你要想好，你我的势力不能以这次战争论高低。阿苦君长昨天在我手掌心，今天我有过失落得这样的下场。"阿苦君长说："我们不会加害你，你的兵马和战器，照样还给你，回到你的国里去。妹妹呀，千万不可杀他呀，你杀了他，反而害了天下的不安，你要慎重啊。"多同说："有妻室，还要为子孙后代建基立业，孝顺父母哥嫂，缅怀故祖，杀牲敬祖，杀俘掳祭旗，这是天经地义的事。要不是你女元帅的宽宏大量，我多同早已变成祭神的孤魂野鬼。"

阿谷公主的语气有些缓和，说："多同你呀，事到如今，还嬉皮笑脸，毫不在乎，把人的心都给打动了，和睦团结是我们的共同心愿……"多同接着说："阿姐阿阿姐，你长得漂亮，举止优雅，胸怀广大，真令人钦佩。"公主轻言细语地说："万万没想到，你多同这么诚心，现在，你的兵马财物一个不差的还你，欢送你回去。我的阿哥和你经常往来和好，我就饶你这一回，你做你的君长，但我们重新约定，下次再战，若是我败在你手下，漏卧隶属你，若是你败了，我杀你祭旗，可乐大城归我坐，天下江山属我有。"多同拱手回答："公主的话多同铭记心中，事就这么定。"

多同和阿谷公主为了实现承诺,双方各自调兵遣将。阿谷翻山越岭,招集了九大山区的精兵强将,带领着长长的兵马队伍来到漏卧城下,阿苦兄早就组织起人群在那里等候迎接。公主十分高兴,扬鞭跃马来到阿苦跟前,跳下马来,热泪盈眶地与哥亲切相见。未出过远门的公主,为了漏卧国的江山社稷而诚心地说:"我的好阿哥,我出征你相送,我归来,又热烈迎接,你想得太周到了。此时此刻,我这妹妹有十个心也难以表达内心的激动呀。"阿苦君长说:"妹妹这样贤能是我漏卧的骄傲,今天你归来,我怎能不高兴,特前来迎风洗尘,这也是古规常礼嘛。若还需要些什么,阿哥都可以给你的。"兄妹兴高采烈的领着队伍进城。

阿谷公主入城,亲族朋友个个前来祝贺。人潮蜂拥,战马嘶鸣,全城一片欢腾。阿谷公主的一身武将打扮,好不威风啊,族邻亲友把她扶下马来,入宫就座。将帅们排列在她周围,纷纷赞扬公主善战,叙述擒拿多同的战况和释放多同归可乐,各自整军预约再战等事。漏卧城里,热热闹闹庆祝了三天三夜。

阿谷公主天天操练军队,一天,阿苦君长前来观后说:"阿谷妹子啊,哥给你说,你武功高强善战,众人都在夸你,你还年轻,日子还长着,多同身居高位,实力无可估量。我只你一个妹妹,我心头着急,你武功再高也必须谨慎呀,绝不能轻敌。现在约战的时间快到了,哥哥的肺腑之言你必须铭记。"

阿谷公主呢,自从战捷归来后,非常自信骄傲,阿哥的好心告诫半句不入耳,仰天开怀大笑,说:"阿苦兄啊,你自失败成了多同的俘虏,不必担忧你妹妹了,我准把面子夺回来。他多同地位再高,我定把他拉下马。再次把他捉拿交给你处置。到时候,你自然就有了威望,你要相信妹妹的才能。"阿苦君长笑着说:"阿谷呀阿谷,长兄为你着想呀,你出征漏卧的人们为你送行,你凯旋归来,长兄开设大祭庆祝,不要辜负了大家的期望。"

约战时间来临了,阿谷的队伍,迎着日月光,浩浩荡荡地出发了。大军开到战场,多同大军早在那里等候,双方兵马相向排列,双方的战将两眼发红,待命拼杀。双方的劲头都很足,天不怕地不怕,不分昼夜的拼杀,砍杀声震天动地,你攻我御,我杀你抗,战了十天半月,没有胜负。

漏卧军全是盔甲装备,战将高大,战士威武雄壮。战马强壮,箭矛锋利,战刀明晃晃。多同战前作了盛大祭祀,军营统一装备,好不威风,兵将身强力壮。身材魁武的多同,久经沙场,见多识广。两军不相上下,如天兵神将交锋,战势如乌云翻滚,战鼓喧天。

多同不声张、稳重,阿谷十分傲慢。两军交锋,土皮翻飞,草木被踏平。两军缩营了,多同整夜难眠,一直沉思,能干的阿谷,力量很强,战败了很多强将,两次战争,我多同的实力确实不如她,这样战下去,要丢尽我多同的底,必须想个好办法,才能够扭转乾坤。

第二天,两军又开战,漏卧的精兵强将,奋勇冲杀,势如洪潮,多同军难以抵挡。高傲的阿谷公主没有亲自上阵。多同下令寻小道退兵,翻过了几大山岭,涉过了几条河流,漏卧军紧追不舍。三日之后,退到了可乐城的对面,一场难以想象灾难就要来临了。

多同的军队不进城,四处分散。阿谷公主被胜利冲昏了头脑,认为多同败逃让城,没想到中了多同的圈套,准备领军入城,阿谷来到可乐大城边,举目一望,"想不到可乐都城如此雄伟壮观。这次流血流汗一点不冤枉。"阿谷公主挑了精兵作前锋攻城,不见任何抵抗,城中到处举起降旗,呼喊"战争的灾难,我们受够了",打开了城门,漏卧军不费一兵一卒就占领了可乐大城。

阿谷率军入城后，万分喜悦，众将推举阿谷公主入君座，大摆宴席庆贺。杀了百头肥猪，千只壮羊，美酒佳肴齐备，宴席摆满了整个府院。吃喝欢乐，热闹非凡。到了半夜，个个醉得东倒西歪。就在这时候，卫兵前来报告，城外尽是多同的兵，我漏卧的卫兵不见了踪影。四处火光照山映天空，杀声四起，九营十八部军一齐攻打，阿谷公主来不及指挥作战，全军被围攻，四处受挨打，标箭如蜂群直往城里投。一根纱能挡一股风，漏卧的孤军难抵八敌，战到天亮全军被俘，尸体铺满全城，才智美貌的阿谷被多同亲手捉获。

多同笑着说："阿谷公主呀，我早跟你讲，圣人也会有过失，而今的你不就成了我的阶下囚吗？你漏卧的江山也就归我了。"阿谷公主大喊一声："多同，你不知羞耻，使用这种卑鄙的手段，实在太下流了，今天我落入你手中，我就是不服气。战场上逃跑的人，都该被处死，我漏卧阿谷，你这小人不能够相比。"多同笑着说："我的女君长呀，事到这地步，你人才美貌，像是含苞欲放的杜鹃花，世间无双。针线你不学，偏偏学打仗，终成败将，成了祭旗品，实在可怜。我今天不杀你，妹子，我多同哥放你回去继续做你的公主。"阿谷公主想，"像这样回去，族人要耻笑，老人瞧不起，兄长会骂我。"心头忐忑不安。多同看出了阿谷的心思，说："阿苦照常为漏卧君长，你就留在可乐，我把统兵元帅让你当。"为了两家的和好，阿谷公主允许了。第二天天刚蒙蒙亮，按授封规矩，又举行了军事大比武。阿谷公主一身黑色武装，披风在身后飘舞，白骏马在胯下嘶鸣。多同来了，着一身红色武装，骑黑骏马，手持长标，笑盈盈地驰马入校场。阿谷公主却气势汹汹，一刀砍了过去，被对方御开，她假装仇恨，却怕刀伤了多同。马蹄踏踏响，刀枪撞碰响叮当，一回又一回，只见泥土飞扬。阿谷公主假装向多同大砍大杀，而心里对多同非常钦羡。多同杀过去，心在擅抖，手也发软，彼此心心想印。只听一声叫，公主翻身落马，多同下马，扶起了公主，怜爱地安慰："阿姐，伤着没有啊？我完全明白你的心意。"阿谷公主说："我败落下马，不用你可怜，你尽管砍杀，解除你的心头大恨吧。"多同心里乐滋滋，小声讲："我的阿谷，你这英才美貌哪里找，我会舍得杀你吗？是你先让我，这是天意，我真心希望你嫁给我。"阿谷公主听了脸发红，羞答答地说，"你多同大胆，敢给我说这话。刚才不算，重新来，不可相让，战个百余回合，我败了，愿两块青草并一块。"战到高潮时，阿谷公主又落马，多同下马来，又一次扶起公主说："你是骑战英雄，我非常钦佩。"公主嗔怒说："你还好意思说呢，你不下手砍，我哪能服气。"多同笑了，把阿谷公主抱起，转了个圈儿。阿谷公主流下热泪，多同哪里知道她的心啊。阿谷公主说："命运就是这样，以比武为承诺，事已如此，我无话可说。我哥阿苦，他不是好惹的，他会把你看成死对头，时常会来杀你。"多同说："公主呀，事真如你说，我们在战争中认识来成亲，这完全是天意，从此以后，两国永世和好，基业并肩发展。阿苦心耿直，爱说直话，这我非常明白。"公主劝多同："你取代了益纳当君主，完全违背了宗法的规制，把君位还给他，人们会说你圣明。"多同说："我的领土在大革，是养育我的好地方，你别再提战争了。你说的完全合我心，两心紧相连。"

两国将士欢聚一堂，亲如一家，二人在司仪的主持下举行婚礼。众人共同举杯祝贺新婚夫妇白头偕老。可乐大城里的热闹婚礼，很快传遍了四方。阿谷贤惠美貌，多同英俊威武，郎才女貌，相互爱慕，经过一段波折，最后终成眷属。婚期三天里，按夷人的礼仪，逐一举行完毕。同枕议事。第四天晚上，多同和阿谷，双双来到武益纳跟前，恭请长兄益纳复位，司理朝政。益纳激动得流泪，认识了自己的过错。

"我这做长兄的，不会为人，信任他人，差点害了亲人，罪该当死。今天你们夫妻这样宽宏诚意，是发扬光大祖上遗志。"兄弟俩摆开宴席，共饮畅谈。第二天，多同带上爱妻，领着队伍起程离开了可乐大城，经禄勾（毕节）、慕卧勾（大方）、古糯（贵阳），不几日就回到了领地大革（安顺）。大革城是侯国都城，另一个兄弟臣国都城是禄直（六枝）城。禄直和大革相隔一条河，两地山青水秀一派好风光，是多同和阿谷的住地。他们生养了三个儿子，各有基业兴旺发达。

益纳君主复位后，痛改前非，团结师臣，召集能人共商国事。可乐大城所属的军民都城封地遍及各处。益纳君主领着妻子和随从，周游天下，任命各地都邑封号。这些都邑是：妥鲁打倮（云南）、古糯禄姆（贵州）、巴雅妥洪（巴南涂山）、禄祖禄卧（东川）、乍乍武格（沾益）、彩妥举吉、益毕珠吐勾（四川宜宾）、德夃尼社勾（中水）、麻纳姆古格（盐津）、赫恒珠舍格（镇雄）、妥洛格纪（堂琅）、尼可弭阁（晋宁）、益纳勾纪（云南）、洪鲁打毕（黔东）、腊斗举勾、古糯（贵阳）、大革（安顺）、弭凯博乍戈（牂牁）、纪武勾禄姆（可乐城）、古苦勾（宣威）、娄娄勾（安顺）、迭索弥（水城）、六枝、罗甸、卧益等。以上邑城均属益纳君主代的师臣国的封地。

远古时代，西南夷地区共划九邑六侯三部。早先的愚昧时代不知过了多少年，后来进入文明时代，北部地区，林木冲天，清水常流，风光特别美好如仙景宜人。北部地区工匠特别多，地划九州，九州人能工巧匠艺精，崇拜匠艺人始祖苟阿娄，北方称孟部，概称苟氏族，他们主冶银矿。炼出的银水红彤彤，如红日放射金光，凉后就变成了白晃晃的银块，银块像月光一样皎洁。用银打造斧，用银斧伐木，伐木来造房盖屋，人们有了安居之所。建造的住房设有九道门，打造九把银锁来锁住,能人来开锁,九宫同时开,不会开的人无法打开它。所有工匠人崇拜苟阿娄。

西方称仲部,也同样山青水秀,风光一片美好,银矿藏丰富,人人会冶炼,炼金又炼银,皎洁称白银,黄的称为金,用金打造斧,用金斧伐木,伐木造庙所,庙所建六方,每庙安六门,打造金锁来锁住,濮人开两门,夷人开两门,工匠人开两门。

南方称季部,南方的杜鹃花开满山红,林木翠绿流水清,日照金灿灿,月光明朗朗。红矿藏丰富,用它来炼铜,铜匠特别多。同银打造斧刀标戈箭和铜鼓,黄铜色美观,日光相照黄澄澄,月光相照也显目。又造铜斧来伐木,代木建宫殿,宫殿建三重,三重三道门,门上挂铜锁,每道挂三把,夷、濮、工匠都可开,但是除了能人打不开。

南部地区的播勒氏族王国,青山绿水,风景特别美。笃弭君主时,取妻三室,三妻生六子,长妻生武、乍,繁衍成两氏族;二妻生糯、恒,发展两氏族;三妻生布、默,发展两氏族。笃弭高祖生六子,六子六天子,各为一方王,各有领地,东南西北都归属于笃弭的天下。笃弭的江山社稷分封为六个王国,武乍分封在南国,糯侯分封在北国,布和默分封在中部。中部地区的翻勒君长国,基业广大,经济特别发达,播勒的前身是大革国,隶属君长列国,都随君长益纳称武益纳氏族。播勒地区小山多,坝地上的青草很茂盛,庙所建在大革,处处牛马猪羊肥壮,五谷丰登,百姓生活很富裕。阿哲占有的北部乍果(牂牁)国,君臣师一体统治。阿佐侔是皇舅国,国力雄厚,自称白夷君长,国号为乍乍武勾,播勒是黑夷侯甥国,国号为播勒大革,其他君长皆自称白夷君长。各氏族王国都统属于能赤(中央),隶有八大氏族王国君长,一个王国君长统治一方,基业发展,百姓信服,天下稳定。君主司令,先由五君八部氏族君长施行授予属下君长国，再教化百姓。伦理治国，违者挖眼断臂，直至杀头。军民一体，国泰民安。

大革国，山青水秀，草木茂盛，土地肥沃，五谷丰收，六畜兴旺。农牧百姓称濮氏族人口众多，能工巧匠也不少，统称苟氏族，以益纳氏族为多数。播勒君长得位后，属下的氏族有：额氏族两臣、啥吐（百越）氏族四臣，夷氏族六臣，所谓之臣即氏族君长，各有行政区域，君长由氏族长老、教化师充任。夷臣即夷氏族君长，啥吐臣即啥吐氏族君长，氏族君长属播勒君长的臣子，逢年过节都要给播勒君长贡赋，播勒君长又要朝贡中央皇国君主，缴纳贡粮百石，壮牛十头，骏马数匹，红白事时也同样上贡。大革匠艺人多，啥吐地区青山绿水，粮丰牛羊壮，家家户户鸡鸭成群，数里之外就能听见鸭叫声，水边鸭蛋天天有，数也数不清。濮氏族所居之地，多产荞麦，牛羊肥壮，遍地青草好养马，处处牛欢马叫。夷氏族居住之地，为山区地带，也是多产荞麦，数里之外，就能听见姑娘小伙们的嘹亮歌声，青年男女欢聚对歌，歌会由君长来主持。播勒君长传十世，世世都这样，播勒君长，后来被啥吐替代，为封建朝廷命官，哈吐居各地。播勒君长的世系是默德阿益，阿益濮，濮腊哺余，哺余阿勒，阿勒布汝，布汝腊铺，腊铺阿鲁，阿鲁毕岩，毕岩博鲁，博启汝，共传十世。

大革另一氏族的世系是：哺阿超，超克哺，克哺维，维遮阿默，阿默鲁洪，鲁洪阿冒，阿冒阿述，阿述大可，大可阿苦，阿苦阿益。阿苦阿益时代，大革隶九氏族，基业大发展，阿苦君长治大革，统领九族，为中心城，地方林木多，四周文曲水，汇聚成湖泊，清澈的湖面上，鸳鸯对对游。播勒君长威振大革地，治理很有方，基业发展快。大革哈吐氏族多，君长由啥吐充任，又是中央朝廷命官。播勒君降职为臣。自此以后，播勒君的租赋都改贡啥吐君长了。聚居北部的啥吐，除粮租外要贡牛羊千百头，东部的啥吐贡谷米，西部的啥吐贡绵羊和鸡鸭千百只。自从阿苦君长年迈衰老以后，就由啥吐任君长。啥吐住田坝，啥吐君长由中央朝廷任命。啥吐掌了权，制度未作改变，啥吐君长和汉王朝诚心保持一致。

播勒君国的武乍氏族

在夷人的管辖区内，很早就有啥吐氏族先民居住了。啥吐氏族先民居住地方，处处有向日葵花，啥吐氏族先民就像向日葵花一样，心向播勒君国。啥吐氏族先民崇拜太阳和月亮神，他们很喜欢喂养狗，喂得很肥胖。亲友来了，以狗肉做善菜款待，祭礼用狗做牲品，同时也用鸡牲。有的地方用人做祭品，祭后吃肉吃心子，用俘兵祭祖灵社稷，说人肉哺养身体，吃了人心作战胆大。家人死了，也要把肉分吃掉。啥吐氏族的地方政权是在多同君长之后才逐步建立的，因此，他们虽然有权，也很能作战，世不忘记与夷人的族邻关系，保持了诚心诚意的友好。

夷人政权时期，常有战争，战争造英雄，英雄强人相为敌，年年打，天天战。在那残酷的战争年代里，啥吐的先民最勇敢，出征作战少不了他们。啥吐人个儿虽然矮但长得结实，杀敌都很卖力，立功的战斗英雄特别多，为国家奉献功高，因此，庆典赏赐时，有良田好土的优先挑选权，于是啥吐氏族的居处都在河畔平原，称为鱼米之乡。阿苦君长很善战，部属全民皆兵，播勒君国就是他的实力范围，财力物力都很雄厚，法规严密，治理有方，百姓敬仰，国泰民安。

布勒君国的氏族兵营较多，其中啥吐兵营占优势。共分九大部兵营，夷人有三个营，啥吐三个营，濮人一个营，额苏人一个营，另外还有一个营，以播勒本部为首营。阿苦君长自称天子，氏族强大，征服了西域、东域和北域。征服为辖区的百姓，凡青壮年都是义务兵，打仗很卖力拼命，封英雄统领氏族，百姓顺应。

播勒君长的基业很广大，氏族之间时常发生战争，外邻也想来抢占。啥吐氏族，年年供军饷，家家摊派粮，啥吐氏族成了播勒君长国的衣食父母。天上不下雨，播勒难生存。播勒军队和百姓，没有君长就无统索。高天有了雨，山间百花开，林木才茂盛，鸟儿才鸣叫。播勒君长的财物就像秋天的果子成串串，势力就像冬腊月的猪羊牛马一样肥壮。雪白的绵羊群和肥壮的良马奔跑起来，就像艳丽的服饰随风飘动。大革的富厚，全靠阿苦君长的贤能。播勒君长的富有，天下有名，邻国很羡慕。播勒君长国就像湖光倒影那样美丽，就像天上星空明媚。播勒地多为平坝和缓坡，湖水清澈，有利民富国强，发展经济。

武氏族阿苦为播勒君长，年迈了国分三部氏族，封三氏族君长，一是阿直君长；二是阿德君长；三是阿哪君长，自己为总氏族君长，统索三氏族君长，各有世袭。南部的武氏族，常来攻打，东部的乍氏族相助抵御，武、乍二氏族王国常有战争。武、乍是笃弭君主所封的兄弟王国，武氏族王国是长兄国，乍氏族王国是仲弟国，他们的世系根蒂系于笃弭君主。武氏族得势袭君主位，乍氏族出贤能又夺得职位，武氏族又来争，情况不断变化，袭职的谱系，犹树大分桠枝叶茂。武乍两个氏族，本是同根生，他们与啥吐也是同源分流，都是武乍氏族，得势后雄据各地。多同贤能，统一四方，文明发展，分氏族列国，树大桠枝多，大桠分小枝，九氏族各有名称。从武氏族分支的啥吐，又分四氏族，濮氏族分五氏族，白夷分六氏族，黑夷分七氏族，青氏族分八氏族，阿武分九氏族，其他分九氏族。各氏族都有君长，各君一部，一部一个氏族。九山氏族的能人多用轿马。南国武乍氏族盛世，君长称天子，拥有良田好土，牛羊肥壮，五谷丰收，财物丰厚，世守基业，不断发展。

六侯王国封地

笃弭君划天南地北和中央三域为武、乍、糯、侯、布、默六个氏族王国。天南国尼额弭被为孟国圣母，地北国能额弥多为仲国圣母，中央皇国吞额武吐是季国圣母，孟仲季各封有二王国。武氏族王国君长始祖弭阿克封于天南孟国西部的卧妥比毕，为长兄国，卧妥是他的君国都城，称东都城（在今曲靖）。比毕是他的臣国都城称西都城（在今大理）他的南都在保山，北都在凉山。乍氏族臣王国君长始祖弭阿苦封于天南孟国东部的苦朵洪所而称弟国。苦朵是他的君国初治，洪所是他的盛世国都（可乐），概称西域君国。他的南国都城在漏卧，东国都城在大革，北国都城在氐口（叙永）后迁禄勾。糯氏族王国君长始祖弭阿热封于地北仲国西部的峨眉洪所，是为兄长国。峨眉是他的君国都城，洪所（成都）是他的臣国都城，白马是他的师国都城。恒氏族王国君长始祖弭阿卧封于地北仲国东部的长江流域而称弟国，都城在九江汇注的液蒙总姆。他的西部恒祖娄为兄长王国。仲恒道娄居中，南部分三氏族，恒阿赫治洪凯，举侯和扯勒在东北部，季恒阿谷治巴的勾能和巴雅妥洪。东部陀尼九氏族，即陀尼侯德、陀尼局姆、陀尼热实、陀尼鲁洪、陀尼液诺、陀尼阿武、陀尼麻局、陀尼发递、陀尼冒举，为九氏族王国。布氏族白夷王国君长始祖弭克克封于中央皇国的杜吐弭阁，以继君主位，主管天南国武氏族王国与乍氏族王国；默氏族黑夷臣国君长始祖弭齐齐封于中央皇国的举娄赫吐，是地北国糯氏族王国和恒氏族王国的联络中心。六氏族王国均继承和发展实索王国时代的先天八卦文化，天地人三统，即天文历法、地理文化和人文社会科学相统一。教化制度从中央皇国行庙祀祭祖，藩国赴悼而传播天下。

武侯王国君长益纳统一天南国

　　武氏族王国和乍氏族王国的文明文化日益发展，如出林春笋，一代胜过一代。武氏族王国发展较快，势力较强，共划九氏族，手工业发达，很能作战而雄于天下。贤能人得天下，武氏族王国传了七世君长，继往开来，到武益纳君长统一了天南国的武乍二氏族王国而得天下。

　　武氏族王国的九氏族部落中益纳君长国最强，益纳因势而得君主位之后，分封五氏族王国，各自建军队，以庙祀祭祖为形式树姓氏旗号。年头月尾依等第从低到高进行朝拜进贡方物。因名利地位引起了氏族之间的长期战争。你攻我，我打你御，相互掠夺牛马猪羊和财物，以强欺弱，胜者以庙祀庆祝活动树姓氏旗号，以首领名代氏族名，代国名，代地名。以境内名山代称首领的住地名，住址替代地域名。

　　战争是为了争地位和名利。你争我夺，武氏族王位自骓阿克传到武益纳，即统一了南国天下。所封五氏族王国，为了争王国君长位，各自建军队开战，时时有战争，处处有砍杀。残酷的战争年代，山中阴森恐怖，平地旷野荒凉。能人继君长位，汉皇帝封益纳为武氏族王国君长（滇王），为了统一乍氏族王国，在笃弥（宣威）大战一场，战捷得势，庆功整军向可乐挺进，自称天子而得南国天下，粮食满仓，金银财宝满斗，牛马猪羊遍山冈。益纳君长世系：武阿彩、彩阿武，举雅糯，糯阿举，勿阿纣，司阿武，司布武，伍仇余，余阿德，余阿苦。武仇余时代，军制健全，百战百胜，建有九邑国，君邑九大军，粮丰财富，兵强马壮，共有三十二个大臣，个个是强将。武仇腊即位，国中大事处理得有条有序，人事安排得恰当，治理有方，深受百姓爱戴，将臣钦佩敬重而名扬天下。

武仇余君长时代的国教军师是武仇妥，他知识渊博很有权威。武舍所君长是他的门弟，精通天文地理，熟知历代朝政和历史。教化军师武仇妥住都城，主祭祀教化和撰写国史。武仇余君长善用能人，君臣师团结一心，在高堂共商司理国事。出现贼寇，军民群起而攻之，天下大安。经济日益发展，牛肥马壮，凡事顺心，君民官兵一条心，互相尊重，伦理治国，无盗无贼，社会安泰。

武氏族占据了乍氏族国的两都城，益纳据守可乐，多同据守大革。可乐青山绿水，柳树成荫，犹如仙境，一派好风光。大城宫殿如明珠放金光，上有青松岭，下有绿树林，左有文曲水，右有环山抱，风景独好。青草茂盛，牛羊肥壮，良猪盛名，土肥粮丰。氏族兄弟分治两地，均有溪水长流，无井无溪的地方不宜建治所大城，选址建都城，一必须有溪流，二要有百花争艳。建庙所是用来朝拜祭祖列姓氏旗号，发布号令征战，统一巩固政权。制度确立后，庙祀祭祖仪式由君长主持，益纳君主时代也是这样。

乍夜郎东部的武氏赤科君长，教化治国而社会文明发展，部下诚心卖力，天下百姓安居乐业，五谷丰登，六畜兴旺，经济大发展。多同即位，贤能有方，深受百姓拥戴，民富国强，降服四邻，无贼无寇，国泰民安。

君主为高职，属下氏族君长都想争夺。武氏族赤科继益纳王国君长时，命封各地官爵，明确氏族君长的等第。他说："真情善语君子德，谗言讹语小人心，我身为君长，严律于己，先法治人，天下江山，邑落城名，名山川流，都由我命名统管。"颁用一年十二月，一月三十天，一天十二辰的农牧时制历法。全民皆兵，不分昼夜固守江山，保卫家园。天下臣民都信服卖力。君司令，臣听令而行，师教化，教化传播四方。成军早晚都操练,征战百战百胜,每次凯旋都庆功,封侯命将,整军安民。军民一体,君令一下达,教化具体行,违法抗令者,首级祭天地。天下王国犹如一个家。四方的基业以征战作开辟,属于中央王国,各个地方军队自建自养,首领皆称君长,以中央皇国君长为最大,主管中央皇国政务。中央皇国首府贤人汇集,满城是长袍贵人,将士兵威镇四方,教化制度治天下,国强民富,社会安泰。

牂夜郎国的武氏族源流

益纳王国的武啥氏族,源于舒阿勒君长国时代。舒阿勒君国隶有九氏族,九氏族分为九国,建九都邑。舒毕姆君长国都邑,左边是山区,右边是坪坝,隶属舒毕姆。舒毕直治妥纪默,也隶属舒毕姆。舒毕姆的势力很强大,实力雄厚,雄长一方。舒毕姆君长世系:舒毕姆,毕姆能,洪戛戛,戛戛举,举哲武,武举索,武冒索。势力极为强大。武冒索采取了有效的方法治国,武装训练军队,发展经济。亲自训练,讲授兵法,他是个文武俱全的贤君,深得百姓拥护,兵将对他信赖,为他拼命,百战百胜。武冒索如空中雄鹰展翅在万人之上。冒德色即位,经济更加发展,百姓生活有了更大提高,逢年过节,男女青年云集在山坡上,着装像盛开百花,形成花衣海洋。悠扬的歌声在空中回荡,处处猪羊遍坡,马嘶牛叫。

苟葛氏族君长舒腊戛出门归来,设宴款待本氏族。无论做什么事情,都要一个不少地招集本氏族来共同商议。舒腊戛说:"在我出门的几年间,长了很多见识,我们这里实在很穷,要把这种情况改变一下,希望大家共同努力,我打算把认识的高师请来。为我们掌堂祭祀教化,培育贤能人,让所有的氏族亲友都能够学到知识,有知识的人才有道德和本领。"舒腊戛把本氏族集中起来，举行祭祀教化活动，叙列氏族君长谱系，舒腊戛，腊戛举，举格色，余冒社，冒强杰，强杰杰，古纳吐，纳吐娄，娄弭洪。娄弭洪时代，有了汉人的邑落，汉文化传了进来，文化有了新的发展。各地山青水秀，称为娄弭洪地方。娄弭洪有三妻室，每妻室生三子，九子据九山，九子都贤能，成为九山君，护卫五个城。降服各氏族，统有七十二地，七十二氏族。其中三十三是啥吐氏族，二十一是濮氏族。建有十七城，用金银修饰，有两个最宏伟华丽。一是南部的载禄洼城，街面宽广而华丽，货摊很多，货物十分丰富，想买什么就有什么，人流如潮，非常热闹。一是载柏赫禄洼城，街面宽大华丽，井然有序。两个大城，像金银花一样漂亮，似日月光照晒般明朗。两个大城是夷人的城，是夷人举行庙祀树姓氏旗号的地方。出征的军队如东风从这里吹起，人流如潮，人涌马嘶，非常热闹。这样兴旺发达的邑城还不少，都被武氏强人所占据。

乍夜郎南部氏族的演变

武氏族，有的演变为啥吐，有的演变为阿武，有的保持濮氏族称谓，一部分演变成了汉人，夷氏族中，有黑夷、白夷和苟葛夷等。

武啥氏族的源头在武维王国时代，他们与佐洛纪氏族、啥吐氏族是同源分流。啥吐和武啥分流晚，由一分为二，到后来，以大分小逐步繁衍演变。啥吐和武维氏族都聚居南部，各有势力。武维氏族的源头于舒阿腊君主时代，也就是隶属舒阿腊君长国的氏族，他们不操习夷语，但谱谍是用夷文作记录的，崇拜舒阿腊，创基于东部，东部的啥吐氏族成了他的庶民，臣民都尊称他为舒阿腊布耄。舒阿腊布耄在东部以教化创建了基业，势力日益发展，他的弟子相当多，文化教育有了很大发展，造就了一方社会文明，舒阿腊因此被推举为君长，治理有方，德高望众。他的牧牛业为冠，国强民富。啥吐氏族打舒阿腊旗号，舒阿腊年迈了。他的政权靠啥吐支撑。舒阿腊的将帅多为啥吐，因此，到后来的基业多被啥吐氏族所占有。啥吐氏族的势力始兴于舒阿腊时代。啥吐氏族与舒阿腊氏族和睦相处，共同对外。舒阿腊不是孤军作战，两军一至对敌。啥吐和阿腊两军相比较，啥吐兵将个子矮小，但长得结实，作战英勇，每次战争都是靠他们的勇猛取胜。舒阿腊在东部的威望最高，人们称颂他："祖德世世传，年年有欢庆，子孙势力大，代代有发展。"舒阿腊靠啥吐，啥吐靠舒阿腊，相护相依，共同发展。舒阿腊君长世系：舒阿腊，腊啊俄，俄启启，启启哺，哺舒额，额阿德，德亨亨，亨亨夺，夺阿武，阿武育。阿武育时代的东部，是阿腊时代所开辟，人丁兴旺发达，强人不少。东部山青水秀，土地肥沃，五谷丰收，春光明媚，百鸟齐鸣，百花常开，似如仙镜。处处居啥吐，上中下都是啥吐氏族的邑落，扯扯安禄洼，是个大落邑，早期隶属奢勿，还有一个落邑安偶吐氏族居住。邑城有方圆高墙，城内街道如金绳伸延，重堂建筑，流水清新，百鸟常鸣，百花常开。居民众多人才济济兵多将广。安禄城是武氏族和汉人居住的中心城，是政治军事中心城，是庙祀树姓氏旗号的活动中心城，从东到西的九十九居民都是啥吐氏族。啥吐氏族善于制造弓箭刀矛，能做出九十九种式样的兵器，各种兵器既美观又锋利。啥吐氏族善用盔甲和戈矛，个子矮小结实，被称为矮子国。啥吐氏族居住东部腹地，经济发展较快。武氏族益纳君主驻可乐，统管东部、南部和北部。

武氏益纳君主统一教化制度

笃弭封武乍氏族于天南国。弭阿克王于武杜吐弭国，弭阿苦王于乍楚哪蒙国。武、乍是六王国的孟国兄弟国，随着基业的日益发展而繁衍成七个氏族，一个是实索王族的遗裔，两个是武和乍氏族。武氏族之祖弭阿克传七世，都是各守其政，到了武益纳时进犯乍氏族封地，占据可乐，漏卧和古糯大革。可乐君长国的氏族称作益纳濮氏族，漏卧臣国的氏族称武益纳濮氏族，大革师国的氏族称作武濮安氏族。君臣师联合战取糯侯北国的南部地区，强占中央皇国的布默氏族王国属地。统一了天南国和中央皇国。

君臣师一体，军民一体，武阿濮君国的益纳君长势力最为强大，各地的强牛壮马猪羊都敬贡于他。益纳统一了南国和中央皇国，建立了两个中心都城，娶妻三，长妻叫濮娄，二妻叫格娄，三妻叫冒娄。在两个都城庙寺，杀牛祭祖，祭天地，基业日益发展，大兴伦理教化制度，普教兵法。天下百姓箭法很有名气，不论汉夷或其它氏族都归益纳君长统管，兵多得无数，天下统一。益纳君主治理天下，国法军纪严明，益纳王朝盛世，天下四方阳光灿烂，大地八方的社会如同春草般发展兴旺。

以弭古洪为中心的两个都城，一是大阁（曲靖），二是可乐，是益纳君主的左右相国都城，天下江山由两个相丞国分别去治理。大阁是左丞国都，弭古洪的可乐是右相国都。左右相国的教化制度由益纳君主拟定施行，由教化师逐级往下施教传播。

武多同君长治乍夜郎东部臣国

武多同君长势力始兴于九个舒氏族中的六个武氏族君长国时代，称舒毕姆氏族。一是舒毕姆，二是毕姆恒，三是毕多同，四是多同举，五是举哲吐，六是偶冒夫。舒毕姆是从武氏族分流出来的。多同是益纳东部君长，冒夫是益纳西部君长，系益纳王国的两大丞相。阿古、大阁慕佐、冒索额、武蒙慕、武武姆是辅佐益纳君主的五大贤臣。

六个武氏族中，益纳贤能得天下，牛马遍山冈，布置天兵天将，防范东南西北四面八方。东南由漏卧防范，西由赫尼防范，如同东风吹散了云和雾，把北国的糯、恒氏族王国的兵撵回到了北方，南部和中部地区封了很多君长国。天下共封九部氏族君长，一是索腊戛，二是大阁，三是多同，四是举谷社，五是社木以，六是益强武，七是益武古，八是阿古腊柱，九是腊杜吐。这九氏族君长，治九方夷区，夷汉邑城都由他们统管。

益纳君主位于九氏族君长之上，金银财宝他最多。兵马他最强，拥有七十七个兵营。战捷酬报英雄豪杰，追荐祭葬阵亡将士后，令修筑各氏族王国金银宫殿。白夷君国管政务，以大阁为总府，行政大事由大阁部署调整和安排。

乍夜郎各君长

南部载柏赫和载柏洼两大氏族君长国都邑，大阁是白夷君长国的首邑，宏伟华丽，是益纳的两门户之一。西部的索阿纳、纳阿濮、濮彩彩、益阿德、彩濮濮、濮益勒、德亨亨、亨亨处、处阿武九氏族君长都邑，庙宇座西向东，九氏族君长在这里，杀牛祭祀天、地、祖灵。九氏族君长分为五十个氏族旗号拥有九十九兵营,将帅首领五十人,大小落邑有九十九个,分为天地黑白夷军,尚用贤能人,发展很快。

东部的扯扯安和安偶吐两大氏族君长国,各隶五个君长国,分为东南西北中,由黑夷当君长,由阿德布氏族演变而来。中心都邑在冒苦。东部盛产金银,都城宫殿都用金银装饰,金银闪光耀眼,扯扯安落邑发展很快,兵营九十九,都是能战强军。

漏卧想占有安禄,叠揩的洛阿纪也曾经举兵两次来攻打,兵临城下,武益纳为了保住安禄,调遣了东部军,如云雾腾翻,赶走了洛阿纪,益纳占据了整个西南,说:"我武益纳,重新调整氏族君长。"洛举氏族君长国,名诏之洛举氏族。佐洛举,侯慕德,鲁德毕,舒尼伯,益注富,富娄禄,娄禄弥,律阿著,著武甸,武哺俄。十世君长皆属益纳君长统率。

益纳君长的大军如空中的鸟群飞落在安禄,益纳君主以酒敬聘强人九十九,有漏卧军相助,降服洛举氏族,漏卧也归属,留九千兵驻守安禄,益纳成了大名鼎鼎的君主。

西部有九万兵,据守楚社大城,益纳西面有糜莫大城,有三万精兵护守。这两城是益纳西部氏族君长的首府。

武益纳部将出英才,阿武纳出自播勒,构阿妥为妥阿哲之父,赤俄索出自舒阿哪笃国。可乐、禄勾和大革三大首邑统称南国都城。东部师国拥有六氏族,一索阿德,二著阿维,三维维武,四武洛索,五洛洛颇,六颇俄默。六氏族六君长,各长一地。拥有十万精兵,长于使用箭戈矛兵器。

益纳君主的六位贤臣:鲁德、鲁以、益侯、娄博是军政大臣,色慕赫、益纳博是教化大师。著俄娄颇、恒糯笃管畜粮,负责打造兵器,按克博君王时代的形质进行打造,主要有盔甲戈矛等。

恒武阿善用大刀,组成刀箭军,主要守卫可乐大城。阿侯相争位，交战于毕节，阿侯军夺走了阿武军的克博时式兵器，阿腊军与恒阿武军合力，漏卧和阿德果军也来相助，阿侯军大败。恒阿武用酒九大坛、杀牛十头，设宴感谢助军。漏卧军驻毕节，后返回故里。阿德果军撤回。毕节城中的五大贤臣是卓德色、德色阿邑、邑阿颇、颇勒谷、谷德戛。武氏族君长联合打造兵器，极盛一时。

东部的三大邑城由启吉、吉耐、府主三君长驻守，首城在各仇，仲城在武洛，季成在恒益鲁。都打诺克博旗号，为三糯氏族军。

南部的十个君长国，一为苏武益，二为武益局，三为局阿律，四为律阿举，五为珥阿博，六为博阿娄，七为娄阿德，八为德赤叩，九为赤叩阿鲁，十为武雅腊。都以农牧为主要经济，善于制造大弓兵器。

中部的十个君长国是，阿腊余周，余周举博，举博阿大，阿大娄，数仇濮尼，濮益糯，鲁益阿腊，阿腊余递，阿启布武，布武奢勒。六畜兴旺，实力雄厚，造大量的锐利兵器，以保卫可乐大城。大阁和能赤是君长的政治和军事都城。

西北部的十个君长国是，布色勒，色勒阿著，勒腊阿德，阿鲁阿吉，阿吉布德，阿德阿斗，阿律阿社，阿律濮局，濮社糯举，冒求冒德。以农牧为主要经济，处处打造兵器的响声震动山谷，世守江山，防范汉人侵犯。

中央君主益纳，冒勒，大阁，略色，主府卓阿斗五贤君联合主持国事，商战事；施行教化。益纳君主圣明，战军很强大，天兵天将铺天盖地，战势如云雾翻腾，威振天下。各君长是他的得力助手。妥鲁打保治大阁，古糯治播勒大革，鲁祖鲁卧治阿余德，乍默武格治阿卓赤，杜吐珥阁治杜妥，益毕社妥治益毕，德歹尼舍格治德歹卧主，德歹濮乌治冒主，赫恒珠舍格治芒部堂琅格纪治欧卓舍。欧阁占阁治可乐,是益纳君长的都城。妥阿尼苦、洪鲁大毕治洪鲁打,阿德著德治阿古,是构阿娄氏族,卧鲁蒙大治鲁德举,娄娄勾治大革为播勒氏族,尼所大治许吉,慕俄勾为阿哲氏族,纪俄勾为俄索氏族,古苦勾为笃慕氏族,普妥钟益为阿维仁氏族,禄勾为扯勒氏族。以上君长国是益纳君长时代的分布情况。

释:妥鲁打保国(云南)治曲靖,古糯(贵州)治大革即安顺,鲁祖鲁卧国治东川,乍乍武勾国治沾益,杜吐弭国治杜妥宣威,益毕社妥国治宜宾,德歹尼舍国治威宁中水,德歹濮乌国治冒主即昭通,赫恒珠舍国治芒部镇雄,堂琅国治欧卓舍,首府国治可乐是为益纳君主的军事活动中心,妥阿尼苦月龙山国治洪鲁打,阿德著德国治阿古是崇拜构阿娄艺祖的工匠氏族(牂牁)国,凤山国治鲁德举,娄娄勾国在安顺由大革演播勒氏族国,尼所大国治许吉,弭凯博乍勾国演慕卧勾国是为阿哲氏族国,古苦勾国在宣威是笃摩氏族国,濮吐钟益国在普安是为阿维仁氏族国,扯勒氏族国治毕节。

尹珍北学中原路线探索

◎ 王　学

尹珍从家乡毋敛坝前往中原洛阳求学路线，因史载遗迹不多，一直无法定论，直接记载尹珍事迹的，仅《华阳国志》和《后汉书》。有研究学者认为：一是从古毋敛坝（新州）南下南海郡（番禺），再乘船北上；二是北出南川至巴郡（重庆），经长江向京师洛阳。笔者认为，尹珍走这两条线路的可能性都不大，也不会后来从家乡就近向东前往武陵郡师事应奉，而是选择走北方经长安到京师洛阳的的可能性最大。

南下艰险　路途遥远

据《汉书·西南夷两粤朝鲜传》"元鼎五年秋，卫尉路博德为伏波将军，出桂阳（郴州），下湟水（连州连江）；主爵都尉杨仆为楼船将军，出豫章，下横浦；故归义粤侯二人为戈船、下濑将军，出零陵，或下离水，或抵苍梧；使驰义侯因巴蜀罪人，发夜郎兵，下牂柯江。咸会番禺。""汉乃发巴蜀罪人当击南粤者八校尉击之。会越已破，汉八校尉不下，中郎将郭昌、卫广引兵还，行诛隔滇道者且兰，斩首数万，遂平南夷为牂柯郡。"即四路大军分别从桂阳①（郴州）经连江，豫章②（南昌）经吉安、赣州、翁源，零陵③（永州）经梧州，巴蜀夜郎④（贵阳）经北盘江攻打广州，只巴蜀夜郎这之部队行军最慢，还没有到达广州，其他部队就已先期攻下广州，于是巴蜀夜郎兵返回攻且兰。从地图上看，从南昌到广州和夜郎到广州路程差不多，说明夜郎到广州的交通艰难得多。

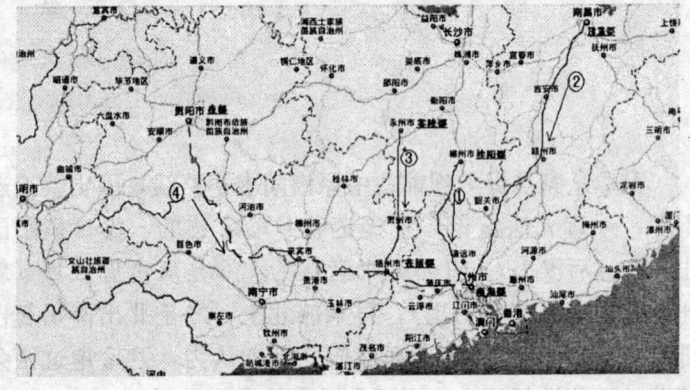

西汉四路大军讨伐南越路线图

建武"十六年（公元40年），交址女子征侧及其妹征贰反，攻郡。""十八年（44），遣伏波将军马援、楼船将军段志，发长沙①、桂阳②（郴州）、零陵③、苍梧④（梧州）兵万余人讨之。"从地图上看，交趾在以上四郡的东北方，而巴郡、益州郡、犍为郡、牂柯郡在交趾的北方，这北方四个郡中有的郡比如牂柯郡到交趾郡的距离比东北方四个郡中长沙郡到交趾郡的距离明显要近得多，但为什么不伐北方四郡的兵呢？很明显也是北方四郡到交趾没有较好的交通条件，或无驿道官道，只能从东北方四郡发兵，那里有较好的交通条件和官道。

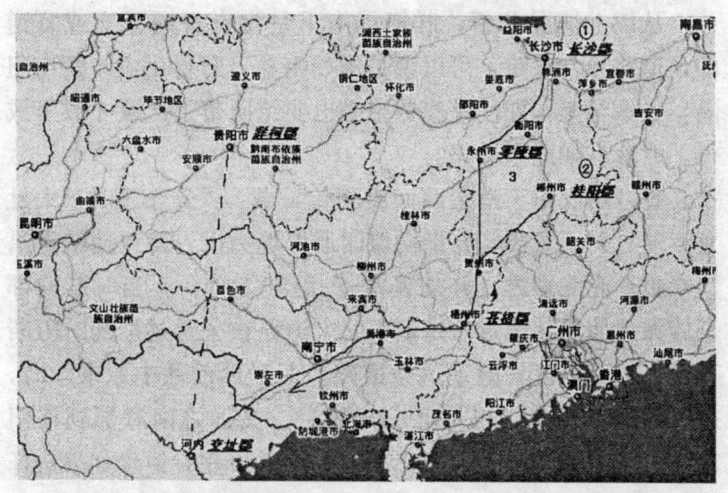

东汉发长沙、桂阳、零陵、苍梧四郡兵讨伐交趾蛮夷路线图

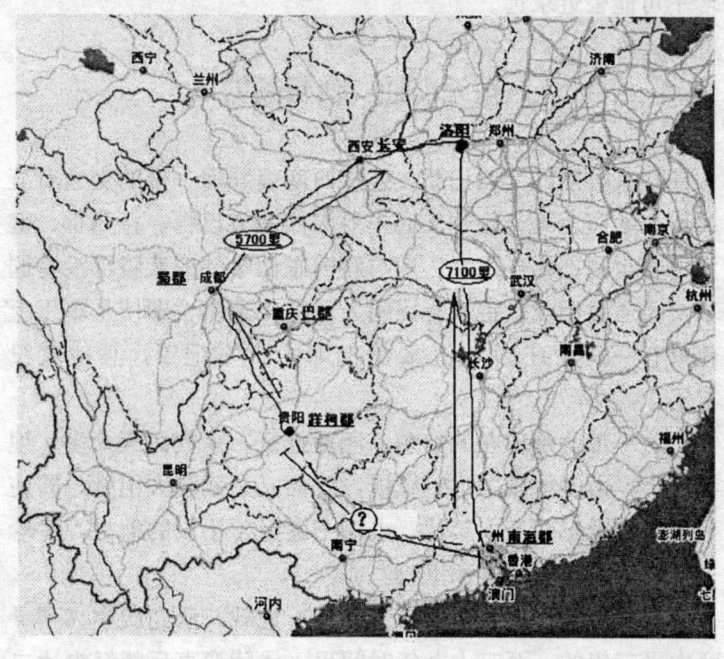

尹珍求学路线北、南两条路线比较

从以上情况分析，牂柯郡南下是没有开通驿道或官道的，道路异常艰险，可以说是原始密林，野兽出没，崇山阻隔，人烟罕至，即使是商贾想必也要结队带上武装才敢于成行。尹珍有如此条件吗？

查《后汉书·南蛮西南夷列传》载："公孙述时，大姓龙、傅、尹、董氏，与郡功曹谢暹保境为汉，乃遣使从番禺江奉贡。光武嘉之，并加褒赏。"但细细分析，当时牂柯郡豪族派遣使团从南走，是基于北上道路被公孙述据蜀时阻断不通，迫不得已冒险走这条道路。而尹珍前往中原求学时，东汉建国几十年，巴蜀已归于统一。又加之南海郡到洛阳7100里，比牂柯郡到洛阳5700里多1400里，尹珍如果选择从南下经南海郡走，还要增加从牂柯郡到南海郡的里程，尹珍不可能舍近求远。

东无交通　蛮叛频繁

秦汉时期的交通记载，连接西南夷牂柯一带的交通有五尺道、南夷道等，这些交通主要与西北方巴郡、益州郡、犍为郡直至蜀郡相连往来，而与牂柯东面毗邻的武陵郡没有国家交通道路记载，也没有民间人员往来遗籍，即使是军事上也只有一次楚庄𫏋从沅水伐夜郎的行军记录，其他就没有了。

这一带就是现在的黔东、湘西地区，少数民族众多，地势复杂，山多林深，沟堑纵横，北面又是武陵大山脉，即使到了二十世纪四五十年代，也是土匪经常出没的地方，尹珍一个外地人，敢经过那里吗？

据《后汉书·南蛮西南夷列传》记载，从光武中兴到灵帝中平三年的一百三十九年时间里，武陵蛮夷反叛至少达二十年之久，记载如下：

1. 建武二十三年（47），武陵蛮精夫（即渠帅首领）相单程等占据险隘，寇掠郡县。武威将军刘尚发南郡、长沙、武陵兵万余人，乘船由沅水入武溪攻讨，刘因轻敌深入险境，被相单程待据险袭击全军覆灭。第二年相单程等乘胜进攻临沅（今湖南省常德市），光武帝刘秀派谒者李嵩、中山太守马成迎击，未能取胜。建武二十五年（49）春天，又派伏波将军马援等人率兵四万余人征讨。三月，马援等在临沅大破武陵蛮，斩获二千余人。同年夏天，马援死于军。十月，相单程等因饥困乞降，谒者宗均受降后，并置吏司严加管理，群蛮平息。

2. 肃宗建初元年（76），武陵澧中蛮陈从等反叛，入零阳蛮界。其冬，零阳蛮五里精夫为郡击破从，从等皆降。

3. 三年（78）冬，溇中蛮覃儿健等复反，攻烧零阳、作唐、孱陵界中。明年（79）春，发荆州七郡及汝南、颍川弛刑徒吏士五千余人，拒守零阳，募充中五里蛮精夫不叛者四千人，击澧中贼。五年（80）春，覃儿健等请降，不许。郡因进兵，与战于宏下，大破之，斩儿健首，余皆弃营走还溇中，复遣乞降，乃受之。于是罢武陵屯兵，赏赐各有差。

4. 和帝永元四年（92）冬，溇中、澧中蛮潭戎等反，燔烧邮亭，杀略吏民，郡兵击破降之。

5. 安帝元初二年（115），澧中蛮以郡县徭税失平，怀怨恨，遂结充中诸种二千余人，攻城杀长吏。州郡募五里蛮六亭兵追击破之，皆散降。赐五里、六亭渠帅金帛各有差。明年（116）秋，溇中、澧中蛮四千人并为盗贼。又零陵蛮羊孙、陈汤等千余人，著赤帻，称将军，烧官寺，抄掠百姓。州郡募善蛮讨平之。

6. 顺帝永和元年（136），武陵太守上书，以蛮夷率服，可比汉人，增其租赋。议者皆以为可。尚书令虞诩独奏曰："自古圣王不臣异俗，非德不能及，威不能加，知其兽心贪婪,难率以礼。是故羁縻而绥抚之,附则受而不逆,叛则弃而不追。先帝旧典,贡税多少,所由来久矣。今猥增之,必有怨叛。计其所得,不偿所费,必有后悔。"帝不从。其冬、澧中、溇中蛮果争贡布非旧约,遂杀乡吏,举种反叛。明年(137)春,蛮两万人围充城,八千人寇夷道。遣武陵太守李进讨破之,斩首数百级,余皆降服。进乃简选良吏,得其情和。在郡九年,梁太后临朝,下诏增进秩两千石,赐钱二十万。

7. 桓帝元嘉元年(151)秋,武陵蛮詹山等四千余人反叛,拘执县令,屯结深山。至永兴元年(153),太守应奉以恩信招诱,皆悉降散。

8. 永寿三年(157)十一月,长沙蛮反叛,屯益阳。至延熹三年(160)秋,遂抄掠郡界,众至万余人,杀伤长吏。又零陵蛮入长沙。冬,武陵蛮六千余人寇江陵,荆州刺史刘度、谒者马睦、南郡太守李肃皆奔走。肃主簿胡爽扣马首谏曰:"蛮夷见郡无儆备,故敢乘间而进。明府为国大臣,连城千里,举旄鸣鼓,应声十万,奈何委符守之重,而为逋逃之人乎!"肃拔刃向爽曰:"掾促去!太守今急,何暇此计。"爽抱马固谏,肃遂杀爽而走。帝闻之,征肃弃市,度、睦减死一等,复爽门闾,拜家一人为郎。于是以右校令度尚为荆州刺史,讨长沙贼,平之。又遣车骑将军冯绲讨武陵蛮,并皆降散。军还,贼复寇桂阳,太守廖析奔走。武陵蛮亦更攻其郡,太守陈奉率吏人击破之,斩首三千余级,降者二千余人。至灵帝中平三年(186),武陵蛮复叛,寇郡界,州郡击破之。

如此频繁的反叛征讨战争,尹珍是不会冒着生命危险就近向东穿越蛮反地区前往武陵的。

那么除了南下和东进的可能性不大外,尹珍前往洛阳只能从北面走,这里有两条线路可供选择,一是从巴郡(重庆）经长江北上洛阳；二是沿巴蜀到长安的道路去洛阳。尹珍会选择哪一条线路呢？

第一，查《宋书·志第二十八·州郡四》，"巴郡太守（治江州，今重庆）……去州内水一千八百，陆五百，外水二千二百；去京都水六千。"

《宋书·志第二十七·州郡三》，"荆州刺史，汉治武陵汉寿，魏、晋治江陵……此后遂治江陵。……去京都水三千三百八十。"

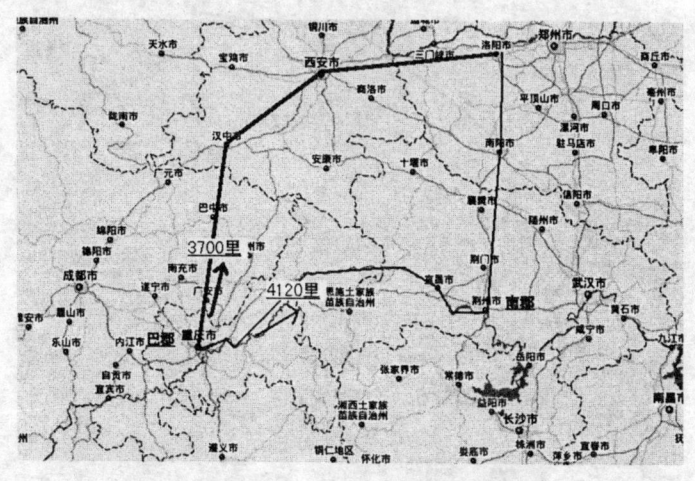

巴郡（重庆）到洛阳陆路和长江水路比较

以上可知，重庆经荆州至京都（建康，今南京）长江水路6000里，荆州去京都（建康，今南京）长江水路3380里，由此可知重庆至荆州水路为（6000－3380）2620里。

再查《后汉书·郡国志》：南郡（荆州）至洛阳1500里。

由此计算出，重庆经水路长江东到荆州，再经陆路北上洛阳为（1500＋2620）4120里。

第二，查《后汉书·郡国志》：巴郡（重庆）至洛阳

3700里。这是向北经长安陆路。

由以上分析比较得出,从重庆出发到京都洛阳,有两条线路:向东经长江水路和向北经长安陆路可知,水路比陆路多420里。

因此,尹珍如果选择经长江水路,要比陆路远几百里,还有经过长江三峡的水运是否普及到民间往来,这些因素都会影响到尹珍的选择。

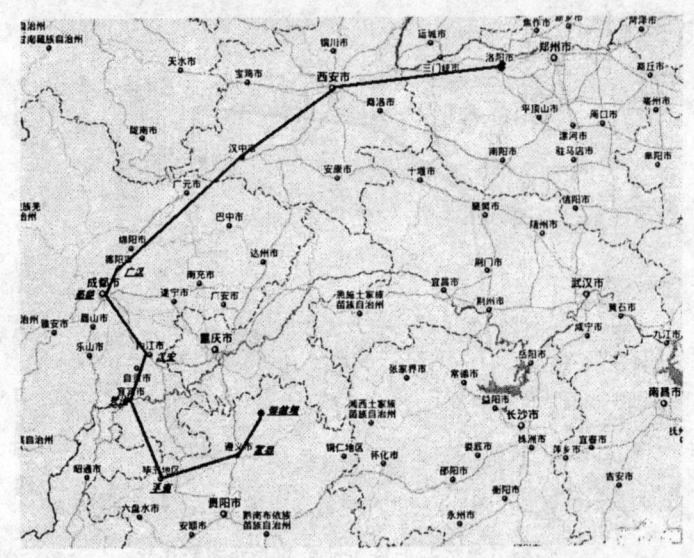

大家知道,秦汉时期的政治中心在北方,西南夷地区的开发也是由北向南,像子午道、金牛道、五尺道、南夷道等连接西南地区与北方的道路也是由朝廷组织修建的,通向北方的交通要比其他地方成熟得多。综合以上四条线路对比分析,尹珍北上中原求学路线,在考虑人身安全、交通条件(大多为国家修建的驿道)等因素下,选择走北方经长安到京师洛阳的的可能性最大。具体线路为:从家乡毋敛坝出发,先到鳖县(遵义),再走平夷县(毕节)连接僰道县(宜宾)的南夷道,过江水(长江)北出达汉安县(内江)

后沿沱江流域而上，经资中县（资阳）、牛鞞县（简阳）后再走陆路到蜀郡，从出蜀古道过广汉郡（广汉）、汉中郡，翻越子午谷经长安到京都洛阳。即：

毋敛坝（新州）→鳖县（遵义）→平夷县（毕节）→僰道县（宜宾）→汉安县（内江）→资中县（资阳）→牛鞞（简阳）→蜀郡（成都）→广汉郡（广汉）→汉中郡→长安→洛阳。

全长行程约六千里，历时半年。

绕家人原生性族群文化调查与研究
——以麻江县河坝地区和都匀市绕河地区为中心

◎高 勇

2010年12月7日,课题组成员高勇、李钢涛、杨再豪来到麻江县河坝村考察绕家"过冬"节。考察中,观看了绕家芦笙歌舞、斗牛、爬山、摔跤等丰富的民族特色活动,在龙凤鸣老人家了解绕家民俗文化,听老人讲述"呃嘣"大歌的创作。晚上,和贵州省乡土文化社杨海雄一起,在白兴大寨一户绕家人家中感受"打平伙"氛围,了解绕家饮食文化。2011年5月2日,课题组成员高勇和贵州省乡土文化社杨海雄在河坝村老染匠——杨应勤家中观摩枫脂染部分生产工艺,听他讲解枫脂染的传承和现状,走访部分枫脂染手工艺人和染坊,对绕家族群文化作更深入细致的调研。

基于调查的实际情况,并结合有关文献资料,笔者拟就麻江县河坝地区和都匀市绕河地区的绕家人族群文化进行研究。

概 述

绕家人是一个独特的亚民族群体，主要聚居在贵州省都匀市绕河地区（民间称"上绕家"）和麻江县河坝地区（民间称"下绕家"），约15000人。由于长期处于半封闭状态，绕家人的族群文化带有明显的原生性特征。近年来，因绕家人枫香印染技艺（以下简称"枫脂染"）入选第二批国家级非物质文化遗产名录和绕家"呃嘣"在2008年"多彩贵州"歌唱大赛总决赛中摘取了原生态组"金黔奖"桂冠，这一族群才逐渐为外界所知。

麻江县龙山乡河坝村位于清水江上游，面积24平方公里，距县城32公里，原为河坝乡，后撤乡并镇成为河坝中心村。河坝村下辖30个自然村寨，基本上是一姓一个村寨，如岩脚寨和平寨为龙姓、白岩寨为杨姓、团坡寨为曹姓，共846户，人口约3500人，其中，绕家人约占88％，其余为苗族、畲族、仫佬族、汉族等其他民族，是我省较为典型的多民族共生共居地之一。

本课题以麻江县河坝村绕家人为主要研究对象，原因有三，一是入选第二批国家级非物质文化遗产目录的"枫脂染"工艺，以麻江县为申报地区；二是与都匀市洛邦镇绕家人不同，河坝村由于远离中心城市，独处一隅，与外界的交往较少，因此当地的绕家人较为完整地保留着传统的生活习俗和文化；三是在1993年开展的民族识别调查工作中，河坝村（当时为河坝乡）绕家人被认定为瑶族，但是随着时间的推移，现在河坝村的绕家人不再承认当年的民族认定，坚称绕家人不是其他民族的分支，是一个独立的民族。因此，以河坝村为对象研究绕家人原生性族群文化更具代表性。

一、绕家，一个待定族群

绕家人是一个较为特殊的少数民族共同体，长期处于未识别民族状态，较少受到外界关注。绕家人自居一地，与周围的布依、苗、水、汉、东家人（现已被识别为畬族）等人口较多的民族和谐相处，但几百年来，绕家人一直保存着其独特的群体特征而没有被同化。他们有独特的语言，据1981年麻江县民族识别调查队《绕家语言调查报告》，绕语与木佬语相同的词汇只占2.28％，关系较远；与东家语相同的词汇只占11.14％，其中包括了3.42％的汉语借词，两种语言也不能相互通话；与麻江的白午苗语有较大相近，不同的词占40％左右，相同、相近、同源词占60％左右，但仍然相互不能通话。此外，绕家人的建筑、服饰、节日、婚丧礼仪、信仰等均有独特之处，与四周的民族有很大的差别。

关于该族群的名称目前相关的文献称呼并不一致，民族识别认定工作更是几经周折。《都匀市志》说：绕家自称"育"，史称"夭家"、"夭苗"、"绕家"等，是较早迁居这里的部族之一。① 陈永龄主编的《民族辞典》认为是水仡佬，是仡佬族的一个分支；吴永章在《苗族瑶族与长江文化》一书中则仍以"夭苗"指代这一族群。

1949年初期，绕家人曾被认为是彝族，后来发现在语言和文化习俗上与彝族差别太大而最终未被确认。1981年，贵州省及黔南州政府有关部门对绕家人进行了民族识别调查，初步认定绕家人是少数民族，具体族属未定。

1991年6月，贵州省少数民族考察团赴云南河口瑶族自治县考察了17天，认为绕家人与瑶族有很多相似之处。

---

① 韩进：《以虎为图腾的绕家人》，《贵州日报》，2008年8月5日。

1993年2月16日，麻江绕家人被认定为瑶族并开了庆祝大会，但都匀的绕家人则坚持他们和瑶族有巨大差别，未予认定。

长长的通道能储物，更是妇女们做针线活的好地方（摄影/高勇）

1997年，都匀绕家人代表参加贵州省少数民族考察团再赴云南河口进行考察，并于1997年6月18日提供考察报告认为绕家人与瑶族在族源及族称、服饰、婚姻、丧葬、宗教信仰及图腾、节日、住房结构及形式、语言文字禁忌和其他方面存在明显的差别。

2010年12月，笔者在麻江县龙山乡河坝村调查中，大多数绕家人认为自己与瑶族的差别比与彝族的差别更大，自成一族。绕家人的族属问题至今仍未得到彻底解决。

二、绕家人的生活习俗

绕家人聚族而居,一寨一姓,一般不杂居异姓和其他民族。住房为吊脚楼,多为土木结构,以瓦盖顶,以黄土夯筑墙体,开间有三、四、五、六等几种形式。但一般的楼房都是五间。楼上正中一大通间,双开大门,门两边嵌着雕花窗子,宽敞明亮,称为"堂屋"。堂屋左右各有前后两个套间,设单门单窗,叫做"厢房"。堂屋和厢房前边有一通廊,设有约1米高的一长溜栏杆。中间的堂屋平时做客厅,逢年过节祭祀祖先;两边的厢房,是一家的卧室;前边的通廊,平时妇女们就在这里挑花刺绣。楼下为畜圈、厨房。

靛蓝是绕家妇女服饰的主色调,头巾为"枫脂染"的花布(摄影/高勇)

绕家人饮食以大米为主粮,喜食糯食,并以糯食作为节庆、互访、待客、祭祖的礼仪性食品。副食尤喜食鱼,鱼是节庆祭祖和待客的必不可少的菜肴，还腌制干鱼常年备用。绕家人普遍喜好饮酒，均是自酿的烧酒和甜酒。绕家人殷情好客，凡有客人来，他们都会尽情接待。

绕家有贺客的风俗，一般有客时，一些亲朋好友就会自带酒菜前来陪客（男来男陪、女来女伴）热闹一番。客人吃饱后，主人又要向客人敬酒，最后还要一起共喝"合心酒"。敬酒要唱酒歌，这是妇女们的拿手好戏。整个堂屋洋溢着热烈、豪放、欢快的氛围。平时绕家男女老幼都喜爱"打平伙"聚餐，大家自备酒肉，妇女还须加豆腐，集中在一起用餐。笔者在河坝村调研时，就亲历了"打平伙"。大家围坐在火锅周围，品尝绕家人自酿的清澈甘冽的白酒，倾听曲调平缓，但颇具韵味的绕家酒歌，其乐融融。

绕家服饰，新中国成立前，男着青土布长衫和对襟短衣，现男装基本汉化。妇女仍穿青、蓝大襟右衽衣，以带为扣，裤脚、袖口绣三道花锦，盛装时要穿上6件衣服，里3件为一层，外3件为一层，二层为一套。穿全套时还另外加一件以蛋清浆过的花衣，每层衣服里长外短，使之现出花锦，然后系绣花围腰。下装穿裤，脚蹬绣花船形高翘鼻鞋。妇女蓄碗顶长发，于后脑挽高髻搭蜡染花帕，少女佩枫叶耳珠，一般妇女佩耳形耳珠。①

绕家有语言无文字。绕家人普遍使用绕家语，在与其他民族交际时使用汉语。

绕家人的口头文学很丰富，分为传说故事与诗歌两大类。民间故事有《过绕年的传说》、《新米节的传说》、《绕家祭树的来由》、《石断地裂山崩》、《龙下海辟河改道》、《杨金谷力大无比》、《乔武率抗清兵事迹》等。诗歌为配曲而唱，

---

① 杨启刚：《神秘"绕家"：黔南大山深处的待定民族》，《贵州政协报》（网络版），2005年12月8日

一般为六言，句数不定，要求押韵并为平声。诗歌有"送亲歌"、"酒歌"、"苦歌"、"情歌"、"杂歌"等，此外，还有"开路词"、"离婚对口词"、"祭祖词"等大量的词。

绕家舞蹈以集体舞为主，最有名的是板凳舞，表演时手拿两张轻便小板凳，按节拍互相撞击，在板凳撞击的同时，脚也往地上冲，发出整齐欢快的响声，形成一种美妙的旋律，撞击三下吆喝一次。此外，还有芦笙舞、酒席舞等。乐器主要有芦笙和唢呐。从上可见，绕家的舞蹈和乐器明显受到苗族的影响。

三、绕家枫脂染

2008年，绕家枫脂染入选国家级非物质文化遗产名录，绕家人独特的染织工艺开始走出大山，受到世人关注。

（一）枫脂染的由来

关于枫脂染的来历，河坝村82岁的杨应勤老人讲，在很久很久以前，绕家的祖先都穿着白色的衣服，很容易引人注意。当时绕家人少势弱，常受外族人的驱赶欺负。有一次，绕家的祖先被逐到一个很荒凉的地方，大家都没有东西吃，不得不煮树叶当饭吃。一天，一个妇女在煮树叶的时候，不小心头巾掉进了锅里，一会儿捞上来时染成了深蓝色，而且怎么洗也洗不掉。后来，大家觉得这种颜色特别好看，如果衣服都染成这样，还不容易被外族发现，所以绕族同胞们都学着用这种叶子来染衣服。再后来，妇女们为了好看，又用枫油在布上点花，再拿去染，这样衣服就更加漂亮了。从此，就开始了绕家妇女和姑娘们采用叶子汁染布料的历史。

枫脂染作品（摄影：贵州省乡土文化社 杨海雄）

（二）枫脂染工艺过程

绕家枫脂染的工艺制作流程相当复杂。每年六、七月份，在枫树的主干皮层用刀斧划出若干道条痕，待流出枫脂后即取回待用。妇女在自织白土布或从市场上买的蓝布上用笔绘出精美的图案，图案主要以花、草、虫、雀、鱼等为主，间以几何纹、雷纹、云纹、锯齿纹等等。然后，将枫脂和牛油大约按5∶1的比例混合（代替蜡），装在一只小土碗里，置于盆装的热草木灰上，灰中有少许红炭火，以保恒温。待两种油缓慢融合后，就用竹制小蜡刀（自制）蘸油复涂于画好的图案纹络。待蜡干后，送到当地染匠作坊浸染，然后取回拿到河边漂洗、去蜡、阴干，便可出现青底白花、蓝底白花或青底蓝花等色彩对比鲜明的花纹图案。图案形状迥异，布局饱满而不杂，由于采用变形、夸张手法，图案生动、变化多。

绕家妇女在布上描绘图案（图片来自于网络，作者不详）

（三）枫脂染工艺品的特点及用途

枫脂染工艺世代传承，历史悠久，手艺独特。与其他民族的蜡染有所不同，枫脂染由于采用牛油和枫香油的混合物代替蜡，在浸染的过程中，没有蜡的破裂，所以在蜡染成品上没有冰纹的产生。因此，所制作成染布图案清晰，纹路特别鲜明、朴素，具有独特的民族风格和极高的艺术价值。特别是世代相传所传承下来的图案，有着很高的审美、研究和收藏价值。据说，有很多来自省内外的蜡染厂家、学者及外国友人纷纷慕名前来考察，都对河坝村形状各异的蜡染图案和精美的枫脂染制品赞不绝口。1991 年，国家博物馆曾来到河坝村，收藏了该村的枫脂染工艺品四十多件。

虽然枫脂染有着极高的艺术价值，但是也面临着失传的尴尬局面。调研中笔者总结了以下几方面原因：

一是外来文化的冲击。方便的交通和网络冲击着河坝的本土文化，年青人越来越汉化，穿着的服饰已不再是土布衫而改成流行时装，即使在隆重节日里，也只能看见年纪大的妇女着本族服饰了。枫脂染工艺复杂繁琐，村民的被面、桌布等生活用品也已逐渐被现代的商品所代替，枫脂染工艺制品的空间已经越来越小。

二是枫油的日益缺乏。"用于枫脂染的枫油出自附近的枫树，但近年来，因为经济发展需要，枫树被当成杂木砍掉，取而代之的是种植板栗等经济作物，村民渐渐少了可采用的枫油。"调研时，贵州省乡土文化社的杨海雄如实介绍。

三是从业人口越来越少。随着枫脂染制品需求量的减少，如今在河坝村，只有少数四五十岁的中老年妇女人能从事织布、绘图、点蜡花等技艺。而还能从事枫染的已是凤毛麟角。

杨应勤老人的二儿子杨勋勇介绍："从种棉花、纺纱、织布、磨布、绘图、上枫油、染布、刮去枫油，整个枫染过程需要1年，我负责的是染布这个环节，手艺是从我父亲那里学来的。"寨子里不是每个人都有资格成为染匠，必须是由上一辈的染匠亲自指定。杨勋勇的手艺就是从父亲那里承袭的，当问他什么时候传给他的儿子，他却一脸无奈，说没这个必要了。后来他告诉我，因为没多少收入，所以村里已经没多少人从事枫染了。这一传统手工技艺正面临湮没失传的窘境。

四、绕家"呃嘣"

"呃嘣"是绕家特有的艺术形式，其唱腔独特、深沉、雄浑、苍劲，旋律古朴优美，富于动感，并以多声部和音特点受到了省内外音乐界学者的关注。绕家世代以"呃嘣"大歌替代书本传承自己的民族文化，是传承本民族历史文化的重要载体之一。它作为一种文化在培育民族审美意识、民族精神，促进民族身心健康和社会和谐中起着至关重要的作用。在2008年贵州省"多彩贵州"歌唱大赛一举夺得原生态演唱"金黔奖",成为贵州少数民族音乐一朵瑰丽的奇葩。

省内民俗专家从现存的活体承传分析,认为"呃嘣"的曲调应源于古代协力的劳动唱和及舞蹈的踏歌,是古代民族音乐的留存,具有民俗、民族研究价值,更具有民族音乐研究价值。"呃嘣"具有悠长、舒缓的律动特点,因此,其节奏速度较为自由,为了造成旋律的连续性和不间断性,运用延长音、切分音等节奏节拍的巧妙铺排,体现了呃嘣丰富的节奏感;曲式结构一般由相对应的上下乐句或多段体的句子组成,和许多其他的民间音乐一样,"呃嘣"音乐也采用连接性的句间衬词作为语气、情感的辅助手段,因而形成独特的风格。"呃嘣"分为两类,一类是酒歌,另一类是情歌。酒歌分为:结婚嫁女歌、起房造屋歌、喜欢娃娃歌、桌凳歌、碗筷歌、酒坛歌,情歌分为:养蚕歌、卖线歌、野葱歌、蕨菜歌、相思歌等。这些传统的唱词和即兴演唱的歌词,蕴涵着绕家人独特的审美情趣,贯穿着传统的伦理道德观念,凝聚着绕家文化的精髓,其深层的文化内涵与艺术表现形式紧密结合,形成了绕家独特的音乐文化特征。

"呃嘣"通常在绕家人婚、嫁、造屋喜庆时演唱,一般由老年男性领唱。音乐音调与语言声调相谐顺和,歌词朴实,注重口语化,句型结构特殊,多为六字句,但其音节不同于汉语习惯的四、三结构或二、二、三结构,而是二、二、二结构,唱法上很讲究韵律,演唱中把句尾的字定为调,例如:妈依调(即尾音为 i)、妈爸调(尾音为 a)、妈松调(即尾音为 ong)、妈血调(尾音为 ie)、妈秧调(尾音为 ang)与音乐中的调概念不同,如演唱妈依调中"每天每夜骂你,恐怕嫁不出去,可怜我的妈依",把尾音落在"妈依"上,归韵为"i"皆为妈依调,其他调以此类推。①

通常"呃嗙"在酒席及办酒主家中堂唱,人数一般在每队八人以上,多多益善,有时多达五六十人,其声音宏亮,场面壮观。绕家人办酒(结婚、嫁女、造屋等)一般时间都在"过冬"节后第二天卯日,延续三天两夜不散席,所以"呃嗙"也是唱三天两夜。"呃嗙"的歌词一般为六言绝句,与其他民族歌谣完全不同,在唱的时候,每句重复唱两遍,第一遍由歌手唱前面四个字,附歌手补充完整齐唱后面两个字,第二遍重复齐唱,韵调略有变更。每起音唱第一首歌时,第一句为"全部我们来唱",即相邀预备的意思,然后才唱主题歌词。每一首歌所需时间一般在半小时左右,男女老幼皆适合唱。

舞台上的绕家"呃嗙"(图片来自于网络,作者不详)

2009年1月17日,黔南州音乐家协会的部分会员曾到都匀市洛邦镇绕河村,对都匀绕家"呃嗙"(大歌)进行采

---

① 潘利红:《绕家"呃嗙"音乐文化的传承与教育研究》,《前沿》2011年第22期。

访调查。专家们发现"呃嘣"音乐特点表现在上滑音、下滑音较多。由于绕家语言系统的特殊性,很难对其曲谱、音乐调式、甚至译音作准确解释。采访中,绕河小学已退休的高级教师许德武对绕家"呃嘣"进行了系统的诠释。现将几首绕家"呃嘣"(酒歌类)的词解附后(许厚凯唱、许德武释)。

1. 成长歌。

歌词大意:一个人的成长过程,它叙述着孩提时怎样贪玩,拿什么玩,父母怎样心急,怎样教育,不断长大成人,客家(男方家)放话媒人提亲的事(主要讲女孩)。

释语为:

天下父母一样,都有养育之恩。妈育竹子一园,
长得整整齐齐。生得没有高低,竹老笋叶自落。
在小都在妈依,儿童都在贪玩。在那墙脚根壁,
大家都来游戏。粮食全是黄泥,竹筒拿当甑子,
笋叶拿做簸箕,没天没夜调皮。年龄逐渐长大,
快到十五六七。不会洗脸穿衣,衣裙一点不齐。
全身上下黄泥,妈骂没有出息,早晚挨骂不提。
两片脚板踩地,实在可怜兮兮。父母十分着急,
没天没夜骂你,恐怕嫁不出去。可怜我的妈依,
对我不嫌不弃,不嫌没有出息,不嫌满身黄泥。
放话交给媒人,媒约二人相依。穿着十分整齐,
顺河而下拾级。走到我的村寨,踏进我的家门,
假装借火吃烟,说话非常投机,然后才把话提。
讲了天南地北,讲东又还讲西,然后才把亲提。
讲到婚姻嫁娶,妈去哪里找寻。放话媒人妈依,
作证还要公鸡,妈把公鸡抱起。公鸡都好毛衣,
各样色彩都齐,两只眼睛铮亮,证明有联婚姻。
亲事同意已毕,简单吃点午饭,才送媒约回去。

媒约二人上路，顺河而上拾级，再去讲给妈依。
亲事已经同意，有话以后再提。

2. 定酒（婚歌）。

歌词大意：斗转星移，日去月来，时间已到秋收季节。客家（男方家）收割完毕，由于辛勤劳动，收得很多五谷杂粮，很多油盐柴米，很多金银财宝，又请原来的两媒人带定金银两前来定婚的事。

释语为：

日去又有月来，亲事前面答应，又过一段时辰。
人间牛耕马种，村寨干活已完，妈家实在勤快，
天天早出晚归。劳作没天没夜，积得很多金银，
珠宝也都满柜，日日酿酒积茶。又邀原来媒人，
媒人来到妈家。妈忙走进房间，手拿黄铜钥匙，
去开妈的衣柜，得来银两万千，交给媒人一对。
媒人包裹在身，相依顺河而下，走到我的妈家。
原来妈已知道，目的为的是啥。转来喝酒喝茶，
妈才心急上下。去邀族下老少，哥嫂弟妹到家。
一家非常热闹，都为秧地鱼虾。没有好菜下酒，
两盘青菜干巴。大碗高粱米酒，不吃也拿相押。
媒喝歪眉斜眼，喝得醉酒醉茶。吃喝半中时分，
媒人商量有话：解下银子锭锭，两手交给妈爸，
交待有条有理：这是耳环项链，这是衣裙鞋袜。
急得我的妈爸，忙拿米筛来垫，妈接妈都知啦，
重像罗米斗八。无奈少些酒菜，简漫媒人客家。
我穷媒都知呀，不喂六畜牛马，不养家禽鹅鸭，
穷得可怜巴巴。白留媒在我家，我家少烟少茶，
不想杀鸡宰马。媒来两天回转，送媒上路回家。
再去讲给妈爸，亲事已定好啦。

3. 出嫁（送亲）歌。

歌词大意：亲事定好以后，双方家准备操办婚事。秋天到了，收完五谷杂粮，转眼又是一年，才找算命先生，择好良辰吉日，姑姑出嫁，舅爷客送亲队伍启步上路时的情景。

释语为：

为田秧地鱼虾，亲定前面来啦。人间刀耕火种，
又是牛犁马耙。日去又有月来，七月稻米已黄，
八月收谷进家，收完高粱小米，以及五谷粮杂。
秋天叶落沙沙，天气又冷来啦。雀鸟来叫喳喳，
人间秧地鱼虾。又是我的妈爸，去请先生择吉，
甲乙丙丁翻遍，子丑寅卯来查，定得卯日妈爸。
又邀老少族下，全来热闹一家。族老年纪九十八，
威望盖过一家，寄饭祖宗七代，高给"哥暖冬瓜"（绕语）。
我们相邀而下，离别我的妈爸。走到寨门脚下，
脚踢左右泥巴。不踢我也知啦，此去醉酒醉茶。
我们启步大路，走到前边三岔。山神上前拦路，
问我赶去哪家，讲说清楚才过。我答有理有节，
去与啊王亲家，山神让我才过。来到你们妈爸，
脸嘴商量笑我，不笑我也知道，才些衣帽鞋袜。
我等千万妈爸，脚踏你们寨门，步停井边路下。

4. 接伞歌

歌词大意：送亲来到寨门脚下，看见一双姊妹，长得相当漂亮，很会梳妆打扮，穿戴十分整齐，前来接伞引路，说话有礼有节，热情好客，给人一种欢乐、祥和之感。

释语为：

为田秧地鱼虾，脚踏水井旁边，步停寨门脚下，
来客千人百家。抬头见双姊妹，长得非常标致，
容貌盖过天下。手拿洗脸铜盆，在那晒楼脚下。

温水打得半盆，散你头裹耳环，银角梳子在手，
梳洗多遍干净。梳裹三遍固紧，又才穿金戴银。
急忙走进房间，手拿金钥银匙，开你红颜衣柜，
得抱彩绸衣裙。拿对龙凤布鞋，穿戴整齐合身，
纱帕腰裹包紧，衣脚好似刀裁。相扶走下大街，
好像小龙戏水，人见眼花缭乱，不是我们才夸，
别人见了同夸。富贵子弟懂礼，问遍秧地鱼虾。
接伞枫叶让我，前头引路我行。来到寨脚大门，
两边红花对子，走过条街宽敞，全是麻条石铺。
石经斧坎刀截，经过名匠铺店，屋头相含相接，
"共辗"搭在一边。你寨多条岔路，随你领走哪边，
引我来到妈家。梳梯九层给我，梯脚用石铺垫。
梯邦雕龙画凤，不爬不到妈依。脚踏龙凤楼梯，
爬完梯子九层，来到两扇龙门。遇双先生拿笔，
拉张桌子拉我，进门不准推门。桌上两盘大鱼，
尊酒多杯待人。双手递来给我，我谢秧地妈依。
我接到手喝尽，让支桌角我行。得进客家大门，
来逢满堂宾客，个个作揖起身，引我中堂坐定，
耗你烟酒粮茶。

5. 赞屋歌。

歌词大意：送亲来到客家，遇见一双非常勤劳贤慧的两姊妹，非常听话，讲究卫生，每天天亮鸡鸣，手拿高粱扫帚，把那屋内屋外，房前屋后，打整干干净净，等待客人，令人十分赞美。

释语为：

为田秧地鱼虾，启步来到妈依，来时太阳刚出，
现在太阳偏西。人间未收牛马，落脚富贵人家，
不愁钱用与吃穿。吃了一席又一席，吃到天黑不摆碗，
桐油点灯亮明。抬头见双姊妹，穿着打扮迷人。

手拿高粱扫帚，早晚扫地擦门，整得妈家墙壁，
好像用纸铺平。地面滑如蛋壳，房前屋后干净，
烧火怕熏黑屋，炉房另起一尊。两头粮食满仓，
家中满柜金银，六畜家禽兴旺，楼下牛马成群。
特把中堂打整，留等秧地鱼对，东西样样都全。
我们来伙穷友，不带银两分文，来到我的妈依，
只会喝酒吃茶。客家实在富贵，不是我们乱夸，
妈得媳妇去啦，早上抬水洗脸，晚上烧水泡茶，
早晚抬水煮饭，服待老幼全家。姑姑已定终身，
服待你的爹妈，我们两天回转，再去传名佳话。
客家果然富贵，好像京城皇家，谢谢我的妈爸，
美名传遍天下。

"呃嗡"作为绕家具有代表性文化符号象征，它不仅使人们得到艺术欣赏外，更多的是可以给人们较多的历史知识、生活常识以及伦理道德的修养等等。例如《成长歌》，歌词虽然朴素、直白，却展示了绕家婚姻缔结的古老历程，即：提媒、说亲、定亲、送亲、接亲、引路、礼赞等。从歌中的内容看到，人的成长经历，从出生到成人，都离不开父母的教诲，借助这些艺术形式来教育子女和晚辈，使他们在歌声中学会做人，在歌声中感悟人生，在歌声中陶冶情操，在歌声中培养民族认同感。因此，从人类学和社会历史背景的角度看，绕家"呃嗡"不仅仅是一种娱乐方式，其更深的文化内涵是具有传承族群历史与民俗文化的教育功能。

从上可以看出，"呃嗡"已经深深融入了绕家人的生活中，而且还注入了娱乐、教育等社会文化功能。那"呃嗡"是如何传承的呢？通过实地走访和查阅资料，我们初步确定了两种传承渠道。一是师徒传承。据绕河村民许玉明口述，"呃嗡"大歌是口传心授方式由其祖父传自其父，其父又传给许玉明本人。当年祖父去拜师学习时，因苦于家境贫寒，

只有带上自己种的一升黄豆、一壶酒和一捆柴禾去学习，且学习为两期，一期为二至三个月。出师后师傅用黄豆制成豆腐，师徒一起饮酒吃饭，以示庆贺。呃嘣大歌通过口传心授，一直保留完整，具有古歌之韵味。二是自然传承。与各种民俗活动紧密相连，绕家的各种传统节日活动为"呃嘣"的传承提供了很好的学习场所，保证了呃嘣的普及性。像绕家的各类婚嫁活动中，人们都要唱上三天两夜不散席，唱歌、对歌、赛歌，对绕家呃嘣的传承起到了推动作用。

和其他优秀的文化遗产相同，由于现代文明的冲击，"呃嘣"的传承也受到多种制约。一是，近年来由于绕家青年大多外出打工，没有人学习，会唱"呃嘣"大歌的人已相对老化且为数不多[目前传承人有：许安军（54岁）、许安彬（49岁）、许安勤（55岁）、许安什（49岁）、许德武（62岁）、许化明（57岁）、许玉明（57岁）等]。另一个制约"呃嘣"有效传承的因素就是没有乐谱记录。"呃嘣"是按语言的声韵来记的，从培养兴趣到学习技能是个漫长的过程，传承和发展面临危机。

五、风韵独特的婚俗

绕家人实行一夫一妻制，一般不与其他民族通婚，目前这一通婚习俗也有改变。同姓不同宗可以通婚，姑表通婚并有优先权，称为"还姨头"，现在姑表通婚的旧习俗逐渐减少。

（一）订 婚

绕家人的订婚有两种形式：一是父母包办，二是自由择配。

父母包办是男方家若看上别人家的女儿，便请一妇女提一篮糯米饭、一瓶酒去提亲（俗称问亲）。女家若同意之后，即回赠问亲者一篮糯米饭带回男家以敬祖先，以示同意。男方则回赠丝线作谢礼。

自由择配一般是青年男女通过节日庆祝活动认识，绕家人恋爱结婚的年龄一般比较小，曾有记载说："……女子甫十岁，即构竹楼野外处之……"① 双方相悦择配后，男青年父母请媒妁上女家说亲，程序与父母包办的一样。

经过一段时间的谈情说爱，不论是自由恋爱还是包办婚姻，男女青年确定关系后都要由男方请人抬一篮糯米饭、一缸酒、一块猪肉，和原问亲者一起至女方家敬祖先，以示为定。

都匀的绕家人传统上还有杀鸡定吉凶的习俗：女方家要了解男方家的基本情况，如有意还"杀鸡观眼"视吉凶，若是鸡眼不闭双脚直伸表示吉兆，于是女方家即宴请问亲者，并邀族人陪饮，称之为"应婚酒"。若不同意婚事则不宴请。问亲者把好消息告知男方家后，择吉日送一篮糯米饭和一瓶米酒给女方家祭祖，女方家收礼后又赠同样礼品托问亲者带往男方家祭祖。订婚之后，由双方亲家商定结婚日期，商定后，由男家以一只开叫的公鸡至女家宰杀祭祖，以示定论。

（二）结 婚

绕家人结婚日期一般定在绕家年的第二天，即农历十一月第一个卯日，《麻江县志》卷五《地理志·风俗》记载："夭家以正月二日为嫁娶期。"现已随意择日。

1. 迎亲和送亲、进亲。

至婚期，男家请两男一女送十二斤猪肉和一把雨伞并提马灯一盏到女家，三人到女家后，女家则聚族人七八人陪饮

---

① ［明］田汝成：《炎徼纪闻》（卷四）。

酒，安排敬祖先。初二日（绕历）天明后，女家请族男十二人和三个未婚姑娘为"舅爷客"和"姨娘客"送亲，送亲的人提两升糯米、三斤猪肉，女家不陪送嫁妆，不办酒席待客，新娘只持伞和毛巾，徒步出门上路。新娘快进夫家时，夫家全家老小均离开屋子回避，专请一位夫妇皆在、儿女双全、福分好的妇女迎新娘进门，新娘进门后，不拜天地，只摸一把屋中早放好的筛里的米或米筛，表示新娘以后要操持家务。随后请两位未婚女领新娘进新房。

2. 敬祖先。

随后要敬祖先，女家送亲者送来的两升糯米和一块猪肉必用秤复称，称后，男家也拿出两升糯米和一块猪肉过秤，男家的糯米要重于女家的，肉则轻于女家，各占强一半。然后选择两个亲属妇女分别在邻舍两家把各方的糯米和肉煮熟，端来主家堂屋，保卦公念祷词敬祖先。敬毕，保卦公吃一点，再分给舅爷客吃，新郎新娘都不吃，敬罢祖先才许别的客人吃。男家此后宴饮三日，新娘闭门不出，也不与新郎同宿。《麻江县志》卷五《地理志·风俗》有记载："……三日回门，夫妇不同宿，夭家亦然。"

3. 打发送亲。

初三日午后或傍晚，酒醉饭饱歌酣时，主家即请人端两碗猪大肠上桌，舅爷客惊见不夹，立即起身收拾，准备动身返家。主家不如此，舅爷客便不动身，故这碗猪大肠名为"撵客鞭"。这时，主家妇女把大门关上，舅爷客唱首开门歌，随后才许开门出发，主家回赠两升糯米和一块肉、一只小公鸡回女家敬祖宗。

4. 新娘抬新水。

黄昏后，男家即请家族内的一未婚女青年引路，陪同新娘去井边挑水。妇女们前呼后拥，夹道欢迎；还有得力男青年随之前后左右保护，以防摔跤。新娘桶里每只只挑三瓢，回来时,不许溢出、摔跤和碰撞,新娘将新水挑至夫家,由婆婆或家族妇女长辈妇女用瓢舀新水敬家族和亲友,以喝饱和淋洒为乐。

5. 新娘不坐家。

深夜鸡鸣,新娘深夜返家,由新郎亲自护送,新郎年幼则由亲兄护送。女家同时也请家族人到半路接回。新婚不与夫同宿,新娘不坐家。

婚后次年二月,男方家请两个女青年携一篮糯米饭和红蛋到女方家接新娘,俗称"喊二月",此后新娘可随时去夫家,待怀孕后新娘才能定居男家,此时女家也才将嫁妆送至男家。

绕家人很少有离婚现象,若发生婚姻纠纷,就到专设的"离婚场"请乡老裁决,理负一方要给予一定赔偿。离婚判词是固定的,最后还要剖竹筒为契,并各拿半边以为存据。绕家人寡妇允许再嫁,可"兄终弟及",也可招夫上门,但未婚女一般不招赘。

绕家婚俗如今已有许多改变,时兴办酒席,聘礼增多,男女要拜堂,"不坐家"习俗也逐渐消失。

六、绕家的丧葬习俗

丧葬习俗往往体现一个民族的宗教观念,绕家人也是这样。绕家人把埋葬死者的程序称为"归祖",根据记载,绕家"……人死不葬,以藤蔓束之树间而已"[1]。但此种习俗早已移易,笔者在调查期间,问起绕家老人,也无听说过此习俗者。今日绕家人丧葬习俗一般分为送终、报丧、买水、入殓、开路、分花树、安葬、吃敞坝饭、复山、做年、隔年

---

[1] [明] 田汝成:《炎徼纪闻》卷四。

等,也有很多特别之处,体现了很隆重的祖先崇拜思想。

1. 送终。

绕家人亲丧刚落气时,孝子将一银元放入亡人口中,也有说是将酒放入死者口中,以示送终,亡人口含金银以富后世。

2. 报丧。

送终后,孝子要鸣炮,一表送终;二表传噩耗,家族上下奔丧。族人入丧家帮忙办理丧事,进门要先喝一口"临丧酒"。

3. 买水。

买水必请郎舅,郎舅拿酒一瓶,香一把,冥纸几张前往吊唁。丧家则请保卦公等十二人帮忙买水。保卦公带领十人陪同郎舅至井边,另留下一人在家,到了井边后,保卦公唱完两首买水开路词后便将郎舅的香纸焚化,保卦公舀一碗井水给郎舅端回,回到丧家大门口,由留在家中参加开路的那位老人将十二根谷草芯点燃化灰,然后将草灰放入"买"回的水中,成为碱水,用此帮亡人洗身、剃头。

4. 入殓。

洗毕身后,撕三张冥纸盖住亡人脸,象征亡人赴阴间不见太阳。随即用竹编一个竹列,再用两根三尺长的小木棍横兜竹列两头,将亡人从柳床上提起放入竹列上,再重放回柳床,入棺时,连同竹列亡人一起抬入(棺旁由两个老人抬亡人入棺)。待亲戚都到场"演棺"后,即盖棺,随后用篾两条横拴棺木两端,表示亡人赴阴间有三间房屋。入殓毕,把柳床和一小捆床草抱到寨外的大路旁火化。

5. 开路。

保卦公带领十一人开路,以其中一人站棺木头部,头戴开路帽,身披开路衣,手持大刀,众人唱开路词,开路词有买水、买衣、买棺材、交猪、交鸡、引路等十二首。据《都匀县志稿》卷五《地理志·风俗》记载:"亲丧则富者宰牛马为祭,次者宰猪,贫者宰鸡为死者开路。"若有杀牛、杀马、杀狗祭祀的,加唱杀牛词、杀马词、杀狗词,保卦公还唱哭牛词、哭马词、哭狗词。头夜按亡者性别来确定用大公鸡或大母鸡一只,另加小鸡两只,由保卦公手捏鸡脚,唱完当夜的开路词后,把鸡在棺木上摔死丢出门。此后每夜必有一只鸡被摔死,摔死的鸡分给女婿。如杀狗祭祀,则由保卦公牵狗绕棺念哭狗词,念毕,将狗敲死丢在门外,让别人收拾往别家煮吃,不得入丧家锅灶。如杀牛、马祭奠,保卦公唱完杀牛词、杀马词之后,到抬亡人上山才把牛、马拉到寨中的大道上,由保卦公领着孝子一边绕牛、马念哭牛、马词,一边扯牛、马毛放在手心,称"还牛魂"。念毕,众人将抬棺的"龙杆"放于牛背上,提牛鼻缚于杆头,提"龙杆"另一头,使牛头翘起,牛颈挺出。此时,由一有声望的母舅肩扛大砍牛刀迅速横穿牛颈下,任砍牛颈一刀,后有得力青年以武力将牛按倒,再补刀杀死,不许接血,即剖烹食,以宴宾客。杀马亦然。据说,绕家人死后不是到地府或升天,是到祖宗生活的地方,开路的目的是把死者的灵魂送"归祖",送到其他已经死去的祖宗那里去,开路词中说:"……送你到一宗、二宗、三宗……"故杀猪交三宗、杀牛交五宗,杀马交七宗。因此,祭奠物品类别的不同,会直接影响死者在祖宗中的地位。而外面死的人、凶死、未成年死的(男子十六岁以上视为成年,可"归祖",女子未出嫁死亡的一律不得"归祖")。可见,绕家人有不同他族的祖先崇拜和灵魂归属的观念。

6. 分花树。

在抬亡人上山之前,丧家请保卦公分花树。分别砍桃、李、竹三种生和干各两支小枝桠,用麻线捆系生和干的小枝桠各以枝挂于棺木靠两端的腰棺篾上,众亲属撑伞背向围棺,大儿媳和大女儿用鸡笼装一只鸡置于身旁。分花者肩扛砍刀,手持三根巴茅绕棺念分花词。念毕,分花者取下棺头上的生枝桠挂在鸡笼上,取下棺下端的生枝桠放在大女儿的鸡笼上,余下干枝仍挂在棺木上直至上山入土才取,有的还杀一条狗,用狗血绕棺撒一周。这叫分花树,据说其目的是要将死者与生人分别开来,死者成为阴魂,阴阳从此分隔,与阳间的人不再相亲相爱,也请死者不要再来打扰阳间的人。

7. 出殡、安葬。

分花树完毕,保卦公将鸡蛋在地上掷破,将巴茅草往前丢,用力砍棺头一刀,顿时,住家媳妇、女儿痛哭,嫁出去的女儿痛哭着往井边躲避,众人即抬棺上山。早在出门前,郎舅就带领数人上山挖好井,井内横壅两道坎,也示亡人有三间房。出门时,要孝子跪着,抬棺从其身上过三回,据说这是因为原来绕河无桥,若要抬棺过河,须孝子跪河中当桥磴让抬棺的人踩过河,如今则只有象征意义了。抬棺行时,由郎舅用竹或杉树皮点火在前引路,一人一路撒下"买路钱",开路师找一人手持瓢装水,撑拐杖和伞,随众人送至坟地,便绕棺三圈,把水泼出,瓢踩烂,棍踩断,当即收伞扛于肩径自返家,不得回头,这也表示了一种与死者灵魂决绝的姿态。灵柩入井后,由保卦公喊魂,并用大刀砍断系于棺上麻线,取出腰棺篾,众人打好鱼脊背后即回丧家就席,次日"复山"再垒砌坟墓。

8. 吃敞坝饭。

抬亡人上山后,凡妇女均不得再进丧家的屋内就席,由丧家的家族妇女及紧邻妇女们,以村中每条小巷为单位,每户出米、菜各一斤做米豆腐,集中以一对水桶装饭,一对水桶装米豆腐,抬到丧家的院坝里,伙同丧家饭菜一起招待女客,先吃完邻家妇女送的,再吃丧家的,丧家妇女专门招待,不让女客自己盛饭,所有妇女均站着吃饭,不能坐着,故名"吃敞坝饭",席毕各自回家。

9. 复山。

亡人入土次日,请郎舅、姑爹、女婿上山去垒坟。复山后,则把杀祭猪时留下的猪胸脯拿来宴请宾客,绕家称"吃胸脯"。

10. 做年。

绕语称"埃显",绕家认为老人死后归宗,要到阴间和祖宗相会,同样也会过年。一部分人去复山后,丧家打几升糯米粑,由保卦公和开路师念词,请亡人和祖宗一起来家过年相会。做年的仪式和过冬时节祭祖的仪式基本相同。十二道词念毕,由亡人儿子挑担送至门外焚香化纸即回。

11. 隔年。

绕语称"哈显",绕家人认为人死后想念家小,年年回家来过年,亡人活人相遇,双方难舍难分。这样,影响活人的正常活动。以后,只请亡人来过年三次,再也不许回来。故此成为"隔年",第一次是死后的做年,第二次称为"做新年",在亡人安葬后第一个绕家年(即过冬节)时举办,第三次称为"除年",在亡人安葬后的第二个绕家年时举办,此后不再举办。

总体看来,绕家人的丧葬习俗也是以灵魂崇拜为基础的,尽管死去的人值得哀伤,但丧葬中的仪式表明,人死了,从此阴阳隔断,其灵魂最好不要打扰生者。绕家人居丧不披麻戴孝,不贴孝联,不作道场,一般停丧不会超过三天,也不选吉日,不择地,不看风水,保卦公和开路师都不是专职的丧葬人员,也不会向丧家索要钱财,他们在葬礼中的念词却是代代相传,至今仍存。比之其他民族尤其是汉族的葬礼,绕家人的葬礼虽然程序复杂,但的确可以称得上是"薄葬"。通过上述绕家葬俗的考察,我们可以看出,虽礼俗各异，但非全无礼法，绕家人的葬俗中，自有其一套安顿祖先灵魂的思想、祖先崇拜的哲学。

七、绕家的崇拜与禁忌

（一）祖先崇拜

总体上，与汉族及其他民族相比，绕家人的祖先崇拜是很具特色的。绕家人在崇拜祖宗的同时也信鬼神，但它并不像汉族一样，形成了天上、地上、地下三个世界对神明、祖先和鬼魂三种类型的崇拜和信仰体系。绕家人的信仰体系中当然也有自然崇拜和万物有灵的痕迹，但相对单纯，以祖先崇拜为中心，其他的神灵、鬼魂等信仰非常的薄弱，笔者未在绕河地区发现任何庙宇和很少自然崇拜痕迹即是明证。

或许是生活条件较差和文化水平较低的缘故，绕家人的祖先崇拜表现得与汉族也很不相同。香烟缭绕的神龛、神秘幽深的祠堂、高大巍峨的坟墓、厚厚的祖谱、复杂的厚葬、奢华的陪葬品、对祖宗坟茔风水的执著，这些汉族人祖先崇拜的外在表现形式，在绕家人对祖先表示崇拜的时候，统统都不存在。绕家人的祖先崇拜，内化在了他们的日常生活中，没有太多的外在的物质的表现形式。新中国成立后，有些识汉字的绕家人家也开始设神龛，但在绕家人的祖先崇拜中，这些学来的东西大多，不过是一种摆设，平时他们不会在神龛上祭拜。每到重要的节日，绕家人还是习惯在他们的吊脚楼上堂屋的火塘边放上矮桌，念着祖祖辈辈传下来的神秘的"念冬词"，请祖宗回来吃饭。

绕家人祖先崇拜的另一个具体表现就是父子连名制，虽然现在绕家人由于上学、外出务工、政府人口统计等原因多采用汉姓、汉名，部分家庭甚而有类似汉族的家族谱系字辈，父子连名制作为南方许多少数民族历史时期普遍存在的文化现象,现亦较为罕见,而在河坝地区至今仍然传承着这一特殊的族群亲属制度,如在山脚寨一户龙姓村民仍采用父子连名制,按辈分顺序为龙阿报—龙银报—龙祥银—龙关祥—龙东关—龙景保东—龙妹景保。①

一个民族的宗教信仰总是和其所处的社会和自然条件有关。笔者认为,探讨绕家人的祖先崇拜的原因,有几方面值得重视:

1. 绕家人口不多,传说和记载中,绕家人在历史上不断迁徙,从江西辗转到贵州陈蒙烂土(今贵州省三都水族自治县烂土乡),遭到官府剿杀。后几百年来与四周的水、布依、苗等族为争夺土地和水源,争斗连连,不断遭到驱赶,颠沛流离的生活中,只有靠英雄的祖先才能维系着全族的生存,因此逐渐形成了对祖先的崇拜。

2. 绕家人所居住的绕河地区山高林密、河谷幽深,与外界交往十分不便。并且由于历史上绕家人人口少,相对是一个弱势群体,并不断与四周的民族发生冲突,形成了不与外族通婚的习惯,再加上与外族语言不通,导致绕河地区几百年来十分的封闭,全族在生产、生活等各方面的知识主要靠老一辈代代相传,由此逐渐形成尊重老人、崇拜祖先的风气。

(二)对虎的崇拜

绕家人信仰祖宗崇拜和自然崇拜,全族祭树,尤崇拜老虎,称为"阿公"。笔者在绕河调查期间,就绕家人是否有虎的崇拜访问了许多绕家老人,出乎意料的是,对于这一几乎是定论的说法,当地绕家老人都不知道,他们自己更没有

---

① 文永辉:《绕家人的祖先崇拜》,《广西民族大学学报》(哲学社会科学版)2007年第3期。

崇拜虎的行为，也未发现绕家人崇拜虎的遗迹。

之所以会出现偏差，笔者认为可能是当年绕家人居住的地方偏僻幽静，时常有猛虎出没，绕家人的日常生活肯定会和这一猛兽有某种联系，才对虎的崇拜。随着人口数量的增加，对野兽的大肆捕杀，原始生态遭到破坏，老虎已难寻踪迹，对老虎的崇拜已只属记载。之所以将老虎称为"阿公"，则应该是来源于绕家民间传说《老虎庙的故事》，传说有个叫"阿公"的绕家人，聪颖智慧，平时为绕家人抵抗强人，杀死了吃人的恶虎。阿公去世之后，人们为了纪念他，便纹石为神，搬石砌房为庙，名为"老虎庙"，把阿公当神来供奉，期望阿公世世代代保佑绕家人，以后人们就把老虎叫做"阿公"。从这一故事中，我们看到的不是绕家人对虎的崇拜，而是对"阿公"这一位远祖的崇拜，绕家人之所以把虎唤作"阿公"，不是基于对虎的敬仰，而是用阿公的称谓来驱除对虎这一猛兽的恐惧。①

（三）绕家的禁忌

绕家禁忌有"革冬"、"忌公"等。"革冬"即清明节后至"过冬"节前禁止打粑粑，禁止吹芦笙，禁止"游山"等。"忌公"即凡是媳妇见到公公或听说公公即将到场，无论手里的活有多忙，都必须立即蹲下或站着，不能坐在凳子上，传说如果不这样，就会绝后。笔者在调查中，也有老人说这是因为绕家媳妇在结婚当天进门时不叩拜公公婆婆，因此结婚后必须通过这种方式表现对老人的孝敬，从而逐渐发展成为一种禁忌。此外，老人亡故未安葬前家族亲戚忌食荤腥、忌扫地，安葬三年内忌在坟上动土，产妇忌串门，忌别

---

① 文永辉：《绕家人的祖先崇拜》，《广西民族大学学报》（哲学社会科学版），2007年第3期。

人家牛马进屋等等。

此外，绕家家庭为父系制，父亲为家长，父亡或丧失劳动力则由长子行使家长权利和义务。家长有管理生产、生活的权力和抚养子女长大并为其嫁娶的义务，子女也有赡养老人的义务。家庭分工妇女不犁田挖土，不砍柴割草，但农忙时要参与收割，多承担家务，其余时间则从事织绣；男子则承担重体力活。家庭财产由家庭男性成员平均分配继承，父母留下的养老田由儿子轮流耕种，女儿则不予继承权。无子人家可收养子并有继承权，但"随娘子"无继承权。无子女的家庭，财产由亲属兄弟继承。如今，过去的一些旧习俗已经有所改变。

八、奇异淳朴的民族节日

绕家的传统节日有过冬节、新米节、闹鱼节等。

（一）过冬节

过冬节，是绕家最盛大的节日。是绕家人为了庆贺一年的丰收，同时也是为了怀念已逝亲人而举行的重大节日。过冬节又称"冬节"或"绕家年"，俗称"绕家过冬"。绕家过冬节特别有一番风味。

绕家人说，兴"过冬"的是绕家，不兴"过冬"的不是绕家，这是绕家的显著特点之一。绕家"过冬"，是绕家历法规定的。民国《麻江县志》卷五说："夭家（即扰家，仡佬之别称）……岁首，夭家以子月首寅日。"绕家人在劳动实践中积累了丰富的和自然作斗争的经验。他们认为农历三月到十月是农事活动最忙的时间，冬月到次年二月是农事活动较少的时间，因此，以冬月第一个丑日为岁除，以冬月头一个寅日为岁首。因节在冬月过，所以叫"过冬"。

绕家"过冬"节，以祭祀祖先为首务。祭祀祖宗的物品是：酒、果、糍粑、鱼。酒系甜酒，不能用烧酒。甜酒酿制于秋收后，以糯米酿成，密封禁开，到"过冬"节这天才能启封，用碗装祀祖。果即桃子。糍粑，是把糯米蒸熟捣烂后做成的食品。鱼系有鳞的鱼，煮时要求很严，不能残缺，没有鳞的鱼不能祀祖。现在可以用豆腐掺在一起祭祀。祀祖的鱼和豆腐，只能用酸汤煮成素鱼，禁止用猪油煮；祭祀的物品，在"过冬"节这天，摆在自己家的香火（神龛）下，请祖宗享用。祭祖后中午吃素，晚餐以鲜鱼、腌鱼、腊肉等丰盛的酒菜与亲朋宴饮。

"过冬"节次日，即绕家正月初二，绕家各寨可按绕家风俗订亲或迎亲。以前，非"过冬"节次日，不允许嫁娶或订婚。现在，这一规矩已有改变，是与别的民族通婚，或者是受了其他民族风俗的影响的结果。

至于社会活动，从"过冬"起，可以吹芦笙"跳月"，可以谈情说爱，但只能在晚上进行。过罢农历正月十五，到了正月十六，才能在白天吹芦笙"跳月"。过去，绕家有七个"跳月塘"，一天在一个"跳月塘"跳，跳满七个"跳月塘"以后，又只能在晚上跳，到"清明"节止。这种"跳月塘"活动，由于种种原因，多年没跳了。现在，在"过冬"节这天，代替"跳月塘"的除了随意跳芦笙外，还有篮球比赛、唱山歌、踢毽、斗牛、斗鸟、斗鸡、赛马、登山、摔跤、背新娘等活动。绕家人的社交活动，从"过冬"起，可以持续到"清明"节。

"清明"节以后，停止社交活动，一心务农。农忙时，如果有人搞社交活动，他就会被人耻笑为不务正业；若是有人想搞社交活动，必须等到过冬以后。由此可见，绕家是勤劳守分的民族。

过冬节的来历，一种是说绕家人崇拜虎，因此以虎日为过冬节，以表达绕家人对虎的崇拜。笔者在调查中发现另一种说法，认为过冬节是为了祭祀绕家的祖先，传说在很久以前，绕家人不断地受到外族驱赶，几个"夭老"（祖先）于子月（十一月）首寅日带着绕家人来到绕河河谷，发现这里适合居住，于是决定在此定居，其中一个夭老不顾天冷，下绕河捕鱼给大家吃，不料却被冻死了，后人为了纪念他，逐渐在这一天形成了过冬的习惯。

曾经在绕家人聚居地做过调研的民族文化学者文永辉认为后一种说法比较可靠。过冬节的最主要活动是祭祖，其他的活动都是烘托祭祖活动的，并没有崇拜虎的仪式。文永辉介绍说，在调查中许兴顶老人（男，77岁，据村民介绍，他是绕河一带唯一的"鬼师"，精通绕家风俗）的介绍，绕家人在过冬节期间的祭祖礼仪很有特色，所使用的工具、摆设均十分复杂、讲究，并且总是力图恢复当年老祖宗们的生活场景。例如，鱼必须是素煮的，因为当时祖宗们没有油吃；盛鱼必须用青菜叶，筷子用巴茅杆，因为当年不可能有瓷碗和竹筷；喝的汤是青菜水。每一支房均有一掌握祖宗的老者，称为"保卦公"（又称"祖宗老"）。每家在过冬节祭祖时，均须保卦公在场，于楼上中堂铺矮桌，烹两盘鱼置于桌中，周置十二个碗盛酒，十二张菜叶盛鱼，用箩装糯米粑置于两侧，另须十二个小孩站在祭祖的矮桌周围。请死去的祖宗吃饭时，烧六柱香，由"保卦公"念词打卦，正卦表示祖宗已到，阴卦表示祖宗未到，阳卦表示祖宗到了但还未坐下，只有打到正卦时，才可以请祖宗吃饭，烧几张纸钱，由站在桌边的小孩挑酒夹菜给祖宗吃（每个正卦挑两次酒、夹两次菜）。一共念十二卦后，请祖宗吃饭完毕，要送祖宗回家，先送远亲，再送最亲的，这一过程也要烧纸打卦，只有打到阴卦时才表示祖宗已回到家。送完祖宗后，拿两尾鱼、一些粑粑放在米筐中，再拿一坛米酒绑在扁担两头，作揖后把板凳放倒（表示祖宗已经走了），烧三张纸，提起扁担在纸钱上绕一下，表示送给祖宗的礼物。整个祭祖过程十分恭敬神秘，体现了绕家人对祖宗的敬重。

（二）新米节和闹鱼节

每年农历七月的第一个辰日和八月的第一个巳日为绕家的"新米节"，为庆贺一年的辛劳和丰收，此时用糯稻煮上新米饭与鱼肉祭祀祖先。

无独有偶，在云南的基诺族和佤族也有"新米节"这一节庆，而贵州黎平、从江、榕江等地的侗族则有"吃新节"。"吃新节"虽然在称呼上有别于"新米节"，但从其内涵来说则无差别，都是稻谷丰收时，用收获的果实祭祀祖宗。绕家人的"新米节"与基诺族、佤族和侗族的相关节庆是否有更深层次的联系，本课题未作研究，但是有一点是可以肯定的，不管是"新米节"还是"吃新节"，不管是哪个民族，丰收节庆都和稻作文化有关，人们都希望在收获的季节告慰自己的祖先，希望得到祖先更多的庇护，祈福来年风调雨顺，五谷丰登，人畜兴旺。

"闹鱼节"则是在稻谷孕穗扬花时节，这天各村寨村民们放下手中的农活，男女老少，一齐下河捕鱼捞虾，热闹非凡。然后大家一起聚餐。男女青年在这个欢快的节日里，又多了一个寻机择偶的机会。

九、"隔冬"仪式

在近三年内，绕家有老人去世，就要在"过冬"之前举行隔冬仪式，以祭祀去世的老人。"隔冬"基本上以"房"进行，如这一房三年内有多位老人去世，就在不同的日子分别进行隔冬，每天只能祭祀一位老人，在老人去世后的三年内每年都要进行一次，形式和内容都差不多，但是第三年最为隆重。

"隔冬"这天，亲朋好友寨邻、全家族都要到场，就像平常办酒席一样，主人要宴请三天。前来参加的人不能送现金，只能送鸡（去世老人是男性的送公鸡，是女性的送母鸡）、酒、糯米饭、肉、香纸、烛等。主要活动仪式有：扫墓、杀猪、打糍粑、开田捉鱼等。

隔冬仪式由保卦公主持。午饭后先将客人送来的鸡全部杀掉，整个煮好，取十二条鱼煮好，并且不能剖开，煮酸菜汤一锅。糍粑打好后，捏成桃状，粘在一枝桃树枝上，挂在堂屋左边壁上（第一年七个，第二年九个，第三年十一个）。将左右亲友送来的香烛堆放于大门外，滴上少许鸡血，又一位老者将其全部烧完。在堂屋内，包括保卦公在内的寨中12为男性长者分两边坐好，面前各摆放酒一碗，鱼一条，糍粑一个，豆腐一条，熟糯米饭各一些，均分别用采叶盛着。用一大盆将煮好的整个鸡盛于中央，在神龛前放置一双高粱竿做的筷子，供祖先使用。

仪式开始，保卦公点燃香纸烛并念口语，每念完一节，就向地上掷卦，要掷出顺卦为止，然后十二个人各呼"老人得去了"，就各取面前祭物少许，丢在地上。如此反复共十二次，仪式方完毕。保卦公所念口语内容大意为：今天，我们为您进行隔冬，请您老人来享用丰盛的食物，您在上天之灵要保佑我们远离鬼邪，并为我们送来钱米和子孙……仪式完毕，要取祭品各一份送至保卦公家中。由保卦公过后享用。下午，主人宴请宾客，席上，亲友们大碗喝酒，大块吃肉。划拳、唱歌、跳板凳舞，闹得越欢主人越高兴。家族中的女性还要依次向客人敬酒。如有人要返家，寨中妇女要一路歌唱敬酒，送出寨外。第二天，没了祭祖仪式，只是吃喝玩乐，上午吃已出嫁的女儿拿来的东西，下午则吃每户寨邻煮好拿来的酒菜，以示寨邻的团结。第三天上午，主人再次宴请宾客，亲友陆续返家，主人要将一些糯米饭和肉等赠与亲友带回。至此，"隔冬"仪式正式结束，人们又恢复到正常的生活秩序。①

"隔冬"仪式，这种原生性仪式形态，缺乏较为统一的信仰体系与仪式经典，同时也带有分散性、自发性、民间性等早期宗教特色特点。这些特点，同时也构成了这类族群文化较强的隐喻性征。因而作为民族民间祭祀文化中的"隔冬"仪式在民族文化发展的历史进程中有其独特的、显著的社会文化特征，也是绕家人区别于其他民族的标志之一。

（一）以"房"为单位的祭祀活动

绕家所谓"房"，因其概念借自汉族，自身又是一个有语言无文字族群，很难界定。但在该族群大规模改汉姓之前，存在着典型的父子连名制等文化现象。因此，本文的"房"，是指源于父系血缘关系，高于家庭的一种具有一定的血源性与互惠性的族群社会组织。

追溯"隔冬"仪式以"房"为单位，体现了这种氏族——部落是以血缘为纽带的一个整体，特别强调内部的认同和本族群与他族群的区别。这是维系本族群生活和延续这个根本大事的两个方面。即在"隔冬"仪式的第一天也就是该仪式最浓重的部分，向逝去的祖先的祭祀活动，未婚女性是不能参与的，因为此时她们是不被看成逝去的祖先的子孙的，所以就不可能祈求得到祖先的庇护。其次，"隔冬"仪式以"房"为单位进行，而非其他的社会组织形式祭祀。这一"房"群体皆源于同一支系，通过以"房"为单位的祭

---

① 麻江县文物管理所：《贵州省麻江县国家级非物质文化遗产代表作名录申报材料——瑶族隔冬》，2007年。

祀，得以在长期颠沛流离的漂泊生活中强化本群体的族群认同意识，适应不断的迁徙生活而不被分散。借助宗教的思维来达到维护本族群生存的目的。在这种思维模式的引导下，没有所谓的个体和整体之分，只有两个世界之分：即神圣世界（祖先所居）和现实世界（群体所居）。①

（二）"桃"文化的族群象征

在整个仪式场域中，除了祖先之外，始终伴随"桃"这样一个核心概念。在仪式所用物品中，除了鸡肉、鱼、糯米饭、香、纸烛等普通的祭祀用品外，较显著的一个特点是桃树枝及桃状糍粑在这一过程中的应用，可桃树在当地却并不常见。对于笔者的这一疑惑，当地人较为普遍的解释是，当年被官兵围剿逃难的时候，在路上以桃为生，因此在相对定居的环境中为了报答对桃的救命之恩，在仪式中与祭祀祖先相并立。

通过查阅相关历史文献可知，《明实录·成化实录》卷一八〇载："贵州陈蒙烂土（治今三都水族自治县境内）长官司张镛奏，天坝千贼贡果，自正统以来，侵占土地无已，臣尝七疏请兵，而三司委官不为处决，乞调兵于今秋抚剿之。"民国《三合县志略》卷十三说："天家营，在城（今三都县城）北四十五里普屯街对岸，昔为天坝土司之族盘踞其上，故谓天家营。"这些文献记载与河坝绕家村民历史记忆的口述，再与绕家人的两处主要聚居地联系起来，在地图上可以看出绕家先民有一条自都柳江流域向清水江流域方向迁徙的历史路线。同时也可看出绕家祖先为维系其族群的生存与发展，其迁徙路线之漫长与艰辛。

---

① 龙国庆：《历史记忆与族群认同——麻江县河坝瑶族"隔冬"仪式的人类学考察》，《原生态民族文化学刊》，2009年第3期。

从以上分析，我们可以认为用桃作为祭品仅仅停留在曾经以桃为食物的层面上，是较为浅显的理解。通过对其族群迁徙史的分析，"桃"在河坝绕家人的心中，并不仅仅是谋食的对象，而是族群历史记忆的主要象征物，具有重要的族群象征意义。在漫长的历史迁徙进程中，河坝绕家先民也不断受到当时主流文化（儒家文化为主导的复合型文化）的影响，在通过接触这种复合型文化的过程中，又与本民族的传统民族教育方式相结合，形成一种交互融合的新型文化发展状态，在这一文化互动过程中，弱势文化往往在文化的外部结构上服从于强势文化的影响，以求得本族群文化的生存。但在文化的内核结构中，本族群文化仍占主导地位，并通过"隔冬"仪式这样一个特定场域彰显出来。而"桃"的象征符号也印证出这种仪式文化不是族群产生之初就发展起来的，而是在其经历了不断的迁徙、漂泊生活之后，所拥有的稳定环境之下逐渐发展起来的一种缅怀祖先逃难时的艰辛并力图保持与传承自己族群文化一种独特方式。

十、绕家枫脂染和"呃嘣"传承发展的对策

以枫脂染和"呃嘣"为代表的绕家人原生性族群文化，呈现着本族群的思想精华，积淀着厚重的历史元素，无疑是值得深入研究并传承发展的。"深入研究"自有民族文化工作者担此重任；而"传承发展"已非个体行为所能达至，需要社会的广泛参与。如何实现更好地传承发展，以下三点建议权当抛砖引玉。

（一）学校教育是民族特色工艺和音乐文化传承的重要途径

1. 发挥民族地区高校文化传承功能。

当一个民族文化与教育呈一体状态时，其民族和文化就

容易延续；相反一个民族的文化与教育成背离状态时，其民族文化就容易解体。作为全国唯一一所民族类本科院校，黔南民族师范学院有责任和义务承担起绕家特色工艺和音乐文化的传承发展的重任。目前学院音乐系参照普通高等师范院校音乐教育专业的培养目标，把民族音乐传承作为教学改革的方向，以发展本地域民族文化为基础，突出地域优势和民族特色，增设了地方音乐特色课程，其中，已将绕家音乐和其他民族音乐纳入课堂教学，形成一套有利于本地区文化生态平衡发展的课程体系，让当代大学生成为具有本民族文化素质的人才，从而使高校教育更好地满足于民族文化传承，更好地服务于当地经济与文化发展需求。但是可惜的是，枫脂染这一独特的染织工艺至今仍未走进大学课堂。

2. 加强民族地区高校民族文化课程建设和师资培训。

首先，要组织专家和学者对绕家枫脂染特色工艺和"呃嘣"大歌进行整理，将绕家的特色文化资源引入教材中；其次，加强对地方高校和绕家人聚集区中小学教师的民族文化素质培训。有选择的把特色文化传承人请上高校讲台，把中小学教师定期输送到地区院校进行相关特色文化培训。通过"请进来"和"走出去"，扩大绕家族群文化的影响力；增强绕家人对本族群文化的认同感。内外合力促进特色文化的传承发展。

（二）与时俱进，适当变革绕家特色文化传承形式

文化是需要人来传承的，如果不能为继承者所接收和喜爱，无论这一文化有多么辉煌的历史都不可能被有效传承下去。绕家枫脂染和"呃嘣"大歌原始的染织过程以及古老音调和平稳的节奏，与现代快节奏相比显得古老、落后、守旧，不为年轻一代所接受。因此，必须以适应当今社会的生活节奏和审美认同，在不断完善本民族特色文化的同时，吸

收其他民族的外来文化，融入现代音乐元素，使之具有时代感，这样才能使年轻一代所接受。例如参加"多彩贵州"音乐大赛作品绕家"呃嘣"大歌，在保留其音乐元素的同时，也进行了提升和再创造，从音乐的体裁、形式、风格、和声、织体、歌词等作了较大的创新改编，增加了舞蹈表演动作以及服饰的改良，让人们不但听到优美的呃嘣，还能增强视觉欣赏效果，使绕家音乐受到广泛的欢迎；来自麻江县白兴大寨的绕家村民，带着自己民族的故事、传统文化、各自的家传珍藏品，以及全村数十名手工艺人亲手制作的精美刺绣和枫脂染等民族传统手工艺品，来到贵阳，现场展示，让特有的民族特色工艺走出"深闺"，走向都市，在市场中传承创新。

（三）加强政策法规导向，健全传承保障机制

民族特色文化的传承必须依赖一定的文化传承机制来实现。当地政府可以现行方针政策为主线，出台对绕家特色文化保护的政策法规，例如保护文化遗产的鼓励政策，建立传承人制度和奖励条例，使各级文化部门和乡镇、村寨行政机构有足够的操作平台和空间，通过开展绕家特色文化宣传和推介活动，评选优秀传承人，并给予一定的物质奖励等措施，激发绕家人保护特色文化的意识。在政府提供具有操作性的政策支持、开发、引导的同时，还要借鉴专家学者的研究成果逐步建立科学、高效的保护体系，为绕家特色文化的传承提供保障。

十一、结束语

中国是一个多族群国家，各个族群在繁衍生息中延续着本族群的历史，并在历史延续的过程中形成了本族群的传统

文化，积累了朴素的哲学思想和生产生活经验，创造了族群神话传说、宗教信仰、行为方式和风俗习惯等在内的独特而丰富的文化资源。这些文化因子不仅仅是一个族群在自然环境与社会环境中赖以生存并长期维持生活的手段与方法，更是一个族群成员们的创造意识、审美价值的生动表现，同时也是区别于其他族群的符号象征。

20世纪80年代以来，国家放宽了对于民族宗教文化的限制，古老而神秘的绕家族群文化也获得了复苏与发展的机遇，一度兴盛起来。随着枫脂染工艺成为国家级非物质文化遗产，绕家也越来越多的为外界所知，同时也积极开发利用自身的族群文化资源优势。与此同时，也面临着诸多方面的挑战：一是族群文化主要靠传统的口述受授教育模式传承，这种传承模式已不适应现代社会发展的需要；再者，现代社会一个显著的特点就是社会流动性增强，绕家青少年多在外打工或求学，对于本族群文化的学习，缺乏兴趣。

人类是实用主义者，总是选择适应途径来完成文化变迁中的种种冲突。所以，在人类的社会生活中，存在着某种有效的选择机制，它会抛弃没有适应性的传统的行为方式，并能积极选择具有适应性的新的行为方式，并形成新的风俗。关于绕家族群文化今后的发展方向，各学者观点不尽相同，但有一点几乎已成为共识，即：传统族群文化再生产如何适应现代社会文化发展的需要与族群文化如何更好的传承与发展这一核心问题，具有更为重要的研究意义与价值。

试论宋朝对大理国与越南的治策

◎ 于爱华

《宋史》将大理国与交趾（元之安南）同列为《外国传》，这是宋人的看法，亦是后来元人的态度。宋朝之前，大理国和越南同属于中原王朝的郡县，宋朝立国后，大理国和越南都建立起了独立的地方政权，元以后，大理国和越南分别走上了不同的发展道路，乃至到清朝后半期法国入侵后，越南正式脱离中国版图成为东南亚地区独立国家之一。历史上，中原王朝的治策对中国边疆的发展以及中华民族的发展具有重要影响。因此，对宋朝时期宋对大理国和越南的治策进行比较研究不仅具有重大的学术价值，而且还具有现实意义。

一、宋朝对大理国与交趾的共同治策

宋朝自立国之始便将大理国和越南视为化外，不予统

---

① 本论文系国家社科基金课题："汉代至民国治理云贵川桂地区思想及治策研究"（03BM007）阶段性成果之一。

一。由于奉行"欲理外,先理内;内既理则外自安"的治国理念,宋朝主张"治国在乎修德尔,四夷当置之度外",① 即国家施政应集中精力防御"内患",对外则"慎守祖宗疆土",勿"劳民动众,贪无用之地"②。建隆三年(962)宋太祖就以"德化所及,蛮夷自服,何在用兵"为由放弃对大理国的统一。③ 乾德三年(965),宋军平蜀后,王全斌又主张"欲乘势取云南",太祖"鉴唐天宝之祸起于南诏,挥玉斧划大渡河以西曰:'此非吾有也。'"④ "宋挥玉斧"的典故并不表示宋朝与大理国的关系完全断绝,⑤ 不过它却表明自立国之始,宋朝便将大理国列为徼外,不予统一。宋朝对越南的态度亦是如此。景德三年(1006),邵晔上邕州至交州水陆路及控制宜州山川四图,宋真宗则认为:"交州瘴疠,宜州险绝,若兴兵攻取,死伤必多。且祖宗开疆广大若此,当慎守而已,何必劳民动众,贪无用之地。如照临之内,忽有叛乱,则须为民除害也。"⑥ 可见,宋朝也是缺乏武力统一交趾的勇气,只想"但羁縻不绝而已"⑦。

尽管视大理国和交趾为徼外、不予统一,但宋朝并未阻绝与二者之间的政治联系,宋朝奉行"来则不拒,去则不追"的准则,对于大理国和越南的臣服,宋朝予以接纳。乾德三年(965)夏,宋军平蜀,"黎州递云南牒,称大理建昌城演习爽贺平蜀之意";太祖开宝元年(968),黎州再次接

---

① (宋)李焘《续资治通鉴长编》卷三十四。
② 《宋会要辑稿·蕃夷》四之二十七。
③ 李京:《云南志略》,王叔武辑校本,第48页。
④ 李焘:《续资治通鉴》,乾德三年正月丁酉条。
⑤ 尤中:《"宋挥玉斧"新解》,载《云南大学学报》;方铁:《论宋朝以大理国为外蕃的原因及其"守内虚外"治策》,载《中央民族大学学报》2000年第6期;段玉明:《大理国史》,云南民族出版社2003年。
⑥ 《宋会要·蕃夷》四。
⑦ 《宋史》卷九十《地理志六》。

到建昌城牒,"云欲通好"。① 太平兴国初,大理国首领款塞乞内附,宋太宗册封他为云南八国都王。② 徽宗政和六年(1116),大理国主段正严与权臣高量成谋求归宋,遣使携物及乐队入宋进贡,宋朝亦遣使正式册封段正严为"金紫光禄大夫、检校司空、云南节度使、上柱国、大理国王"。③ 开宝三年(973)交趾丁氏政权便主动"遣使贡方物,上表内附"。④ 宋朝接受了交趾的朝贡,并封丁琏为检校太师、静海军解度使、安南都护。⑤ 开宝八年(975),朝廷又以丁琏远修职贡,封丁部领为交趾郡王。⑥ 自此之始,交趾向宋朝的朝贡不绝于书,宋朝也多次给予交趾册封。此外,宋朝与大理国和交趾的互市贸易也较为频繁。如大理国于富州、黎州和宜州,交趾于廉州及如洪寨与宋朝皆有长期和频繁的互市贸易。正是借用互市贸易手段来满足大理国与交趾的物质需欲,"以唉其欲","以维其心",达到"边境安帖,不致生事"之目的。

然而,在与大理国和交趾适当通好的同时,宋朝对它们也提防甚严。首先是防止交趾通过朝贡引惹生事。元祐元年(1086)十月广西经略安抚使司上奏云:"交人入贡后时,深虑别致作过,乞添差军防守。"枢密院诏令广南路都钤辖司,"如体探得交人缓急作过不虚,即一面勾押潭州驻扎东南第八将往桂州驻扎,及令荆湖南路钤辖司,候见广西勾押将兵,立便发遣,并附急递以闻,当议自京别遣兵往湖南补成,仍从京先差虎翼三指挥赴荆湖南路钤辖司驻扎,以备起

---

① 李焘:《续资治通鉴长编》卷十引《续锦里耆旧传》。
② 杨佐:《云南买马记》,引自《云南史料丛刊》第二卷,第245页,云南大学出版社1998年。
③ 《宋史》卷四八六《大理国传》。
④ 《宋史》卷四八八《交趾传》。
⑤ 《大越史记全书》本纪卷《丁纪》。
⑥ 《续资治通鉴长编》卷十六。

发兵将,兑那差使,候交人入贡,即行勾抽。"① 宋朝对交趾的民族情绪甚为重视,如元丰五年(1082)十二月,广西转运副使吴潜言:"近差温杲知钦州。窃闻交贼切齿,欲食杲肉,万一因以致寇。"朝廷指示:"杲资性绵慎,又与交人有隙,实不宜在极边要地,可改差本路钤辖刘熙兼知钦州。"② 宋朝对交趾的内乱也小心戒备。天圣六年(1028)交趾李公蕴卒,诸子争立,广西转运司就要求"增饬邕、钦、广三州备兵。诏桂、宜等州巡检、都监领所部兵于近界防扼,事定即还。"③ 宋朝对大理国的提防,主要是尽量限制与大理国的政治关系的发展,抑或拒绝大理国向宋朝贡,如太宗太平兴国初,宋太宗册封款塞乞内附的大理国首领白万为云南八国都王",但宋朝"不与朝贡"。④ 逮至南宋,宋朝对大理国的进贡更是坚决不许,抑或拒绝对大理国的册封,如神宗熙宁九年(1076)大理国遣使朝贡于宋,宋朝仅待之以礼而不予册封。⑤ 为了改善与宋朝的政治关系,大理国将逃亡大理的侬智高斩杀函首以送宋朝,⑥ 但宋朝对此举不甚信任⑦,急令成都府和广西慎作备御。

在与大理国和交趾的互市贸易中,宋朝也是多方提防,尽显小心。庆历四年(1044),北宋因在黎州购买的马匹优劣相杂,仁宗诏"择不任战者却之",益州官吏认为此举可能引起当地民族"失望侵侮"酿成动乱,于是"率如旧

---

① 《续资治通鉴长编》卷三九〇。
② 《续资治通鉴长编》卷三三一。
③ 《续资治通鉴长编》卷一〇六。
④ 杨佐:《云南买马记》,引自《云南史料丛刊》第二卷,第245页,云南大学出版社1998年。
⑤ 《宋史》卷四八六《大理国传》。
⑥ 见(胡本)《南诏野史》;诸葛元声:《滇史》卷八。
⑦ 《宋史》卷四九五《广源州》称侬氏遁入大理之后,"其存亡无可知也",可见宋对大理国杀侬智高之事甚不放心。

制"。① 绍兴六年（1136）大理国进马一千余匹、象三头至富州，广西官府竟以"今春买马已足，别无买马钱物在寨"为由拒绝，高宗知后怕因此引发大理国之不满，于是诏令"广西帅臣更切相度，无他意，即令提举买马官多方措置收买"。同时又不惟小心地"令帅司密切指挥，经由沿边供职官等，至时暗作堤备，不许张皇，引惹生事"②。为了避免"黩货启衅"，宋朝也严禁官吏参与互市，③ 买马官也是常择"谨密可信之士，勿遣轻儇生事之人"④，且要"常切机察，不得因此致生边患"。⑤ 因此，在开市之前，首要之举便是"置寨立关，傍引左右江诸寨丁兵，会合弹压，买马官亲带甲士临之，然后与之为市"。⑥ 宋朝还严格控制与大理国的互市地点。如至道元年（995）太宗"只令于黎州卖马"，不许重开嘉州旧路；⑦ 政和年间宋朝便以"虏情携贰，边隙寖开，非中国之福"为藉口而拒绝在大渡河外置城邑以便互市；⑧ 绍兴三十一年（1161）自杞由南丹驱马直抵宜州互市，南宋帅司戒之"后不许此来"⑨。后宋朝又以"宜州近内地"而罢开宜州边市之请。孝宗淳熙八年（1181）罗氏鬼国至沅州互市，宋朝政府"说谕自今不须前来市马"，并将与之有关的官员通统予以处置。⑩ 宋朝对与交趾的互市也提防甚严。大中祥符二年（1009）黎志忠求互市于邕州，真宗认为："濒海之民，数患交州侵寇，承前止许廉州及如洪寨互市，盖为

---

① 《续资治通鉴长编》卷一五三。
② 《宋会要辑稿·兵》二十二之二十三。
③ 《宋史》卷一八六《食货下八》。
④ 《建炎以来系年要录》卷七十三。
⑤ 《宋会要辑稿·蕃夷》四之六十。
⑥ 《岭外代答》卷五《财计门·宜州买马》。
⑦ 《宋史》卷四九六《邛部川蛮传》。
⑧ 《宋史》卷三五三《宇文常传》；冯苏《滇考》卷上。
⑨ 《岭外代答》卷五《财计门·宜州买马》。
⑩ 《宋会要辑稿·蕃夷》五之四十一。

边隅控扼之所。今或直趋内地,事颇非便。"① 于是诏令本道以旧制回复交趾。熙宁年间,广源州刘纪请求在太平寨"置和市",邕州知州陶弼就曾以"盖交人之谋,将出入省地窥虚实"为藉口,极力反对在太平寨设置埠头互市,并向枢密院上书数千言,断言在太平寨设和市必"将产患无疑"②。政和末,又诏以交人自熙宁以来,全不生事,特宽和市之禁。③

为了遏制大理国和交趾,宋朝积极经营广西。宋代广西的战略地位极其重要,"邕境极广,管溪峒羁縻州县,峒数十。右江直西南,其外则南诏也;左江直正南,其外则安南也。自邕稍东南曰钦州,钦之西南接境交趾,陆则限以七峒,水则舟楫可通。稍东曰廉州,廉之海直通交趾。"④ 因此宋朝对广西的经营就相当重视。首先是设置州县,遏制大理国和交趾。"广南西南一方,皆迫化外。今甲邕、宜、钦、廉、融、谅州、吉阳、万安、昌化军、静江府,系沿边。柳、宾、贵、横、郁林、化、雷,系次边。总广西二十五州,而边州十七。静江属县半抵徭峒"。⑤ 广西这些沿边、次边和徭峒之地在非常时期就成为宋朝抵制大理国和交趾的天然屏障。为了加强对大理国和交趾的防御,宋朝极力增强对广西的军事戍守。镇压侬乱之后,宋朝进一步加强了对广西的经营和统治,特别是提高广西的军事防御能力。宋朝诏令狄青分广西为邕州、宜州、融州三路,邕州等守臣兼本路安抚都监或兵马都监,于桂州设经略安抚使以统之;⑥ 又招募兵员以补充忠敢、澄海、雄略等军,增足诸军旧数,以加强各地兵力,其中,四千员屯邕州,三千员屯宜州,两千员屯

---

① 《续资治通鉴长编》卷七十二。
② [宋]刘挚:《忠肃集》卷十二《东上阁门使康州团练使陶公墓志铭》。
③ 《宋史》卷四八八《交趾传》。
④ 《岭外代答》卷一《地理门·并边》。
⑤ 《岭外代答》卷一《地理门·兵边》。
⑥ 《岭外代答》卷一《边帅门·邕州兼广西安抚都监》。

宾州，五百员屯贵州。为保证各地军粮的供应，宋朝又诏令运输全州、永州、道州的粮食至各军。① 英宗至平年间广南东西两路共屯兵 5.1 万人，其中广西所屯约有 3 万左右，数量超过南方诸路。② 何况广西"边面阔远，羁縻州数十为国藩蔽，峒丁之强，足以御侮"。为此，宋朝极力建设民兵组织，如治平二年（1065），建立邕州峒丁；熙宁二年（1069年）在左右江地区设提举左右江峒丁司，"抚御峒丁首领"③。另外，还有土丁，"宜、融州土丁万人，索号得力。"④ 正是由于广西各羁縻州的地理优势和各种军事力量之强，宋人才说"欲制大理，当自邕管始云"。⑤ 而治平年间，陆诜巡边至邕州，召见了各土州、县、洞的长官，检阅数万壮丁，整顿壮丁组织，为此交趾甚为震恐。⑥

此外，宋朝积极笼络西南各族首领，并怀柔羁縻，藉此牵制大理国和交趾。在西南的东部，宋朝以辰州、沅水、靖州为据点，展开对湘西、黔东的苗、瑶、峒、仡佬族等民族地区的经营；又从桂州、宜州、邕州展开对湘、黔、桂连接地带和滇、黔、桂连接地带的壮、峒、水、布侬、峀、瑶等族地区的经营。宋朝从上述各州展开对邻近各少数民族地区的招徕，促使各少数民族中的上层分子通过上述各州的汉族官吏纷纷投向宋朝的怀抱，宋朝便于其地设置为数众多的羁縻州、县，兼授予上层分子们刺史等职衔。⑦ 邛都川蛮都鬼主驱诺、播州酋长杨贵迁、思州首领田佑恭、西南蕃龙氏、西南七蕃、罗氏鬼国乌蛮阿者部首领普贵、洧水夷等，宋朝

---

① 《永乐大典》卷二三四三《文章》之《容州编·序》。
② 《文潞公文集》卷十八《奏减广南东西路戍兵》。
③ 《宋会要·兵》四之三十三。
④ 《续资治通鉴长编》卷三二七，元丰五年六月壬申。
⑤ 《宋史》卷四八八《大理国传》。
⑥ 《续资治通鉴长编》卷二〇三。
⑦ 尤中著：《中国西南民族史》，云南人民出版社 1985 年，第 150 页。

接受他们的进贡之后，均授予他们归德将军、怀化将军、刺史、蕃落使、都鬼主等各种职衔，以此怀柔之，并与之建立一定的臣属关系，以达到遏制大理国的目的，如瑶人秦再雄附宋后为辰州刺史，结果"终太祖世，边境无患"；① 邛部川蛮也是宋朝"西南一藩篱"；② 泸州领羁縻州十八"控西南诸夷，远逮爨蛮，最为边隅重地"。③ 在宋越边境上，宋朝也在广西建立了众多的羁縻州县。据《宋史·地理志》记载，"成都府路所设的羁縻州：黎州五十四，雅州四十四，茂州十，威州二；潼川府路所设是羁縻州：叙州三十，泸州十八；夔州路所设的羁縻州：绍庆府四十九，重庆府一；广南西路所设的羁縻州：邕州四十四，融州一，庆远府十"，共约263个羁縻州（废置的不计）。这些羁縻州于宋关系重大，如归化等州系江右控扼咽喉之地，制御交趾、大理、九路白衣诸蛮之要路。④ 正是由于宋朝"镇抚诸蛮及治关隘，皆有条理"，出现了"大理不敢越善阐，安南不敢入永平，诸峒皆上帐册，边陲晏然。"的景象。⑤

大理国和交趾的人口流动和书籍交流亦受到宋朝的限制。在宋朝统治者看来，人口流动多是所谓"作过之吏与奸猾小人"，"多方煽诱"会导引边境的骚动和不安。⑥ 因此，内地人口向大理国的自然流动极其有限。方国瑜先生认为："从五代到宋的长时期中，西川的灾难不少，有逃亡来云南的当不乏其人。"⑦ 此话依据不足。据《云南买马记》记载：熙宁年间杨佐到大理招诱买马见一老翁，老翁向他说："我

---

① 《宋史》卷四九三《西南溪峒诸蛮上》。
② 《宋史》卷四九六《邛部川蛮传》。
③ 王象之：《舆地纪胜》卷一五三。
④ 《续资治通鉴长编》卷三四九。
⑤ 《宋史》卷四五一《马堲列传》。
⑥ 《宋会要·蕃夷五》之九十八。
⑦ 方国瑜：《唐代前期洱海区域的部族》，载《方国瑜文集》第二辑，云南教育出版社2001年版，第103页。

乃汉嘉（今四川雅安）之耕民也。皇祐中以岁饥来活于兹。今发白齿落垂死矣，不图复见乡人也。"可见流入云南内地人口之少。而四川距大理国不算殊远，出现这种奇怪的现象势必与宋朝的治策有关。这一点于交趾最为明显。建炎元年（1127），交趾郡王李乾德上表称："本道边民不义，走入省地居住不少，被省地管典藏隐，诈称无有。乞指挥戒约。"宋高宗于是下诏令广西路安抚司要约束沿边州军，不得停受安南逃户，如违重置典宪。仍令本路监司常切觉察。① 可见宋朝是严禁收留安南逃亡人口的。同样，对被交趾掠去的人口宋朝是积极索回，如元丰二年（1079），宋朝就接纳了"交趾归所掠二百二十一人"。② 而对于隐匿外界人口的官员宋朝是严惩不贷。嘉祐五年（1060），萧固就因不察寨管使臣匿外界人口而遭责降。③ 此外，宋朝对交趾和大理国实行书禁政策。大观初，交趾"贡使至京乞市书籍，有司言法不许，诏嘉其慕义，除禁书、卜筮、阴阳、历算、术数、兵书、敕令、时务、边机、地理外，余书许买。"此次交趾买书只是一次民族安抚性质的恩准特例，不过仍受到严格限制，许多书是不能随意买卖的。对于大理国亦是如此。宋乾道九年（1173），"忽有大理人李观音得、董六斤黑、张般若师等，率以三字为名，凡二十三人，至横山议市马。出一文书，字画略有法。大略所须《文选五臣注》、《五经广注》、《春秋后语》、《三史加注》、《都大本草广注》、《五藏论》、《大般若十六会叙》，及《初学记》、张孟《押韵》、《切韵》、《玉篇》、《集圣历》、百家书之类"。大理国所列书目皆不见宋朝所举的禁书，这说明宋朝于大理国同样施行对交趾一样

---

① 《宋会要·蕃夷》四。
② 《续资治通鉴长编》卷三〇〇。
③ 《续资治通鉴长编》卷一九二。

的书禁政策。当然，宋朝的书禁政策普遍实行于西夏、辽、金甚至高丽，大理国与交趾自然不可例外。

二、宋朝对大理国与越南的不同治策

宋朝实行"重北轻南"的民族政策，对同处于西南地区的大理国和交趾实行相同治策是理所当然的。但是，由于大理国与交趾对宋朝的政治影响各有不同，因此，宋朝对其治策又有所区别对待。首先表现为宋朝与交趾的政治关系较大理国密切。

有宋一代，宋朝与交趾之间主要保持着相对稳定的藩属关系，是一种以和为主的关系。最为明显的是宋朝频繁接受交趾的进贡，并对交趾进行了多次册封。开宝四年（971）北宋灭南汉刘鋹政权，交趾丁氏政权"害怕宋军余威进而荡平原属中国的交州"，① 便主动"遣使贡方物，上表内附"②，而宋朝当时忙于统一全国的战争以及对付北方强大的辽政权，于是接受了交趾的朝贡，便封丁琏为检校太师、静海军节度使、安南都护。③ 开宝八年（975），宋朝又以丁琏远修职贡为由，封丁部领为交趾郡王。④ 自此之始，交趾向宋朝的朝贡不绝于书，朝也多次给予交趾册封。真宗景德四年（1007）九月，赐交趾郡王印及安南旌节。⑤ 天禧元年（1017），进封交趾郡王李公蕴为南平王。⑥ 乾兴元年（1022），李公蕴遣使来贡方物。⑦ 熙宁六年（1073），李乾德

---

① 关系史学会：《中外关系史论丛》（第二辑），北京知识出版社1987年版。
② 《宋史》卷四八八《交趾传》
③ 《大越史记全书》本纪卷《丁纪》。
④ 《续资治通鉴长编》卷十六。
⑤ 《宋史》卷七《真宗本纪二》。
⑥ 《续资治通鉴长编》卷八十九。
⑦ 《续资治通鉴长编》卷九十八。

遣使贡方物，宋朝封其为静海军节度观察处置等使、安南都护、交趾郡王，赐衣带银器。① 淳熙元年（1174）孝宗以交阯入贡，诏赐国名安南，封南平王李天祚为安南国王。② 绍熙元年（1160）十一月安南入贡。③ 绍熙五年（1164）八月光宗加安南国王李龙翰思忠功臣。④ 嘉定五年（1212）五月安南国王李龙翰卒，宋朝册封昊为安南国王。⑤ 咸淳二年（1266）八月，安南国遣使贺登位，献方物。⑥ 咸淳十年（1268）11月加安南国王陈日煚宁远功臣，其子威晃奉正功臣。⑦ 绍兴二年（1132）三月，宋朝制授故越南王李乾德子阳焕为静海军节度使、特进、检校太尉、兼御史大夫、上柱国、封交趾郡王，仍赐推诚顺化功臣。自元丰后，大臣功号悉除之，独安南如故。⑧ 据日本学者山本达郎《越南中国关系史》一书中的统计，自北宋开宝六年（973）到南宋淳祐元年（1241）间，交趾共向宋朝朝贡多达五十七次，而多数情况下宋朝对越南都进行了不同程度的册封。从中表现了宋朝与越南的政治关系较为亲密。尽管交趾不时对广西边境进行军事侵扰，但并不能从根本上改变宋朝对交趾的这种态度。

然而，与交趾向宋朝的进贡和宋朝对交趾的册封较为频繁形成鲜明对比的是，宋朝对待大理国请求朝贡和册封的要求却相对冷淡和慎重。有宋一代，宋朝统治者对大理国始终坚持使其"欲寇不能，欲臣不得"的"御戎上策"。⑨ 因此，宋朝多方限制与大理国的政治交往，尽量避免两者之间的直

---

① 《宋会要·蕃夷》四。
② 《宋史》卷三十四《孝宗本纪二》。
③ 《宋史》卷三十六《光宗本纪》。
④ 《宋史》卷三十七《宁宗本纪一》。
⑤ 《宋史》卷三十九《宁宗本纪三》。
⑥ 《宋史》卷四十六《度宗本纪》。
⑦ 《宋史》卷四十七《瀛国公本纪》。
⑧ 《建炎以来系年要录》卷五十二。
⑨ 《建炎以来系年要录》卷一〇五。

接接触。乾德三年（965）夏，宋军平蜀，"黎州递云南牒，称大理建昌城演习爽贺平蜀之意"；太祖开宝元年（968），黎州再次接到建昌城牒，"云欲通好"，可宋朝毫无响应，惟是大理国遣黎州诸蛮"时有进奉"①。太宗太平兴国初，"（大理国）首领有白万者，款塞乞内附，我太宗册为云南八国都王"，但宋朝"不与朝贡"。②此后，大理国主曾数次派遣黎州诸蛮朝贡于宋，③并再次上表请求册封，宋朝却答："卿当善育民人，谨奉正朔。登封之请，以俟治平。诞布朕心，固宜知悉！所请宜不允。"④神宗熙宁九年（1076）大理国遣使封表并携重货朝贡于宋，宋朝又是仅待之以礼而不予以册封，大理国"自后不常来，亦不领于鸿胪"。⑤徽宗政和六年（1116），大理国主段正严与权臣高量成谋求归宋，遣使携物及乐队入宋进贡，盛意难却之下，宋朝亦遣使正式册封段正严为"金紫光禄大夫、检校司空、云南节度使、上柱国、大理国王"。⑥然而，此次册封仅是宋朝一权宜之举，大理国并未能建立与之稳定的臣属关系。徽宗宣和元年（1119）广州观察使黄璘便因此事以"贪功枉上，轻启边事"获罪，"自是大理复不通于中国，间一至黎州互市"⑦。此后大理国高泰运又贻木夹书于边将骆鲁瞻以求向宋入贡，宋朝依然"未之许"。⑧高宗绍兴三年（1133），大理国复遣使至广西请求入贡与市马，高宗则答以"令卖马可也，进奉可勿许。"⑨绍兴四年（1134），大理国又请求朝贡和互市，高宗仍是"止

---

① 李焘：《续资治通鉴长编》卷十引《续锦里耆旧传》。
② 杨佐：《云南买马记》，引自《云南史料丛刊》第二卷，第245页，云南大学出版社1998年。
③ 李攸：《宋朝事实》卷十二。
④ 王禹偁：《小畜集》卷二十七《批答南诏国王朿封表》。
⑤⑥⑦ 《宋史》卷四八六《大理国传》。
⑧ 诸葛元声：《滇史》卷八。
⑨ 周辉：《清波杂录》卷六；《宋会要辑稿·兵》二十二之二十。

令卖马，不许其进贡"①，明确拒绝与大理国建立的宗藩关系。② 遵循朝廷的意志，南宋广西任官均执行疏远大理国的政策，如在张拭任职期间，"大理不敢越善阐"③。如是南宋与大理国的政治交往比北宋更为冷淡。

不仅在进贡和册封的问题上宋朝是厚待交趾而冷淡大理国，宋朝还消极处理越南的军事侵扰。至道元年（995年），广南西路转运使张官、钦州如洪寨兵马监押卫昭美等上言："交州战船百余艘寇如洪镇，略居民，劫廪食而去。"太宗皇帝却"志在抚宁荒服，不欲问罪"。大中祥符二年（1009），交趾"劫海口蛋户，如洪主李文著以轻兵袭击，中流矢死"，宋朝仅"诏督安南捕贼"，轻率地处理了此事。④ 天圣六年（1028年）交趾李公蕴"令其子弟及其婿申承贵率众内寇"；景祐三年（1036），李朝"其甲峒及谅州、门州、苏茂州、广源州、大发峒、丹波县蛮寇邕州之思陵州、西平州、石门州及诸峒，略居人牛马，焚室庐而去。"⑤嘉祐四年（1059）李朝"寇钦州思禀管"，五年（1060）交趾又"与甲峒贼寇邕州"；嘉祐八年（1063）交趾使臣命"内侍省押班李继和喻以申绍泰入寇"，然而"宋廷以绍泰一夫肆狂，又本道已遣使谢罪，故未欲兴兵"。⑥ 熙宁年间，越南对宋朝发动了更大规模的寇边事件。交趾率十余万军队，水陆并进，大举伐宋。攻陷了钦、廉州，围攻邕州四十余天，"尽屠其民，凡五万八千余口"；"并钦、廉州死之者，凡十余万人。常杰等俘虏三州人而还"⑦。以上交趾对宋朝的屡次侵扰，与宋朝对交趾的纵容是分不开的。熙宁十年（1077），交趾李朝又以

---

① 《宋史》卷一八六《食货志下》。
② 方铁、方慧著：《中国西南边疆开发史》，云南人民出版社1997年，第237页。
③ 《宋史》卷四五一《马暨传》。
④⑤ 《宋史》卷四八八《交趾传》。
⑥ 《宋史》卷四八八《交趾传》。
⑦ （越）吴士连《大越史记全书·本纪全书》卷之三《李纪二》。

"宋行青苗法,残害中国民,兴师问罪,欲相救也"为借口,对宋朝发动了更大规模的军事侵扰,①宋朝对此次入侵进行了反抗,收回了"广源州、门州、思浪州、苏茂州、桄榔县而还"。②为维持与交趾的藩属关系,在取得军事胜利下,宋朝还将一些原属于宋朝的边地割让与交趾。如广源州(顺州),神宗认为:"乾德犯顺,故兴师讨罪。逵等不能讨灭,垂成而还。今顺州荒远瘴疠之地,朝廷得之未为利,岂可自驱戍兵,投之瘴土。一夫不获,朕尚闵之,况使十损五六邪?"转运副使苗时中亦言:"顺州所筑堡寨,深在贼境,馈运阻绝,戍卒死者十常八九,不如弃之。"③就此,宋朝于元丰二年(1079)以"其地近交趾"而将邕管羁縻管辖的广源州划归交趾。④另外,还把原本属于宋朝之地的"八隘之外集乐六县,宿桑二峒"割予交趾。⑤

宋朝在纵容交趾的军事侵扰的同时,对境内的民族叛乱却极为重视,尽力镇压。由于宋朝对交趾侵略行为的一味姑息和纵容,引发了侬智高起事。仁宗皇祐五年(1053),侬智高率众攻破横山寨,进围邕州,之后又攻入横州、桂州、龚州、藤州、梧州、封州、康州、广州等地,声势之浩大,给宋朝巨大的震动,宋朝派陈曙、狄青等领军进行围剿方平息侬智高起义。交趾军事侵扰及侬智高起义促使宋朝统治者意识到"朝廷之忧,不专在于西北也",⑥"国朝以契丹、元昊为忧,不知侬贼猖獗"⑦。宝元元年(1038),抚水州首领率众攻打融州、宜州。宋朝征调邵州、澧州、潭州戍兵数千

---

① (越)吴士连《大越史记全书·本纪全书》卷之三《李纪二》。
② (明)陈邦瞻:《宋史记事本末》卷十五《交州之变》。
③ 《续资治通鉴长编》卷三〇〇。
④ 《宋会要·蕃夷》四。
⑤ 《宋史》卷四八八《交趾传》。
⑥ 《宋史》卷四九五《蛮夷传》。
⑦ 《宋会要辑稿·蕃夷》五之七十一。

人前往镇压。熙宁初，宜州知州钱师孟、通判曹觊"擅裁侵剥之"，引起少数民族的反宋斗争，宋朝"征发在京骁骑两营及江南、福建将兵三千五百人"准备对该起事进行镇压，后因少数民族首领率众投降而罢。①

结　语

宋朝之所以区别对待大理国和交趾，与宋朝对大理国和交趾的看法有莫大关系。宋朝本着"唐亡于黄巢，而祸基于桂林"的历史教训，认为大理即唐之南诏，唐朝征讨南诏的惨败和南诏入寇四川暴行成为宋人挥之不去的阴影，所以深信"蛮夷桀黠，从古而然"②，故而"朝廷不可与四夷生隙，隙一开，祸不解，兵民肝脑涂地。"③ 而且"蛮夷熟知险易，商贾橐橐为奸，审我之厉害，伺我之虚实"；加之宋朝南方无重兵，很难抵挡大理国可能发动的军事攻击，而为了确保与大理国毗邻的四川的安全，宋朝只能通过极力限制大理国的朝贡，抵制大理国的册封要求这一方法来实现"欲寇不能，欲臣不得"的"御戎上策"。至于交趾，宋朝一方面是由于军事力量的不济而未能对其实现军事征服，甚至很难对边境实施有效的防御，故而交趾对广西军事侵扰不断而宋朝又不能有效回击，因而只能通过频繁的进贡和册封来消弭可能进一步激化的民族矛盾；另一方面，交趾对宋朝的侵扰多发生在广西边州地区，其破坏性不如侬智高起事这种内患深重，而且交趾对宋朝潜在的威胁不如大理国那样强大，故而宋朝对待交趾的治策自然有别于大理国。

---

① 《宋史》卷四九五《抚水州蛮传》。
② 《宋会要辑稿》。
③ 李攸撰：《宋朝事实》。

人 文 世 界
区域·传统·文化

清水江学研究

明清地方文书档案遗存述略

◎ 栾成显

20世纪、特别是20世纪下半叶以来，一些有代表性的地方文书档案相继面世，一批利用地方文书档案的史学研究成果引人注目，地方文书档案对于历史研究的价值被越来越多的学者所认识。地方文书档案已成为中国古代史史料构成的一个重要方面。然而，总体来看，利用地方文书档案研究历史的时间并不算长，其研究成果也不为多；特别是有关地方文书档案的史料仍在发掘之中，其确切的遗存情况尚不十分清楚。这里，仅就个人所知，对明清地方文书档案的遗存情况试作一简略介绍和评述，以期与诸位学者进行交流，遗漏与错误之处在所难免，敬请批评指正。

一、明清地方文书档案遗存概况

这里所说地方文书档案，一般是指与中央官府如内阁大库所藏文书档案相对而言，包括地方官衙在内而以民间收藏为主的文书档案，其主要类别有：交易文契、合同文约、承继分书、私家账簿、官府册籍、政令公文、诉讼案卷、会簿会书、乡规民约、日用类书、信函书札等等。它们多是古代地方社会在官私各种交往活动中生成的原始文字记录和文本。每日都在产生，数量难以估算。可以说，当时的社会生活之中，各地都有，比比皆是。在历史悠久、经济文化发达的古代中国，这类地方文书档案的产生与遗存当然是极为丰厚的。然而，由于历史上改朝换代等原因，特别是近代以来，内外战争不断，各种动乱频繁，许多地方文书档案都屡遭劫难，所存无几，这也是众所周知的。不过，近代以来各个地方的境遇并不完全相同，其文书档案的遗存情况亦呈现很大差别。总体来看，迄今遗存下来的地方文书档案，尤其是明清时代的地方文书档案还是相当可观的。以下从几个方面，对明清地方文书档案的遗存概况作一简略介绍。

（一）已公布的明清地方文书档案。主要是指已有出版物公布于世的明清地方文书档案。

1. 徽州文书

①《明清徽州社会经济资料丛编》第一集（辑），安徽省博物馆编，中国社会科学出版社1988年版，辑录本；《明清徽州社会经济资料丛编》第二辑，中国社会科学院历史研究所徽州文契整理组编，中国社会科学出版社1990年版，辑录本。按：前者据安徽省博物馆藏徽州契约文书编辑，后者据中国社会科学院历史研究所藏徽州契约文书编辑。

②《徽州千年契约文书》宋元明编、清民国编，全四十卷，王钰欣、周绍泉主编，花山文艺出版社1991年版，影印本。据中国社会科学院历史研究所藏徽州文书编辑。

③《明代徽州方氏亲友手札七百通考释》一、二、三册，陈智超著，安徽大学出版社2001年版。据美国哈佛大学哈佛燕京图书馆所藏徽州文书编撰，该书第三册为方氏亲友手札原件影印资料集。

④《徽州文书》第一辑、第二辑、第三辑，共三十卷，刘伯山主编，分别为广西师范大学出版社 2005 年版、2006 年版、2009 年版，影印本。据安徽大学徽学研究中心伯山书屋藏徽州文书编辑。

⑤《安徽师范大学馆藏徽州文书》，周向华编，安徽人民出版社 2009 年版，影印本。据安徽师范大学图书馆藏徽州文书编辑。

⑥《中国徽州文书》民国编，黄山学院编，清华大学出版社 2010 年版，影印本。据黄山学院图书馆藏徽州文书编辑。

2. 山东曲阜孔府明清档案

①《曲阜孔府档案史料选编》共三编，第一编为孔府档案全宗分类目录索引，第二编为明代档案史料，第三编为清代档案史料。中国社会科学院历史研究所、曲阜县文物管理委员会、曲阜师范学院历史系等合编，齐鲁书社 1980 年至 1985 年出版，辑录本。据山东曲阜藏孔府档案编辑。

②《孔府档案选编》（上、下），中国社会科学院近代史研究所中华民国史研究室、山东省曲阜文物管理委员会编，中华书局 1982 年版，辑录本。据山东曲阜藏孔府档案编辑。

3. 福建明清契约文书

①《清代闽北土地文书选编》（一）（二）（三），杨国桢编，《中国社会经济史研究》1982 年第 1—3 期，辑录本。据厦门大学藏福建契约文书编辑。

②《闽南契约文书综录》，杨国桢编，《中国社会经济史研究》，1999 年增刊，辑录本。据厦门大学藏福建契约文书编辑。

③《明清福建经济契约文书选辑》，唐文基、鹤见尚弘、周玉英编辑，人民出版社 1997 年版，辑录本。据福建师范大学历史系藏明清福建契约文书编辑。

④《泉州、台湾张士箱家族文件汇编》，王连茂、叶恩典整理，福建人民出版社 1999 年版，辑录本。据文献之中所录契约文书编辑。

⑤《厦门典藏契约文书》，陈娟英、张仲淳编著，福建美术出版社 2006 年版，辑录本。据厦门市博物馆及社会人士收藏契约文书编辑。

⑥《福建民间文书》，全六册，陈支平主编，广西师范大学出版社 2007 年版，影印本。据厦门大学藏福建地区民间文书编辑。

4. 四川明清文书档案

①《四川人民反帝斗争档案资料》，四川大学历史系编，四川人民出版社 1961 年版，辑录本。据四川省档案馆藏巴县档案编辑。

②《四川保路运动档案选编》，四川省档案馆编，四川人民出版社 1981 年版，辑录本。据四川省档案馆藏巴县档案编辑。

③《四川教案与义和拳档案》，四川省档案馆编，四川人民出版社 1985 年版，辑录本。据四川省档案馆藏巴县档案编辑。

④《清代乾嘉道巴县档案选编》（上、下），四川大学历史系、四川省档案馆主编，四川大学出版社 1989 年版，辑录本。据四川省档案馆藏巴县档案编辑。

⑤《清代巴县档案汇编（乾隆卷）》，四川省档案馆编，档案出版社 1991 年版，辑录本。据四川省档案馆藏巴县档案编辑。

⑥《清代地契史料》，熊敬笃编，新都县档案馆 1983 年印，辑录本。据新都县档案馆藏文书档案编辑。

⑦《自贡盐业契约档案选辑》，自贡市档案馆、北京经济学院、四川大学合编，中国社会科学出版社 1985 年版，

辑录本。据自贡市盐业历史博物馆藏清代盐业档案编辑。

⑧《清代南部县衙档案目录》全三册，西南师范大学、南充市档案局（馆）编，中华书局2009年版。据南充市档案馆藏清代南部县衙档案编辑。

5. 山西文书档案

①《山西票号史料》（上、下部），中国人民银行山西省分行《山西票号史料》编写组、山西财经学院《山西票号史料》编写组、黄鉴晖编，山西经济出版社1992年版，2002年增订，辑录本。本书辑录了档案馆、博物馆所藏以及散见于民间的山西票号文书档案资料。

②《晋商史料全览》地方卷，全十一卷，山西省政协《晋商史料全览》编辑委员会编，山西人民出版社2006—2007年版，辑录本。其各卷之中辑有大量明清晋商文书档案。

6. 陕西契约文书

《陕西省清至民国文契史料》，王本元、王素芬编，三秦出版社1991年版。

7. 甘肃清代文书档案

《清河州契文汇编》，甘肃省临夏州档案馆编，甘肃人民出版社1993年版，辑录本。据甘肃临夏州档案馆藏清代文书档案编辑。

8. 内蒙文书档案

《清末内蒙古垦务档案汇编》（绥远、察哈尔部分），内蒙古自治区档案馆编，辑录本，内蒙古人民出版社1999年版。

9. 北京契约文书

《北京房地产契证图集》，刘宗一主编，中国奥林匹克出版社1996年版，影印本。

10. 天津清代文书档案

①《天津商会档案汇编》，第一辑（1903—1911），第二辑（1912—1928），第三辑（1928—1937），第四辑（1937—1945），第五辑（1945—1950），天津市档案馆、天津社会科学院历史研究所等合编，天津人民出版社1989—1998年出版，辑录本。据天津市档案馆藏文书档案编辑。

②《清代以来天津土地契证档案选编》，刘海岩主编，天津古籍出版社2006年版，辑录本。据天津市档案馆藏土地契约文书编辑。

③《天津商民房地契约与调判案例选编（1686—1949）》，宋美云主编，天津古籍出版社2006年版，辑录本。据天津市档案馆藏文书档案编辑。

④《券证遗珍：天津市档案馆藏清代商务文书图录》，天津市档案馆编，中国人民大学出版社2007年版，影印本。据天津市档案馆藏清代商务文书编辑。

11. 上海文书档案

①《盛宣怀档案资料选辑》八种：《辛亥革命前后》、《湖北开采煤铁总局荆门煤铁》、《甲午中日战争》、《汉冶萍公司》（三册）、《中国通商银行》、《上海机器织布局》、《义和团运动》、《轮船招商局》，陈旭麓、顾廷龙、汪熙主编，上海人民出版社1979—2002年出版，辑录本，据上海图书馆藏盛宣怀档案编辑。

②《清代上海房地契档案汇编》，上海市档案馆编，上海古籍出版社1999年版，辑录本。据上海档案馆藏文书档案编辑。

③《上海道契》，全三十卷，蔡育天主编，上海古籍出版社2005年版，影印本。据上海档案馆藏文书档案编辑。

④《老上海的当铺与当票》，傅为群撰，上海古籍出版社2006年版，影印本。据作者收录的照片和当票编撰。

⑤《上海图书馆藏盛宣怀档案萃编》，全二册，上海图书馆编，上海古籍出版社 2008 年版，影印本。据上海图书馆藏盛宣怀档案编辑。

12. 江苏文书档案

《苏州商会档案丛编》，第一辑（1905—1911），第二辑（1912—1919），第三辑（上、下册，1920—1927），第四辑（上、下册，1928—1937），华中师范大学历史研究所、苏州档案馆编，华中师范大学出版社 1991—2009 年版，辑录本。据苏州档案馆藏苏州商会档案编辑。

13. 浙江契约文书

①"绍兴县馆藏历史档案精品丛书"：《绍兴县馆藏清代档案集萃》（一函四册）、《绍兴县馆藏商会档案集锦》（一函四册）、《绍兴县馆藏教育档案集录》（一函五册）、《绍兴县馆藏金融档案汇集》（一函四册）、《绍兴县馆藏契约档案选集》（一函三册），绍兴县馆藏历史档案精品丛书编纂委员会编，中华书局 2004—2008 年出版，辑录本。据浙江省绍兴档案馆藏文书档案编辑。

②《黄岩诉讼档案及调查报告》（上、下卷），田涛、王宏治、许传玺编撰，法律出版社 2004 年版，影印本。据中国第一历史档案馆藏《黄岩诉讼档案》及实地调查搜集文书编撰。

③《清代宁波契约文书辑校》，王万盈辑校，天津古籍出版社 2008 年版，辑录本。据宁波市档案馆藏契约文书编辑。

④《石仓契约》第一辑，共八册，曹树基、潘星辉、阙龙兴编，浙江大学出版社 2011 年版，影印本。据浙江省松阳县石仓村遗存契约文书编辑。

14. 贵州清代文书

①《贵州苗族林业契约文书汇编（1736-1950)》，全三

卷，唐立、杨有庚、武内房司编，日本东京外国语大学国立亚非语言文化研究所2001年版，影印本。据贵州省锦屏县苗族遗存清代文书编辑。

②《清水江文书》第一辑十三册，第二辑十册，张应强、王宗勋主编，分别为广西师范大学出版社2007年版，2009年版，影印本。据贵州省锦屏县苗族遗存清代文书编辑。

③《贵州文斗寨苗族契约法律文书汇编——姜元泽家藏契约文书》，陈金全、杜万华主编，人民出版社2008年版，影印加辑录本。据贵州省锦屏县苗族遗存清代文书编辑。

④《吉昌契约文书汇编》，孙兆霞等编，社会科学文献出版社2010年。据贵州省安顺市西秀区吉昌村遗存清代文书编辑。

15. 云南彝族土司档案

《清代武定彝族那氏土司档案史料校编》，楚雄彝族文化研究所编，中央民族学院出版社1993年版，辑录本。据中国国家图书馆藏云南彝族那氏土司档案编辑。

16. 广西契约文书

《广西少数民族地区碑文契约资料集》，广西壮族自治区编辑组编，广西民族出版社1987年版，辑录本；民族出版社2009年再版。

17. 广东契约文书（含香港、海南）

①《广东土地契约文书（含海南）》，谭棣华、冼剑民编，暨南大学出版社2000年版，辑录本。据广州市档案馆、广东省博物馆、新会县博物馆、东莞博物馆、香港大学冯平山图书馆、孔安道纪念图书馆等所藏契约文书编辑。

②《许舒博士所藏商业及土地契约文书：乾泰隆文书（一）潮汕地区土地契约文书》，蔡志祥编，东京大学文化研究所1995年版，辑录本。据香港许舒博士所藏文书编辑。

③《张声和家族文书》，刘志伟编，华南研究出版社1999年版，辑录本。据香港许舒博士所藏文书编辑。

④《乾泰隆商业文书》，蔡志祥编，华南研究出版社2003年版，辑录本。据香港许舒博士所藏文书编辑。

⑤《北海贞泰号：商业往来文书》，马木池编，香港：华南研究出版社2003年版，辑录本。据香港许舒博士收藏的广东南海九江黄慎远堂商业文书编辑。

⑥《北海贞泰号：1893—1935年结簿》，马木池编，香港：华南研究出版社2003年版，辑录本。据香港许舒博士收藏的广东南海九江黄慎远堂商业文书编辑。

⑦《英国国家档案馆庋藏近代中文舆图》上、编，华林甫编著，上海社会科学院出版社2009年版，影印本。

18. 西藏历史档案

《西藏历史档案汇萃》，西藏档案馆编，文物出版社1995年版，影印本。据西藏档案馆藏文书档案编辑。

19. 台湾文书档案

关于台湾地区的文书档案，最早可上溯至日据时期对台湾民间地契文书的调查与整理，其出版物可举出《临时台湾旧惯调查会第一报告书》、《台湾私法》、《台湾契字及书简文类编》、《台湾总督府档案》等等。台湾光复以来的出版物有：

①《台湾文献丛刊》所辑《台湾私法债权编》（丛刊第79种）、《台湾私法商事编》（丛刊第91种）、《台湾私法人事编》（丛刊第117种）、《台湾私法物权编》（丛刊第150种）、《清代台湾大租调查书》（丛刊第152种）、《淡新凤三县简明总括图册》（丛刊第197种）等各编，均载有大量文书档案，周文宪主编，辑录本，1959年至1972年出版。

②《台湾公私藏古文书汇编》（又称《台湾公私藏古文书影本》），全十辑一百二十册，王世庆等辑，1977—1983

年印行，影印本。该书印本较少，仅台北中央研究院、台湾傅斯年图书馆及美国、日本等少数图书馆有藏。

③《台湾古文书集》，三田裕次藏、张炎宪编，台北南天书局1988年版。

④《台湾平埔族文献资料选集——竹堑社》，张炎宪、王世庆、李季桦编，台湾史田野研究室1993年版。

⑤《宜兰古文书》，一至五辑，邱水金等主编，宜兰县政府、宜兰县立文化中心1994—1998年版；《宜兰古文书》第6辑，陈金奇主编，宜兰县史馆2004年版。

⑥《台中县立文化中心藏台湾古文书专辑》（上、下），洪丽完编撰，台中县立文化中心1996年版，影印本。

⑦《南投县永济义渡古文契书选》，吴淑慈编，南投县立文化中心1996年版。

⑧《凯达格兰族古文书汇编》，黄美英主编，台北县立文化中心1996年版。

⑨《台湾古契书》，陈秋坤编，台北立虹出版社1997年版。

⑩《台湾史档案文书目录》，黄富三、张秀蓉等主编，台北市台湾大学1997年版。

⑪《日据时期台湾拓殖株式会社文书中译本》第一辑，台湾省文献委员会编，南投县台湾省文献委员会1997年版，据南投国史馆台湾文献馆藏编辑。

⑫《头前溪中上游开垦史暨史料汇编》，吴学明编，新竹县文化中心1998年版。

⑬《竹堑古文书》，张炎宪主编，新竹市立文化中心1998年版。

⑭《〈国立〉台湾大学藏岸里大社文书》，全五册，岸里大社文书出版编辑委员会编辑，台湾大学1998年版。

⑮《草屯地区古文书专辑》，台湾省文献委员会采集组

编，南投县台湾省文献委员会1999年版。

⑯《噶玛兰、西拉雅古文书》，曾振名、童元昭主编，台北市台湾大学人类学系1999年版。

⑰《凯达格兰古文书》，谢继昌主编，台北市台湾大学人类学系1999年版。

⑱《道卡斯新港社古文书》，胡家瑜主编，台北市台湾大学人类学系1999年版。

⑲《云林古文书汇编·第壹辑》、《嘉义古文书汇编·第壹辑》，潘是辉编，云林梅湖文化工作室1999年版。

⑳《大肚社古文书》，刘泽民编著，南投市台湾省文献委员会2000年版，影印本。

㉑《梧栖古文书史料专辑》，董伦岳撰文，台中县梧栖镇公所2000年版。

㉒《台湾省文献委员会北部地区古文书专辑》，全二集，台湾省文献委员会采集组编校，南投县台湾省文献委员会2000年版。

㉓《后劲记事：后劲陈三正家藏古文书编》，郑水萍编，高雄市文化中心2000年版。

㉔《外埔乡藏古文书专辑》，洪丽完主编，台中县外埔乡公所2001年版。

㉕《台湾总督府档案平埔族关系文献选辑》，刘泽民、陈文添、颜义芳编译，南投市台湾省文献委员会2001年版。

㉖《笨港古文书选辑》，曾品沧执行编辑，台北县新店市国史馆2001年版。

㉗《平埔百社古文书》，刘泽民编著，南投市国史馆台湾文献馆2002年版。

㉘《水沙连埔社古文书选辑》，简史朗、曾品沧主编，台北县新店市国史馆2002年版，影印本。

㉙《道卡斯后垅社群古文书辑》、《道卡斯蓬山社群古文

书辑》,潘英海、陈水木编,苗栗县文化局2002年版。

㉚《靖海侯施琅督垦文献辑》,林金悔编,台南县将军乡公所2002年版。

㉛《台湾社会生活文书专辑》,洪丽完编著,台北中央研究院台湾史研究所筹备处2002年版。

㉜《关西坪林范家古文书集》,刘泽民编著,南投市国史馆台湾文献馆2003年版。

㉝《金门古文书》,全2辑,叶钧培等编著,金门县立文化中心2003年、2004年版。

㉞《大甲东西社古文书》(上、下册),刘泽民编著,南投市国史馆台湾文献馆2003年版,影印本。

㉟《左营历史照片及古文书》,曾光正编,高雄市政府文献会2003年版。

㊱《杨云萍藏台湾古文书》,张炎宪、曾品沧编,台北国史馆2003年版。

㊲《中央研究院民族学研究所藏道卡斯古契文书图文册》,潘英海编,台北中央研究院民族研究所2004年版。

㊳《台湾总督府档案平埔族关系文献选辑续编》(上、下),刘泽民编著,南投市国史馆台湾文献馆2004年版。

㊴《大冈山地区古契约文书汇编》,陈秋坤编著,高雄县政府文献会2004年版。

㊵《古凤山县文书专辑》,唐荣源编,高雄市政府文献会2004年版。

㊶《大基隆古文书选辑》,许文堂编,基隆文化中心2004年版。

㊷《流金岁月话蓬山:通苑古文书老照片专辑》,王春凤编著,苗栗县蓬山文教协会2004年版。

㊸《北路淡水:十三行博物馆馆藏古文书》,林明美总编,台北县立十三行博物馆2005年版,影印本。

㊹《水沙连眉社古文书研究专辑》，简史朗编，南投县政府 2005 年版。

㊺《浦边周宅古文书》，陈荣文编著，金门县政府 2005 年版。

㊻《嘉义市古文书选辑》，彦尚文计划主持、李建兴编，嘉义市政府 2005 年版。

㊼《新竹郑利源号典藏古文书》，郑华生口述、郑炯辉整理，南投国史馆台湾文献馆 2005 年版。

㊽《台湾总督府档案抄录契约文书》第一、二辑，全二十六册，台湾史料集成编辑委员会编，台北行政院文化建设委员会、远流出版事业股份有限公司 2005—2006 年版，辑录本。

㊾《鹿港郊商许志湖家与大陆的贸易文书（1895－1897)》，林玉茹，刘序枫编，台北中央研究院台湾史研究所 2006 年版。

㊿《力力社古文书契抄选辑：屏东崁顶力社村陈家古文书》，陈纬一、刘泽民编，南投台湾文献馆、屏东县政府 2006 年版。

(51)《大台北古契字集》，全四集，高贤治编著，台北市文献委员会 2002 年、2007 年版，影印本。

(52)《苗栗鲤鱼潭巴宰族史暨古文书汇编》，张素玢编，台北苗栗县文化局 2007 年版。

(53)《日阿拐家藏古文书》，林修澈编，台北苗栗县文化局 2007 年版。

(54)《神冈——筱云吕玉庆堂典藏古文书集》，杨惠仙编，南投国史馆台湾文献馆 2007 年版。

(55)《台中东势詹家清水黄家古文书集》，冯明珠、李天鸣编，台北故宫博物院紫禁城出版社 2008 年版。

(56)《李景旸藏台湾古文书》，林正慧、曾品沧编，台北国史馆2008年版。

(57)《台湾中部平埔族群古文书研究与导读》，洪丽完编，台中县立文化中心2009年版。

(58)《台南县平铺族古文书集》，林玉茹编，台南县文化局2009年版。

(59)《淡新档案》，台湾大学图书馆编，台湾大学出版中心1995—2009年版，已出版28册，影印本。据台湾大学图书馆藏淡新档案编辑。①

此外，台湾还有一些文书档案的出版物，恕不一一列出。迄今台湾文书档案出版物总数达六十余种。

20.《中国历代契约会编考释》

《中国历代契约会编考释》（上、下册），张传玺主编，北京大学出版社1995年版，辑录本。其下册所辑为明、清及民国时期的契约文书。据北京大学图书馆、国家图书馆、天津市图书馆和博物馆、广西壮族自治区博物馆、安徽省博物馆、中国历史博物馆、中国社会科学院民族研究所等所藏契约文书编辑。

21.《田藏契约文书粹编》

《田藏契约文书粹编》，田涛、［美］宋格文、郑秦编著，中华书局2001年版，辑录本。据田涛个人收藏契约文书编辑。

22.《故纸拾遗》

《故纸拾遗》，全三卷，王支援等主编，三秦出版社2006—2008年版，影印本，本书汇编了清至民国时期以洛阳地区为主，包括山西、陕西、云南、东北、甘肃等地在内

① 以上关于台湾文书档案的出版信息，主要参阅叶钧培：《金门清代古文书研究——以契约文书为主》之“参考文献”部分（见龙腾网中华文化门户网站台2009年），以及李季桦：《台湾契约文书的研究动向》（载《前近代中国的法与社会——成果与课题》，东洋文库2009年）而编辑，谨致谢意。

的各种契约文书。

23. 《故纸堆》

《故纸堆》，全十册，鲍传江、郭又陵主编，北京图书馆出版社 2003 年版，影印本。本书收载了明清、民国及解放后南北各地的多种契约文书。

24. 日本学者所辑中国土地契约文书

①《中国土地契约文书集（金至清）》，东洋文库明代史研究室编，财团法人东洋文库 1975 年刊行，辑录本。据各种文献所录契约文书编辑。

②《东洋文化研究所所藏中国土地文书目录·解说》（上、下），[日] 滨下武志等编，东京大学东洋文化研究所附属东洋文献中心 1983 年、1986 年刊行，辑录本。据东京大学东洋文化研究所藏中国清代契约文书编辑。

③《徽州歙县程氏文书·解说》，[日] 臼井佐知子编著，东京外国语大学大学院地域文化研究科研 21 世纪 COE "史资料ハブ地域文化研究据点"本部 2006 年版，影印本。据编者在黄山市文物商店所购文书编辑。

以上所列，为迄今关于明清地方文书档案的出版物，计 120 余种。

（二）保存在各收藏单位、尚未公布的明清地方文书档案。

所谓尚未公布，主要是指没有公开出版，只能到收藏单位阅览者。而因各单位管理制度并不一致，其中有的单位仍未完全开放，前去阅读尚有困难。这类档案主要保存在以下几个方面的收藏单位。

1. 档案馆系统

关于明清地方文书档案，在档案馆系统多归于明清档案或古代档案一类，其内容诸如地方官衙档案，房地产买卖契约，租佃契约及其它契约文书，工商会馆档案，同业公会档案，盐务档案，海关档案，邮政、各种工程档案，教会档案，慈善机构档案等等。这类档案在全国各地档案馆多有遗存，但遗存种类，各有特色；遗存数量不一，相差悬殊，多者达数十万卷（件），少者仅几件。从时代属性来说，又以清代档案占绝大部分。

2. 博物馆系统

因文书档案本身兼具文物性质，故文书档案又作为一种文物被许多博物馆收藏。其中不少博物馆所收藏的文书档案品质上乘，数量可观。如中国国家博物馆、安徽省博物馆收藏的徽州文书，南京博物院收藏的清代苏州府太湖厅档案等等，都是如此。首都博物馆收藏的一批北京地区的契约文书达一万五千余件。

3. 图书馆系统

收藏文书档案的图书馆，既有中央及各地直属大图书馆，也有大学和研究院所的图书馆，这些图书馆，实为收藏明清地方文书档案单位的一个重要方面。中国国家图书馆、中国社会科学院历史研究所图书馆、北京大学图书馆、上海图书馆、安徽省图书馆、南京大学历史系资料室收藏的文书档案都是很有名的。

4. 其它单位及个人收藏

还有一些明清地方文书档案，因种种原因而被收藏于其它单位。如清同治年间编造、民国时期补造的浙江兰溪的一大批鱼鳞图册，即收藏于浙江省兰溪市财税局。又如，位于北京市海淀区、始建于辽代的大觉寺，保存有一批清代至民国初年有关寺院庙产等方面契约文书原件。近年以来，随着私人收藏热的兴起，个人收藏契约文书者亦颇为引人注目。如田涛搜集的明清地方文书档案有五千余件，王振忠搜集的徽州文书有一万数千件，刘伯山个人收藏的徽州文书更达

四、五万件之多。此外,黄山地区个人收藏文书契约在万件以上者,亦颇有人在。

(三)散在各地民间、尚待发掘的文书档案

这里先简要介绍一下 2000 年以来有关新发现的文书档案的几件事。

事例一 2000 年 7 月,一场强台风向浙江省台州市袭来,该市黄岩区的一些老旧房屋被摧毁。就在一所倒塌的房屋中,意外地发现了一批清代文书档案。这是一批保存基本完整的诉讼案卷,包括有诉状状式、副状、证据和审理记录等在内的司法文书,计约一百一十余件。这批文书档案大部分已被中国第一历史档案馆收藏,被学界称为"黄岩诉讼档案"。其后,田涛教授等又到该地做了多次的实地调查,进一步搜集了黄岩地区的大量文书及相关资料,采访了《黄岩诉讼档案》中部分当事人的后人,并写出了《黄岩诉讼档案及调查报告》,该书已于 2004 年出版。

事例二 2007 年 5 月,上海交通大学教授曹树基到浙江省松阳县大东坝镇石仓村参观古民居,在村民阙龙兴家中,意外地发现了一批契约文书。经调查发现,在这一集中的村落群中,农家老屋里多保存有旧时的契约文书。这些老契虽已过时,但仍被视为宝物,珍藏如初,并不轻易示人。后经协商,只可暂借在村中复制;部分愿出让者,也不准带出村外,仍在村里集中保存。曹树基遂在村中建立了工作室,扫描收集文书契约。现已收集到明末至民国时期各种契约文书四千余件,这些文书以土地契约为主,并包括分家书、收租簿、流水账、杂字书、医书、商业文书等各种文书。其内容涉及诸多领域。2008 年,曹树基以研究这批文书为中心,申请了国家社科基金一般项目和上海市社科规划重大课题:《浙南山区土地契约的搜集、整理与研究(以松阳县石仓村为中心)》,已获立项,并已出版文书资料《石仓契约》。①

事例三 2007年11月20日《三秦都市报》报道,陕西省澄城县尧头镇南关村一村民在整修家中年久失修的地洞时,发现了一百多份发黄的契约文书。文书的种类很多,包括地契、水契、买卖合同、村保村规等,文书跨越的年代也很长,从清康熙时起,历经各朝直到民国年间,长达两百多年。澄城县地处陕西渭南,发现文书的人家是个大家族,在清代出过举人和秀才,到现在有十几辈人了。

事例四 2009年6月4日《扬子晚报》报道,江苏苏州太湖东山雕花楼藏宝阁藏有原主人金锡之、金植之的名片、中国兴业银行东山支行信封、"崇德公典"账本、当票,"田租总账"账册以及太湖厅官颁卖契等。

事例五 位于徽州本地的黄山学院,借地利之便,从上世纪末开始,在不到十年的时间里,收购的徽州文书达七万余件。目前正在整理出版。

还有一些近年来各地发现明清契约文书的事例,不再列出。

以上这些事例足以表明,迄今在中国不少地方,仍有一些明清文书档案,或深藏在农家的老屋里,或保存在个人手中,至今尚未面世,没有被发掘出来。这种情况在交通不便、开发较迟、山区以及边远的地方,诸如山西、江西、浙东山区、皖南山区、云南、贵州等地,出现的几率更大。这部分契约文书的数量,目前仍然是一个未知数,很可能超出我们的想象。

总体来看,在前面列出的一百二十余种出版物中,大陆地区的出版物共六十余种,而台湾地区的出版物亦有六十余种。据台湾学者估计,台湾地区遗存的契约文书总数在三万

---

① 上海市哲学社会科学办公室网站:《重大课题公示》2008年第1期。

五千件以上①，可以说，相当多的台湾明清文书档案已公布于世。并已建置古文书资料库，实施数字化典藏，开通古文书阅览的网络平台，为文书资料的利用提供极大便利。相形之下，大陆地区相关的出版物就很有限了。据估计，明清地方文书档案的遗存总量不下数百万件。而目前大陆地区已经出版公布、能为学者利用的明清地方文书档案，仅占其遗存的一小部分。绝大部分的明清地方文书档案，仍深藏在有关单位，或散在民间，尚待发掘出来。这就是明清地方文书档案遗存的现状。

二、明清地方文书档案举要

以下对一些有代表性的明清地方文书档案试作简略介绍。

徽州文书 主要收藏在中国社会科学院历史研究所和经济研究所、中国国家博物馆、中国国家图书馆、中国第一历史档案馆、北京大学图书馆、北京师范大学图书馆、南京大学历史系资料室、安徽省博物馆、安徽省图书馆、安徽省档案馆、安徽大学徽学研究中心伯山书屋、安徽师范大学图书馆、上海图书馆、天津市图书馆、安徽省黄山市博物馆以及黄山市属各县博物馆、档案馆等单位。徽州文书的面世可追溯到20世纪40年代。抗日战争胜利后，流落杭州、上海、南京等地的徽州人开始把一些契约文书拿到市场上出售。当时中央研究院史语所的方豪先生在南京即购到一批徽州文书。之后，他以"战乱中所得资料简略整理报告"为副标

---

① 李文良：《土地行政与契约文书——台湾总督府档案抄存契约文书解题》，台北中研院台湾史研究所2004年版，第225页；转引自李季桦：《台湾契约文书的研究动向》，载大岛立子编《前近代中国的法与社会》，东洋文库2009年，第27页。

题,将其整理与研究的成果共12篇报告,发表在1971—1973年台湾复刊的《食货月刊复刊》上①。而徽州文书的大规模面世则是在1950年代。契约文书本是官府或民间在各种社会活动中直接产生的文字资料。宋代以后特别是明清时代,徽州已是可与苏杭相比肩的经济文化高度发展之地,公私交往频繁,产生了种类繁多、数量巨大的契约文书;徽人健讼,契约意识很强,动辄写立字据,并加以珍藏;其地山限壤隔,战乱较少;徽州宗族发达,世代相承不断,多个世代积累的文书以人户为中心而被保存下来;以上这些成为徽州地区有大量的契约文书被遗存下来的根本原因。1949年以后,在时代变迁这一大背景之下,特别是当土地改革运动结束之后,历史上原本作为物权书证或交易凭证的契约文书,已失去了它的法律效用,一度从家珍变成了"弃物",被当作废纸卖给造纸厂,开始大量面世。这引起了有关领导和有识之士的关注。于是开始组织收购和从造纸厂中进行挑选抢救,然仍有相当大数量的契约文书被作为造纸原料毁掉了,被抢救出来的只是一部分。当时在徽州本地收购徽州文书的,主要是由余庭光负责的屯溪古籍书店进行的,而后转给北京的中国书店售给各收藏单位。亦有收藏单位到徽州直接收购的,然数量有限。这一抢救和收购活动延至1960年代文革之前。1980年代以来,随着徽学研究的兴起,徽州文书的面世又出现了一个新的高潮。单是1990年代之后各单位及个人新收藏的徽州文书总计就在20万件以上。现在

---

① 方豪:《明万历年间之各种价格——战乱中所得资料简略整理报告之一》,《食货月刊复刊》第一卷第三期,1971年;《明万历年间富家产业抄存》,《食货月刊复刊》第一卷第五期,1971年;《乾隆五十五年自休宁至北京旅行用账》,《食货月刊复刊》第一卷第七期,1971年;《乾隆十一年至十八年杂账及嫁装账》,《食货月刊复刊》第二卷第一期,1972年;《乾隆二十二年汪朱氏丧事账》,《食货月刊复刊》第三卷第一期,1973年;等等。参阅卞利:《徽州契约文书之三次外流》,《光明日报》2002年7月9日第三版。

仍有一些契约文书收藏在徽州地区民间，尚未发掘出来。徽州文书的类型大量属于民间保存的契约文书，官府册籍只占少数。主要有土地买卖契约、佃约、合同、阄书、祭祀簿、置产簿、商业账簿、赋税凭证、鱼鳞图册、诉讼案卷、会簿会书、便用杂字、信函书札等等。其特点是数量大，有学者最新估计徽州文书的遗存总数在五十万件左右；种类多，涉及基层社会各个方面；跨越历史时代长，从宋元直至明清民国时期，特别是明、清、民国各个朝代都有大量文书遗存；其中不乏多个种类的珍贵的文书档案，更有数千册簿册类文书，研究价值极高。

山东曲阜孔府明清档案 山东曲阜文物管理委员会收藏。原为保存于曲阜衍圣公府的文书档案。孔府之中本设有典籍官，专门保管文书册籍。原孔府档案分朝贺、承袭、奉祀、查修、宅基、地亩、人丁、词讼等二十八类，按《千字文》顺序编号。1956年，曲阜文物部门在南京档案史料处及北京故宫博物院的协助下，对孔府各厅房的档案资料，进行整理、裱糊，重新分类、编目，至1959年基本完成建档立卷工作。该档案上起明嘉靖十三年（1534），下迄1948年7月，按年代分为明代、清代、北洋军阀时期、国民党时期等八个阶段。又按类别分为袭封、宗族、属员、祭典、土地等十二大类。共九千余卷，计二十余万件。孔府档案保存有历代帝王对孔子及其后裔的封爵赐土文件；宫廷、官府与孔府的往来文书；衍圣公朝觐、奏折、表文；孔府祭田、学田契约；祭祀筹办及礼仪账册；租银及开支账簿；官属员役册籍；佃户抗租、抗差等各方面档案资料。内容十分广泛，保存基本完整。这批档案是中国现存最完整、时间跨度最长的贵族私家档案，是研究孔氏家族史及中国封建社会诸多方面的重要资料。

河北获鹿清代编审册 河北省档案馆藏（石家庄）。该

馆所藏获鹿县清代档案共1909卷，其中保存比较完整的是获鹿县《编审册》。清康熙初年，废止了明代以来的黄册制度，而在南北各地普遍实行了编审制度。编审册遂成为清代前期官府征调赋役的基本册籍，按制每五年编审一次，南方以里甲为单位，北方则以社甲等为单位，仍采用旧管、新收、开除、实在四柱式，详细登录各户户丁、事产，田土买卖推收，科则税额及其变动情况。现存获鹿编审册档案，起自康熙四十五年（1706），止于乾隆三十六年（1771），时间长达65年；涉及当时获鹿县18个社中的17社，全县181个甲中的139个甲，达四分之三强。现存总计近五百册，保存完整的有二百三十余册。这一长时段、大范围的农村各户事产及户丁的登录档案，所载资料十分难得，备受学者关注。其对于经济史、社会史等诸多领域研究价值不言而喻。①

浙江兰溪清代鱼鳞图册 兰溪市财税局收藏。清同治年间编造、民国时期补造。兰溪地处浙东，历史上曾多次攒造鱼鳞图册。清咸丰末年，太平军占领兰溪，县衙被焚，册籍不存，清政权恢复后于同治年间重新编造。至民国时已有不少损佚，又加以补造。兰溪鱼鳞图册现存746册，缺74册，载有清同治时期兰溪城乡35个市镇159个图册土地经理等情况，所存仍达原册籍的九成。鱼鳞图册是宋代以后官府经理土地而攒造的册籍，它以田土为中心，以县为单位，按《千字文》顺序编造，详载每块田土的土名、类别、四至、图形、亩步、面积、税额，以及业主、分庄、佃户等等，成为登录土地相关资料的原始档册。各地遗存的鱼鳞图册总计虽有数千册，但多零散而不完整，作为一个县范围整体性遗存下来的，迄今发现只有两个地方，一是徽州府休宁县鱼鳞

---

① 潘喆、唐世儒：《获鹿县编审册初步研究》，中国人民大学清史研究所编《清史研究集》第3辑，四川人民出版社1984年版。

图册,达千余册;另一个即是兰溪鱼鳞图册。它们都是研究中国古代社会土地制度、产权所有、租佃关系等较为完整的第一手资料。①

福建明清契约文书 主要收藏在福建师范大学、厦门大学和福建省博物馆。福建师范大学历史系收藏的契约文书,为1958年以来从该省许多地区搜集而来,总数近五千件。其中少量属明代文书,大部分为清代文书。文书分布的地区涉及闽中、闽东、闽南、闽北等福建大部分地区。主要类型有土地、山林等典卖契约、租佃契约、借贷文书、经济合约、人身典卖文书、家族财产与婚姻文书、经济诉讼文书等,此外,还有一些文书群,即其中一些文书相对集中于某县某一都里,或集中于某一家庭,或集中于某一块田地山林,更具研究价值。这批文书既显示了明清时代一般的契约程式和内容,也鲜明地反映出明清福建地区社会经济方面的一些特点,如找价之风尤甚,一田二主广泛存在等等。② 厦门大学历史研究所和历史系所藏契约文书,亦为1950年以来,从福建厦门、泉州、闽北地区、寿宁县及其他市县搜集的各类民间文书,近三千件,所属时间自明万历年间迄20世纪50年代。文书种类以买卖、租佃等契约文书为主,还有数量较多、时间集中且归户性很强的警察捐收据及工业捐税收据等,成为该地区捐税史及工商业发展史研究的珍贵史料。

上海道契 上海档案馆收藏。总计三万余号。道契是清朝后期上海、天津等地的地方政府签发给外国人租地经商和居住的地契,因由"道台"签发,故称"道契"。"道契"为

---

① 梁敬明:《鱼鳞图册研究综述——兼评兰溪鱼鳞图册的重要价值》,《中国经济史研究》2004年第1期。
② 唐文基、鹤见尚弘、周玉英:《明清福建经济契约文书选辑·前言》,人民出版社1997年版。

中英文对照,详细标明该地块原中国业主姓名、地理方位、承租该地块的外国人名或企业与机构名、租金等,并记录地块承租权转移的经过及性质。上海"道契"签发历经道光、咸丰、同治、光绪、宣统五朝,直至民国时期。是研究租界史、房地产史、土地关系史、城市史、经济史、社会史、法制史等的珍贵资料。

四川南部清代县衙档案 四川省南充市档案馆藏。计18070卷,约十万件。

南部县衙档案,上起顺治十三年(1656),下迄宣统三年(1911),涵盖了有清一代。该档为南部县正堂所属各房在公务活动中形成的各种文件材料,包括该县同上级、下级和平级衙门之间的往来公文,处理各种公务的相关文件、资料等等,种类齐备,名称繁复,涉及政治、经济、军事、司法、宗教、文化、教育、外交等各个方面,实为清代县衙行政管理活动的一个全方位记录。其整理先以十朝分排,再以吏、户、礼、兵、刑、工、盐等七房分列,基本保留了档案的原貌。因其数量巨大,内容丰富,被誉为"地方文献宝库"。该档案系现存最完整、最系统、时间跨度最长的清代县衙档案,已被列入《中国档案文献遗产名录》。①

四川巴县清代文书档案 四川省档案馆藏。计十一万三千余卷。时间跨度自清乾隆元年(1736)至宣统三年(1911)。该档案曾经四川大学历史系整理,仍按吏、户、礼、兵、刑、工等分房立卷归档;又按政务、农业、工商业和手工业、交通运输、财税、金融、文教卫生、军事、司法、重要事件分类,以朝代顺序排列。其中司法档案近十万卷,占其绝大部分,按诉讼性质与问题,分为司法体例(总

---

① 胡忠良:《四川省南充市档案馆清代档案调查报告》,载国家清史编委会网上工程:"中华文史网"。

类)、命案、地权、房屋、借贷、欺诈、家庭、妇女、商贸、斗殴、盗窃、租佃等二十一个专项。巴县档案内容涉及农工商业、财政金融、司法文化、军事外交等各个方面，为清代县衙档案的又一重要遗存。

直隶顺天府档案 中国第一历史档案馆藏。顺天府为清代京畿地方行政官署，现存档案自雍正起，至宣统止，共4万余件。其内容分为：职官官制、民政警务、宪政、法律词讼、财务金融、工业交通、农林商务、外事往来等等。其中各县衙门档案如宝坻县档案等，涉及清代地方社会行政、司法、民事等诸多方面，研究价值很高，已被学者关注和利用。

江苏太湖厅档案 南京博物院藏。本属清代苏州府太湖厅衙门档案，现存110件。同档案又有31件，现藏于日本国会图书馆。南京博物院所藏太湖厅档案，起自乾隆四十五年（1780年），止于宣统元年（1909年）。这些档案有官府上下行文书以及其他各种形式的文书，其内容丰富，尤以诉讼文书居多，保存有数十个案件的档案资料，并涉及洞庭商人活动、钱粮征收实态、银钱比价、环境整治、治安教育等地方社会诸多方面，实为难得的清代江南地方文书档案。①

安徽南陵县档案 安徽省档案馆藏。计数百件。时间跨度为清光绪十年（1884）至二十年（1894）。系清末南陵县衙承办诉讼案件遗存档案，保存比较完整，其中有县衙治理词讼的四柱清册，缉拿人犯的差票、批文，各种民事、刑事案件的诉状、禀状、判词等。亦属珍贵的地方诉讼文书档案。

台湾淡新档案 台湾大学图书馆藏。计一万九千余件。

---

① 范金民：《太湖厅档案及其史料价值》，载《江南社会经济研究·明清卷》，中国农业出版社2006年版。

淡新档案是清乾隆四十一年（1776）至光绪二十一年（1895）淡水厅、台北府及新竹县的行政与司法档案。经戴炎辉教授等主持整理，档案现分为行政、民事及刑事三门，门下并分类、款、案、件，内容丰富，保存完整，是研究清代台湾行政、司法、经济、社会等的极有价值的第一手资料。淡新档案以其最具规模、完整系统及时间跨度长等，而成为现存的清代台湾省、府、州、县厅署档案的典型代表，亦是中国明清地方文书档案遗存的重要代表之一。

内蒙古盟旗衙门档案 内蒙古自治区档案馆藏有内蒙古东部垦务档案汇集、呼伦贝尔都统衙门档案、喀喇沁旗札萨克衙门档案等，计五万余卷。多为蒙、满文字文书。档案内容有王公世袭、官员任免、军事驻防、关防刑狱、民事诉讼、人丁户口、蒙旗垦务、灾民救济等等。对内蒙古地方史和民族史的研究具有重要价值。如喀喇沁中旗札萨克衙门档案，共三万八千余卷，为该旗衙门与理藩院、卓盟盟长、同盟各旗之间来往文件，以及办理旗下各种公务文件，其中有官员任职、兵丁名册、户籍统计、救灾赈济、旗仓收租、土地分放等等。文书90％以上为蒙、满文，尤为珍贵。

贵州清水江文书 该文书是明清至民国时期，以贵州省施秉、台江、剑河、锦屏、黎平、天柱等县为中心的清水江流域少数民族群众，在林木生产经营，土地买卖，以及其他各种社会生活中而形成的民间契约文书。迄今发现的多属清代文书。目前除一部分面世外，大部分仍在民间保存。其特点是，第一，遗存数量巨大，目前已知总数在十万件以上。就民间契约文书而言，其遗存数量仅次于徽州文书。绝大多数为纸契，亦有少量石契、皮契、布契等。主要内容有：山林交易，土地买卖，合伙经营，佃山造林，山林护养，环境保护，分家析产，家庭收支，纠纷诉讼，乡规民俗等等。第二，该文书多以归户形式保存下来，原文书生态保护良好，几乎全是归户性文书,这是清水江文书独有的一个特点。第三,该文书又属少数民族地区,涉及少数民族社会经济、文化、民俗等各个方面。其对经济史、法制史、社会史、历史人类学以及少数民族史等研究,均具重要价值。清水江文书是明清民间契约文书的又一重要遗存。

云南武定彝族那氏土司清代档案 中国国家图书馆藏。原为云南武定彝族那氏土司府中收藏,1943年由北京图书馆收购。档案起自清顺治年间,止于同治八年(1869)。主要内容有:武定慕连土司的禀复呈文稿,民产诉讼状文、具结保证书、土司出征记录、土司衙内行号薄、立嗣承继及家谱等,涉及政治、军事、经济、司法、立嗣、禁烟、民族关系等诸多方面。该档案是研究我国土司制度特别是彝族封建领主土司制度的第一手材料。[①]

西藏历史档案 西藏自治区档案馆藏。总计三百余万件。九成以上为藏文档案。其大部分是1959年以后从原西藏地方政府机构和拉萨地区的部分贵族府邸、僧俗官员、寺庙拉章以及上层喇嘛等处征集、接管来的,并经国家拨款大力抢救、修复,而保持了档案原貌。档案载体丰富多彩,有纸质、木质、叶质、骨质、金石、缣帛等;书写用料多种多样,除藏墨外,又有以金、银、铜、翡翠、珊瑚、珍珠、朱砂等珍宝研汁书写的档案。档案最早可追溯到十三世纪的元朝,历经明、清、民国直至20世纪50年代,时间跨度七百多年。其内容极为丰富,涉及政治经济、军事外交、语言文字、宗教艺术、天文地理、医药历算、工艺建筑、科技文学、民俗风情、文化历史等各个方面,见证了西藏地方与历代中央王朝不可分割的密切关系,为西藏历史研究提供了系

---

① 楚雄彝族文化研究所编:《清代武定彝族那氏土司档案史料校编·前言》,中央民族学院出版社1993年版。

统而宝贵的原始资料。①

四川自贡盐业历史档案 四川自贡盐业历史档案馆藏。共38726卷。时限上起清乾隆年间，下至民国时期，长达两百余年。主要为盐业经营账册、契约及其它相关文书档案。经营账册记录了井盐业的生产活动等，如《岩口簿》即记载了钻前准备、凿井过程中每道工序使用的工具、每天凿井的进尺、岩层情况、井下发生事故的原因和处理事故采取的措施与办法等内容，保存了传统凿井工艺和相关地质资料，弥足珍贵。经营契约则有开凿盐井契约、井灶租佃契约、日份与火圈买卖契约、合伙契约、置笕契约以及借贷抵押、分关析产契约等等，反映了这一时期自贡井盐业的生产关系和特点。自贡盐业历史档案全面系统，保存完整，资料珍贵，研究价值很高，已被选入《中国档案文献遗产名录》。又，四川省自贡市档案馆亦收藏盐业历史档案二万八千卷，上自嘉庆十二年（1808），下迄1949年，共四十五个全宗，较为系统地记录了近代井盐经营、发展的历史。

广东清代海关档案 广东省档案馆藏。保存有清末粤海关及其下属八个海关的档案共一万二千余卷。大部分为英文档案。主要内容涉及人事、关税、贸易管理、验估、缉私、海务、港务、监察、社会情报等等。这些档案数量巨大，保存完整，为清末以来广州口岸经贸活动的原始记录，是研究近代广州对外贸易和广州口岸历史的第一手资料。

广东清代衙门档案 英国国家档案馆藏。第二次鸦片战争时被英军掠去的清政府钦差大臣衙门、广州将军衙门、两广总督衙门、广东巡抚衙门及其下属机构的档案，统称清代广东衙门档案，该档案原件现藏于英国国家档案馆。1986

---

① 徐长安：《西藏档案馆：藏文史料宝库——访西藏自治区档案馆藏文档案专家扎雅·洛桑普赤》，中国新闻社2006年10月12日电文。

年，我国家档案局与英国公共档案馆通过协商，英方同意将这批档案缩微复制胶片交给我国。这部分档案共25个胶卷，1954件。时间为1765年至1858年。主要内容为：有关鸦片贸易和鸦片战争，清朝中央和地方行政管理，清政府对外关系和对外贸易，农民起义（如红巾军、太平天国）和清政府对起义的镇压，第二次鸦片战争等情况的信札及广东清军驻防地图和军事哨位草图等等。

盛宣怀档案　上海图书馆藏。计十七万八千余件，一亿多字。该档案系盛宣怀家族自1850年至1936年的历史记录。其中前二十年的档案主要属于盛宣怀父亲盛康，而盛宣怀逝世后，其后人又继续记述了二十年。盛宣怀（1844—1916）是清末著名的政治家、企事家、福利事业家和官僚买办，亲历过许多重要事件和活动。他自1870年入李鸿章幕僚后，事无巨细记录自己的日常生活、官场活动、商贸事业、交际往来等等，从未间断，并几乎将所有日记、文稿、信札、账册以及来信、来电、来文等保存下来。这些档案涉及了近代中国史上大部分重大历史事件，成为研究洋务运动史、中国近代资本主义发展史、中国近代实业思想史、近代上海史等十分珍贵的原始史料。被誉为研究中国近代史的一个资料宝库。

还有一些重要的明清地方文书档案，因篇幅所限，恕不一一列出。总之，这些文书档案既有土地契约，又有商业文书；既有民间契约文书，又有地方官衙档案；既有少数民族契约文书，又有专门事项档案；既有平民百姓的归户文书，也有官僚富贾的家族档案等等，涉及广泛领域，内容十分丰富。它们各具特色，都有其独特的研究价值；而徽州文书则以其数量大、种类多、涉及面广、跨越历史时代长和研究价值高等特点，最具代表性。

三、明清地方文书档案的研究价值

随着近代历史科学的诞生和发展，在史料学方面也发生了深刻的变化。一是史料的采用范围不断扩大。以中国史研究来说，举凡甲骨金文、简牍帛书、官府档案、契约文书、墓志石刻、谱牒家乘、出土文物，乃至田野调查、图像史料、口述历史等等，都包括在史料搜集与利用的范围之内。二是对第一手资料的重视。史学作为一种科学研究，实证性的论证是它的基础。而要进行科学实证，就不能不重视第一手资料的搜集和利用。在史学研究中，虽然什么资料都可以用，但不可否认，资料本身的性质是有所不同的，其中有一手资料与二手资料、原始资料与晚出资料、直接资料与间接资料之分。所以研究之中最重要的是搜集那些证据确凿的原始资料，用第一手资料说话，才能使立论符合实际，得以成立，才能做到科学论证，具有说服力。而文书档案，由于它是在古代社会公私各种活动中直接产生的原始文本或文字记录，故具有原始性、凭证性和文物性质。所谓原始性，即是与一般著述编撰不同，文书档案并非后来加工创作出来的，而是在社会活动中直接产生的最初文本与文字资料；所谓凭证性，即这些在社会活动中产生的原始文本，如契约、合同、分书、婚约等，本是一种书证，在法律上乃具证据之效用；所谓文物性质，则指文书档案虽属文字资料，但作为历史活动中直接产生的文本原件，亦构成历史事件本身物质资料之组成部分，许多文书原本自其形成之日起就是唯一的，故亦具文物性质。总之，第一手资料正是文书档案的基本属性。因而在近代以来的历史科学研究中，文书档案史料占有十分重要的地位，其开发利用越来越受到重视，这是必然的。

文书档案可为史学研究提供典型的个案资料。在已面世的明清地方文书档案中,发现有较为完整的明代黄册底籍,记载了包括几个自然村在内、长达数十年的丁口与土地资料;有汇集一个家族若干世代分家析产的阄书汇录;有历时数十年至百年、数量达几百件至千件的归户性文书;有某个商号长达若干年的完整的商业经营账簿;有关于某个案件的齐全的诉讼案卷,又有集中于一人的长达数十年的信函书札等等。这种具体的鲜活而完整的个案资料,在一般的典籍文献中很难找到。而史学研究中典型个案分析的价值和意义,并不仅仅在于它提供了一个例证。抽象论说源自于具体事例,宏观概括离不开个案分析。那些研究中的真知灼见,理论上的创新发现,常常蕴涵在具体个案的考察之中。

文书档案应该说是一个相当广泛的概念。从史料学来说,它包含有多种史料,涉及史学研究的很多方面。一方面,文书档案的种类极为繁多,十分庞杂。以交易类文书来说,即有土地买卖契约、典当文约、对换文约、租佃契约、借贷字据、投主文书、卖身文书等等。又如簿册文书,则有置产簿、收租簿、祭祀簿、合同簿、分家簿、会书会簿以及各种商业账簿等等。另一方面,即使一种文书所涉及的内容也常常是多方面的。如土地买卖文契,既有资产积累、土地流动、田土价格等经济方面内容,也有契约订立、交易程序、签押证人等法制方面内容,还有找价添价等地方民事习惯内容等等。又如宗族文书,既有宗族结构、人口生育等社会史方面内容,又有族产经营、财产继承等经济史方面内容,也有宗族纠纷、诉讼案件等法制史方面内容等等。总之,明清地方文书档案包含的内容极为广泛,内涵十分丰富,涉及土地关系、赋役征调、民间借贷、经济人口、农村市场、宗族社会、家庭婚姻、财产继承、司法诉讼、识字教育、医疗卫生、会社组织、诸神信仰、风俗习惯等诸多领域,为经济史、社会史、法制史、教育史、文化史以及地方基层社会的综合考察提供了多种素材。

如果我们再考察一下20世纪以来文书档案的发掘与史学研究实际发展的关系,则更可明了文书档案的研究价值。首先可以看到,文书档案史料的运用促进了不少学科领域研究的发展。早在20世纪三四十年代,我国著名的老一辈史学家、中国社会经济史学的开拓者之一傅衣凌先生,就开始注重民间契约文书等资料的搜集,运用这类资料,写出论著,并倡导把这一方法应用到社会经济史学的研究中去。他说:"谁都知道社会经济史的研究,应注重民间记录的搜集。所以近代史家对于素为人所不道的商店账簿、民间契约等等都珍重地保存、利用,供为研究的素材。在外国且有许多的专门学者,埋首于此项资料的搜集和整理,完成其名贵的著作,而在我国则方正开始萌芽。本书对于此点也特加注意,其所引用的资料,大部分即从福建的地方志、寺庙志以及作者于民国二十八年夏间在永安黄历乡所发现的数百纸民间文约类辑而成,皆为外间所不经见的东西,这一个史料搜集法,为推进中国社会经济史的研究,似乎尚值提倡。"① 在傅先生的倡导之下,其后多有学者注重文书档案等史料的搜集和运用,中国社会经济史学研究长足发展,成为中外瞩目的学派。在日本史学界也有同样事例。日本著名中国史研究家仁井田陞教授于20世纪30年代写出《唐宋法律文书研究》②,其后又著《中国法制史研究》等系列论著③,注重民

---

① 傅衣凌:《福建佃农经济史丛考·题记》,福建协和大学出版1944年,转引自傅衣凌:《我是怎样研究中国社会经济史的》,山东大学《文史哲》1983年第2期,又收入《傅衣凌治史五十年文编》,厦门大学出版社1989年版,第41页。
② [日]仁井田陞:《唐宋法律文书研究》,东方文化学院东京研究所1937年版。
③ [日]仁井田陞:《中国法制史研究》(全四卷),东京大学东洋文化研究所1959—1964年版;东京大学出版会1981年再版。

间契约文书与基层社会史料的运用,开拓了中国法制史研究的新领域,成为中国法制史研究的奠基之作。20世纪90年代以来,中外学者法制史的研究十分兴盛,参与学者之众多,取得成果之丰硕,前所未有。其得益于大量明清文书档案诉讼案卷的公布与利用,也是十分明显的。如果没有文书档案诉讼资料,那种缺乏实例个案的法制史研究,恐怕是苍白无力的。社会史方面的研究也是如此。对于重视基层社会、倡导自下而上地阐释历史的社会史研究来说,鲜活而具体入微的文书档案,更是绝好的史料。尤其值得一提的是,文书档案资料的重大发现促成了新学科的诞生。20世纪初,国学大师王国维曾有这样的总结:"古来新学问起,大都由于新发见。"这里暂且不说敦煌文书的发现对敦煌学形成的重大作用和意义,以明清地方文书档案而言,正是由于20世纪50年代以后徽州文书的大量面世及其研究,而促进了徽学学科的形成和研究的发展。虽然不能把徽州文书与徽学二者等同起来,但徽州文书在徽学形成中所起的重要作用是有目共睹的。回顾20世纪以来的学术发展史不难发现,史料发掘与史学研究,二者实为一种相辅相成的关系。新史观的确立,理论上的革新,开拓了史料发掘的新视野;而新史料的重大发现则促进了新学问的诞生。徽州文书的重大发现促进了徽学学科的诞生是一个典型例子。

同任何史料的价值都不是绝对的一样,文书档案亦有它的不足。总体来看,遗存至今的文书档案数量毕竟有限,很难反映历史发展的背景与全貌,虽可进行微观考察,而难以作出宏观概括。实际上各种史料都有自己的特色,相互之间具有互补性。在实际研究中,必须提倡史料的综合运用。尽管如此,文书档案作为第一手资料应当引起研究者的特别关注,这是理所当然的。在史学研究倡导多维视角、多元参证的今天,明清地方文书档案的研究价值被越来越多的学者所认识。地方文书档案已成为中国古代史史料构成的一个重要方面。

本稿撰写之际,封越健、王裕明、刘道胜诸位先生为文中所辑地方文书档案的出版信息做了补充,谨致谢意。

(本稿原为"中日学者中国古代史论坛"而作,收载于《第一届中日学者中国古代史论坛文集》,中国社会科学出版社2010年。此次发表又做了补充和修改。)

叩开苗疆走廊文化的大门[①]
——以清水江流域天柱县契约文书为中心的调查

◎ 张新民

一、引　言

　　余自 2002 年以来，便密切关注清水江文书之抢救整理情况。自知一介书生，岁月催老，馀日无多，况民间契约文书，事涉专门，成果已丰，决非余之研究所长，晚年易辙改道，耗时费力，必难有所成就，而徒贻泛滥无归之讥也。窃思之，若不旁骛他业，颛志传统思想文化领域，总结一生积累，以温润体贴之情，逐一摅志成文，则自信所造必多，贡献亦稍大矣。尤可叹息者，已成之书稿多部，皆鳞装散乱，久藏筐箧，徒延岁时，无暇整理，难以出版，每深憾焉。故一面对诸生，即内怀愧涩耳。盖师尊不必弟子显，师卑则弟

---

　　① 本文为国家社科基金重大项目"清水江文书整理与研究（项目批号：11&ZD096）"，复旦大学"贵州清水江文书研究"985 工程三期项目（2011RWXKYB045）的阶段性前期成果。

子易为屈。师既无成就,弟子颜面何光哉?士夫立身久已无范,世风亦随之浅薄矣。然余明知如此,仍舍长就短,耗费大量时间精力,上下奔走呼吁,数十次前往文书庋藏地调查,又辗转翻阅大量文献,论证文书史料价值,以为坐看一代文献凋零,必难逃历史罪责,虽忍人亦不足以形容之,又谈何闻性与天道之旨耶?而既视其为性分内事,以为天命所在,不为即不忍,不忍即不仁,遂多方转辗联络,力求玉成厥事,而终因私家力薄,乃集合众力,及抢救征集,并整理公布出版,以厌世人之需求,壮大学界之阵容也。

清水江契约文书大量散落民间,纸质脆裂,文字易灭,故最为首要者即为蒐求,其次当为整理考释,再次则为公布出版,最终化私藏为公用,天下学人皆可取用,而各自成就其专业也。故余之所以关心兹事,实悚然于宝物幸存者有尽,散佚澌灭汲汲可危,蒐求之视其他诸事,不能不先列为急务矣。故余之呼吁,亦以抢救整理为主,而各地政府部门之抢救工作,亦因此得以规模化、系统化。不数年间,入藏归档者竟逾十万,[1] 文书从此长存天壤间,免去与草木同腐之厄,斯亦天不丧吾华夏文化之幸事也。

余又以为,清水江文书数量之多,已足可与徽州文书、敦煌文书,并垺合称为三大文书系统;惟研究成果欲与徽学、敦煌学相颉颃,则必专一以赴,急起直追,始可后来居上,蔚成清水江学专门学科。故 2009 年,余尝代表贵州大学中国书院,与天柱县人政府达成合作协议,共同整理公布契约文书。盖契约入藏档案馆,得以长留天壤间,固不失为一大好事,然倘若扃闳深锢,不能对外公开,徒令学界兴叹,亦难免不留遗憾也。区区微愿,则以此为契机,开创

---

[1] 参阅张新民《走进清水江文书与清水江文明的世界》一文之具体统计,载《贵州大学学报》2012 年第 1 期。

政、学两界合作之局面，扩大公共资源之利用开放范围，促进乡邦文化建设发展，俾治斯学者，皆有材料可依，有途径可循，而不致贻笑学界，以为黔中学人胸量狭小，乃至非仅无识，亦根本无人也。而余所订之抢救理董原则，均反复强调原件一概留存当地，由政府及村民以多种形式，善加珍藏保管。理董工作只依据照片或复印件著录考释，同时尊重文书持有人及征集者之利益，以适当之署名方式公诸世人，亦方便依照归户性特征田野调查。而余之所以反复强调文书归户性之重要，亦取鉴古器物出土地点地层之于考古关系甚大，均有裨于史实之核准考证，不能不再三告诸吾国之治斯学者也。

中国史学之发展，固有待于方法之突破，考证之缜密，学问境界之提升，解读范围之扩充，问题意识之开拓，研究态度之严谨，然第一手史料之提供，亦为一大关键，决不可轻忽其触媒之因缘。而余之多年呼吁抢救文书，着眼处亦在中国史学之发展，凡古书已证明未证明者，无论否定或肯定，均必须多方取证材料。若一味驰驰骋新说，忽视基本之史料，则其说愈怪奇巧辩，其结论愈不可信。倘史料一旦获取，则必须系统整理考释，尽快公诸学界同好，以俾世人互资取用，催生更多学术成果也。惟整理考释也者，工程浩繁巨大，涉及问题甚夥，虽聚集众多青年才俊与役，仍颇感费时耗力。盖开荒垦地，斩荆芟榛，欲其瓜果满架，大树葱郁荫覆，必有前人劳作在先，后人始可乘凉受益也。比较言之，其中之一大困难，即为地方特殊俚语俗字之训释，尤其事涉苗侗两族语言差异，孰当采孰当弃，往往未易遽得确证，非准确对音即不能解决问题。① 遂多次谋议前往当地集体调查，兼实地踏勘清水江两岸村落分布情况，了解其既为苗疆走廊，则功能意义究竟何在，而终在今年（2011）四月一日至六日成行，形成以下调研报告，或可供世人酌考焉。

二、天柱县地理沿革及其区位特点

为确保调研成果准确可靠，行前曾穷两周之力，查阅当地相关资料，并随手摘录，汇为类别，以备比照核对之需。

余欲前往调查之天柱县，位于贵州省东部，分布于清水江西面，东邻湖南会同、芷江两县，南接黔省锦屏县及湖南靖州县，西连省内三穗县，北靠湖南新晃县。南齐时曾设东新市、南新市二县，属东牂牁郡。明洪武二十三年（1390）设屯溪后溪千户所，属靖州卫。二十五年置天柱守御千户所，属湖广靖州。所谓"天柱"云云，乃以城北"石柱擎天"柱石山景观得名。万历二十五年（1593）置天柱县，与守御千户所同治，并析绥宁、会同二县地益之。因县址山形宛如凤凰，民间又径称其为凤城。建县之前，天柱所吏目朱梓尝"单骑入寨，宣布朝廷德化，许遵旧议建县。二苗老（苗酋傅良嘴、陈文忠）率先，诸苗输诚纳款，爱之如父母，畏之如神君。朱以苗裔归附之诚，乃上便宜数十事，切中肯綮"②。朱梓之所作所为，实乃国家认同之有意识引导，代表治理苗疆之"王化"策略，不妨视为以后不断持续发生之

---

① 如同敦煌文书、徽州文书一样，清水江文书俗字、别字甚多。然孰正孰俗，教对敦别，皆适相对反，判识甚难。溯其源流，自先秦以来，类似问题，即时有发生，并非局限于文书一体。惟更为复杂者，乃清水江文书多汉字记苗侗语音，或记音与意译混合，愈增加训释之困难。故必须凭借田野调查，采取双语或多语互证之法，比勘阿对，折之中道，以求一是焉。

② 《天柱县初建县治碑记》，见康熙《天柱县志》卷下《艺文》，民国北平来薰阁影印康熙二十四年刻本。

"国家化"文化变迁象征性事件。而建县之后，已为首任知县之朱梓，复乃召集民众修筑县城，"诸苗自行输木兴工，创堂宇二所，其文庙、明伦堂等项，各有人承造"①。可见国家力量进入当地时间甚早，儒家价值植根当地速度亦颇快，乃至"易刀剑而牛犊，易左衽而冠裳，好勇习战之风，日益丕变"②，不仅国家认同不断加强，即习俗风规亦大有变化，实乃中央王朝经营清水江流域之一大方略突破口，成为开辟其他所谓殊域异邦之一大文化转输地。

入清以后，当地沿革亦屡有变化。不可不举者，如雍正五年（1727），当地改隶黎平府，十一年，复改属镇远府。乾隆元年（1736），置远口巡检司，归隶天柱县。民国三年（1914），改远口巡检司为远口分县。二十五年（1946），省远口分县入天柱县。今天柱县所辖乡镇主要有凤城镇、邦洞镇、坪地镇、蓝田镇、翁洞镇、远口镇、坌处镇、高酿镇、石洞镇、白市镇、社学乡、浪马乡、竹林乡、江东乡、注溪乡、地湖乡。

清水江发源于都匀斗蓬山，流经丹寨、麻江、凯里、台江、剑河、锦屏等县，于锦屏县茅坪镇杨渡溪杨渡角处，开始进入天柱县境。又流经天柱境内坌处、远口、兴隆、白市、翁洞等地，最后由翁洞镇经金紫村出境，注入沅江再汇入洞庭湖。流经天柱境内全长77公里，流域面积达1945万平方公里。明代地理学家王士性称："贵州设山上中高而外低，如关索，乃贵镇山，四水外流，内无停蓄。北二水，一出涪江，一出沪江。东一水，出沅江。南二水，一出左江，一出右江。"③ 所谓"东一水"云云，即指同属沅江水系

---

① 《建天柱县咨文》，载康熙《天柱县志》卷上《城池》。
② 康熙《天柱县志》卷上，《风俗》。
③ 王士性：《黔志》，张新民点校，《黔南丛书》第九辑本，贵阳：贵州人民出版社2010年版，第8—9页。

之清水江及潕阳河。而清水江与沅江实同为一江,不过上游、下游之区分而已。其流经天柱县境而注入清水江之支流,以及支流之支流甚多,遂相互形成水道网络体系。可举其名者,略有八卦河、摆洞河、硝洞溪、汉寨溪、圭大溪、三门溪、鉴江、三团河、朗江、金龙溪、姚家溪、半溪、大溪、汉溪河、渡马河、瓦窑河、塘洞溪、瓮瓦江、岩鼓河、柳溪河。境内生活之少数民族,以侗族为最多,秦汉以来或称"武陵蛮",或名"五溪蛮",元明以来则多称"峒人"、"峒蛮",亦时呼"洞苗"、"洞民"、"洞家"。其次则为苗族,本为三苗后裔。据宋人叶钱原为《溪蛮丛笑》作序云:"五溪之蛮……聚落区分,名亦随异……环四封而居者,今有五:曰苗,曰瑶,曰僚,曰僮,曰仡佬,风声习气,大略相似"①;可知苗西迁武溪地区后,亦一度统称于"五溪蛮"总名之下,明以来则径称"苗"或"洞苗"。或借用清人之说法:"自周汉至宋元,专号曰'蛮';而由明以来,又专曰'苗',总之,苗、蛮一也。"②又其衣多尚黑,时或称黑苗,多集中于"都匀、八寨、丹江、镇远、黎平、清江、古州等处,族类甚众,习俗各殊,衣着尚黑,男女俱跣足陟岗峦,披荆棘,其捷如猿。"③可见由蛮而苗,虽表面仅为一称谓之改变,实则仍有民族身份之隐喻,表征国家看法之转移,虽难免不视为异在之"他者",然看法则渐接近于实情。而余则反复强调,无论侗族或苗族,当然也包括数量不少之汉族——均按自然村落错杂而居——其进入贵州腹地之一大天然凭藉,即为清水江文化走廊。故均可谓为清水江之开发者与

---

① 朱辅:《溪蛮丛笑》,庆元乙卯(1195)叶钱原序,《说郛》第67册本。
② 严如煜:《苗防备览·风俗考》"跋语",贵州省图书馆藏道光二十三年绍义堂刻本。
③ 李宗昉:《黔记》卷三,见《黔书》、《续黔书》、《黔记》、《黔语》合刊本,贵州人民出版社1992年版,第293页。标点略有改动。

创造者,都在当地留下生活与劳作之历史性足迹,都是土地经营与林木贸易之垦殖者或权益者,代表生活世界不可或缺之主位性或在场性。至于侗款、苗款、议榔、鼓社,以及后来不断强化之宗族制度,则是其有效管理自己之一套自治方法,不能不源自天然自发之认同情感。数十万份契约文书之保存或珍藏,清水江日夜奔流不已之流淌声,以及江流两畔之葱郁山脉与锦绣大地,皆为当地乡民曾经存在并将永远存在之具体性见证,值得今人重新发现其之存在性历史,重新进入其生存、生活、劳作与交往之日常世界,理解其情感、价值、伦理及信仰之精神天地。

由于古代西南地区大量散居聚集之少数民族群体,中原学者历来误读或泛称其为"苗"者甚多,故清水江两岸之广大地区,襄昔又多径称其为"苗疆""苗地"。清人方显《平苗纪略》以为当地"广袤二、三千里,户口十馀万,不隶版图,不奉约束"①,然自雍正年间开辟苗疆后,则逐渐纳入帝国行政体制范围,"王化"力量不断拓殖扩大,帝国力量已足以控制其生存空间,社会经济文化变迁亦急遽加快,"生苗"遂开始变为"熟苗","边疆"则日愈接近"腹地"。天柱作为开拓较早之"王化"示范区,其地缘性之桥梁勾道作用实不可轻易低估。易言之,中央王朝庞大一统秩序之扩张,沿清水江下游之天柱等地区,不断向上游之其他异文化区推进深入,而最终得以实现其"王化"之边疆治理方略者乎?此乃当地生活文化体系嬗变之一大转捩关键,善读史者当不可轻易忽视也。

开辟苗疆即意味清水江航行权之彻底获得,能够直接利

---

① 方显:《平苗纪略》,未分卷,同治年间武昌刻本;参阅张新民《清初苗疆开辟及其相关问题述论:马国君〈平苗纪略研究〉序》,载《中华传统文化与贵州地域文化研究论丛》(二),巴蜀书社2008年版,第247—261页。

用水道交通所提供之便利,扼控其他毗连地区,掌宰大西南局势。又通过大西南掌控主动权之获得,有效扼制西北蒙古势力。盖清水江"上控黔东,下襟沅芷,囊百蛮而通食货,顺江流而达辰常,山川耸峻,楠木东流,界在黔楚之交,尤为峒苗砥柱"①。不难想象在国家边疆治理视野中,其区域战略地位为何等之重要!所谓"剪除凶孽,令民得安枕,以仰副皇上绥靖边疆至意"云云,②便说明开辟苗疆并促使其朝着国家化方向发展,实乃中央王朝长远治边方略颇具关键性意义之历史性环节。而清水江作为经济、文化、政治之航运交通大道,则不仅足可延伸国家行政理性力量,亦能打道民间村落交往空间,演绎无数之历史故事,倾诉史家之心灵呼声,值得重新探寻其固有之真实,揭开其神秘之面纱。故特将余调查日志,合编为一文,虽难免流水账簿之嫌,然既为实地踏勘所得,则自有其存在之价值耳。

三、采访地方知识精英

四月一日,上午正式出发,前往天柱调研,集中时间精力解决文书考释疑难问题,了解清水江文明之过去与未来。同行者为黄诚、龚妮丽、卢祥运、安尊华、马国君、罗正副、王凤梅、张中奎、廖峰等十人。四时即醒,兀坐待明,六时起床,七时会聚众人,转金阳乘车,九时出贵阳城。下午三时抵天柱,入住鉴江酒店。所谓鉴江者,亦清水江之支流,而取用为店名,则可知其重要。

稍作休息后,即赶赴档案馆,考察文书入藏情况。档案

---

① 康熙《天柱县志》卷上,《形胜》,民国北平来薰阁影印康熙二十四年刻本。
② 布兰泰《奏筹划进剿谬冲花苗折》,见《清代前期苗民起义档案史料汇编》,光明日报版社1987年版,第1页。

馆办公条件已大异于昔日，文书收藏亦极规范，非仅数量已增至一万二千馀件，且均已全部录入电脑，按照数字化程序编排，检索极为方便快捷，清晰度亦颇高。入藏最早者为嘉靖年间之文书，已嘱人拍为照片。而文书系统已涵盖数代王朝，价值意义岂非大矣哉！晚整理调研提纲，人静乃睡。

四月二日，上午九时邀请天柱苗、侗两学会专家座谈，与会者凡三十人，先集中后分组，解决问题甚多，凡滞惑疑似者，一经说明，即豁然开朗，如获至宝。其中如当地契约文书，每有言"砍二不砍三"者，虽知其关涉林木种植砍伐，然其具体含意究竟如何，则殊难判识。一经询问，始知为仅出典两次林木种植砍伐权，第三次砍讨权则必须收归典主。又契约屡见"封"字，当为计量单位，然具体数额究竟多少，详情仍不得知。通过调查乃知，一封为三十六枚铜钱，方法为先将钱放入钱槽，摇动排齐，然后用牛皮纸包住，以便存放携带，故民间统称为"封"。而一边乃当地糯禾凉晒计量单位，约为十二斤，查光绪《天柱县志》可知，然经当地专家点明，乃恍然大悟，亦足证自身读书功夫不够。噫！尺短寸长，信不诬也。

与汉族文化区相较，苗疆计量单位差异甚大，代表另一类型之礼俗风规，清人早已觉察："苗民入市，与民贸易，驱牛马，负土物，如杂粮布绢诸类，以趋集市。粮以四小碗为一升，布以两手一度为四尺，牛以拳数多寡定价值，不任老少。其法将竹篾箍牛前肋定其宽侧，然后以拳量竹篾，水牛至十六拳为大，黄牛至十三拳为大，名曰拳牛。买马亦论老少，以木棍比至放鞍处，从地数起，高至十二拳者为大，齿少拳多价差昂，反是者为劣，统曰比马。届期毕至，易盐，易蛋种，易器具，以通有无。初犹质直，今则操权衡，较缁铢，甚于编氓矣。与亲党权子母，以牛计息，利上加利，岁长一拳，至八拳则成大牛，至数十年即积数十百倍，有终身莫能楚者,往往以此生衅,虽父兄子弟叔伯甥舅,见利即争,且有爱重贿而相卖,争财产而相杀者,惟在司牧者善导之耳。"① 具见苗汉交易,互通有无,显然计量方法不同,亦皆形成惯例,均各有其规则可守,遂能形成公共空间之贸易活动,即传统所谓集市。而苗疆民风质朴,虽不敢遽云无有变化,然市场秩序之动力,显然出诸自动自发,属于民间自治,非人谋强迫为之,亦少见国家干预,则可断言也。试观其计量方法,实乃扎根于民间习俗,并未凭借国家行政理性力量,推行统一之标准,则尽管多元必有不便,民间差异难免不导致实质之不合理,然既获苗汉两文化圈民众认可,形式已颇为公平,故交易活动遂能长期维持发展,正面意义亦始终远大于负面影响。惟风俗古今无恒,文献可征者寥寥,欲求读解畅遂通达,则每感茫然无下手处,棘手者不胜其烦且夥矣。盖乡土知识与生存之场域本有密契之关系,必为适应生存环境而产生,亦与生活之方式大有难解之缘,实乃因应生活世界而存在,固然可以规范之方式将其客观化,亦必关联内涵价值之礼俗风规。故凡能释疑解惑者,皆为吾之师也。古人所谓不耻下问云云,幸今日复睹其践履者矣。

  余有感于此,遂以为斯行之最大收获,即结识当地侗学专家萧德成先生。盖其为人也,气正性严,语温言润,非仅口头赐教,且书面惠文,惠我者多矣。萧先生尝语余曰:"多年心愿,乃在依据亲所见闻,兼采各种地方史料,撰一木商文化专书,惜老已至,观成无从矣。"余笑答曰:"壮举曷嫌早晚,天意固怜幽草,人间必重晚晴,自信必得先睹之乐也。"是日三两一组,切磋交流,至晚乃散,无不获益。

---

① 严如熤:《苗防备览·风俗考》,"苗民交易计量法"条,贵州省图书馆藏道光二十三年绍义堂刻本。

余近年颇为关注乡土文献学之学科建立，其所关联之地方性知识甚多，均无不扎根于民间文化土壤，传统所谓采风问俗云云，实即方法论渠道之一。兹不妨将采访萧德成先生所得，一一具录如下。为节省篇幅，契约称名一概略去，仅标出编号，以便按图索骥，一一比对原件，即可知其所指之事何在也。

GT-006-025①：美：侗语冠词，凡称谓植物，于名词前加一"美"字者，其意即指这是某一物，如这一棵树、这一株草、这一棵菜等等。

GT-006-058：攀芹：乃汉字记侗族语音，意指屋场之边角，或指某一特定地理区位之傍山处。

GT-036-001：柱子占两扇：侗族民居住房，多为框架式木结构，一间房子必有两排立柱，二间房子当有三排立柱，三间房子则有四排立柱。每排立柱及其隔板称为一扇。所谓柱占两扇云云，即指木房之两排立柱及隔板。占二站，意指柱虽已站立，然尚未拆下或装放隔板。

GT-011-068：库料：征收田赋，可分钱币与实物两种，实物可为具体之粮食作物，如稻谷之类，库料即负责征收实物之人。

GT-21-027：抄、柞、圭、粒：均为当地糯谷计量单位。按明清以迄民国，清水江流域地区计量糯稻，由于禾与谷一时难以脱离，往往将割下收获之茎干，连同附着于其上之谷粒，共同合为一单位计算。"柞"通常即为拇指指尖与食指指尖（偶尔亦用中指指尖）空握时之圆周。按光绪《天

---

① 按契约文书之编号，G代表贵州大学，T为天柱县档案馆，其馀数字则为档案卷宗号及卷宗内之排列顺序号。全书由贵州大学与天柱县人民政府合作整理出版，届时自可比对编号查找原文依据。

柱县志》卷三《田赋》："荒田粮三十九石五升九合二勺一抄九撮（拃）九圭八粒"；可证抄、圭、粒，亦皆为糯稻计量单位。拃小于抄，而大于圭与粒。

GT-020-002：圭大、圭火：圭大乃当地村寨名，圭火为涉笔偶误。

GT-021-210：三公与共：指同一家族之嫡亲三房，共同拥有或共同团结。

GT-011-065：库书：清末民初，凡征收田赋，其经管之人，通常皆称为库书，又或称为库经。

GT-029-037：霝零之同音字异写或俗写。

GT-029-028：天川：侗族木房建筑之构件，主要用于连接两屋间之木柱，起稳固及分散压力之作用，通常皆作"腰川"，"天"乃"腰"之同音异写。

领条：领乃"檩"之俗写或异写，指檩接承受椽皮之屋顶横木。

传皮：传，应作"椽"，通常均架于檩之上。檩横椽竖，二者共同受重，承接遮挡雨水阳光之屋顶瓦片。

GT-029-034：拉：疑应作坨。

GT-030-100：贰拾叁仟：仟为计算单位，即23个仟，总数当为23000。

GT-030-023：共粮：共应粮，或上交其所承担的贡粮田赋。

GT-030-126：开路：佛教语，意为超度死者，为亡灵开通前往阴间或先祖归宿地之道路。

封礼：即封礼包，一般用于佛事超度活动，指送给主持仪式之道人或僧侣之礼金，多用红纸封裹开口处，即今人常称之红包。

一同：即一筒，当地量具，三筒约合一升，一升约为二市斤。

五步：即五个，步乃量词，同个。五步礼即五个礼。

件：当地量器，通常用于量酒，一件大约相当于25g。

GT-024-042：二排：排又称扇，乃木结构房屋立柱，三间房屋即有四排（扇）立柱，遂简称四排。交底连成的进深柱子，通常即称为二排。

GT-024-043：圭禄：地名。土地门：地名，门读作闷，侗语指"天"，土地门即规模较大之土地神庙。

GT-024-071：文艮：即纹银。

一枞：当地幢读作枞，乃房屋单位，一枞即一幢（房屋）。

总词：词乃祠之讹。当地侗族同姓即为一族，多聚族而居，以后子孙繁衍，分家后即称为"房"，长子为长房，次子为次房，三子为三房，以此类推，皆按血缘年齿排序。各房共同筹款修建宗祠，举行家族仪式，共同祭祀血亲祖先，通常即称其为总祠。房下也有各自修祠祭祖者，然一般仍须敬奠总祠。

老戚：即历年已久之老亲戚。

围码八十八两：当地百姓丈量木材体量面积，多用楠竹篾条经酒或桐油浸后，再将其制作为计量工具。篾条多刻有可用于丈量之尺度，以便围量木材圆周面积，计量单位分两、钱、分、厘，均为十进位制。丈量时尚要结合木材长短质量评判，短或质量较差者须从圆周数中适当扣除。码子根据木材大小、长短等，又分为"分码"、"小钱"、"中钱"、"大钱"、"大七钱"、"两码"等。所谓"两"约相当于现在的一立方米，八十八两则为八十八平方米。然木商进行交易时，相关之细则尚多，故"两"所代表之木材体积，偶尔亦会与今之立方米有所出入，换算时尚需具体情况具体分析，不可简单地以为二者完全相同。

横正除其形穴内勿伤：横正，不管怎样，无论如何。全句意为举凡左右上下，凡涉及墓穴内之地，无论如何均不要破坏（伤害）。盖当地习俗甚重丧葬，视为家族大事，最忌破坏祖先茔冢地。

屋场：即宅基地。

一刀坎过：坎，砍之讹字。一刀砍过，意指经过第一次砍伐。

油水：即茶籽油，通常简称茶油。盖固体之茶籽经过压榨工序后，产出液体状之茶油，故又根据其形状，称为油水。

房族、本房：房族即具有同一血缘关系的内亲族群。以后随着人口增加，则可分为多房。本房则指三至五代代的血缘亲族。

边、籽：边为稨之俗写字，盖读音相同而省写。籽则指左手紧握的糯稻穗茎单位。据光绪《天柱县志》卷三《田赋》，四籽为一稨（扁），一扁约重12市斤。

凸：当地读作bóng，一般指小山丘。

阴阳两卖：阴即阴地、或称墓地；阳即阳宅，指屋基地；两卖即两类用地同时卖出。按当地习俗，阴地一经卖出，卖主即不能再有入葬之事。

GT-021-206：地理：指地理先生，即通晓堪舆学之人，民间通常称其为风水先生。

除帖：卖地人将原来所持地契除与买主，表示卖主与所卖之物已全然了断。

扣水：清代征收田赋，按制可用现银抵粮，然如若属碎银，熔锭上交府库会略有耗损，数量则稍低于本银，俗称"火耗"、"水扣"。故民户交纳银两抵粮，除交纳田赋本银外，尚要适当增收"扣水（火耗）"，以弥补官府熔锭上交时之损失。

血侄：至亲侄子，血指血缘关系最近最亲者。

九钱色：清代银钱成色不一，大多未足十成，通常多为九钱色，八钱色钱。九钱色，即九成比例银含量的的银钱。

封：将铜钱逐一排叠整齐，用纸包裹为一封，封内一般包裹36枚铜圆。

花：指收成。粮食收成后须上田赋，上交田赋之农户，通常即称花户。

挑：量词，即担；一挑约为100斤。

洋：银洋省称。

三干：即三间，当地"间"读 gān，通常用来指称屋内房间数量

二比：即双方。

上中：即上中等。

派头：指分派的份额。

上会：即邀会，邀请入会。

塝：田土上面的山坡，虽高出田土，然落差并不太过悬殊。

GT−024−066：自面：即当面。

铜圆：即铜钱。

福事：似即佛事。

报恩：下辈请道士或僧人为上辈亡灵超度、追荐，俗称做法事，也称报恩，即通过超度仪式回报先人恩德。

以上所列，尚须比对文献，多方周纳，折衷一是。然来源既扎根乡土民间，自有其本土知识之依据，大多足可信据，可供考释者取证酌采，或兼可补《汉语大词典》失收词条或义项之阙略，而有裨于学术之发展也。清人严如煜《苗防备览》尝云："苗民不知文字，父子递传，以鼠牛虎马记年月，暗与历书合。有所控告者，必倩土人代书。性善记，

慎有所忘,则结于绳,为契卷,刻木以为信,太古之意犹存。"① 严氏述事,主要乃官方视野,故所见倩土人(土家人)代书者,亦为控告具呈官府之诉状。其实民间协商,涉及之事既繁且杂,请他人代书者,亦林林总总,奚止控告诉书一类？而苗、侗两族记事,见诸契约文书者,既多由他人代笔,均为汉语书写,故音同意异,不得要领之处,必然甚多,考释训解,辄当时时留心,处处审慎,以免望文生义之弊,移甲就乙之病。昔人所谓:"榛榛狉狉万山中,八耳方言不一同;客至欲明真意绪,象胥先把语言通。"② 实乃经验之谈,洵为笃论耳。

采访至六时始结束,遂设晚宴答谢。席开三桌,济济围坐,相叙甚欢,尽兴乃散。夜深复召集课题组成员开会,各抒心得,争论激烈,斯亦难见难逢之好事也。

四、观赏侗族叙事歌舞

四月三日上午,九时即驱车前往注溪乡考察。注溪位于天柱县城北面,地处清水江畔,距湖南省新晃具甚近,辖上注溪、下注溪两村。林木树种多为杉、松、油茶,农业则主要种植水稻、小麦、油菜、洋芋。余所整理之文书未见有来自注溪者,故原不在考察范围之内,乃应县政府反复邀请,故临时前来观看当地侗族歌舞。

汽车抵达上注溪后,经乡政府干部介绍,先赴杨万超先生家,与其围坐叙谈。杨乃贵州大学艺术系学生,学西洋小号,1962年毕业,遂先至贵州师大附中教书,后下放锦屏

---

① 严如煜:《苗防备览·风俗考》"苗民亦愿识字"条。
② 李世钧《苗疆杂泳》,见民国《都匀县志稿》卷五《地理志》,民国十四年铅印本。

中学，未几又辞职返乡，远离闹市，躬耕田亩。近年则据侗族民间传说，编排叙事歌舞——《嘎 xei 的传说》。叙谈内容虽天南地北，然主题仍为其所创作之民族歌舞。

与杨万超先生交谈结束后，遂前往街头南面文化活动室，共同观看侗族叙事歌舞《嘎 xei 的传说》。表演者主要为当地男女青年，然穿着装束均颇时髦，与大城市相较并无太大差别，可见现代性文化之无孔不入。惟举止言说均甚朴实，依然反映当地淳厚民风。《嘎 xei 的传说》一戏，仍用侗语演唱，其义余虽不甚晓，然事前看过文本，仍大体能知其故事情节。戏之内容，主要叙述人类始祖兄妹成婚与洪水泛滥之故事，涉及宇宙论、善恶论、人类起源论等诸多问题，乃百姓日常生活世界熟悉之故事，大有寓劝戒、明美刺、存掌故之深意。而兄妹成婚，则隐喻血缘至亲，可强化族群认同，凝聚同胞情感，不妨称为"根基历史"，亦可视作"根基情感"，既体现记忆历史之一斑，也展示心性情谊之重要。其中哭歌一段，甚为感人。演毕座谈，内子率先讲话鼓气，多涉音乐题旨内容，可谓专业点评，俾其更臻完善。余亦受邀发言，辞之再三，不得已，乃从座上站立，先致礼，后补充，费时约二十分钟，自以为皆搔痒不着之说也。

余之发言，大意为一方掌故传说，托诸歌吟表演，俾其流播传承，非止于自娱自乐，姑不论其编导好坏，做法本身即当肯定。古今杀一无辜，人皆知其有罪；而灭绝一文化遗产，毁坏一民族村寨，却无动于衷，坦坦然从而受之。然今日灭一文化遗产，明日灭一文化遗产，今日少一民族建筑，明日少一民族建筑，则华夏非华夏，中国非中国，不仅民族精神无挂搭之处，即文化传统亦连根拔起矣。

余又以为侗戏侗歌之演唱保存，虽未必就能入于庙堂，然既为百姓日常生活所必需，其义即不可浅而视之。司马迁岂不早就有言："乐，所以移风易俗，自《雅》、《颂》声兴，则已好《郑》、《卫》之音，《郑》、《卫》之音所从来久矣。人情之所感，远俗则怀。"① 故凡有心保存文化，尊重文化之价值者，余均对其表示敬意，至于雅俗之分别，则不遑详论矣。盖村歌庙乐，流别分殊，体制迥异，则当各得其宜，互不僭越。民间风歌不必求其组织过工，庙堂雅颂亦不能俚俗媚众，尺短寸长，质文互补，二者齐头并进发展，方显百花齐放景象。而传统史家向不注意之民众生活状态，尤其各种习俗之微妙细节，亦当寻其原委，考其沿革——既适当"分拆"，以突出个案，呈现具体行为之场景；又留心整合，以勾勒宏观，再现文化体系之大全——最终则揭示乡民社会之真实，了解乡土中国之原貌焉。

五、饱览金凤山风光

下午告别注溪，冒雨访金凤山。山在县城东北，从注溪出发，驱车近三十里，至山腰半峰，路径狭小，乃改步行。沿途泥泞险滑，众人相互搀扶，始得一登峰顶。

据同行者介绍，山上原有四十八庵，诸如玉皇殿、观音堂、太上老君殿、八景宫、王母瑶池、玄女宫、女娲宫、南岳宫、四大天王宫、宝鼎庵等，称名琳琅满目，殊难一一列举，反映虽以释氏为主，而亦杂入儒、道两教，颇有三教合一、统合融会之发展势态。而明代以来，晨钟暮鼓，香烟缭绕，非仅为当地著名八景之一，亦淳化一方风俗，吸引四方香客络绎朝拜，声名远播湘黔两省。惜晚近毁损严重，今仅存一寺，名金凤寺，共四重殿宇，乃"文革"结束后重建，

---

① 司马迁：《史记》卷一三〇《太史公自序》，中华书局1959年点校本，第10册，第3304页。

然已非昔日规模。故虽为地方名山，望重数代，然香客始终稀少，且久乏僧人长往。

步行尚未至寺前，路折入悬崖处，忽见两棵银杏老树，危干横斜凌空，枝叶扶疏四伸，半在云雾缭绕之中。近前仔细观之，则相携相伴，伟岸站立，劲挺千丈，郁郁葱葱，磊砢婆娑，荫岩竦壑，风姿卓然。而其兀立山野，俯瞰峭壁，傲睨四方，闲看春秋，与云霞为伴，共苍茫相处，虽年历四百，仍不慕苑上，忠贞护寺，清寒自恃，淡泊孤峭。余以为亦罕见难逢之奇缘，而觉举目触及之处皆生灵机矣。《尚书·舜典》："纳于大麓"；《史记·太史公自序》："藏之名山"；余有山林之想，已非一日矣。今睹物兴情，怀想今古，俯仰天地，则油然兴叹焉！

告别杏树，步入寺内，未见香客，亦无人声，一派寂然，甚感清净。候之既久，始有一老妪前来，询之乃知其为寺内居士，三年前离家上山修持，每日颂念佛号，欲脱离生死无常大海，早升极乐至快之净土。而寺内主持乃女尼，数年前择地驻锡，闭关清修证源，究无量上乘大法。遂发心兴修殿宇，扩充楼台，再振法鼓，重弘梵音。惟法物渐备，檀供稍祟，旧貌仍未重现，规模尚嫌狭小。虽胜迹之彰隐显晦，在人而非在天，然欲真正恢复旧观，仍有待机缘时日。

金凤山寺虽有主持发心振兴，然寺内迄今尚无其他出家众，仅三、四居士主动护法，历来人迹车尘罕至，寺内一派空旷岑寂。居士自种菜蔬瓜果，自食其力，兼为功课，亦大得农禅合一遗风。惜池台亭榭，虚阁长廊，大多凋旧，然亦甚有古风耳。

余经山门步入大殿，顿觉青飙满堂，非特境与心会，即神亦为之一爽。遂径往厢房拜谒方丈，一侍者出屋揖礼作答曰："已卧病榻数日，无法起身见客，殷殷歉意，望乞鉴谅！"余则笑而漫应之曰："五浊恶世，清修者甚少，望自珍重，少病少恼。"乃由居士引导，偕二、三同好，攀援陡壁，往探金顶，欲一览四周群山脉形，俯察清水江川流走向。

金顶山峰雾气压顶，犹如云海蒸水包裹。路途泥泞，径甚险滑。向南行一里，忽见一寺，雄居云边。入内辄见一观音像，高约丈余，晏坐威严，面现男相，侗衣装束。像后有摩崖图刻，细审则为祝融，当地百姓奉为火神，时有香火供奉。庙外多见残碑断偈，惜云雾缭绕晦冥，文字辨识颇为困难，所可大致判断者，则多为乾隆时旧物。其中一碑，仆横途中，残损断裂，字已漫漶，可辨识者，尚有数行。同行者黄诚君，辨出"临济三十五世"六字。则山寺之建造年代，或当在雍正开辟苗疆之后，一度成为临济道场，乃破山门下法嗣！惜雾气蔚蒸，四顾茫然，山形隐约不见，川流潜藏难窥。雄灏之胜，终未一览。乃叹天地藏密蕴秘，遂怅惘留憾而归。

当地盛传称乾隆尝到此一游，又云南岳乃金凤而非衡山，均绝然不可据信。惟记忆传说虽非历史之真实，仍可见记忆认同之真实，从中正可略窥汉文化浸淫之深，地方民众争夺正统资源心态之诚。前人所谓向慕华风云云，庶几可以形容之乎？当地人多称金凤山为南岳，每云先有金凤山后有南岳寺，亦可谓假借他省名山以自重，有意暗用佛教核心符号，强化自身之权威，提高本土之声名，以便建构地方宗教秩序乎？惜来去匆匆，无从深考，徒留遗憾，弥补当俟异日也。而攀跻绝顶，摩沙古刻，仰止清域，心归太虚，遨游云端，情动自然，华严境现，乃至乐而忘倦，老而忘忧，流连甚久，薄暮乃返。臆！斯亦意外之一大收获，不能不记诸篇内也。

六、见证地方宗法社会存在形态

四月四月上午八时,由当地侗学会常务理事袁再学陪同,按原有行程计划,驱车前往坌处考察。余之所以选择坌处为考察点之一,乃是因为清水江入天柱境后,流经村庄凡有宰贡、清浪、宰告、雄溪、长滩、兴坡、长田、三门塘、拉赖、大冲、鸡田等,坌处即为其中之一大重要渡口,乃联结湘黔两省之要害腹地。当地自明代初叶以来,即为四方商人采购木材之聚散区,不仅外来人口渐逐渐迁入,即文化交融现象亦极为突出。其中如三门塘古渡,实即坌处下辖属区,余曾四次往观调查,察其地理位置,观其历年所立碑文,窥其木材贸易情形。当地木材运输之繁忙热闹,三门塘迄今仍有乾隆时碑记载其事云:"清江环下,浊浪排空,昼则舟楫上下,夜则渔火辉煌。"(三门塘《乾隆辛亥(1791)重修回龙庵碑记》)可证有清一代,不仅木材贸易繁荣兴盛一时,而且财富亦因此源源液滚回流,形成不少商绅聚集码头。至于坌处之得名,据当地百姓解释,乃侗语汉字音写,内涵和睦相处之意。盖商人四面八方云集,辄不能不有利益分配之争执,乃至时生事端冲突,规约之法遂必然产生。而地名既称坌处,则希望化解矛盾,祈求相互理解尊重,共臻和睦互利之境也。

坌处位于县城南面,与湖南省靖州县毗邻。清水江横穿当地全境,全长约三十华里。两岸溪流纵横,注入江中者达三十二条。全镇非仅森林广布山麓,即良田美土亦连片成块。故余所见之当地契约,总量虽仅六千,然与锦屏林契多而地契少相较,则可谓地契多于林契。学界长期受锦屏一地之契约文书误导,以为清水江流域各县,其所分布收藏之文书体系,皆无不以林契为大宗,不知其间仍大有区别,则不能不厘清辨明也。而余亦因此屡欲亲往其处，察看地貌地形，判断地契林契形成之环境因素，以厌征实求是之心也。

考察点除垒处镇所在地外，尚选择其所下辖之鲍塘、孔阜两村寨进行调研。行程所偕者为内子，寥峰、罗正副二人亦陪同。驱车沿清水河畔前行，一路饱览烟雨迷茫之山水秀色，或观山峦连片入云，绿映川流，倒影摇离，斑驳深蔚；或览江流奔走静逝，蜿蜒曲折，悄无声息，仿佛碧带。山间半腰处，辄时见一、二村落镶嵌其中，黛青一如，自然天成，益增佳趣。江中浅豁处，复屡见礁石错落耸起，形状怪异，色皆黝褚，颇生赏情。而夫子川上之叹，亦油然而生笑。乡人告余曰：江水落差，较之五十年前，已低去十余米，幸赖今日修建水库，水位始逐段提升；然长江鱼已无法回游，两岸搬迁亦牵涉不少农户。而昔日木材贸易，水路长程运输，千里蜿蜒曲折，木排前涌后推，横断两岸，遮蔽江面，纤夫歌声此起彼伏，一派繁忙放排景象，今日已不复再现，亦不能谓为一大憾事矣。

余虽十余次前往天柱，每览其山川形胜，阅其地势脉络，察其风情民俗，均益生浩渺恣肆之思。以为金凤山与梵净山、衡山鼎足对峙，清江入沅水汇洞庭湖折转长江，川浮而动，岳镇而安，玉水布飞，峰际云起。而人与地灵，山共水秀，非特山气淑爽，流水清澈，林木葱郁，而且民风淳朴，村人性真，老幼情挚。惟千里来龙，水皆外流，较少结穴。所可庆幸者，今日人工水库不断修建，则略已弥补矣。故曰：乾道变化，地气南移，东首西成，古今皆然。郁久勃发，未来磊落英绝之士，卓荦超拔之才，必结队成群崛起，而明人五百年后可赛江南之言，亦可验诸后来者彬彬兴盛之景矣。

上午十时，车抵鲍塘。遥望苗寨，背陵面壑，木茂泉清，青瓦楼宇，尽在烟雨之中。撑伞步行，石路整洁湿滑，房屋栉鳞衔接,无闻人声,惟见鸡鸣。余告同行者廖峰、罗正副二人云:"颇以安徽周庄,房屋布局相类,寂静则远胜之。区别在于有无游人,而天地时皆为吾辈所设也。"步入巷间三百米,即达村长吴远亮家。主人早已笑迎于门口,相互介绍后即步入厢房,先三面围坐火塘,驱赶身上春寒。女主人笑脸端出油茶,品尝后遂询问村寨情况。原来吴村长擅长书法,当地签订协商契约,即多请其代笔,偶尔间作凭中。故凡谈及文书掌故,则如数家珍,大得问一得三之乐,甚得荒村郊野闲话佳趣。

余见主人兴致甚高,遂询及家世来源。答云渤海远道迁来,并指示堂屋门外石刻楹联一幅,以确证其说非凿空捏造,实乃可以信据之说。余大惊讶之,乃嘱同行者罗正副博士抄下。门联横批乃"元亨乾利贞"五个大字,两傍联语为:

径起三花光分渤海,
云呈五色彩焕延陵。

一望而知,吴氏乃当地望族,后裔支派繁衍,分布地域甚广。惟其自称苗族,何以认同风马牛不相及之渤海,溯源遥远陌生之延陵?兹事不仅长期保存于记忆之中,而且大书深刻于门壁上。历史记忆之真实与史迹之真实既然抵牾,则前者必然有一建构过程,最终则强化为族群集体意识,长久积淀存活于每一个体心中。然其建构之历史性具体过程究竟怎样?建构之目的性诉求究竟何在?是否凭借华夏身份之建构或转换,以争取其家族生存必不可少之正统地位?最终又如何内化为族群集体意识,迄今仍保存于后裔之历史记忆之中?抑或其原本即为汉人之土著化——汉人移民长程南迁,入黔后则华夷杂处,乃至渐染夷风,终受苗化——而文化记忆长期保留，虽在苗而仍言汉，言汉而依然归苗，始终保持双重族群认同身份，辄更有利于家族之生存发展乎？盖当地吴、杨、龙三氏，皆为一方之大姓，亦皆认为其入黔始迁祖为汉族。其中之吴姓，辄可溯其始迁祖至吴盛，乃北宋时之大理寺，因权臣贾以道掌执朝政，遂避祸入黔隐居，乃至变装苗服苗发，习苗俗而讲苗俗。惟考诸载籍，如《苗防备览》便明白云："苗姓吴、龙、石、麻、廖五姓为真苗，其杨、施、彭、张、洪诸姓乃外民入赘，习其俗，久则成族类。"① 吴氏既为"真苗"之首姓，辄究竟属汉属苗，似当继续深考，不可轻作定论。然溯源吴盛之事虽未必可信，明清两代汉人移民甚多，尤其木行商埠不断兴起，落户当地之商贾商行甚夥，其扎根苗疆既久，遂有土著化之发展趋势，由"汉"变"苗"，揆之地方实情，亦非无有可能。吴村长远溯家世至渤海，不经意之言说背后，或亦牵涉族群史迹之沧桑变化，其缘由经过，辄甚望有心者深考。或依托地域所形成之文化相似性，本来就超越族类区分之差异性，而今人反据后者以判断前者，则难免受制于"前见"而误读错认。故地域性与族群性，二者均须比观兼顾也。余因此拟阅其家谱，主人则慨然应允，当下即转身步入内室，捧出一长方形檀香木盒，揭去盒盖，立见装有线装书籍二册，当为世代珍藏之老谱。惜纸已残损，字多漫漶，蠹朽太甚，不堪触手。故未敢翻阅，仅嘱寥峰就外形拍一照片，即请主人原物装入盒内，祈望其日后重新裱糊装订，长久保存，垂贻子孙，不再使天壤间又少一宝物耳。

临行话别，吴村长持礼坚请送行，遂由其陪同绕道，考

---

① 严如熤：《苗防备览·风俗考》"湘西苗疆苗民姓氏"条。按天柱旧属楚南，入清后始隶黔省，然与湘西仍同属一苗疆文化区，礼俗风规均大体相类。故论及姓氏来源，亦可铨衡互证也。

察全村建筑风情。时雨方霁,路上偶见行人,皆身着蓑笠,腰插镰刀,问其何往,概云挂青。盖时值清明,祭扫祖坟,乃家族大事,故皆陆续外出,以致络绎不绝也。而沿路所见,房屋多为木结构,上下合为两层,居家待客出入,无不方便自然。然最引人注目者,辄为不时闪出之高大马头墙,皆耸出木屋一头,显得极为突兀耀眼。问之,乃知即为窨子屋,多为前后两进,壁檐均为女儿墙,屋顶则铺盖青瓦,与木屋毗连,远看仍为一色,墙则砖砌,泽均灰白,风格极类徽州建筑,明显受儒家汉文化影响。村长告余曰:此类建构多为祠堂,乃宗族活动中心。马头墙又称风火墙,皆封闭而不开窗,发挥隔离带作用,具有防火功能。寨内所居者虽为苗民,然已无扫寨习俗,亦不吹奏芦笙,节庆仪式则多演唱侗歌,村长内人即为侗家女子。具见汉文化之影响固然颇深,地方族群之互动亦不可忽视。果然沿路从容盘桓,循寨中石径至跳场处,吴氏宗祠高大建筑,忽焉即闪现于眼前。余先远眺观赏,复近前细审品味,知其尽管略显破旧苍老,而风姿依然雄伟卓挺,可谓气象静闲,规模肃庄,实乃全村威权之重要象征。吴氏乃鲍塘望门大族,宗祠亦占全寨中心位置,当地汉文化影响之深,随处皆有符号资源可供证明。尤其儒家价值与地方民族文化之融合,透过宗祠建筑特征即能明白领悟。而乡民之淳朴,宗族之亲睦,老人之德隆,儿童之率真,余经此次考察,亦得亲眼见证之,故益信地方秩序之建构,必扎根于深广之传统。

  吴氏宗祠梁顶刻有文字云:"皇清乾隆二年冬月癸亥日吴朝信公裔孙立。"足证明代以来地方秩序之建构,宗族化始终为一大发展方向,而清代则逐渐步入高潮,已成为秩序建构之重要文化因素。数百年历史风云已经化归往昔,然血缘认同依然牢不可破,尊尊固然尽力挤压亲亲,亲亲仍自有其生存发展之空间。此非仅遍布各地之宗祠可作见证,大量家谱之编修亦足可发覆。盖家谱者，颂祖德，辨昭穆，定尊卑，明世系，传后人，贻子孙，既能光耀一族门第，强化族亲血缘认同，亦可激发孝弟敦睦之心，有裨地方秩序之良性运作也。

当地之宗法秩序，亦可见诸天地君亲师牌位。盖余所见之天柱村寨，凡有水井人家，均可入其屋门，即于醒目处见之。且非仅高悬于堂屋正面之墙壁中央，更每逢节令必有香火隆重供奉。足可略窥王朝国家与地方民众之间，必有一复杂之互涉性关系建构过程。天覆地载，既重尊尊，亦不废亲亲，血缘秩序虽为基体依托，文化秩序亦必植根其中。则天地君亲师之牌位，其义岂能浅视之乎？或问何以然？答曰：虽一五字牌位，实已贯串大小传统。① 国家理当欣然接受，民众亦视为原本应然。而由亲亲正可外推至尊尊，恰能收拾一方风俗人心；反之则依据尊尊强化亲亲，亦可维护族群家支内部利益。二者经历长期历史性震荡磨淬，最终则以高度整合之态势，化为地方秩序之价值构成因素，显现为天地君亲师牌位现象景观。故曰：地方乃国家力量存在之地方，国家亦集地方内容为一体之国家。至于规劝子弟耕田读书，努力芸窗，积善修德，传承祖宗家业，光耀家族门楣，宗法制度之历史作用，亦决然不可轻易低估。而当地人视文字为灵物，以为妙画足可通天地，惜之如金，敬之若神，虽片纸亦必保留；倘不能不毁弃者，则必慎重其事，均先置放于惜字炉，然后统一举行仪式，焚香祷告再三，始能化烟燃烬而去。今中寨、雅地两自然村落，尚保存有各自所修建之惜字炉，修建时间皆在清代，乡人长期视之若神物。如询之地方知识精英，则多能背颂颜夏乡之诗作答云："三更灯火五更

---

① 参阅张新民、蒋庆《大小传统的符号释义学解读：关于"天地君亲师"与民间儒学形态的对话的》，载《原道》2012年第17辑。

鸡，正是男儿读书时，黑发不知勤学早，白首方悔读书迟。"清水江文书之得以大量保留，当地长期仰慕大传统文化，非仅耕读传家渐成风气，即字墨亦以为能够延续族群命脉，似亦为其中一大重要缘由。

七、体验多元社会文化结构

告别鲍塘，驱车途经中寨，复沿清水江畔行驶，沿途隔江眺望远山脚下之三门塘，欣赏烟雨迷蒙中之侗族古建筑，最后抵达坌处镇。清水江沿岸港阜甚多，据云坌处镇本为原始大森林，明代以来即缓慢开发，主要依靠木材贸易招引外来人口，乃至渐成街市，为皇木采办要地，规模虽不能遽云兴盛，然商贾往返始终不绝。原住居民据说为滚家，以后则陆续迁入曹、王诸氏，皆为当地大姓，今则达三十馀姓氏，反映外迁人口甚多，水陆交通频仍。其流动变迁发展之原因，辄与木材贸易有关。而契约文书之考释，当地亦为重要取证对象。

余欲调查之村寨为孔阜，村长李绍华为迎接我们，早已步出家门一里馀，站立街市桥头路口等候。下车后即由其向导，转身步行下桥，观摩江畔新迁汇集之碑林。原来此桥本名归宜桥，乃乡民集资合力所建。今虽已改建为钢筋混凝大桥，然原有石墩遗迹尚在，仍可依稀感受昔日古风韵味。站立江边逃眺，水石奔异，花树幽芳，清风拂岸，蹬径曲蜿，真乃绝佳之地也。石壁摩崖"横眠半月"四字，虽漫漶而仍可大致辨识。碑文亦多为入清以来，乡人捐资请工镌刻者。唯因水库筑坝淹岸，遂由政府统筹移迁于此。其中一块为文昌会碑，刻于乾隆五十三年。览其内容，虽年祀已久，尚勉强可读。斑斑史迹，皆可见证雍正开辟苗疆，军事征剿之后，则继之以文教。汉代以降，凡祀天神，辄祠星宿，蔚成风俗，南国尤盛。文昌之名，析而言之，所谓文者，乃精气所聚，而昌之含义，则为扬天之纪。目的无非福善祸淫，劝良祛莠，虽为有形之物，亦暗含无形之理。表面只是神道设教，用心则为秩序建构。处俗设教，斯亦良法耳。而南方相沿已久之尚鬼习俗，亦可从中略窥一斑矣。

据余所知，明代以降，地方社会结社者甚多，如文昌会、世忠会、关帝会、元宵会、地藏会、正义会等等，兼有会规，或共立誓约，名目不一而足，且有会租，以作经费来源。初一接触清水江文书，即时见此类材料，或可称为"会书"，乃宗法外之另一类组织，非仅祭祀衍为故常，亦时有公益活动。其祭祀内容则与宗族祖先崇奉略有不同，尚有更广泛之神灵系统，代表乡民社会信仰世界之多元取向，体现地方文化秩序复杂自治体制特征，实为具有松散结构之另一民间发展力量，不可不结合"会书"与田野调查认真研究。

天柱之建县，始于万历二十五年（1597），原先乃千户所，亦汉人驻军之地，故族群交流视他县尤为频繁，"国家化"（内地化）进程亦较其他生界为早。所谓"建县学，筑城楼，清田赋，编里甲，安哨堡，立市镇，尊贤养士，易风移俗"云云，凡万历年间首任知县朱梓所为之事，皆可视为国家力量之直接介入。广袤苗疆再造之历史进程，至迟明代已正式启功。其中最明显者，即为文教之兴起。盖"学校为人之数，教化之地，士先德而后文，端所始也"①。凭借软性之文教力量，以开发异质文化区域，表面速度甚缓甚迟，实则功效甚钜甚著。"天无从与，唯善是与；民无必从，唯德是从"②，斯乃古今之通义，余坚信而不疑。惜今人反不如古贤明白此理，未免不令吾侪怅怅然兴叹也。

---

① 康熙《天柱县志》卷上《学校》。
② 郝经：《郝文忠公陵川集·时务》，明正德二年刻本。

自有明一代以后，延至清初大规模开辟苗疆，虽难免霸道暴力流血，而终让位于抚主剿辅。王道政治尽管时遭错置，然终将展现为历史主流。而论其地缘因素，天柱实为儒家文化之首要转输区，清水江亦为文化辐射之一大通道，则又证诸史籍即可知之也。尤其清初凭借国家力量，疏浚清水江险危河段，航运负载能力明显加强，其文化走廊功用愈加突出①。惟大量考古材料证明，王朝国家力量介入当地之前，世居民族已凭借清水江交通便利，形成联结南北，横贯东西，联结众多族类生活群体，足可自成一区域文明，范围极为广袤之文化交流圈。据此则清初疏浚清水江，其"官道"色彩明显加强；而此前则民间交流亦亟频繁，则不妨称其为"民道"。而无论"官道"或"民道"，千年流淌之清水江，实不愧为苗疆人民之母亲河，其所创造养育之两岸文明，已足可令世人称羡，自可径将其称为"苗疆走廊"文明。② 可谓随江水之流动而流动之文明，经流动而不断变迁发展之文明。而天柱位处开发较早之清水江下游，较诸清初始设之新疆六厅，当地不仅文化风气日趋汉化，即书院数量亦逐渐增多。其中如居仁书院、循礼书院、龙泉书院、白云书院、邦洞学馆等，均培养不少地方精英人才，虽未必就形成一范围广大之士绅阶层，然皆乐于接受或利用正统儒家汉文化，汲

---

① 明代地理学家王士性曾指出："出沅州而西，见［晃］州即贵竹地，顾清浪、镇远、偏桥诸卫，旧辖湖省，故犬牙制之。其地止借一线之路入滇，两岸皆苗。"可证清初疏通清水江航道之前，由湘经黔入滇之交通要道主要为陆路。清水江之航运战略地位进入国家视野，仍要延至雍正年间开辟苗疆之际。然在此之前两岸世居民族当早已凭借河道航运之便，开展各种经济文化交流活动，木材贸易亦兴盛一时，故其文化走廊之作用仍不可忽视。王士性之说见《黔志》，张新民点校，载《黔南丛书》第九辑，贵州人民出版社2010年版，第8页。

② 笔者近年多次强调，作为西南地区极为重要的交通航运通道，清水江发挥了联结多种文化区域板块，并促使其长期交流互动的功能与作用，其历史地位或地缘交通意义尽管尚有待研究，然不妨将其称为"藏彝走廊"之外的另一文化走廊——苗疆走廊。参阅王胜军《清水江文书研究与清水江学建立的学术远景瞻望》一文的相关介绍，载《贵州大学学报》2012年第1期。

汲于提倡风雅，欣欣然鼓吹休明。数量不少之地方精英群体，或为闾里楷模，或为乡族表率，嘉言懿训，垂范四邻，乃至户诵家弦，彬彬然风气大变。据云当地远口镇鸬鹚渡口，即有一大户吴永禄，非特家族多出举人进士，且凭借木商生意富甲一方。其家族庄园大门，尝大书联语一幅云：

财盖清江横放金狮能断水，
文登榜首连科进士可通天。

吴永禄乃乾嘉时期人，实可谓经商而通儒之大豪族，故并不讳言其家财之富有，更乐于夸耀其科举之功名，重视正统道德资源之占有，怀抱文化正当性之诉求。足证儒家价值之传播，非但涵化出一批读书士子，且亦催生大量商绅，形成区域经济文化之一大特色。而商人之身分地位，亦迥然高出于农之上。则清水江两岸社会及其所负载之经济文化之发展，大体皆可视为人财物皆随江水之奔淌而不断流动之结果。而边地化变成内疆，异域亦再造为旧邦，透过清水流域社会经济文化之变迁，亦不难看出广袤强盛统一之王朝帝国，始终表现出无远弗届之力量，构成国家与地方交织互动之复杂关系。① 难怪康熙年间天柱知县王复宗尝有言云："皇上天威遐畅，山无伏莽，海不扬波，晏平莫可尚已。"② 其神情口吻跃然于纸上者，无非为国家话语之骄狂傲慢。可证儒家由一己之修身而至齐家治国平天下，何尝不希望其所抱持之道德理想层层向外推展落实，而实际之结果往往则是其所抱持之道德价值层层向外递减衰弱。国家之罪恶与国家之必

---

① 参阅张新民：《在苗疆发现历史》，载《原生态民族文化学刊》2011年1期。
② 王宗复：《重修天柱县志序》，载康熙《天柱县志》卷首。

要,似乎永远吊诡式地矛盾而统一。惟从长时段视野判断,王朝力量介入所导致之苗疆再造或变迁,仍有裨于族群之交流与互动;而社会文化之变迁尽管深刻而巨大,固有之民族礼俗风规依然大量孑遗和保留。所谓"一邑之内,民行有当兴者,躬行以倡之;民俗有当革者,率众以除之。以诗书为必可法,毋安固陋也;以仁义为必可行,毋事凉薄也。务使怠惰者奋兴,梗顽者知化,驰骋于道德之林,优游乎圣贤之域,土习民风,蒸蒸日上,黼黻休明,于以辉光国史不难矣。"① 具见地方大纲政要举措,虽必然体现国家权力意志,然主导者仍为行政理性,而非暴横蛮力强加。盖从理想层面看,农安耕凿,士乐诗书,骎骎乎入于人文盛境,从来皆为儒家之价值理念。而从现实层面观,则儒家价值浸淫化导之功,无论间接或直接,均正面进入当地伦理体系核心吃紧之处,影响其礼俗行为与交往方式,其作用与意义绝不可轻易低估也。故曰天道假其私而行大公,当亦理性狡狯之一大方式耶? 而当地经济文化之发展,仅从商人最为仰慕之科举声名看,明清两代,天柱一县之地,即有进士四人,举人二十人。戊戌维新期间,康梁公车上书,当地举人参与兹事者,居然亦有四人。虽然从整体看,科考数量规模仍嫌狭小,乃至根本难敌江南任何一郡县,然毕竟天启斯文,大有破天荒意味。中原边地一体化之发展趋势,无论衡以何种因素,均愈往后即愈明显,则又断然无疑义也。

今日伫立侗族古桥遗址,遥想三百年前苗疆开辟情景,不能不感慨时光递嬗,迁流靡定,惟势所适,顺之则昌。当年烽烟四起,戾气遍布,虽杀戮暴虐施于一时,战场尸骨层层堆放,然战火终必让位于炊篝,干戈皆转化为玉帛,兵家

---

① 方正:《续修天柱县志序》,载光绪《天柱县志》卷首,光绪二十九年天柱县志书局活字本。

亦衍生为文德，遂重开百年和好亲睦之局，再现交流欣融之象。依据孔子实与而文不与之史笔义法，出于历史智慧之判断，亦可谓天道好生而不废杀，然一皆以善为终极目标。以仁为本，以道匡之，以义治之，方为正法。一旦暴力僭越道德，手段侵凌目的，只知杀人而不知安人，则无论知我罪我，皆必须严厉批判，虽千万人亦必前往。

为避免耽误时间，风雨桥碑林虽颇引发兴味，亦不敢滞留太久。稍作考察后，即前往李村长家。村长家住孔阜，位于垒处北面，距街镇甚近，三面环山，一面临水，沃田延至街镇，远看形若马蹄，近观则似牛角。村寨座落于山间平地，有八十馀户人家。余告村长云："山含翠青，地涌流泉，一水萦环，田多美沃，当地形胜颇颇类韶山，惟房屋造形略有区别。然地气南移，风物之胜，今已在兹而非彼，日后必见人才翩然兴起也。"村长连声笑答曰："惟愿如此，惟愿如此。"步行约半里至村长家，恰逢早来之外地客人已济济一堂，寒喧后遂围坐火塘，边餐边叙，主题仍为文书俚俗辞语，皆逐条询其地方习俗涵义，一一溯其形成渊源。原来李村书亦擅长书法，乃当地签订契约必到之人。交谈时间虽不多，收获则颇丰盈。趁兴致仍请村长带路，继续考察垒处街市。步过石桥，一入街市，即见一高大建筑，人称桥头宗祠，实乃当地大户王氏家祠，始建于光绪二年（1877），竣工于民国五年（1916）。宗祠正门为石门坊式风格，两边砖柱分别题有楹联两幅。其中一联云：

忆先祖忠孝肇基历唐宋元明每著芳声积厚流光荣史册，
在后昆肃雍承祀联尊卑长幼各舒诚竞象贤崇德荐馨香。

读联可知儒家文化及其价值，实浸淫当地民心既深且巨。而慎终追远，民德归厚，宗祠于地方秩序之作用，余以为实大矣哉！惜时间甚紧，不敢久滞。遂继续沿街肆步行，途中时见铺肆门窗洞开，却无主人看护，可识偷盗甚少，乡治秩序井然。比照清代以来契约背后潜藏之信用体系，仍足以证明民风醇美而无华。今日城市文明之弊病，乃在文胜于质；文胜于质则不虚假即虚伪，补救之道则为以质救文。如此则城市反当效法农村，所谓礼失而求诸野者是也。

据余多方询问百姓，返归后复查考文献，反查咨询得知，当地三门溪、鲍塘、中寨、孔阜，合称四大名寨，并盛传歌谣云："三门溪的银子，鲍塘的窨子，中寨的谷子，孔阜的顶子。"三门溪与三门塘相互对望，均为清水江航行必经之码头。尤其三门溪有溪水注入，形成积水缓流水坞，极便于船只停泊，一度成为皇木采办要地，木材贸易聚散中心。由于木材大量集中扎排贮存，年吞吐量可达数万立方，非仅往来商贾甚多，贸易市场兴盛，而且木行商号林立，财富滋殖汇集，乃至富户豪右屡兴，仅木行巨商即达十余户。中寨、鲍塘、地坌木材贸易亦甚发达，惟富庶程度相对三门溪略逊一筹而已。然既为当地名寨，亦各有其文化特色。鲍塘窨子屋余已亲获目睹，一律皆砖墙砌成，既代表财富，亦象征地位。建筑时间则可上溯至清初，恰值木木贸易鼎盛期。盖当地非特盛产木材，亦地处三门溪流程中流，稍溯溪而上，即可落脚住宿，成交木材生意。故人称"小洪江"，显示富贵之窨子屋亦相对集中，形成村落建筑风格，广泛传为民间口碑。中寨之沃田，余驱车途经时已略窥大概，其地位处三门溪上游，离湖南最近。与鲍塘一样，木材采购远输，三地恰好前后衔接，形成重要航行支线。而溪水浇溉良田，稻谷年年丰产，富庶可比江南，颇令邻村称羡。孔阜文教之盛，适才观垒处文昌碑，亦已知其大概。据云当地人口原不过二十余户，然清末以来即有五名拔贡，乡人皆视其为头戴顶子之官员。惟村长李绍华告余尚有高中进士者，乡人无不引为世泽光耀。然余返归后遍查文献,实乃子虚乌有之说。兹事虽无史实凭据,然认同则可靠无疑。可证国家力量扎根既久,文教体制浸淫日深,乡人自身之文化身份固然并未丢失,煞倾心汉文化之心态亦昭然可见。所谓"理道之先在乎教化,教化之本在乎足衣食"①云云,则足以证明无论发展经济或推行教化,均为古人视野中从事秩序建构,不可须臾或缺之两大施政主题,可视为"理道"必具之左右两翼。如果说银子与谷子象征财富或丰裕,窨子与顶子便隐喻地位或荣耀。至于社会财富之积累,身分地位之提升,揆诸当地实际,皆无不朝着"国家化"方向发展,最终则与外界联成一广大之市场体系。衡量其最富者,非仅冠首黔省,甚至可与江南抗衡,颇令人啧啧称奇。清人胡章尝序乾隆《清江志》云:"苗裔竟有通经应试如内地者,风气骎骎日上矣。"②所谓"如内地者"云云,亦屡见于其他典籍,实即"殊域"变为"华夏"之另一种说法。持类以看法者,如严如熤《苗防备览》亦云:"我朝重熙累俗,圣圣相承,九夷八蛮,渐摩以仁义,陶淑以礼乐,雍雍乎一道同风矣。……与我齐民无异,绥之斯来,动之斯和,讵不信哉!"③严氏之正统中心论取向颇为实出,姑不论如何对其施加褒贬笔法,然苗疆民众无论"熟苗""生苗",一概逐渐与王朝国家"齐民无异",所谓"一道同风"云云,仍非有意宣染之饰言。从清人士夫之官方视野观察,苗疆实有一不断去边地之发展过程——非特边缘可归心于政治中心,即异俗亦能化变为文化正统。惟清人"内地化"(国家化)发展之看法,倘若不

---

① 杜佑:《通典》卷一《食货一》"田制上",北京:中华书局198年版,第9页。
② 胡章《清江厅志》序,见乾隆《清江厅志》(第一册)卷首,贵州省图书馆藏钞本。
③ 严如熤:《苗防备览·风俗考》,"跋语"。

再成为今人衡判之依据，则如何重新寻找本土文化视域？是否尚有其他世居民族之裁评标准？苗疆反抗与认同之心理文化象征资源究竟孰轻孰重？王朝中心话语与民间自我表述究竟存在多大差别？怎样看待国家权威在地方传统中之合法化方式和过程？苗疆民众作为文化调适之主体，究竟怎样转移自己固有之礼俗风规？如何才能走出清人话语导向误区，寻绎更具有本土实证经验支撑之客观言说立场？当仍为有待学界努力探知之一大学术难题。兹亦余之所以重视清水江文书之一大缘由，目的无非为同时兼具国家与民间双重审视眼光，以求澄清历史之本来真相，还历史评判之合理公正。盖历史之复杂诡谲多变，实际远超出今人之想象。

  当然，与鲍塘相较，垄处之窨子屋，数量当亦不少。惟排比错落稀疏，类型略有差异，风格亦稍感逊色。然作为祠堂建筑，一样透显仪式礼序之规范要求，体现凝聚族群之伦理目的，颇具文化符号之深刻涵义。街道尽头寂静处，有一白墙大院，院中悄无声息，房屋门锁紧闭。透过纸窗缝隙窥探，原来竟是道观。屋内供奉太上老君，几案洁净，座次有秩，可证常有仪式活动。院内堆放四、五挑柴火，均未御扁担，横斜仰倚石阶，似乎刚从山中砍下担回。余甚好奇，询之村长，乃知道观定期举行活动，信众全为当地妇女。活动期间集体起居作息，共同用餐，柴火即专为煮炊所备。道教信众极为团结清整，互帮互助，相携相扶，实为重要之社会认同团体，非仅反映当地文化结构之复杂，且亦表明精神信仰之多元。举凡儒道释三家，均无不具有深广之民众基础，能够以民间化形态扎根乡村社区土壤，随处都可触摸其微妙跳动之生命脉息。而民间宗教也者，尤为古今风俗之渊薮。故关注儒释道三家之民间形态，亦必重视乡民之精神信仰。余已在金凤山目睹释教胜迹，而垄处之佛教古庵，分布数量亦不少，其中规模最大者为潮源庵，遗迹至今尚有保存。余尝数次访问三门塘，亦尝参观当地回龙寺，见其所供奉者，兼及儒道二家，则余所谓复合型文化之结论，虽不中亦当不远矣。至于地方巫文化信仰，亦早已化为习俗风尚，迄今随处都可见其象征物遗迹，亦时或能睹其仪式场景。盖多种宗教复合混杂，皆能满足其解决人生社会问题之需要，实为民众生活必不可少之有机组成部分，亦乃把握乡土社会极为重要之观察渠道，远非学问科学体系多归属精英，仅局限于观念与抽象之层面，缺少大地本来含藏之灵验气息，总与民间大众保持鸿沟式之距离可比。

薄暮返归县城，邀文物局局长姚敦屏先生共用晚餐。酒酣耳畅，纵论天下，话题涉及考古发掘，相互颇为投机。盖当地近年兴修大型水库，沿江两岸考古成果甚多。时段上至史前新、旧石器，下迄明、清两代，中则自殷商至唐宋，均有大量遗址陆续见诸天日，引起世人瞩目。其中最突出者，则为战国楚墓，非仅遗址规模大，而且出土文物多。余近撰有《在苗疆发现历史》一文，主要涉及清初设置新疆六厅以后之历史，以为传统史家长期忽视当地文明成就，当有重新理董发现之必要。而地下考古材料已足可昭示，清水江文明极为灿烂悠久，非仅为长江文明上游支系发源地之一，即华夏文明亦不可忽视其局部组成之重要意义。而苗疆历史之发现，不过仅属起步。① 契约文书之系统整理公布，虽只能揭示其冰山之一角，然亦涉及繁复之内部机制结构，前景意义尚有待贤达高明共同努力以实现。

---

① 参阅张新民《在苗疆发现历史》，载《原生态民族文化学刊》2011年第1期。

八、畅谈清水江学学科发展前景

　　四月五日，上午九时驱车赴凯里，下午一时始达，下榻银盘山饭店。天柱县副县长李滕刚专程从贵阳赶回，设宴款待，相谈甚欢，晏毕已三时。欲拜访单洪根先生，困极未果。晚招待同行者品尝酸汤鱼，余告众酸汤之所以盛行，乃至今人无不视为美食，原因实为黔省自古以来即缺盐，不得已遂以酸汤代之。兹说虽尚俟材料佐证，然明清两代之贵州盐政，始终皆为一大棘手问题，则史实斑斑可考，实乃无可争议之史实也。晚读博文，睽之既久，如逢故人，物亦有情焉。

　　四月六日，上午与凯里学院及当地专家座谈，共同讨论清水江文明及契约文书之整理研究问题。余先在宾馆门前迎候客人，错过徐晓光而迎得单洪根。洪根先生长期研治木商文化，见面即赠余新著一部。以文会友，斯亦乐事也。九时会议正式开始，由黄诚博士主持。余亦会议东道主，出于礼义，遂先发言，以示尊重。

　　余发言之内容，主要为如何重新发现已被遮蔽之苗疆历史，如何还复清水江文明之本来真实，如何重现百姓日常生活世界之具体面相，如何了解中国文化扎根之乡土社会。大意为清水江文明乃华夏文明不可或缺之重要组成部分，华夏文明实乃集多数地缘文明组合而成之文明。所谓组合当然为有生命之机体式组合，而非无生命之机械式拼接。因此，大有必要重视结构之分析，关注结构内部之交织互动关系。易言之，不仅要从国家看地方，亦要从地方看国家，兼顾上、中、下三层理论。上层理论必须随时注意国家之边疆经营方略及其行为方法，中层理论尚有必要考虑地方行政机构之管理模式及其施政特点，下层理论则需重视地方民众劳作、生活、交往、信仰等行为构成之日常生活世界，分析其现象学发生机制及秩序化特点。错综复杂、变化万千之国家政治事件史固然值得关注，稳定可靠、长久持续之民众生活史亦不可忽略。而大量地契、林契之发现，恰好有裨于百姓生活史之还原，呈现华夏民族全面而具体之历史进程及其地域面相，揭示大传统文化扎根之民间土壤运作机制及其环境生态内容。反之，任何局部都是与整体关联之局部，了解整体亦为了解局部之必要前提，故研究清水江文明史或乡土社会生活史，又必须顾及华夏民族之整体史。二者比照互观，或从局部看整体，或从整体看局部，正可谓诠释之循环，当作为方法论大力提倡。

余又云：清水江文明之特质究竟为何？据余之长期调查判断，实乃复合型文明，亦不妨称为多元文明。苗侗两族所创造之文化固然为当地之主体文化，具有鲜明之地缘特色或民族特色，然亦糅入大量汉文化因子，无论儒道释三家孰重孰轻，其文化构成比例及其事相特征均极为突出。而清水江凭借其航行之便利条件，实乃各种文化碰撞、磨合、吸收、融汇之最佳试验场。揆诸明清两代历史，一方面汉文化持继不断地涌入，成功渗透于本土民族文化之中；一方面本土民族文化亦顽强延续，积极有效地改塑或重组汉族文化。故谓之为采借可，谓之为整合亦无不可。要皆证明无孤立封闭单元发展之文化，惟有相互交流涵化共同发展之文化。而总结其历史经验，无论得失利弊，斑斑史迹俱在，非特有利于了解吾国历史文化之发展趋势或演进历程，而且亦可转供今日建构所谓地球村民族交往模式选择或参考，代表主体间性多元文化成功融合之典型范例，说明边疆治理"王化"策略之成功。今日国际社会欲化解民族（宗教）冲突，中国经验仍可为其提供有效解决之路径。而无所不在之国家认同，亦为苗疆民众之主动选择。尤其华夏文化身份之选择，无论自觉或不自觉，乃至出于策略利用或情感归依，在在均足以说明国家"王化"开发拓殖力量之巨大，体现地方民众生存或生活智慧之高明，反映国家与地方互动关系之微妙，大小传统交流渠道之多样，不能不成为清水江文明史研究之一大重要论域。

　　清水江文明史形态生动多样，必须采取文献与田野互证之方法，走出一条双语或多语（如苗侗汉语）互证之解释学新路径，力求多方比勘对照，反复折衷互诠，以求获取更可靠之实证成果。余最近之所以提出重新发现苗疆历史，乃是有感于书缺有间，文献记载简略，地方史迹若明若昧，清水江文明史大多沉晦不彰，乃至早已为人淡化遗忘，不能不凭借知识考古学之方法钩沉发覆，以证长江中上游文明仍有其可圈可点之处。举例言之，清人视域中之边疆治理大事，足以震动朝野上下者，乃至奏折廷议堆积如山者，长期以来以为凡有三件，均主要发生于康雍年间。一即开辟苗疆，再为经营西北，三乃收复台湾。三事互衡互较，清人以为开辟苗疆厥功最伟，不仅因为用兵时间长，奏议多，而且以为收获大，功烈巨。试问何以如此？答曰：殊方异域，咸入版图，朝野上下纷纷上奏献策，举一国之力经之营之，最终则"生苗"化"熟苗"，"熟苗"化"民人"，"边地"变"内域"，"新疆"变"旧邦"，清人岂能不视为边疆治理之一大盛事乎？然晚近学者撰作通史，无论经营西北或收复台湾，均津津乐道，叙之綦详，载之甚夥，惟一涉及开辟苗疆，则语默如讳，噤若寒蝉。偶见一、二论文，则多视为孤立之改土归流事件，不知实乃西南、西北、东南相互关联之国家治边施政方略，尤其善后经营贯穿有清一代历史，数千年"言类侏离"之地，竟成为多民族和睦相处之示范区，诚可谓当时后来之一大国是问题。不谓其为清人治边之成就，不指出今人治史多有遗忘，学界一概对此始终不闻不问，又曷能对后世他人有所交待耶？

当然，如同萨义德《东方学》一书所提示，西方人表面皆为研究东方而研究东方，为获取东方知识而获取东方知识，实质则凭借研究及其所获取之知识，不断抹黑东方，妖魔化东方。而无论抹黑或妖魔化，暗含目的则为征服东方，改造东方。就西方与东方落差甚大之价值梯级而言，西方人理性、和平、宽容、大度、合乎逻辑，东方人则幼稚、好斗、偏见、狭隘，后者相对前者永远皆为一他者化之异域，此正可谓西方之东方主义。① 余近来发现日本学者笔下之清水江研究，也存在类似问题，可称为日本之东方主义，不能不引起国人之高度重视。余之研究取向，则主张反其道而行之，以客观事实为前提，尊重地方少数民族之生存智慧，理理其文化选择，表彰其文明创造，实出文化交流融合之整体地缘面相，反思暴力冲实矛盾之局部流血过程。看到前者实为主流，后者则为伏流。文化发展之大趋势从来皆为交流与融合，谁也无法任意抹黑此一基本事实。

余又以为，清水江支流多，流经地域广，形成复杂之灌溉运输网络；又经沅江连长江衔运河，贯通南北大部分中国，实已纳入全国市场体系，成为极重要之苗侗汉文化交流走廊。透过契约文书即不难看到，当地无论农业或林业，均颇为发达，二者相辅相成，形成混农林区域经济，构成决定性生产部门。而地契与林契，亦与之对应，虽林林总总，均无不反映地方生活生产实情。其中农业溪流纵横，田畴膏腴，稻谷肥美，糯米尤为著名。旱地作物种类甚多，收成亦极为可观。而乡民喜聚饮，几至无人不沾，又好以美酒待客，演为习俗风尚，人多以酒乡美誉之，不能不依赖于稻谷

---

① 萨义德（W·Said）：《东方学》，王宇根译，三联书店1999年版，第37—61页。

之丰产。木材则集种植、培育、砍伐、运输、贸易为一体，虽深山大箐，举凡杉木楠材，均可耸立于皇城殿堂之上，见诸贵族大家园苑之中，则不能不得力于清水江航运之便。而江南华胄贾商之白银黄金，辄与木材之外流相反，乃逆清水江而上，源源滚滚不断，亦汇聚于苗疆山寨农户之家，成就一批势力不小之地方绅商。而帝国庞大行政控制体系之下，实际尚隐藏有一巨大之商贸体系。国家理性力量尽管无所不在，民间社会力量亦活泉喷涌。帝国之一统化秩序运作，实有赖于地缘之相通有无；地缘之相通有无，亦有赖于帝国之一统化秩序运作。木材从种植砍伐到贸易成交，又由贸易成交到制具盖屋，其间均牵涉利益之分配或再分配，关联信用体系、伦理原则、商业精神等诸多问题，既有必要扩大研究题域涵盖之地域范围，又有必要深挖研究对象固有之结构关系。故探讨清水江文明，发现苗疆各民族之历史文化，实不能囿于清水江一地，限于苗疆腹地一隅，当以动态之眼光，开阔之视野，关注不断扩大之地域交流互动范围，重视层层叠合之社会文化关系。而以区域为单位，容摄众多民族，比观其互动交流之全程，较之踌躅于单一民族，衡以封闭化之叙事撰史，其差异悬殊，殆又不必言矣。至于时间断限，则有必要上下两头打开，重视生活史长时段缓慢变迁特征，不能受制于王朝周期政治史结构。更直截地说，当以契约文书为基本史料，比照对读各种官修私撰文献，力求先在自明清以迄民国研究方面取得重大创获，然后再充分利用考古材料，向上贯通远古至宋元之历史，同时广泛开展田野调查，向下联接当代发展变化情况，最终则以"全景式"之研究方法，辅以合理而新颖之解释模式，清晰展示完整之清水江文明史，再现华夏文明之地缘结构及开发演变之进程。

由于大量契约文书之陆续发现，尤其文书归户性特征所提供之文化来源信息，余以为凭借新材料以研究新问题，同时利用文献解读与田野调查之二重证据法,如同敦煌学、徽学一样,完全有可能建立一门新型地域学科——清水江学。然前提为学者真正具有参与之热情,必须经过几代人之努力,形成数量广泛之海内外研究群体,产生一批具有范型意义之学术成果。余之所作所为,不过文献整理而已,既希望近年不断出土之文物能尽快公诸世人,亦愿意纸上及田野调查之史料能早日为学界所使用,所作所为不过过渡阶段之初步工作,成果之精细加工及发表问世,则当以新材料新路径为突破口,或可成就前所未有之学术新局面,开创难逢难遇之区域史研究新领域。兹事之成功与否,尚有待于来者,寄望于后学也。然一人劳而千人逸,虽为铺路碎石,亦乐观千军万马涌过。盖新学科之产生即意味着新事业之开拓,厥功必蔚然可观矣。

余发言之后,晓光、洪根两先生亦相继讲话,均极有见地,洵乃多年潜心地方法律史地研究之专家。国君博士则通报契约文书整理情况,就疑难问题逐条征求意见。讨论发言甚为积极踊跃,乃至餐叙时仍争论不已。

下午二时,餐毕即赶往车站,乘大巴返归筑垣,路上与黄诚、国君、廖峰纵论天下大事,虽三小时亦未疲倦。天黑抵家,始稍有困意。余之未老,可证明矣。

九、结 语

返归筑垣途中,总结调研所得,虽时间颇短,仍感收获甚多。尤其当地民众情挚而品端,恰好与城市文明形成巨大反差,非特令吾印象深刻,亦激余思绪翻滚。余于"文革"期间,尝有四年乡居生活,虽年青未谙世事,然亦与乡民融洽无间,至感亲热,视同胞人。而胼胝于田亩,歌啸于山林,行吟于溪畔,亦有至乐存焉。返城后终日坐牖下,昕夕读书无倦，每涉及地方志书，于丘陵原隰之殊，风土人伦之异，辄往往再三致意。盖以为若非鸿博通贯，则难以成专门绝业。故好博之弊日深，而精专之业久疏矣。以后虽纵游名山大川，遍交海内外英儒硕彦，然终未忘与田夫野老交往之乐，共晚鹤晓猿杂处之快也。此次重访清水江乡民，殊感往事烟逝无痕，然亦时生回忆暇想，以为久滞城市文明生活方式，深知西方都市文化祸人甚深，非特市场导人以功利，消费诱人以浅薄，且"文"驱逐"质"而高歌，"质"遁迹于"文"而哭泣。

人与乡村生活之联系，不能只是文本之联系，而应为实际生活之联系，切不可轻易割裂原有之生命脐带。或许在城市与乡村之边缘地带，透过大传统与小传统之文本张力，出于比较互现之慧识眼光，才能找到更可靠之学术定位，涌出更深刻之批判力量。惟"文"过之弊虽有切身之痛，救弊之"质"则多已疏离，若问"真礼"究在何处，返诸民间乡野是也。庄严世界之呼声，山间清风明月，田头村农樵夫，或许尚能透出一丝信息。故欲对治西方物质主义甚行之灾难，重走质文互补彬彬兴盛之道，尚有必要随时归隐乡村，回归久违之田园故地，再建乡规礼俗自治秩序，振兴乡情融融之民间制度。同时兼以大学"亲民"之说为工夫，非仅采询民风习俗，亦绚丽复返素朴，乃至教二、三村童读书游戏，践履余所提倡之以质救文、依质节文人格实践方法，① 而得以摸索现代文明日益虚伪化之解救路径，展示"质"真"文"正之文明新形态。至于治学固乃终生职志，亦当上下两重眼光兼具，国家之兴衰治乱自必关注，生民之休戚忧乐亦不可

---

① 司马迁《史记》卷一三〇《太史公自序》："维三代之礼，所损益各殊务，然要以近性情，通王道，故礼因人质为之节文。"缘情制礼，以质节文，乃儒家之一贯理想，至今仍值得重视。

轻忽。斯虽二事，然皆国运所系，备述俱书，微意在焉。

昔梁启超尝有言："国史者，英雄之舞台也，舍英雄，无国史。"① 然又谓："夫所贵乎史者，贵其能叙一群人相交涉、相竞争、相团结之道。"② 则表面自相抵牾，实亦眼光上下兼顾，崛起于历史上之个体英雄固当重视，普通民众之"一群人"亦不能轻忽，二者合为观之，方可构成历史之大全。而传统乡土社会意义之"一群人"，则往往为血缘家庭、宗法族群，或具有共同价值诉求且构成生活共同体之社团、社区，一般均有共同之凝聚符号及相应之凝聚资源。梁氏既熟悉传统史学，又大受新史学之影响，故两可之间，仍可自行弥缝。而上下互观，左右兼顾，四维空间，纵横任意，不可踽踽于一隅，不能偏执于一端。商略云端，超然物外，而又扎根大地，潜修俗世。吾侪心事，天必鉴之。而学问、性灵、道德三者齐头并进，方可臻于人生至善至美至真之境耳。

余襄昔读书，尝记得一联，迄今尚能背颂，惟出处已忘，不及翻检文献，姑记之于此。

对乡人说乡语，灵爽式凭，似讲格物致知于黄山白岳；
明圣学接圣传，羹墙如见，有验存神过化于汉水方城。

具见凡有心之处，皆为学问之场。中国古代，辀轩氏所采，太史所陈，类皆藉以验风俗之盛衰，考政事之得失，览其山川，询其民物，溯其肇造之始，悉其沿革之由，乃至化为制度，成为职事。故凡逢孟春，必以木铎询诸乡路，采其

---

① 梁启超：《新史学》，见氏著《饮冰室文集》卷三十四，上海：中华书局民国乙丑年重编本，第34页。
② 梁启超：《新史学》，《饮冰室文集》卷三十四，第27页。

风谣而观之。至于俚言巷语，亦有所择取，不因出于田夫野老之口，即轻率弃之而不顾。其所作所为，正乃西方所谓田野调查，实已开今日人类学之先河，而早西方二千馀年。余此次调查，追溯往事，思念来者，益感中国学术如欲赓续发展而彬彬兴盛，辄断不可脱离久远深厚之传统耳。

清水江文书及清水文明之重要，余已在不同场合多次强调。盖无论研究任何民族地区之历史，均务必以史料之蒐集为第一步。史料之搜求整理越集中越系统，清水江文明之揭示亦越清晰越具体。此次调查，仍深感民间族群生存智慧，以及凭此智慧积累而成之知识系统，仍多藏纳于深泽大麓之中，有待今人认真挖掘整理。而普天率土，人物弘多，史迹纷繁，事态复杂。国史记事，视听不该，必有遗逸，难免讹漏。故自孔子以来，即有史多阙文之叹，不能不窥别录，讨异书，考档案，查野乘，乃至开展社会调查，旁采歌谣口说，取证地下遗物，凡足以反映人间情状者，皆无不互参比证。如此不断扩大史料征采来源范围，叙事立论无不有坚强之证据，则比次之学既已扎实可靠，论断之学亦允洽高明，非仅清水江文明原貌得以昭示，即吾国史学亦骎骎乎发皇光大矣。

再进而言之，所谓史料者，百馀年来，较诸乾嘉时代，范围已大为拓展。盖善治史者，本不必限于典册，凡有文字，乃至实物，一切可提供史迹信息者，皆必取而用之，以求多方证史考史，广参博采而折衷一是。即使难免悠谬之说，攀附之言，未必为历史之真实，亦可见造假之真实。而社会心理之缘由，时代变化之脉动，乡民生活之文野，文明程度之高低，于此亦可判然断之矣。故余之重视契约档案文书，决非别志好奇，更非有意标异；实乃国家之外，尚有社会；社会之中，必有民众。国家政治固然必须关注，社会民众又曷可轻忽哉！斯二者本来交织渗透互动，又曷能取一废一,不两察其全,乃至暧暧姝姝自以为足,彼此讥诋而自小门庭耶?

至于死材料如何变成活知识,则田野作业之作用决不可小觑。故余多年提倡搜考史料,大要仍不出两点:甲、不仅要在典籍文献中发现历史,亦要在民间契约文书中发现历史;乙、不仅要在民间契约文书中发现历史,亦要在田野调查中发现历史。现实实践与历史记忆之间,必有微妙隐蔽之关联。故了解历史,接触民众,解读社会,观察世相,实即领悟活态之历史时间,走进活态之历史现场,唤醒活态之历史情感,吸纳活态之历史经验,非特有裨于人生价值之实现,亦有助于学术事业之发展。故举凡民俗乡习,风规礼俗,乃至碑刻墓铭,契约档案,族谱家乘,口谚传说,何一不可证史焉。而以此建立乡土文献学专门学科,又未必不是水到渠成之事也。

唐人刘子尝引孔子之言:"吾犹及史之阙文",并云:"是知史之阙文,其由来尚矣。"① 盖岁时流逝,古今代谢,人事变易,史迹晦隐,史之阙文,势之必然也。而苗疆长期皆为"化外"之地,史家历来殊少记载,乡邦文献之凋零,尤视其他地区严重。则刍荛狂夫之议,君子亦当慎择。而"自古探穴藏山之士,怀铅握椠之客,何尝不征求异说,采摭群言,然后能成一家之言,传诸不朽"②。何况数十万件契约文书,数量多,内容富,系统性特征突出,归户性特色鲜明,非仅足资多闻,亦能昭示国情,正可促进民间草根社会

---

① 刘知几:《史通·采撰》,张振珮《史通笺注》,贵州人民出版社1985年版,第14页。按文中所引孔子之言,出自《论语·卫灵公》。

② 刘知几:《史通·采撰》,张振珮《史通笺注》,第141页。按刘子玄既主张博采兼取,又反对矜夸好奇,而今人每忽视前者,而多重视后者,乃至时有误读。故张振珮先生针对时弊,遂不能不感慨:"倘谓子元排斥稗官野乘,则未免陋偏之失矣。"见张振珮遗著《〈史通〉刳记》,载《张振珮先生诞辰一百年周年纪念文集》,贵州人民出版社2011年版,第6页。

之了解，弥补官修史书重国家轻社会之不足，又曷能不殚精竭力，钩稽排纂，辑为专书，俾学界获取第一手之社会经济资料，而为后学肇启山林乎？

故平生怀抱，一事无成，别识心裁，亦云岂敢。惟区区微意，天心可鉴，并可公诸同好，示之后来也。

2011 年 4 月初稿于清水江畔
2012 年 4 月修改于筑垣花溪

汉苗边界：清代清水江下游的宗族建构与国家认同[①]

◎ 龙泽江 李 斌 吴才茂

清水江为沅江的上游，自古为湖南联结贵州"苗疆"的重要交通水道。清水江"上控黔东，下襟沅芷。囊百蛮而通食货，顺江流而达辰常。山川耸峻，楠木东流，界在黔楚之交，尤为峒苗砥柱"。[②] 清水江流域地区盛产优质木材，早在明朝正德年间便有朝廷委派官员到此采办"皇木"的记载。清朝改土归流以后，清水江航道得以大规模整治。水道的疏浚促进了清水江木材市场与人工营林业的发展。自明朝以来，汉族屯兵、商人、农民络绎而来，逐渐入籍当地，从而使清水江下游成为汉苗杂处的华夏与"苗疆"的边缘。

作为一个汉化较深而又以苗族侗族认同为主的民族社区，清水江下游近年来已成为民族学人类学研究的重要田野，产生了如中山大学张应强教授的《木材之流动——清代

[①] 本文受国家社科基金 2009 年青年项目"贵州锦屏文书研究"项目经费资助（09XZS001）。
[②] 王复宗：《康熙天柱县志》上卷，《形胜》。

清水江下游地区的市场、权力与社会》（三联书店，2006年）等优秀成果。但专门对清水江下游苗族侗族宗族进行研究的成果还较少，主要有张银锋、张应强的《姓氏符号、家谱与宗族的建构逻辑——对黔东南一个侗族村寨的田野考察》(《西南民族大学学报》（人文社科版），2010年第6期）。该文以黔东南的一个侗族村寨为考察对象，探讨了地方社会中宗族组织建构、形成的特点。

本文在吸收已有研究成果的基础上，主要从社会史研究的角度，运用历史人类学的研究方法，在清水江流域民族历史文化研究中第一次大量使用苗族侗族家谱资料，考察清代清水江下游边缘族群的宗族活动及由此体现的国家认同。

一、清代清水江下游的建祠修谱活动

中原王朝对清水江下游的开发始于明朝。明朝初年，朝廷在今天柱、锦屏县相继设置了天柱、汶溪、铜鼓、新化、亮寨、隆里等千户所。明朝万历二十五年（1597），天柱所吏目朱梓奏请改所建县，于是以天柱所、汶溪所及湖南省会同县的一部分设置了天柱县。锦屏则迟至清朝雍正五年（1727）才建县。明末清初清水江下游的建县，既是王朝国家统治秩序向边陲社会扩张的必然趋势，同时，也是边缘族群对国家权威认同的体现。《天柱县初建县治碑记》记载，万历十一年，守备周弘谟许诺建县，苗民欣然乐从。后来周调走而建县之事便搁置起来，于是引起苗侗社会的混乱。"当差诸苗乐于向化，报纳鸡粮千有余石。厥后官迁事寝，戈铤日生。"万历十九年朱梓来任天柱所吏目，朱梓"熟悉峒苗情状，惟建县一事可使久安"。"乃单骑入寨，宣布朝廷德化，许遵旧议建县。二苗老（苗酋傅良嘴，陈文忠）率先诸苗输诚纳款。爱之如父母，畏之如神君。朱以苗裔归附之诚,乃上便宜数十事,切中肯綮。"① 在建造县治过程中,"诸苗自行输木兴工,创造堂宇二所,其文庙、明伦堂等项各有人承造。"② 建县之后,苗民"易刀剑而牛犊,易左衽而冠裳,好勇习战之风日益丕变。"③

清朝雍正"改土归流"以后,国家权威的强化与清水江木材市场的发展促进了边陲与内地的联系,加速了清水江中下游苗侗社会的"王化"。如《乾隆清江厅志》的描述:"经圣天子武功文教,恩威四讫,各大吏承流宣化及职此土者加意抚绥,休养生息,服教畏神数十年。向之言侏离者,今则渐通礼数矣……苗裔竟有通经应试如内地之仲家者,风会駸駸日上矣。"④

清代乾隆年间,清水江下游苗侗社会兴起了宗族化运动,突出表现就是建祠修谱活动的大量出现。建祠修谱是宗族建构的主要内容。表一、表二反映了清水江下游建祠修谱活动的基本概貌。

表一:清水江下游天柱县清代康熙、乾隆年间建祠表

始建年代	祠堂地址及祠堂名称	祠堂数
康熙三十四年(1695)	邦洞镇观州披头寨杨氏宗祠	1
康熙四十六年(1710)	远口镇街上吴氏宗祠	1
乾隆元年(1736)	竹林乡高坡村潘氏宗祠	1
乾隆二年(1737)	坌处镇抱塘村吴氏宗祠;坌处镇地冲村吴氏宗祠	2
乾隆五年(1741)	竹林乡地坌村彭氏宗祠;渡马乡龙盘村陈氏宗祠	2

---

① 王复宗:《康熙天柱县志》,上卷,《天柱县初建县治碑记》。
② 王复宗:《康熙天柱县志》,上卷,《建天柱县咨文》。
③ 王复宗:《康熙天柱县志》,上卷,《风俗》。
④ 胡章:《乾隆清江厅志·序》。

续表

始建年代	祠堂地址及祠堂名称	祠堂数
乾隆十年（1746）	坌处镇抱塘村粟氏宗祠；白市镇新舟村吴氏先祠	2
乾隆十二年（1747）	渡马乡老街杨氏宗祠	1
乾隆二十四年（1759）	渡马乡岩门村内寨杨氏宗祠	1
乾隆二十八年（1763）	凤城镇雷寨村迎春坪欧阳氏总祠	1
乾隆三十二年（1767）	凤城镇雷寨村欧阳氏兴元公、兴旺公、兴忠公3个宗祠；凤城镇雷寨村迎春坪杨氏宗祠	4
乾隆三十四年（1769）	凤城镇乐寨村四甲杨杨氏宗祠	1
乾隆三十九年（1774）	白市镇北岭村乐氏宗祠	1
乾隆四十二年（1777）	渡马乡龙盘村周氏宗祠；凤城镇雷寨村周氏宗祠	2
乾隆四十五年（1781）	社学乡平衙寨吴氏宗祠；地湖乡罗家湾吴氏宗祠	2
乾隆四十七年（1782）	远口镇中团村吴氏宗祠	1
乾隆五十二年（1787）	社学乡白旄寨吴氏宗祠；渡马乡龙盘村冲头陈氏宗祠	2
乾隆五十九年（1794）	远口镇云潭湾（上寨）杨氏家祠	1
乾隆初年	坌处镇三门塘刘氏宗祠	1
乾隆年间	坌处镇三门塘王氏宗祠；社学乡桥联村伍氏宗祠	2
合计		29

资料来源：天柱各姓氏族谱关于宗族祠堂的记录以及立于祠堂里的修祠碑记等。

表二：清水江下游天柱、锦屏苗侗家谱编写年代简表

序号	家谱名称（版本）	首修时间	首修人（身份）	始迁祖入黔（或湘黔边）时间
1	龙氏迪光录（同治三年刻本）	康熙四年	龙文炳（土司）	元末明初
2	渡马陈氏族谱（光绪十九年刻本）	乾隆五十二年	陈舜谟（庠生）	（明）洪武十五年
3	粟氏族谱（民国二十一年刻本）	乾隆六年	粟荣训（乾隆丙辰科进士）	（元）元贞元年
4	袁氏族谱（民国六年刻本）	乾隆四十八年	袁进德	（宋）咸淳八年
5	茅坪龙氏族谱（光绪六年刻本）	嘉庆二年	龙彦珍	（明）中期
6	白市杨氏族谱（民国二十六年刻本）	嘉庆十五年	杨中立	（明）正统年间
7	邦洞郑氏族谱（嘉庆十九年刻本）	嘉庆十三年	郑廷槐（捐官，卫千总）	（明）洪武年间
8	蒋氏族谱（民国元年刻本）	嘉庆十九年	蒋宗纲（自称"业儒"）	明初
9	白市乐氏族谱（民国三十三年刻本）	嘉庆二十四年	乐大成（国学生）	（明）永乐二年
10	渡马罗氏族谱（民国六年刻本）	道光十四年	罗登书（嘉庆辛酉科举人）	永乐二年
11	茅坪龙氏族谱（道光十五年刻本）	乾隆二十八年	龙伏榜	（明）成化年间
12	茅坪杨氏族谱（民国十九年刻本）	道光十八年	杨秀春	洪武年间

填表说明：①表中"始迁祖"一般指元末明初入迁湘黔边或入黔始迁祖，而湘黔边土著大姓杨、龙、吴三姓上溯至宋以前的始迁祖一般都是联宗祖或大宗祖。②一般家谱编修时都有总修、协修、督修等分工人员各数人，本表所列"首修人"是总修中的主要人员。

从表一、表二可以看出，清水江下游的建祠修谱活动最早开始于康熙年间。乾隆年代是清水江下游苗侗宗族建构的大发展时期，建祠修谱活动非常活跃。其中宗祠的修建活动尤为突出，仅在天柱一县之内就修建了二十九座宗祠。相对于宗祠修建，乾隆年间的家谱编写要少得多，是因为家谱编写是一个系统的文化工程。特别是首修家谱，一般都要远赴湖南、江西等汉族地区寻根问祖，抄录同姓家谱。因而建祠易，修谱难。有些家谱在序言就记述了与外省汉族联宗的过程。如乐氏族谱记载了乾隆甲寅年与湖北大冶联宗的经过：

乾隆甲寅岁，承大冶县宗先生讳和声者，仲春初起程，泛舟跨汉江，飘鄂湖，途经三月，于初夏抵梓，雅意联宗。噫！其惫甚矣！谓非先祖在天之灵，冥中默遣而来欤。亦先生诚意笃宗，不遗其亲以来矣，手出谱本并序小引录遗先君贯公，乃江西太和潜公原谱也。肇自（周代）宋大心公受姓，逮明初，纪年二千余春，序派四十五世。前传后续，有条不紊；宗功祖德，无美弗彰。合族聚观之下，油然兴孝敬之思，蔼然动亲亲之意。百世以上，千里而遥，精意所通，如感格一堂也。①

乐氏族谱另一则序言则记叙了从建祠到修谱相距四十五年的经过：主修人乐大成之祖父于乾隆甲午年（1774）建祠，甲寅年（1794）获湖北老谱。苦心数十年，与族人每欲玉成谱牒，至嘉庆丁卯（1807）作古而家谱尚未修成。其父欲继其志，然老而倦勤，便把修谱重任交到了乐大成手里，并嘱咐乐大成说：子年富力强，笔锋颇得，且正值性成，斋偕各房干事者共襄其美。于是，有国学生身份的乐大成至嘉

---

① 《乐氏族谱》序言，民国三十三年刻本。

庆己卯年（1819），经过三代人的努力才终于修成家谱。

《蒋氏族谱》序言也记述了抄录同姓旧谱的经过：

> 丙寅春，阖族草创族谱，余一支族众推翰与兰为首事。因不殚辛勤，广求博访，欲得伯龄公（周公之第三子，封于蒋，为蒋姓始祖）以下世系，而历载之未获一见。丁丑之夏，因公在县，有黔阳茶陵溪宗人明伟、明轩、明和携谱至黎平而归。时三房宗廷偶与之相遇于东门客舍，余即接归寓所留而款之。因思吾祖实由黔邑（即湖南黔阳）而来，或者有合亦未可知。请谱披阅，彼籍出自广西全州念九郎之后，与吾祖世传河南开封府籍甚不相同。然自伯龄公及建公六十余世在在可稽。由是同归大段（属天柱县），约通族首士录其源流。虽其人其事世世相承，未审的否，然亦非无本而来也。兹首登之谱编，不敢忘其所得之故，以昭示来兹于不爽云。①

该段序言虽然说所借谱牒与自己家族世传祖籍河南开封不相同，但旧谱所记蒋姓得姓始祖西周伯龄公以下六十余代世系在在可稽，脉络清楚。就这样，边缘族群通过与内地汉族同姓联宗而建构了汉族祖源记忆。

王明珂认为，移民所造成的新族群环境，除了提供结构性失忆滋长的温床外，也往往促成原来没有共同"历史"的人群，以寻根来发现或创造新的集体记忆。② 清代清水江下游土著族群的祖先记忆便是在寻根的过程中发现或创造的。

---

① 《蒋氏族谱》道光二年序言，民国元年刻本。
② 参见王明珂：《华夏边缘》，社会科学文献出版社，2006年，第32页。

二、清代清水江下游族谱编写的特点

通过家谱序言，可以发现清代清水江下游边缘族群的家谱编写有如下特点：

（一）家谱编写的主要人员是家族中的儒学知识分子

以表二为例，家谱编写的主修人中具有科举功名或官员身份的占到一半。有些虽然没有科举功名，但如蒋氏家谱的首修人蒋宗纲自称"业儒"，也有可能是进过县学的生员，从其所写的序言中透露了其身份为私塾教书先生。有些虽然从家谱序言中看不出什么身份，但从他们对文言文写作的娴熟程度来看，自然也是饱读圣贤书的夫子。

清代清水江下游的知识分子为什么有强烈的修谱愿望呢？这是边缘族群汉族认同或国家认同的体现。从表二可以看出，这些清水江下游地区家谱的入黔或入湘黔边的始迁祖都要上溯到明朝初年甚至更早，至清代乾隆以后首次修谱时已经传了十余代两百余年。即使其祖先确为汉族移民，但在清朝乾隆以后早已土著化。由汉变苗的叙事在这些家谱中屡有记载。如天柱《龙氏六公宗谱》（2005年油印本）记载，其始祖龙腾汉原籍江西吉安府太和县东关人氏，明朝洪武年间，因商入黔抵清水江头，见山川秀丽，风俗淳朴，遂定居于清水江头柳富寨（今属贵州剑河县）。由于久居"夷地"，习俗所染，"变汉语而侏离，易冠裳而左衽"，其子孙遂化为苗族或侗族。清水江下游乃至整个湘黔边的大姓为杨、龙、吴三姓，今三姓总人口约占当地人口的一半。在这三姓的家谱中，大多数杨姓认同的入湘黔边始迁祖是唐末五代的"飞山蛮酋""十峒首领"杨再思；龙姓的始迁祖则为北宋神宗时（1068－1085）"镇抚苗疆"的荆湖南路安抚招讨使龙禹官；吴姓始迁祖则为南宋理宗时（1225－1263）任大理寺丞的吴盛,因避奸臣贾似道迫害而避难于"苗疆"。至清代中前期,这些所谓中原汉族移民的后代已经在这里繁衍生息了数百年,远的近千年。而侗族先民仡伶族群见诸于文献记载的时间是宋朝。也就是说,有些汉族移民的历史甚至早于侗族族群形成的历史。所以,我们有理由相信,清代清水江下游的宗族化活动是土著族群的知识精英们建构正统性文化身份的手段,是对大一统国家认同的表达。如下面两则序言:

序一:清世祖撰广训十六条,首敦孝弟,次睦宗族。海隅苍生,罔不率俾。生今之世,为今之民,敢不仰体元首之教,序昭穆,明尊卑,登一族于惇厐,共昭太平之盛哉。①

序二:庶几尊其祖,敬其宗,敦其本,睦其族,不坠帝廷大孝之风,即圣帝协和之法也。然异姓传道统,同姓传世统。传道统者,祖述宪章;传世统者,希圣希贤,宁不传道统哉?是故谱牒不修,则前何以绳祖武,后何以贻孙谋。余约众族于天柱城之家祠内公修谱牒,前可以绳其祖武,后可以贻厥孙谋,俾子子孙孙勿替引之矣,是为序。②

序一、序二都把敬宗睦族、亲亲之道视为"元首之教"、"帝廷大孝之风"、"圣帝协和之法",体现了对国家权威的高度认同。这种认同的形式便是边缘族群中的精英分子通过建构华夏世胄身份,并极力与"苗"划清界线,进而通过读书应试的途径而跻身国家的官僚系统。从《龙氏迪光录》中,我们可以看到一个有趣的现象,即龙氏子弟出外求学时,似乎都要带上家谱作为自己正统华夏世胄身份的证明。如道光十七年(1837)贵州巡抚贺长龄为龙氏家谱所写序言,便是

---

① 《乐氏族谱》嘉庆己卯年(1819)国学生乐大成撰。
② 《袁氏族谱》贡生袁兆昆撰。

应一位在省会贵山书院学习的龙氏子弟之请而写。贺长龄的序言记叙了这一过程:"一日(龙生)诣署谒予。予观其人,沉静温雅。座间询其家世。次日以家乘进,并呈其先人嘉会、仁山、约斋等诗文及长官禹夫所辑全黔人鉴一书于予。读之,因悉其家学渊源。龙生之所以拔起特出者,其来有自也。龙生勉乎哉!恢先绪即迪前光,尔能为家作白眉,即能为吾副青眼也。"当时这位龙氏子弟远赴省城贵阳求学,家谱却随身携带,足见家谱在身份证明上的重要意义。道光二十一年(1841),贡士龙绍讷到京城会试,虽然万里之遥,仍然把家谱带在身边,并请当时的军机处官员王积顺为之作序。如序言所记:"龙君绍讷,予典试黔南所取士也。今年来会礼部试,携其家乘一册至京,求予一言以为序。披阅之,见其规模制度井井有条,谱牒分明,尊卑不混,而于远支从略,于本支则独加详焉。夫龙氏之先,代有显宦,岂不可引之以为当世耀。"

(二)清代地方官员积极支持民间修谱

清代清水江下游各个姓氏家族所修家谱中,基本上都有地方官员的赠序。当然,能否获得地方官员的赠序还和家族在地方上的声望有关。其中最突出的是锦屏县亮寨长官司龙氏土司家谱《龙氏迪光录》,如表三所示,该家谱收录了曾在贵州任职的四品以上地方官的序言六例。为什么地方官员积极支持民间修谱呢?从他们的序言中可以看出,建宗祠,修家谱等宗族活动正是地方官员推行封建教化的重要手段。如以下辑录部分官员赠序:

表三 龙氏长官家谱《迪光录》(同治三年重修刻本)中的清代官员赠序

赠序人	赠序人身份	赠序时间
冯萼舒	赐同进士出身，署黎平府事	康熙四年
王勋	知黎平府事	乾隆三十七年
蒋攸铦	赐同进士出身，历充福建贵州陕西河南乡试主考官，提督广西学政	嘉庆八年
贺长龄	贵州巡抚	道光十七年
王积顺	中书舍人，刑部主事，军机处行走，陕西、贵州大主考	道光二十一年
文英	黎平营参将，前御前侍卫，赏戴蓝翎，世袭三品顶戴	道光二十七年

序三：予谓观于前可以励于后。长官之先人有守有为者，班班可考。从此激昂奋发，使宗族人人有继继承承之思，入则为家之孝子，出则为国之良吏。于以鼓吹休明，而匡扶时事，不亦善乎。若乃敬宗收族，以时习礼于祠堂，长官宗族知之矣，予又何言。①

序四：予惟广教化，美风俗，使地方人知尊祖敬宗，于焉亲睦，固太守事也。……龙氏之先，侯王封谥，代有显官，载之家乘邑志，其子孙类能道之，予可以不论。至其长官一职，上下数百年毋亦先泽实有不可斩者耶。君其讲明理一分殊之旨，相与立师以教之，笃恩以联之，于以发其孝弟之心而长其淳睦之意。行见礼族之盛，达于州间。予守兹土，亦乐夫俗之有成而可为乡里法也。君与宗族勉乎哉。②

序五：儒者出宰方隅，苟有关于人心风俗，莫不诱而张

---

① 《龙氏迪光录》康熙四年赐同进士出身，署黎平府事冯萼舒撰。
② 《龙氏迪光录》乾隆三十七年知黎平府事王勋撰。

之。诚以治乱起于风俗,风俗本乎人心,两者厚而操刀无难矣。……迨乾隆十八年,余奉宪檄修邑乘,(龙)艳衢偕兄侄数人恳以太祖忠悃登志。余命呈谱以验,乃宋世中叶禹官父子也,何为而至今不劂也?……子之来丐我者,诚有关于人心风俗之大,而其量不仅于家也。……凡无所挟而来者,吾皆诱而彰,况殁而祭者之俎豆常馨;生而足师者之学行兼举,而顾不为之掇一言以吹嘘其祖德,可许其子孙以附春秋蔡季之义也乎,是为序。①

序六:圣天子仁孝治人之化,欲使斯人由亲亲以及尊尊,共遵夫荡平之道。今而后族之人其益进而勉焉。饬伦纪,敦礼让,秀者服仁义于胶庠,朴者勤职业于畎亩。以贤劝愚,以善变俗,凛宪章而念先型,笃亲睦而虔爱敬,毋忘兹作谱初意焉。将见人文蔚起,世泽流芳,是固蒋氏之幸,抑司是邦者所甚乐也。②

  从以上官员赠序中可以看出,封建士大夫出任地方官,便承担着宣布圣教,移风易俗,以仁孝化人的重任。而宋代以来以亲亲之道为特征的宗族制度正好成为封建地方官员推行教化政策的重要工具。由亲亲以及尊尊,移孝作忠,"入则为家之孝子,出则为国之良吏"。"一家仁,一国兴仁;一家让,一国兴让",宗族雍睦则天下和平,这正是清王朝"以孝治天下"的本意。序五记叙了乾隆十八年会同县修县志时,龙氏族人进呈家谱,要求把龙氏入迁湘黔边的始祖北宋龙禹官忠君报国的事迹记入县志的经过。知县于文骏是进士出身,对于龙氏家谱中叙述的这样一位"镇抚苗蛮"的英

---

① 《锦屏县茅坪龙氏族谱》(民国三十三年刻本)乾隆十八年赐进士出身文林郎任会同县于文骏撰。
② 《蒋氏族谱》嘉庆十九年赐进士出身知天柱县正堂张如相撰。

雄祖先，他应该知道《宋史》等文献无片语只言记载。他只感叹说："何为而至今不劂也？"也就是说对于这样一位忠君报国的人物为何至今未载入史册。其内心是否置疑龙禹官其人其事的真实性不得而知，但他认为这种忠君报国人物有必要载入方志以教化百姓，因而说："子之来丐我者，诚有关于人心风俗之大，而其量不仅于家也。"

大多数清水江下游家谱中都有华夏英雄祖先戍边湘黔或"征苗""抚苗"的叙事，这是边缘族群在汉化宗族制度的建构过程中，在特殊历史情境下对祖先记忆的失忆与重构。为这些家谱作序言的地方官们也许都知道其中的虚构情节，但他们没有必要去置疑。因为这种祖先记忆的建构表达了边缘或边疆对华夏的认同，也即对中央王朝的认同，这正好是与封建士大夫们推行的"用夏变夷"王化政策相契合的。

三、家谱中的移民入黔叙事与"英雄祖先"

通过与内地汉族同姓联宗，把祖源上溯数千年，直至夏、商、周三代，成为清水江下游族群建构华夏正统文化身份的普遍现象。为了给予这种联宗活动以合理解释，必须建构家族移民的历史记忆。于是，在这些家谱中，我们便能看到很多生动传奇的移民叙事。其中以军事移民类型最为普遍，如下面龙氏与杨氏的两段移民叙事：

叙事一：至若吾宗之盛于楚南者，则自禹官公始。禹官，采濂公长子也，礼崇所自出，故以采濂公为一世。一世祖讳采濂，字启儒，应天黄地人，宋仁宗嘉祐五年庚子举于乡，任浙江会稽县令。……二世祖（东山支系推为太祖）禹官字相承，生而英勇，沉毅有大志。妣罗氏，金山县令罗公腾万女也。……罗，（江西）泰和人，复归泰和，公乃随罗入吉安，择泰和之白下驿，地名黄龙巷家焉。子五：宗麻、宗朝、宗灵、宗廷、宗旺，皆成立于泰和。

时吐蕃、夏人猖獗，尚武功。我禹官公以澄清自誓，仗策从戎。神宗元丰四年辛酉，任南昌节置（原谱注：《绥宁志》作"节制"，宋郡守或带节制军马衔）副使。治兵临阵，屡着奇勋，当事嘉之，升镇黔省，苗民畏服。未几，南蛮乱，内阁司马光、范纯仁同奏：黔与楚邻，苗民畏服者，武臣龙禹官也，宜调近以服之。于是晋荆湖南路安抚招讨使。公临楚，恩威并用。岁余，诸蛮平。时坐镇常德之花园，以疾乞休，归常五月而卒，时哲宗之元祐二年丁卯八月八日午时也。上闻，赐葬，召其子袭职。

长子宗麻为湖南宣抚处置副使。自黔阳扫清边界，从沅黎交界平息清水江等处。卒于哲宗元祐七年。……朝、廷、旺三祖谓子孙曰：应天、河东、卫辉、泰和俱祖庭也，岂不怀归。历数十年皆为战场，生民受害，绝宗灭嗣者不知凡几。南楚山川秀丽，厥田上上，择地而处，其在斯乎。①

叙事二：始祖洪公原系江西南昌府丰城县粟木坪大井头籍也。史载洪公以指挥职于明时，守备独石堡，初副李谦，励将士杀敌。后佐御史张鹏会战兀良，斩其酋。鹏以洪代兼御史事，威闻岭北，以杨王称呼。正统十四年剿灭余寇，为一时名将。

移镇湖楚洞蛮，驻迹在柱邑（天柱）渡马大坝头，起造八角楼，迄今遗迹尚在。后回都复命，至城步县故，葬打鼓洞狮子口。公妣吴氏，生四子，长万朝，次都朝，三进朝，四晚朝。万公袭父职，仍居八蛮洞口。万公妣田、白、吴三氏，生子十三，咸以华字为名，再宁为派。景泰丙子年在地旺坳分支，一居陕西宁夏，一居官衔，一居渥龙沙滩，一居

---

① 锦屏《龙氏迪光录》序言，同治三年刻本。

洪江深泥渡，一居汶溪（今天柱白市），一居渡马，一居洪江中节，一居沅州阳溪，一居会同，一居靖州。华五居墓坪土坎脚，华九派名再品居墓坪大江边。妣蒋氏生三子，长政富公即余一支之始祖也，妣蒋氏，由墓坪徙居新舟（属天柱县）陡坡。①

叙事一中龙姓为湘黔边大姓之一。其始迁祖为龙禹官，禹官生五子：宗麻、宗朝、宗灵、宗廷、宗旺。今湘、黔、桂边数十万龙姓都以上述五公为宗祖。询诸湘黔边龙姓父老，概言宋代五大公之后，且春秋祭祀，遗俗尤存。龙氏家谱记载，龙禹官于宋神宗元丰四年（1081）任南昌节置副使，后晋升荆湖南路安抚招讨使，平息黔楚苗民叛乱。长子宗麻为湖南宣抚处置副使。自黔阳扫清边界，从沅黎交界平息清水江等处，卒于哲宗元祐七年（1092）。禹官、宗麻父子殁后俱谥封王爵。如此高官显爵，而其人其事《宋史》却不着一笔，难免使人生疑。龙氏家谱还记载了禹官、宗麻父子死后英灵不灭，杀苗民以扶社稷的传奇故事。

其在哲宗九年元旦（绍圣甲戌），上梦我禹官公身披甲胄，手执干戈以讨苗乱。越日，宴群臣于集英殿，以梦示之。内卿高太尉、内侍罗典奏曰：武臣龙禹官，元祐二年招讨楚南，其子宗麻袭职，皆卒于楚。今杨、沈二臣监其军。禹官父子英灵未泯，杀苗民以扶社稷，报国恩，未可知也。会杨、沈督兵力战，苗势愈炽，夜梦禹官父子亲赐干橹，誓杀苗民。平明交述其梦，共相惊异。是日果风云大变，雨雹异常，苗民自相残杀，寻率服。杨、沈具以闻。上惊与己梦合。十年（绍圣乙亥）十月十八日封二世祖禹官为神威显应

---

① 《白市杨氏族谱》序言，民国二十六年刻本。

扫峒王，三世祖宗麻为天威得胜王。罗太夫人（禹官夫人）自封其夫与子后，英灵日著，苗有复行猖獗者，自见为女将所杀，遍峒瘟疫而死。十一年（绍圣丙子）十一月，杨、沈复以闻。次年（绍圣丁丑九月初一）又封罗妣为一王阴烈夫人，敕立庙祀。始建庙于绥宁之东山里。①

  上述叙事已经把祖先神化，超越了正统历史的写作手法。但它塑造的是一个忠君报国的英雄形象，它不仅不会引起王朝地方官们的反感，反而是他们推行礼治，化民成俗的宝贵题材。于是，把传说人物神化并受朝廷谥封为王侯的事例在王朝时代便不足为奇。下面飞山圣公杨再思也是一例。

  作为湘黔边另一大姓的杨姓大多自称是唐末五代十峒首领杨再思的后代。"蛮酋"杨再思于《新唐书》、《旧唐书》及《五代史》等正史都无记载。相传杨再思为唐末五代人，其父杨居本戍边叙州（今湖南黔阳、会同、靖州等地），抚五溪"蛮地"。杨再思十四岁即随父征战，屡建奇功，后唐时授诚州（今湘西南靖州）刺史，号称十峒首领。宋朝时，杨再思被朝廷谥封为英惠侯，并成为飞山庙的神主，逐步被认同为湘黔边数百万杨姓族人祖先。但是，对于杨再思其人其事，已有学者提出了质疑。有学者认为，以十峒首领和诚州刺史形象出现的杨再思史无其人，他只是宋代以来飞山地区杨氏家族传说中首先创造出来的精神领袖和宗教形象，这个形象后来又被历代地方官员加以利用并不断粉饰，最终演化成为我们今天知道的飞山圣公。②

  叙事二为天柱杨姓的另一种祖先移民叙事，该段叙事半

---

① 锦屏县《龙氏迪光录》卷一，序言，同治三年刻本。
② 参见谢国先：《试论杨再思其人及其信仰的形成》，《民族研究》2009年第2期。

虚半实。前半段叙述的是明朝宣府总兵杨洪的事迹,《明史》有《杨洪传》。杨洪一生都在北方抗击蒙古骑兵,战功卓著,景泰二年(1451)八月病死于京城。而天柱白市杨氏族谱却说杨洪移镇湖楚峒蛮,死于湖南城步县。再者,《明史》里也没有一个在湘黔做总兵的杨洪。此杨洪很可能只是当地杨氏宗族中一位比较有影响的人物,其后裔用北方杨洪的事迹附会到他身上,把他塑造成一位"平苗"的英雄。该家谱序言中还有一篇歌颂杨洪的韵文:"楚黔蝼蚁,大邦为仇。粟秕苗莠,奉命锄耰。砺乃锋刃,锻乃干矛。三军赫赫,如貔如貅。四牡冀冀,有骆有骝。风云变幻,山海生愁。蛮夷俯伏,寇贼依投。功成大业,绩着勋猷。回都复命,城步仙游。"这样,一位"平苗"的汉族祖先的英雄形象便树立了起来。

《天柱弘农杨氏通志》对杨洪的叙事则是另一个版本:"杨洪,字与禄,生于元太宗六年(1234)。元代中期,广西、黎平苗叛,靖州失陷。杨洪由侍郎督兵定乱,次第剿灭。由于平蛮有功,授指挥使(正三品)之职。后出镇八蛮九洞溪口(今天柱渡马),湖南武岗州、黔阳司等地,娶吴氏,再娶江氏,生四子:万朝、都朝、进朝、晚朝。"① 两种叙事版本中杨洪的生年相差一百多年,官职也不相同。且对其官品的理解也有歧误。比如该叙事说杨洪由侍郎督兵定乱,有功而授正三品指挥使。而实际上,侍郎相当于国防部副部长,怎么有功后才授指挥使。且元朝行省无指挥使一职,明朝的省级最高军事长官才是都指挥使,为正三品,而指挥使的官品还要低。今天柱白市杨氏宗祠外有杨洪夫人墓,其墓志铭则说杨洪是明朝正二品总兵。实际上,明朝总兵并无固定品秩,清朝的总兵才是正二品。可见,从"一切

---

① 杨德润:《天柱弘农杨氏通志》(内部资料,2001年印刷),第132页。

历史都是当代史"的角度来理解，家谱中的祖先叙事更多表现为修谱者对历史记忆的想象与重构。

天柱宗族移民叙事中也有非军事移民的类型，但也往往把祖先上溯至一位中原的显赫人物。如天柱八甲杨氏族谱记载，①天柱八甲杨氏为隋文帝杨坚长子杨勇之后。宋朝时有杨邠，与平章左右兼理朝政，为政专务苛细，后以过于专恣，被皇帝所杀。族人子弟为避免被灭族，潜身远隐。邠子葵，易杨姓为钱姓，埋迹武陵之青鱼湾，扁舟垂钓。延至元代，复还原姓。祖籍江南应天府凤翔县人，家住剑阁楼前猪市巷。葵生砺，砺生发，发生再琳，再琳生子魁。魁生四子：拔章，洞天，天平，虎威，由湖南靖州飞山脚移居天柱邦洞中高野、岩脚寨居住。明洪熙元年（1425）于黔省聚坳会劈古器分与四子，长房拔章始居下高野；二房洞天始居蓝田黄家寨；三房天平始居杞寨；四房迁湖南芷江四路铜鼓寨。②

下面一则罗氏族谱序言则叙述了一段民间自由移民垦殖的故事：

始祖则公迁居吉安府吉水县螺系巷土地祠边，乃世族也。……追忆我良公旷观宇宙，遍阅列国，闻得湖南黔境地腴烟稀，指手安界，插表管业。爰是谋于妻曰：唯离江西梓里，水行乘舡，山行乘辇，择地而迁焉。来自永乐二年，先落业靖州天柱下寨，后徙波洲、晃州、长矛岭、侯家湾、九牙楞寨等处。斯时也，树林荫翳，罕有烟村。熊罴异梦，嵩岳降灵，产生一子。婆思井水，闻得田鸡声，因语公曰：此

---

① 由于天柱县杨姓人口太多，今有10余万，占全县总人口的1/4，因而天柱杨姓存在同姓通婚的客观需要。于是，杨姓便按里甲制度分为十甲，从而杨姓通婚，论甲不论姓。参见天柱文管所杨德润编《天柱弘农杨氏通志》。
② 杨德润：《天柱弘农杨氏通志》，第327页。

鸟居属水边，尔往观之。公经过荒田三丘，果有井泉，因名其子为三田保。故子孙不食田鸡，怀其德也。①

该段叙事叙述了罗氏汉族先祖由江西移民湘黔，筚路蓝缕的创业经过。

上述两个叙事中提到的祖籍"猪市巷""螺系巷"是清水江流域家谱中比较常见的移民文化符号，相似的还有"朱市巷""珠市巷""猪屎巷"等称呼。以江西泰和县朱市巷的说法最为普遍，另外还有江西丰城县猪市巷，福建福州府猪市巷等说法。当代有些家族重修家谱时，曾派人到江西泰和县和丰城县等地寻找猪市巷，但都以失败告终。猪市巷的传说，是土著族群利用移民文化资源建构的汉族祖先记忆，是对汉文化认同的表现。"这是不同文化背景的族群在激烈的社会竞争中寻求身份正统性的一种文化手段。换一种角度来说，这亦是区域社会逐步建立国家认同的一种强烈表现。"②

四、苗侗宗族的家法族规

苗侗家谱中所载的家规、族规、族训或祠规等行为规范以"孝悌忠信"为核心，家法与国家法互为表里、相辅相成，成为维护封建统治秩序的重要手段。正如锦屏县茅坪《龙氏族谱》载："尝闻国有法，家有训。国无法无以抚驭斯民；家无训无以倡率子弟。如我等家族人丁繁衍，良莠不齐，迩年有失教育，野蛮性成。少壮之辈素行不法，往往嗜酒猖狂，欺犯尊长，好勇斗狠。家长无以管束。父不父，子

---

① 天柱《罗氏族谱》，序言，民国六年刻本。
② 张银锋，张应强：《姓氏符号、家谱与宗族的建构逻辑——对黔东南一个侗族村寨的田野考察》，《西南民族大学学报》（人文社科版）2016年第6期。

不子,殊失纲常大义。倘不为极力整肃,窃恐养痈成患,害伊弗底。有心世道者欲振兴地方人心风俗,必自整肃家规始。"① 苗侗家谱的家规主要对个人与国家、宗族内部、家庭内部、邻里之间等关系范畴以及个人修养等行为进行规范。其核心的内容是对族权和夫权的保障。

（一）个人与国家之间的关系

主要要求宗族成员忠诚履行上交皇粮国税的任务。天柱《袁氏族谱》说:"凡食王之毛,当输王之赋。赋能应期早完,不惟免追呼之扰,亦以昭忠爱之心。况兆民之职,在尽力南亩,以供国赋。我族伯叔兄弟,诚急公奉上,即囊橐无余,以安然快乐。"

（二）宗族内部关系

主要是宗族雍睦,宗族内部纠纷要优先由族长祠长调解,不能擅自报官。天柱渡马《陈氏族谱》告诫族人,家族成员之间关系虽有亲疏远近之分,但都是一个祖宗发源,因而要和睦相处。家族成员之间的纠纷要首先由族长调解:"我族兄弟叔侄宜敦雍睦,毋得以小故而伤大义。倘若有违理之事,只可伸鸣族长祠堂公处。若动相斗气,辄为兴讼,耗散家财,实致祖宗之怨恫。"

（三）家庭长幼伦理关系

一方面是父慈。天柱渡马《陈氏族谱》认为,父母对子女要慈爱,不能偏爱、溺爱。偏爱会成为兄弟不合或子女不孝的恶因。"故为父者,不得有所偏私,致启后日滋端而伤天伦。"另一方面是子孝:"故人子于得亲之时,固当承欢于膝下。设父母有不顺之处,一当起敬孝,下气怡颜,柔声以谏,慎毋佞口忤逆,自蹈不孝。"

---

① 茅坪《龙氏族谱（武陵堂）》家规,道光十五年刻本。

（四）夫妻关系

苗侗家谱中关于夫妻关系的规范充分体现了宋明理学的三从四德、三纲五常的封建礼教思想。天柱《陈氏族谱》与《袁氏族谱》都有关于妇女行为的两条相同规定，一是肃闺门，二是慎婚姻。"肃闺门"规定："家室之内外有辨，道路之左右须分，无得托言大方，不自束敛。败常乱俗，多出女杂男混；玷祖亡家，半在男妇内淫外荡。非丧非祭，授受不亲，以别嫌疑。且妇人纵系贤能，止克内助，不得干预外事，擅出闺门以轻污。""慎婚姻"规定："夫妇人伦之始，闺门万化之原，故书称厘降，诗咏关雎，皆以明婚配之不苟也。于以知男婚女嫁，必须门户相当。无得趋权势，重货财，妄订婚姻。如或兄弟亡故，不许弟纳兄嫂，兄收弟妇。兄弟妯娌，骨肉至亲，尊卑不容紊。长嫂当娘，弟媳当妹，岂容紊乱。败坏伦常，莫此为甚。凡我族中，务宜谨之。"《陈氏族谱》还规定了"禁反葬"条款，即女子再嫁，不能返葬祖坟："夫死从子，妇人大义。或不能守而再嫁，则已是他姓之母矣。勿论有子无子，殁后总不得反葬祖坟。"

《袁氏族谱》规定："四十无子，方可娶妾。或家务繁冗，娶妾帮理，亦必择有根基人。盖今日为妾，恐他日为母。不得以奸为妾，有紊纲常。又不得宠妾而有乖风化。至于无子娶妾而妻不可不容。其妾有此，当告于族长。"《陈氏族谱》更是规定："至于无子娶妾而妻不容，七出犯二，告于族长，弃之。"也就是丈夫因无子而娶妾而妻不能容忍，则通过族长，可以休妻。

（五）兄弟关系

《陈氏族谱》认为："家庭之内，孝弟为先，而弟亦知其不可缓也。故随行隅坐，道固遗乎笃恭，而分甘服劳，情莫切于让。勿听谗言以乖骨肉，毋因小利而灭友恭。诗云：兄弟既翕，和乐且耽，则太和之气，酝酿一堂矣。且宜兄宜弟，而国人亦可以教矣，弟道可不知重哉。"

（六）邻里关系

在处理邻里关系时要以迁让为主，不能争强好胜，也不能斤斤计较，才能和睦相处。"亲族邻里，所居甚近，相与已久。凡牲畜之侵害，童仆之嚷斗，言语之有触忤，行事之有错误，其势必不能无者。惟在以心体心，彼此相容。不必详责于人，只须反求于己，方能久处。若不忍小忿遽生嗔怒，或自恃财智必欲求胜，吾恐怨怨相报，终无了时，其势必不两存矣，可不戒哉。"

（七）个人修养与行为规范

《袁氏族谱》主要规定了五条：守耕读，务勤俭，严奸盗，戒赌博，存廉耻。①

五、苗侗宗族的祖先祭祀

各宗族的祭祀仪式大同小异，总体上都比较烦琐。其祭文重在追述祖德宗功。祭祀仪式和祭文一般都由本宗族的文化精英所创制。《龙氏迪光录》卷五"旧典"说："吾家典礼，皆仁山（乾隆丙午任安化县学教谕）、约斋先生（乾隆庚戌恩进士）考定至详至悉。凡我后人，虽有聪明，均无能易之者也。虽无老成，尚有典型。抚家乘而善继述，尚无作聪明以乱旧章。"即本宗族后人不能擅自变革。

根据天柱《陶氏族谱》的记载，祭祀人员主要有：承祀孙或称主祭孙一人，陪祭孙二人及与祭孙或称众祭孙多人；通赞一人，为祭祀主持；引赞二人，为仪式副主持；另外，还有司帛、司爵、司樽、司祝、司盥洗、司馔、司燎、司福胙等各类分工人员。主祭孙一般是嫡系长子长孙，但有功名

---

① 天柱《袁氏族谱》（卧雪堂）卷一，民国六年版本。

官职者即使非长房长孙也有可能主祭。如锦屏茅坪《龙氏族谱》规定:"主祭固应举嫡子长孙,倘遇年老昏聩及委靡不振者,反不足慎重其事,又无妨择贤而德者代之。"

关于祭堂的陈设,根据天柱《陶氏族谱》和锦屏茅坪《龙氏族谱》的记载,祭堂正中为正享位,也即始祖考、妣之神位,正享位两边按左昭右穆的顺序,分设历代高曾祖考、妣昭穆神位。神位前为一到两排供案,每排供案有左、中、右三张。用以陈设猪、鸡、羊等牺牲以及果品、金银玉器等祭品。中间供案前设香案,上燃香、烛。这是读祝文的地方,歌僮或通赞、引赞等分列于香案旁。香案前设有茅沙。① 主祭孙立于香案前,陪祭孙与众祭孙列于主祭孙之后。

祭祀之前要先发榜文,通知宗族成员参与祭祖活动。为了熟悉祭祀礼仪,有的宗族还要在祭祀前进行演练。如茅坪《龙氏族谱》规定于祭祀前夕,"薄暮演礼。礼生执事各举其职,正献分献以童子代行。主祭陪祭列坐两旁观礼,黎明行事"。②

各个宗族的祭祀礼仪虽然各有特色,有繁有简,但至少要包括迎神、献礼、赐福、送神四个环节。茅坪《龙氏族谱》对祭祀仪式记载如下:

(一)迎 神

先鸣炮,次击鼓,鸣金,奏乐,乐止。主祭孙、陪祭孙盥手,诣寝室迎取事先用红纸写好的祖宗牌位。跪,上香,俯伏,引赞北面读告词。其词为:

嗣孙某等今以仲春月(秋书仲秋,冬书仲冬,诞祭书春正)日有事于显祖考、妣前,敢请尊灵降诸神位,出就正

---

① 在一个长方形木盘里面铺上细沙,沙上面放一束茅草。祭祀时,把酒倾倒于茅草上,象征酒经过茅草和细沙过滤后由祖先享用。这是中国春秋时代楚国盛行的一种祭祀仪式。
② 锦屏茅坪《龙氏族谱(武陵堂)》民国三十三年印本,卷二。

寝，恭伸奠献。

伏兴四，平身，唱降神歌。鼓乐前导，主祭孙、陪祭孙奉祖宗牌位于中堂。中间为始祖考妣之位，东配位为左昭祖考妣之位，西配位为右穆祖考妣之位。

（二）参　神

主祭孙诣始祖考妣前行参神礼，跪，伏兴四，平身，复位。二名陪祭孙分别诣左昭和右穆祖考妣前行参神礼。然后主祭孙诣香案前上香，酹酒（将酒倒入茅沙），伏兴，平身，复位，唱参神歌。

（三）献　礼

献礼就是向祖宗敬酒。献礼重复三次，分别称初献礼、亚献礼、终献礼。初献礼由主祭孙诣始祖考妣前跪、众孙跪，祭酒（倒少许于地），献帛，进爵，奠酒，献馔，献箸。伏，兴，平身。诣香案前跪，众跪，读祝文（祭文）。然后二位陪祭孙分诣左昭右穆祖考妣前行初献礼。初献礼毕，要唱初献歌。同样，依次举行亚献礼、终献礼，有相应的亚献歌、终献歌。

（四）侑食礼

侑食礼就是劝祖宗吃饭吃菜的礼仪。主祭孙诣祖考妣前跪，众跪，由引赞代斟酒，陈餐，献箸，献馔、正箸，侑食，点馔（给每个饭碗里加少许菜），伏，兴，平身。然后二位陪祭孙诣左昭右穆祖考妣前以同样的仪式行侑食礼。侑食礼之后，还要行献茶礼。

（五）饮福受胙

主祭孙、陪祭孙诣饮福受胙位即香案前，跪，引赞取祖宗前酒授主祭孙、陪祭孙，祭酒（倒少许于地），读颂辞，啐酒（略尝少许），受胙（引赞取祖宗前饭授主祭孙、陪祭孙以代胙肉，亦尝少许），伏，兴，平身，复位。饮福受胙象征祖先赐福于后代子孙。

（六）辞　神

主祭孙诣始祖考妣前行辞神礼：跪，伏兴二，平身，复位。陪祭孙以同样方式诣左昭右穆祖考妣前行辞神礼。然后捧祝文、帛等于焚所焚化。唱辞神歌。跪，伏兴四，平身，礼毕。

仪式中的祝文（祭文）及降神歌、参神歌、初献歌、亚献歌、终献歌、辞神歌等，其内容大多是追述祖德宗功，表达子孙对祖先的崇敬和感恩，以及希望祖宗保佑家族兴旺发达等。

六、结语：苗侗宗族建构是边缘族群国家认同的体现

在清水江木材的流动过程中，汉族屯兵、商人、农民渐次入籍当地，使清水江下游成为汉苗杂处的华夏与"苗疆"的边界。在汉苗文化的涵化过程中，大多数汉族移民不可避免的经历了土著化过程，"变汉语而侏离，易冠裳而左衽"。同时，在清水江区域木材市场的发展过程中，林业贸易与林业生产把土著族群整合进了统一的中国市场体系之中，强化了边缘族群的国家认同，同时，也为国家统治权威深入这一地区奠定了文化基础。从而出现了本文开头苗民胁迫官府建县的情形。边缘族群主动接受汉文化并要求纳入国家政治体制之中的情形在苗侗家谱中也屡有记载，如锦屏县文斗苗族《姜氏族谱》序言："吾家自八代祖春黎公，于顺治年入文斗，以移风易俗为己任，人皆乐从，幸得如愿。吾祖虽不得谓有过化存神之功，亦可谓开化此带之伟人也。至凤台公约齐各寨输粮入籍，可谓继述有子矣。"

清朝雍正时颁布了圣谕广训，大力提倡"立家庙以荐烝尝，设家塾以课子弟，置义田以赡贫乏，修族谱以联疏远。"宗族制度成为王朝国家整合民间基层社会秩序的重要工具。

"经圣天子武功文教"和"各大吏承流宣化",至乾隆末年,在当地民间碑文中,我们便能看到:"圣朝教化已久,诸苗无异于民"①的句子。于是,清水江下游的苗侗宗族制度的建构便在此情境下勃然而兴。乾隆以降,清水江下游苗侗土著民族纷纷仿造汉族建宗祠、修家谱,并通过移民记忆与祖先溯源而建构华夏世胄的正统文化身份。边缘族群为了建构正统性文化身份,就必须建构华夏祖先及其移民"苗疆"的历史记忆。于是,我们便在苗侗家谱中看到了诸如"平苗""征苗"的叙事模式,以便把自己华夏世胄的正统身份与"苗蛮"区分开来。如《乐氏族谱》的一则序言把这种书写模式发挥得淋漓尽致:

粤稽受姓,始出桐门。南阳立业,豫章盘根。烈烈先猷,既蛟腾而凤起。威威世德,亦武烈而文馨。既翘翘于先世,复赫赫于云孙。若夫系出帝胄,详发宋疆。于万斯年,百世其昌。忻迁乔之高今,相武陵之宁府。卜卯居之吉今,择定海之钱塘。何其蠢尔南蛮,或敢距乎大邦。致使巍乎巡院,因得与夫戎行。督战之功既高,固标名于千载。孤忠之心堪悯,家因落业三湘。胡为丑夷难靖,黔疆忽叛易生,天威赫临大定,旋歌永清。巩固国基,屯堡绸缪。式廓辑宁边境,忠义编籍汶滨。枕戈荷戟,效忠忱于乐土。涵濡德化,让礼乐于戎兵。②

这段叙事讲叙了乐氏的祖源与移民湘黔的经过。乐氏出于帝胄,发源于春秋宋国。明初,其祖尚卿公官巡按,敕征

---

① 乾隆五十六年婚俗改革碑,碑名"恩垂万古"。碑存今锦屏县河口乡四里塘村。
② 《乐氏族谱》序言,民国三十三年刻本。

"楚苗",遂由原籍浙江钱塘戍边湖南靖州。明永乐二年武骑尉忠义郎书溪公督兵征平叛逆杨易生,遂安插天柱汶溪千户所,成为乐氏入籍天柱的始祖。整段叙事流露出"天朝上国"对"蠢尔南蛮"的傲慢与鄙视。叙事中的"叛逆"杨易生名不见经传,他更像是乐氏宗族建构的一个"南蛮"的象征。从书溪公明永乐二年(1404)入迁天柱,到清嘉庆二十四年(1819)乐氏首修家谱时,其间相距了415年,历史长河为后人提供了想象的空间,谁又能去辨别它的真伪呢?

苗侗宗族制度的核心是宋明理学的纲常伦理思想,各个姓氏的家谱里都要不厌其烦地陈述理学宗法思想,如天柱《陈氏族谱》一则序言所说:"程子曰:管摄人心,睦宗族,厚风俗,修礼教,叙彝伦者,家乘其要也。故家有乘,犹国有史。史陈时政以教忠,乘纪氏族以教孝。其重一也。"① 天柱《李氏族谱》也说:"宗法废而后谱系不清,则上下尊卑无所分,伦理乖张矣。要惟宗法兴,谱牒明,则虽代远,子孙始有所统,孝弟之心,油然而生,不至视如途人。谱其关于正教大矣。"

总之,苗侗宗族制度是对宋明理学纲常伦理思想的传承,是边缘族群国家认同的体现,是王朝国家推行教化政策的工具,是清水江下游边缘族群步入王朝国家体系的重要方式。

---

① 天柱《陈氏族谱》卷一,乾隆五十一年天柱知县朱龙藻赠序,光绪十九年版本。

清代锦屏三寨当江之"利权"考
——兼与杨有赓先生商榷

◎ 程泽时

清代锦屏、天柱境内发生了围绕木材交易的著名"清江四案",即皇木案、白银案、争江案和佚役案。四案的诉讼文书和政府公文曾经被杨有赓先生从民间收集起来,其中的一部分曾经集中地编入1988年的国家民委民族问题五种丛书中的《侗族社会历史调查》中,余者被焚毁于失火之中。①由于资料的缺乏,使得对于木材交易诸多环节还存在疑问和空白。本文拟根据新收集的锦屏文书资料,就木行的利权问题进行考证和解释,以期能接近历史真实。

所谓三江木行之"利权",是指三江木行在山贩和水客的交易过程中通过那些抽扣名目获取丰厚的、不正当经济利益,以及抽扣名目的由来。"利权"不具有权利的正当性。②

---

① 吴苏民、杨有赓:《"皇木案"反映"苗杉"经济发展的历史轨迹》,载《贵州文史丛刊》2010年第4期,第64页。
② "利权"一词在清代是一个流行的词汇。比如《红楼梦》第十回的"金寡妇贪利权受辱,张太医论病细穷源";《官场现形记》第四十六回"却洋货尚书挽利权,换银票公子工心计"。

一、张广泗批准三寨当江的时间不是雍正年间，而是乾隆年间

首先要确定三寨当江始于何时。杨有耕先生认为，贵州巡抚张广泗于雍正年间在三江设立总木市，明文规定茅坪、王寨、卦治三寨开行，独享利权。① 姚炽昌点校的《锦屏碑文选辑》中收录了卦治木材贸易碑六块碑文，其中只有"光绪十六年文告碑"记载："雍正年间蒙承各大宪悯恒民贫难谋生活，经示准职等三寨歇客轮流当江，凡各岔大小河之木，概归值江主家行客购买，不准冷江私相受授，与夫役之事，无相干涉"。而"光绪十四年文告碑"只记载："自国初以来，轮流当江，一切规模不敢紊乱"；"光绪十三年文告碑"只记载："缘三江荷蒙宪示，大小各河轮流当江"；特别是"嘉庆六年文告碑"只载："照得黔省黎平府地处深山，山产木植，历系附近黑苗陆续采取，运至茅坪、王寨、卦治三处地方交易"。这四块碑的碑文是杨友耕先生于1964年抄录的，现在原碑不知去向。② 大概杨友耕先生的依据就是他当年看到的那块"光绪十六年文告碑"。

但是，笔者不同意他的观点。理由有三：一是张广泗是乾隆元年后才到贵州任经略的。据《清史稿》载："自鄂尔泰定苗疆，至是九股苗复为乱。尚书张照偕将军哈元生、副将军董芳率兵讨之，久无功。高宗即位，授广泗经略，赴贵州，将军以下听节制……三年，复请濬治清水江、都江，增

---

① 贵州省编辑组：《侗族社会历史调查》，贵州民族出版社1988年，第40页。
② 姚炽昌点校：《锦屏碑文选辑》，1997年打印稿，第42—48页。

炉铸钱"。① 此前，张广泗于康熙六十一年任思州知府，雍正四年调任黎平知府。从雍正四年到六年，张广泗剿抚都匀、黎平、镇远、清平等苗疆，不大可能在三寨开行立市。此后去平定准葛尔，直到雍正十三年才回师，并担任湖广总督。乾隆三年张广泗曾上疏，请求疏浚镇远以上的清江河道，"资輓运以济商民"。② 因此，张广泗不可能雍正年间，而应该在乾隆三年以后批准三寨当江。

第二点理由是，现存锦屏的林业契约文书中雍正年间的极其罕见，但是乾隆时期极其丰富。在《清水江文书》第二辑第一卷中只有雍正九年一份卖山场杉木约和雍正十年一份卖田约。③ 假如张广泗是雍正初年呆在贵州的短短几年中，批准了三寨当江，为何不会留下相应的林业契约文书呢？

第三点理由是，在《清水江文书》中发现一份"具禀"文稿和一份"禀稿并粘单"，却载明是乾隆年间张广泗批准三寨独享当江的利权。"具禀"文稿是光绪十三年（1887），"禀稿并粘单"虽然没有署明时间，但是可以断定在光绪十三年稍后。因为前后"禀稿"的内容相同，且具禀人也是相同的。而粘单是官府对禀稿的答复批示件，是非常正式的官府公文，远比碑刻可信。

兹分别录如下：

具禀：黎镇大下两河绅商姜兴国、龙大楷、姜名卿、姜兴渭、袁济川、颜光禹等禀大人台前，缘绅商等为射利灭规、谨呈时弊、禀恳伸详、以复旧章事，窃绅民等地方山多

---

① 赵尔巽等撰：《清史稿·列传八十四》卷二九七，中华书局1977年，第10400页。
② 王锺翰点校：《清史列传十七·张广泗》，中华书局1987年，第1267页。
③ 张应强、王宗勋主编：《清水江文书》第二辑卷一，广西师范大学出版社2009年，第1页和第186页。

田少，栽杉营生，先辈各自砍伐沿河售卖。嗣后乾隆年间张军略平抚苗疆后，统至卦治、王寨、毛坪三寨售卖，则三江之名自此而起。其卖木兑价壹两即是壹两，并无毛价扣平申水等弊，延及嘉庆道光初年，而毛价兴焉，每两折兑九钱八分六厘。道光中年改为五兑，每两毛价尚兑银五钱。至道光二十三四年兑价不一，争竞无休。禀控制宪，蒙批饬黎平府主仍照五兑，每两毛价合九八，扣实银三钱八分七厘，断定以九九五之漕平。咸丰以来，每两兑三钱一分三厘，内除行用九厘、牙口七厘、江银三厘五、经费银五厘四，共银二分四厘，仅得二钱八分八厘五，除扣招扣卦子在外。至平码银水，先辈原议库平库色。今则平用九八，复于九八内，每百实银扣银壹两六钱。银用低色洋纹水，仅九九五色。若以大宝兑价，每百申水三两六钱，合平水行用等项，扣去银十五两零，每百实银仅得八十四两零。其有行用牙口，着议主家劝盘灯油房租之资。而江银者，始因盗贼砍缆偷窃上下游河客木植，议抽此项以作缉盗赔木之费。近年来江上失木，不惟不缉，盗亦不放守，所抽之项网首行户分肥。盗窃其木，首吞其利，即拟与同情，未为冤枉？最可怜者，山贩木排到江，行户即请议价，不顾血本输赢，妄行乱喊，一言已出，千金不易。若不肯卖，起岸烧毁，较之国法，尤为森严。嗟乎，剥山贩之脂膏，媚各帮之木客，待各帮则严若祖父，视山贩不啻木土。尤可撼者，价未议妥而故留难三天五天盘不放，倘已售成而任意迁延十日八日银。又掯在秋冬，拖累盘缠尚可交待。遇春夏洪水泛涨，更觉难堪。此皆三江之积弊，实为两河之公愤者也。兹幸宪台奉委弹压，凡属华夷，悉何生成，为此具禀。

抚藩臬道各大宪外理合录情禀明　大人台前赏准申详并恳移知黎平府主查阅开江原案，是否如江规，别除时弊，率由旧章，以苏民困，永定章程施行。

光绪十三年　　日　禀①

正是因为有以上的"具禀",才有下面的"禀稿并粘单"。从内容和修辞上看,后面所附的"禀稿"是在前面"具禀"的基础上的提炼和补充完善,遂有"八弊"之说。

禀稿并粘单

具禀黎平古州清江天柱四属绅商姜兴国、姜名卿、龙大楷、姜兴渭等为弊重害深、民生日蹙、缕晰条□、恳示禁革事,窃维懋迁有无,所以利民生之用权衡律度,所以示无□之谟。朝廷开市便民,原相期各得其所,何容奸革自由私相刻削,不谓奸习日起,射利灭规。莫若黎属之卦治王寨茅坪为尤甚。绅商等世居黎柱边隅山多田少,栽杉为生。先辈自行砍伐沿河售卖,嗣后因乾隆年间张军略平抚苗疆后,统归至卦治、王寨、毛坪三寨售卖,三江之名由此而起。其时人心古朴,弊无由生。道光年间,虽有变更而整顿有人,害不至剧。惟自咸丰至今,地方粗静乘时射利,百弊丛生。上河木贩愚朴居多,下河客商皆精明素裕。主家行户皆陷媚下河客商,串剥山贩。待下河客商,则俨若祖父;亲山贩不啻土木。即有赴恳衙门,而父母官以为贸易细故,漠不关心。殊不知两属之民全靠木植为生活。去冬奔控府主周蒙批候经会费局委员於本年正月内,到江齐集,上下客商三面会议,禀复等。因乃卦治总理龙道云、文显贵等不待委员到局,砌词先禀,府主恐耽误经费,反斥绅商□为多事。而三江行户与下河客商见官批如此,更为得意。窃思绅商等杉木八九十年方可一伐,今近处业已砍尽,所在存远者不过十之二三。然

---

① 张应强、王宗勋主编:《清水江文书》第一辑卷八,广西师范大学出版社2007年,第255页。

非越界逾溪，经数百里之远不能达河。若任其多方刻剥，即有资本，不敢搬运，数年之后必至流离失所、束手待毙。绅商等怀此隐忧□期上达，然非遇保赤诚求之上宪不难，惟叨怙冒之仁必先招本府越控之谴。兹幸天星痾众，在抱善政旁敷，兴地利以裕财用之源，广仓储以备凶荒之患。因将为上建久安之业，为下垂百世之仁，此正荒隅引领待哺之时，绅商等云开见日之候也。是以谨将时弊另缮粘单上呈和词呼吁云云。

一、木行交易先时安价但批实银。道光年间议批毛价，每两毛折兑实银五钱，每两毛抽行用实银九厘，抽牙口七厘，抽江银三厘五。咸丰至今，每两毛仅折实银三钱，而所抽仍是每两毛取九厘、七厘、三厘五。山贩之折兑，任行户更改。而行户抽头则一定不易，折轻抽重，暗受削剥。然行用、牙口尚取之有因。惟三厘五之江银，初议原归众上收存，着为守江防盗之费。一有被盗，即以此项照顶木赔还失主，百余年来并无他议。近来山贩屡屡失木无数，众上行户概置不理。只愿坐抽江银，反饬山客自催人守木。前年八月山贩被盗劫，去木百数十簰，曾遍控于古州、黎平、天、黔阳、合（会）同、洪江各衙门，皆有告而无追。窃思既收江银，则守江缉盗赔木控官是其责。咸兹既不理则抽江银何用？倘於此项中筹一缉盗安商之策，属优优有余，不致于有用之材，施于无用之地。

一、抽经费始于咸丰八年因军需支绌，本府委员劝抽厘金，颁发告示，谕以军务平静即行停止，断不为例等因。因派山贩四厘，下河一厘，迄全省□渍。蒙前抚宪黎巡宪易出示豁免，而三江总理龙道云等匿示不贴，串通厘局委员，逢迎地方官长，面禀此厘自是山客乐输，当将厘局改为经费。各帮木商知此消息，期奔上控。而总理等私商下河各帮，暗将下河一厘统山贩完纳。三江总理等每人每年坐分银五十两，致负抚宪豁免洪恩，山贩莫沾实惠。为一己之私，刻及万姓山贩，非不明知其弊，亦只思官绅能分民忧。即出此项亦不大害，乃委员只知抽厘，江岸盗贼横行，及一切不公不平事件，概置不理。即有赴府恳告，蠹役又多方需率，则经费二字愚民实不知所取义，伏恳豁免以广生聚。

一、兑价平码，向以漕平为则。道光以前，遵行无异。咸丰八年以后除牙口、江银外，每两毛价议兑实银三钱。又云买卖无足平，着九七五折，每两毛价该实银贰钱九分二厘五，内扣经费四厘，故每两毛价山贩仅得贰钱八分八厘五，是平已经折扣。至同治十一年，节外生支，於二八八五之中，每百纹银扣平贰钱，继则四分，后又八分。去年春，竟扣至壹两六分。六月山贩奔愬，府主郭案下，蒙批皆减六钱。目前尚扣搭壹两。谚云：争价不争平，何堪已扣再扣？

一、银两锃色，以九八为通用，高申低补，公私顺遂。道光二十四年因银太低，奔控制宪，蒙批饬黎平府兑价以漕平为则，银色以九八为准，宝银兑价始申二色。今竟申至三色六。至于荆沙新火票锭，不比宝银，皆一例坐申，甚至有假打宝银，亦必照申三色六。恳赏示谕，银以九八为准，票锭、荆沙等银，看其高低申补，惟大宝色二色，事归尽一，庶免争竞。

一、买卖各有江步，三江主家既已当江，则利有专司。上下码头，均不准其买卖，老案最严。近来三江行户，每向下河客商，领取资本，径上山头，与民争购。山贩血本有限，屡被加价夺买，是上下之利概归三江，且有刁滑之徒，一至上河买木，假以些微银两，下定生意，一起即行全兑。木价稍跌，逼写退书。倘江运又转，木主放下售卖，稍有利息，伊即伸鸣将卖，伸贴阻木。久之非遭水流，即当月利山客坐受其害。

一、开盤，议价向例三日。三日议妥，次日即交数兑银。三日不妥，即行放盘。今则故为留难，竟有购至五六天、七八天。晚不等明系磋磨软困，希图灭价贱卖。倘不待辞盘而卖别户者，不拘木数多寡，尽行起排烧毁，较之国法尤为森严。

一、议价随主家一喊为凭，即错喊亦无更改。喊有亏下游河客者，则呼赫山客减价，不照所喊比兑，主家或喊有亏山贩者，则下河客商坚执要所喊，方肯比兑。主家亦只逼劝山贩依从所喊。曾有苗民至江卖木，被伊等妄喊，折本太多，退木不能，加价不肯，不得已而投河自尽。伊等各户自撰书一联云：一声喊断千金价，数语能降四海宾。其威权赫赫，不知奉何贴谕而森严若此。

一、兑折向无定局，俯恳颁发严示。一切抽扣外准山贩实得三兑或四兑五兑，概用漕平，无搭无扣兑。不能复旧章而案经上定，期恳皆晓然，于行市无欺，可望利益丰盈，公私永赖矣。

布政使司李示谕一件据黎平古州清江天柱绅商姜兴国等为弊重害深恳示禁革一案。批查各行贸易价值皆听买卖二家当面议定为准。他人不过从旁赞成而已，若如粘单所呈，黎属卦治王寨茅坪等处木价系随主家一喊逼令山贩依从，其余开盘议价争购山料、锃色、短平码抽经费加江银，山贩脂膏几何，岂堪层层剥削。阅之实深愤懑，准即如禀逐条示禁，以杜争竞。此谕。六月十五日示。

贵州通省缮后总局　为据黎平等绅商姜等弊重害深各情一案。

批仰该据票移东道转饬弹压委员杨守会同黎平府查明妥议以凭核办可也。此谕。六月十六日批示。六利九计抚藩臬加总局共遽四一处。①

---

① 张应强、王宗勋主编：《清水江文书》第一辑卷八，第313—317页。

二、三江木行之"利权"的流变

三江木行之"利权",应从乾隆年间张广泗批准设立总木市起。此前是"自行砍伐沿河售卖",没有独专利权的情况。

(一)从乾隆立市起,至嘉庆初年的木行"利权"

据嘉庆六年(1801)的断案公告,茅坪、王寨、卦治"三寨苗人,邀同黑苗、客商三面议价,估着银色交易后,黑苗携银回家,商人将木植即托三寨苗人照夫","而客商投宿三寨,房租、水火、看守、扎排,以及人工杂费,向例于角银一两,给银四分,三寨穷苗得以养膳,故不敢稍有欺诈,自绝生理"。[①]

又据嘉庆十一年贵州布政使司、贵州等处提刑按察使的布告,"出产木植,向来分年运茅坪等三寨,听候各省客商,携资赴三寨购买。该三寨人,与主议价成交。商人即托寓歇主家雇工搬运,扎排看守,每价与一两,商人给钱四分,以为主家给商人酒饭、房租及看守木植人口,并扎排缆索等费用。茅坪三寨等山多田少,穷苗赖此养膳"。[②]

可见,此阶段木行还刚起步,没有形成可以"一口喊断千金价"的权威。在官府的文告中,都是称呼这些为"木商"、"客商"服务的木行,为"三寨人"或"穷苗"。他们提供的服务项目有:雇工搬运、扎排、看守、提供住宿、酒饭和缆索等。他们获得的报酬是多少呢?是一两码子木材,

---

① 贵州省编辑组:《侗族社会历史调查》,贵州民族出版社1988年,第47页。
② 同上书,第51页。

给报酬银四分,还是所付木价每一两银子,给报酬银四分呢?

如果是后者,则每两银价,给佣金是四分,则佣金的比例是4％。如果是前者,则要看木材单根的大小,如果是中等,可能是四根一两码子,则要数木材交易的根数,来确定佣金报酬。因为清朝白银的计重单位从大到小依次是两、钱、分、厘,相邻之间的进率是10。而木材体积计算单位,从大到小依次是两、钱、分,围木计码,逐地增值,不同于白银的进率换算。① 当然,笔者倾向于按银价比例计费。

由此,似乎不能就下结论:"木行的主要收入是按照规定向木商提取佣金,亦称牙口。一般是按交易额提取百分之五"。② 牙口的使用也是值得商榷的。留待下文探讨。

总之,此阶段的木行的"利权",来自于为木商(即水客)提供垄断性服务所获固定比例的佣金。从资料看,并没有向黑苗(山贩或木主)收取什么佣金。但是,"估着银色交易",肯定存在兑比率的问题。也留待下文探讨。

(二)从嘉庆末年起,至道光末年的木行"利权"

从前引的"具禀"文稿可以看出,从嘉庆末年、道光初年开始出现一个新名词"毛价"。按照"毛价",起初"每两折兑九钱八分六厘。道光中年改为五兑,每两毛价尚兑银五钱。至道光二十三四年兑价不一,争竞无休"。后来,地方绅商禀报官府,"仍照五兑,每两毛价合九八,扣实银三钱八分七厘,断定以九九五之漕平"。

前引"禀稿并粘单"解释道:"道光年间议批毛价,每两毛折兑实银五钱,每两毛抽行用实银九厘,抽牙口七厘,

---

① 贵州省编辑组:《侗族社会历史调查》,第76—77页。
② 同上书,第35页。

抽江银三厘五"。

联系下文将引的《黔南利弊问答》，可见，这一阶段出现了新的抽扣名目：一是木材交易的毛价折兑成实银，会扣减山贩的实际收益，扣减幅度是50%，而由行户得利；《黔南利弊问答》给出解释道："毛价者，虚价也，张大之言也。每壹两毛价折银三钱壹分三厘，必三百一十九两五钱毛方折银壹百两。""毛价"可能就是木行开盘时的喊价。

二是向水商抽行用，每两毛抽行用实银九厘，抽扣比率是0.9‰，即万分之九；三是向山贩抽牙口七厘，抽扣比率是0.7‰，即万分之七；四是向山贩抽取江银三厘五，抽扣比率是0.35‰，即万分之三点五。

由此，可知牙口和行用是不同的收费名目，不混淆。

（三）从咸丰初年起，至光绪十四年的木行"利权"

由前引"禀稿并粘单"可知，木行除抽扣毛价、行用、牙口和江银外，还增加了名目，即抽取厘金，山贩为四厘（万分之四），下河水客是一厘（万分之一）。后来，厘金政策被取消，木行改"厘金"为"经费"，水客不交，而统统由山贩交，抽取的比例是万分之五。

此外，还向下河客商，领取资本，径上山头，与山贩争购木材。故意拖延开盘议价的时间，故意拖延兑银的时间，让山贩和木商的歇店时间延长，赚取更多的行用和牙口。兑换银两，不是根据"银两锃色，以九八为通用，高申低补"，擅定标准，损害山贩和水客的经济收益。擅自喊价，逼迫山贩接受，损害山贩利益。

（四）从光绪十五年，至宣统年间的木行"利权"

光绪十五年（1889）坌处、清浪、三门塘也请贴设店开行。下面所引的《黔南利弊问答》，可以推断是宣统年间天柱县垒处等寨人所作，它较为详细地解释了一些抽扣名目，并大致估算了木行的利润之厚。

黔南利弊问答

客自黔南来者，主人问曰："客亦知夫两江之情形乎？亦知夫木行之利弊乎（黎属之毛坪、王寨、卦治为"三江"，在上流，故曰"内三寨"，轮流充当木行，名曰"当江"；天柱属之垒处、清浪、三门塘、大冲，在下流，为外江，亦当木行，故曰"两江木行"，相去三十里)？"曰："知之。何为而不言曰难也。夫木植之利过如土药（土药一百两仅值银二三十两，若木每百两码必值银一千四五百两不等），而行户之弊甲于苛政。溯两江之私充木行也，已历两百余年矣。相沿既久，流弊滋多，痼习已深，刬除非易。然在昔日之客商尚未深受其困也。迨黎平俞（俞渭）任内，适天柱余（骏年）改私为公，请帖在江外之垒处开行（即同仁和木行），遂亦使王寨之王庆云依照垒处办理（请帖者只王庆云一人，而当行户者三江不下五六百家。名虽公行，其实与私无异）。又虑两江口岸利不能专，乃每年认纳天柱公费银六百两，愿垒处撤行歇业，让三江独当行户（垒处行户方开半月，时镇黎两府主在毛坪会合商定垒处撤行，三江每年照纳天柱练饷六百两。迨歇行后，竟被黎府粉词上禀，全数骗销），于是三江特揽利权，多方剥削。其所抽扣者，较昔加倍。盖客商之困不在无贴前，而在有贴后也。

查三江无贴之时，山贩卖木，每壹百两毛价（毛价者，虚价也，张大之言也。每壹两毛价折银三钱壹分三厘，必三百一十九两五钱毛方折银壹百两），水商兑出实银叁拾壹两三钱，山贩收银贰拾捌两八钱五分，行户抽银贰两四钱五分。请帖之后，木商兑银则照旧规，而山贩收银减至贰十六两，行户抽银伍两三钱。除纳厘金玖钱，加补厘金库平库色壹钱，余银四两叁钱统归行户，谓为牙口、行用、纲银、扣称扣色扣招、经费等项费用，合捡每年簿据，卖木共有六百万毛价之多，即生意减色，亦不下四百万余两，以肆百万两照抽四两三钱，应得银叁拾柒万余两。而山贩必卖毛价叁百壹拾九两伍钱方得银壹百两，内除去以上所抽，共去壹拾柒两零八分，只剩银捌拾贰两九钱贰分。又开去行户伙食、雇工、买缆、夫脚各色外，则所余之银不过柒拾余两。此山贩所以困于江内有贴后之加抽也。

若江外行户无有牙贴，专抽水商，而水商买木既于每百毛价内开去江内行用银玖钱，又于每百实银外重出江外行用叁两六钱，则买壹百实银之木，合出行用银陆两伍钱三分，一买木而两当行。此水商所以困于两江行户之明同也。江外抽水商约三万两，合江内抽山贩拾柒万两，共抽银贰拾万两有奇，皆系行户陋规以之靡费者也。

问：何为牙口？盖行户抽山贩以作房租、灯油、雇工之费也，于买百两毛价内抽银柒钱，以肆百万两毛价计之，每年抽牙口银贰拾八千余两。不知山贩住在三江行内，每人每天必另开行户伙食银一钱，实与饭店无异。若雇照料之工人，山贩自行开钱。木运到行，行中无人招扶。设遇失盗漂流，亦不耽承理落，惟坐收木数、议木价、坐抽行费而已。

问：何为行用？盖行户抽水商以作房租、劝盘、工人之费，于每百两毛价内抽银九钱，以肆百万两毛价计之，每年抽行用叁万六千余两。不知"三帮"水客（徽州、临江、陕西为三帮，住三江买木，名内帮客）住三江行内自行开伙造食，自带小伙下力。又开行户月费犹如徙居者。若系五勷水客（五勷者，芷江、天柱两属勷成之客也，江外行户住五勷之内，亦住三江买木），每人一天开伙食壹钱，现山贩同一规模，所抽行用单作劝盘一宗而抽银至九钱之多。又俨与厘金相类，况此项全在山贩卖木价内扣除，名抽水客，实抽山贩。至于江外避讳私行，改行用为用钱，住江外者为外水商（湖南之河洑、永州、长沙、益阳，湖北之大冶、江夏、黄州、汉镇等处之客，住江外，为外帮客），无有三江码头，不能进江，均由江外水行户代买，兑木银壹百两必开三两六钱以作用钱，每年约抽叁万两有奇，合两江所抽行用，共六万六千余两。

问何为纲银？纲银者，众银也。三江各设纲局一所，随活菩萨轮流抽银。其抽法有二：一于长木每百两毛价内抽山贩银三钱五分，一于卖短椿木桐每百实银抽山贩四两，二宗共抽银壹万五千余两，谓作纲绅薪水、巡丁口粮、练军月饷、纳解贴课等费。不知三江共设守船一只，巡丁四人，每年发口粮共坑百贰拾两。毛坪缉捕练军拾名，每年支月饷银贰百肆拾两。至于贴课，所纳不多，即除去一切应用之费，亦必每年余"万贰千两，半归纲局花用，半归纲绅瓜分。所以，三江人视为利数，争当纲绅。或谋夺不遂，抑郁而服毒毙命者有之（如卦治文千层之子毒毙时），或分赃不平，因仇隙而酿成讼端者亦有之（如毛平龙春方被控是）。若无故之设筵演戏、有事之行贿公庭，是又三江之陋习，亦即三江之能技也。现任万府深悉诸弊，委绅设局，于纲银内提抽四分作膏火，并选三江子弟送入书院，翼望培植人才，以化蛮苗气习。殊被纲绅（文名正、龙秉震）纠集闲亡毁局殴差，并抄已允提抽之王森林等八家，旋敛鑫上控万府，官长倘敢抗违，而民商之受其欺侮无论矣。今年四月会匪糜集王寨，斗杀姓王名牛皋者，继此连杀四命，而三江纲绅不惟通融，且代贿和苟，不与匪同情，何其纵容乃尔痞徒充斥劫夺之事？时常有之谓纲银皆之属，谁曰不宜。

何为扣称扣色扣招？扣称者，三江每百银兑帐必九八五过称，扣到搭称码银壹两五钱；扣色者，三江九层（铿）银色作九六四申水，扣色银叁两六钱；扣招者，山贩每挂毛排用水招壹把，卖木扣银壹分。照壹百两毛排，作叁拾壹两叁钱，兑账折摊合成扣银壹两七钱。以四百万两毛价计之，共扣银陆万捌千余两。惟水招素扣山贩以补水商。若称色二项，昔则扣诸水商以补山贩，今则转口山贩以补行户。揆其弊端，由三江兑帐专由行户，在水商既行补足称头、水色，而行户仍以九八五之称、九层水之银过付山贩。或将银汇兑银号，致银号从而愚弄之，扣于之，拖欠之。而所谓补称补色者，仅充行户之中饱已耳，安保血资之不入市侩觳乎？兑账之案如林，正坐此弊。①

  这一阶段，除了前面抽扣名目外，又增加了纲银、扣称、扣招三项名目。扣色，即前面"禀稿兼粘单"所提到的八大弊端之一的"兑折向无定局"，到宣统年间变成"扣色者，三江九层（锃）银色作九六四申水，扣色银叁两六钱"，百两九层银色的银子，扣3.6%。

三、三江木行之"利权"的根源

  清代三江木行之所以能独享"利权"，首先自然是得益于官府的批准，类似于现在行政许可的垄断经营性质；其"利权"之厚，则是由于行户的垄断地位决定的，他们"有抽扣无服务、有抽扣少管理"，甚至私抽乱扣，官府的日常监管不力。最重要的是，木行的职能是既公又私的。不仅负担着很多的社会管理职能和公共服务的职能，比如缉道、发展教育，而且还负担着政府财政职能，是政府的税收机关。木行是一个公私混合的体制。

---

① 《锦屏县志送审稿》，2010年打印，第1145—1146页。

开创文书学研究的新天地
——贵州大学国家社科基金重大课题"清水江文书整理与研究"开题论证实录

◎ 林东杰、杨乔文、蔡明均、黄健琴、张永强记录整理

主持人（洪名勇）：尊敬的各位领导、各位专家，我们今天很高兴在这里举行我们学校的国家社科基金重大招标项目——"清水江文书的整理与研究"开题报告会，会议正式开始前请文化书院的张新民院长介绍一下我们到会的各位专家。

张新民：非常高兴，各位老师和朋友来参加这次会议，在会议正式开始前我介绍一下参加这次会议的专家学者。首先，有我们贵州大学的常务副校长封孝伦教授，有贵州省社科院原院长冯祖贻先生。冯先生和下面的几位先生都是我的老师也是我的朋友——亦师亦友，都是难得的知名学者，他们分别是史继忠老师、翁家烈老师。此外，还有多年的好友吉首大学的资深教授杨庭硕先生，凯里学院副院长徐晓光教授，贵州省社科规划办的蔡中孚主任，贵州民族大学的王天海教授，石开忠教授，以及贵州省民族研究所的所长、党委

书记李平凡先生，贵州师范大学的石峰教授，贵州大学人文社科处的洪名勇处长、李波副处长、杨仁厚副处长。与会者还有课题团队成员刘锋博士、曹端波博士、吴述松博士等等，可说是大家济济一堂。非常高兴大家参加这次会议，参与清水江文书的研究和清水江学学科的建设。谢谢大家！

洪名勇：先请贵州大学常务副校长封孝伦教授致辞。

封孝伦：尊敬的出席这次重大课题开题报告会的各位专家，今天我们在这举办开题这样的一个隆重的、正式的大会，我要向贵州大学中国文化书院以张新民院长为首的学术团队成功申报国家重大课题表示致敬，并代表学校表示祝贺。同时也为我们贵州史学界、文化界、民族学界的各位名家、名宿来参加我们这个会议，表示衷心的感谢。同时，我还要代表学校特别感谢我们的省社科规划办，特别是我们的省社科规划办蔡中孚主任，在我们课题的申报中给予的大力支持。清水江文书是我们贵州历史上、文化上、社会发展上一个需要进一步开发的宝藏。张新民教授组织的这个团队多年来除了做好其他方面的学术研究外，对这方面是十分关注并做了大量的学术准备工作的，对这一宝藏的开发做出了重大贡献。这一次申报国家课题的成功，说明我们在这方面的准备工作、在这方面的研究实力受到了国家规划办的肯定。我校张新民教授无论人品或学品，多年来都受到学术界的充分肯定，他在史学方面取得的成就是引人瞩目的。课题也是贵州大学首先论证，然后才上报中央，才成为国家社科基金重大招标课题指南的。

今天开题得到了我们省内众多名宿的支持，我相信在张新民教授的带领下，一定可以把这个课题高质量地完成。贵州大学对这一项目的支持是全力的，不仅从经费上提供支持，人力、时间以及其他方面的硬件软件也要大力支持。同时，我们也希望今天与会的各位专家学者对这个课题给予支持。预祝张新民教授带领的这个团队在课题的完成过程中顺利。当然其中肯定会有困难,肯定会很艰苦,但我相信张新民教授所带领的这个团队一定会如期完成历史使命。

主持人:取得国家社科基金重大项目是不容易的。社科院、复旦大学、华中师范大学、安徽大学等史学界、文书学界、经济学界相关的专家发来了贺信或书面发言,下面请宣读。

工作人员邹魏地宣读:中国社会科学院文史哲学部委员、历史研究所原所长、中央文史研究馆馆员、博士生导师陈祖武先生贺信:祝贺贵州大学中国文化书院获得国家重大课题,希望能在文书学界中脱颖而出。

中国社会科学院历史研究所研究员、徽州文书研究著名学者栾成显先生发来书面评语说:首先,对此次开题表示祝贺。其次,我认为清水江文书有三大特点:一、数量规模巨大,可谓仅次于徽州文书的又一文书系统,为当今学术提供了难得的新资料,弥足珍贵;二、发现地在西南少数民族地区,多系少数民族文书,具有填补学术空白的意义;三、具有可靠的归户性特征,极有利于开辟新的研究路径和学术创新。所以,随着这些文书的陆续发表,清水江文书研究的热潮乃至国际性的清水江学是可以期待的。贵州大学拟推出的《清水江天柱文书集成》,是清水江文书系统中保存得最完好的一部分,其中多有精品。张新民教授领导的贵州大学的整理团队,具有很高的学术水准,文书复印清晰、录文准确、考释精当。因此,本集成可以作为清水江文书整理的一个典范。最后,预祝论证会圆满成功。

复旦大学历史系博士生导师、著名经济学家朱荫贵教授发来书面评语说:贵州清水江文书是在贵州省黔东南地区十来个县新发现的民间契约文书,是以汉文字记载的苗族、侗族社会生活的各种民间私藏文书,是继徽州文书后又一次在中国发现的珍贵民间史料文书,即:量大,现在已发现二十多万件,且还在不断发现和增加中;时间长,从明中后期一直延续到二十世纪五十年代,共五百余年;区域广,初步涉及清水江流域十几个以上县区;价值高,少有的长时段、原汁原味记载内地少数民族地区各种社会生活的史料;内容丰富,涉及土地林地买卖、分田、交易合同、分家、婚姻、程序、账簿、诉讼、村规民约等多方面内容,为最大特色。是深入了解西南地区和乡土中国的珍贵第一手资料。大量清水江文书的发现,给史学工作者和其他学者提供了难得的基础研究史料。毫无疑问,在此基础上进行的研究成果汇聚起来,必将更加全面、系统、完整地反映明清以及民国以来中国民众生活、劳作、交往、贸易等经济文化生活的全息图景。从更大的视野看,清水江文书的发现和整理研究,将为今后更长期的历史研究和从更广泛的角度研究中国奠定坚实的基础,有可能使中国的社会科学研究在某些领域和课题上具有更加鲜明的中国特色,并大大增强站在世界学术研究前沿的可能性。复旦大学成立了贵州清水江文书整理研究课题组,与贵州大学中国文化书院清水江文书课题组联合,共同从事这一具有重大价值的课题研究。我们认为,我们能够从事这一研究是我们的荣幸,能够与贵州大学中国文化书院课题组合作,是我们的幸运。我们相信,我们的合作是强强联手,能够优势互补,我们期待与贵州大学中国文化书院课题组的同仁们在今后整理研究清水江文书的合作中,加强了解,加深友谊,共同努力,互相切磋,共同提高,优秀而有影响的成果一定会在我们的合作努力下不断得以涌现。

中国社会科学院历史研究所研究员、明清史研究专家阿风先生的书面评语说:得悉"清水江文书抢救、整理与研究"课题申请成功,我作为课题组的成员之一,感到非常高兴。以张新民先生为首的研究团队,为了课题的申请付出了艰辛的努力，在此谨向您和诸位同仁表示深深的谢意。由于最近事务较多，无法前去贵阳参加学术研讨会，非常抱歉。作为子课题的负责人之一，我想从个人的角度对今后的研究提出以下三点意见，仅供张教授及诸位先生参考：第一，充分发挥课题组成员的优势，进行多学科综合研究；第二，充分了解目前的研究现状，确立我们研究团队的学术优势；第三，通过课题研究带动人才培养。我有幸能够成为其中一员，愿意竭尽所能，配合张教授及诸位先生一起推动清水江文书的整理与研究。同时，我也很希望通过这一课题研究，加强中国社会科学院徽学研究中心与贵州大学中国文化书院的学术交流，以共同推进学术发展。最后，预祝开题研讨会圆满成功。

中国历史文献学会名誉会长、华中师范大学博士生导师周国林教授贺信：凝聚队伍，团结学界，多出精品，多出成果！

中国社会史学会副会长、安徽大学徽学研究中心主任卞利教授寄来贺信：清水江文书发现、整理和出版，是近年来震惊学术界之大事，令人欣慰！先生于抢救整理清水江文书功莫大焉，此次国家社科基金重大项目中标，十分不易，可喜可贺。贵州文书近年来发现数量之多、地区之广、类型之丰，远超其他地域，天柱明代文书、吉昌屯堡文书，都将会在未来的明清史研究中发挥巨大作用，它同时也使多年来不为人知的厚重的贵州历史文化得以浮出水面。

洪名勇：下面我们请这个项目的首席专家张新民教授介绍一下这个项目的研究、设计情况。

张新民：首先是感谢，感谢这么多老先生和朋友、社会各界的专家来我们中国文化书院指导我们的工作，给我们的课题多提宝贵的意见。因为这个课题，我们认为在整理研究方面实际上是刚起步，有待开拓的空间还很大。所以，非常希望大家给我们留下宝贵的意见。

第一，关于课题的背景和我们将来的课题设计内容及今后的努力方向，我想简单给大家介绍一下。所谓清水江研究课题，实际上贵州大学从二十世纪八十年代末九十年代初就已经开始了，当时是以吕左先生为代表的一批学人，他们主要在贵州经济系和人口研究中心，分别在九十年代和九五年代拿到了两个国家课题，一个是国家社科基金课题，一个是国家自然科学基金课题。课题名称为"清水江人口经济协调发展研究"，他们把两个课题简称为"清水江研究"。这个课题主要研究什么呢？主要研究人口、经济、社会、环境四个方面的协调发展。他们做了大量的前沿性的调研工作。课题圆满结题，出版了一批成果。其他的相关研究还正在继续整理，准备编印成册，陆陆续续出版。

进入二十一世纪以后，社会各界和我们一起继续关注清水江文书，希望能够大规模抢救，能够系统征集、完整整理和全面公布，以满足全国乃至海外学者研究工作的需要。我们多年来呼吁抢救、整理、公布的原因是什么呢？就是因为抢救是根本，整理是关键，公布是核心，研究是归宿。试想文书如果不抢救，任意听凭文书损毁散落，就谈不上整理。而整理又是其中的关键，因为不整理就谈不上系统的公布。必须系统化地公布，以满足学界对原始资料进行研究的需要，可见公布又是其中的核心，不公布就谈不上研究。而研究又是整个系统工程的最终归宿，只有通过公布和研究才能把私藏资源转化为公共资源，才能最大化地满足社会特别是学术界的需要。所以，通过我们和社会多方面的呼吁，仅从中央和各个渠道拨款的抢救经费，我们初步调查就达到一千八百万，其中包括中央发改委直接拨款的六百万元，用于在锦屏修建清水江文书博物馆，主要用于文书的收藏、保管和展示。其建筑规格甚至已经超过了黔东南自治州的博物馆，寄托了清水江苗侗人民珍藏清水江文书的美好愿望。我们感谢长期珍藏文书的苗侗乡民，愿意为他们的利益奔走呼吁。面对他们，心中总会感到惭愧，因为他们才是真正的清水江文化的主人。

在研究过程中，我们也得到了来自四面八方学界朋友的支持，共同组成了课题组，形成了全面的学术阵容。我们的队伍以贵州大学为主体，涵盖了校内众多学院和研究机构，同时又凝聚了贵州社科院、贵州民族研究所、贵州民族学院、贵州师范大学、贵州财经学院等单位的科研人才，同海外学者也有正常的研究合作关系。

特别要提到的是，进入二十一世纪以来，我们有一大批中青年科研骨干，他们获得了数量颇多的国家课题，如刘锋博士的课题是关于黔东南苗族的；曹端波博士的课题是关于黔东南社会控制系统的；林芊教授获得了教育部有关清水江的重要课题；人文学院的罗正副博士和王代莉博士获得了"清水江五百年文明史研究"的国家课题；吴述松博士也获得了了"清水江经济社会变迁"的国家课题。在蔡中孚主任的支持下，我们文化书院也拿到了一个省级清水江研究重大课题。

最令人难忘的是，我们获得了国家清史编纂委员会的课题。课题论证过程非常严谨认真，国家清史编纂委员会专门派出专家——国家清史编纂委员会文献组专家陈桦教授、黄爱平教授、孙燕京教授、宝音朝克图博士——亲自到贵州大学进行调研。调研结束后又亲自到黔东南的天柱、锦屏等县考察，深入苗侗村寨实地了解文书收藏情况，返回北京以后给戴逸先生汇报，通过多层学术委员会论证审批，最后把课题交给我们。我们现在第一期课题已在上报材料结题。当然，最重要的是在大家的支持下，我们和兄弟院校凯里学院一同拿到了国家重大招标项目。我想课题的获得是来之不易的！这是众多的先生朋友和众多的兄弟单位支持的结果。

课题的成功申报也是与省外研究机构的支持分不开的。今年（2011年）我们专门请到了中国社科院历史所的一批专家学者，包括栾成显先生、阿风先生，也包括在座的吉首大学的杨庭硕先生远道而来，帮助进行文书编纂统稿。从早至晚，花费了大概两个星期的时间，做了大量的润色工作。这些专家学者对我们的文书考释工作给予了高度的评价。我们与安徽大学的徽学研究中心也保持了长期的学术交流关系，安徽大学的朱万曙先生曾专门到书院进行访问。我们在当时达成协议，要定期召开文书学的讨论会。也可以在我们这里召开，也可以在他们那里召开。复旦大学曾派朱荫贵先生到书院考察，我们也应邀到复旦大学访问，双方就清水江学术研究达成了合作协议——他们是以团队的形式参与我们的国家重大课题研究。而朱荫贵教授及他们的团队已经把课题经过层层申报，列入复旦大学的985工程项目。除徽学专家外，兰州大学的敦煌学专家中，也有学者参与了我们的团队，形成了东西南北合作的局面。所以在众多的条件和因素的支持下，我们成功地实现了申报目标，我们非常感谢。

第二，关于文书整理的一些情况，我也简单来汇报一下。近年来我们一直致力于文书的抢救、整理和研究。我们认为研究必须以整理文献为前提，假如没有文献的整理就谈不上研究。所以连续好几年，我们牺牲自己的研究工作，减少自己成果的发表，花费大量时间进行文书整理，为后人的学术成果作架桥铺路的工作。我们只是过渡的一代，心甘情愿地做愚笨的资料工作，将发表成果的机会让给更年青的一代，希望他们成为未来的"清水江学"研究专家。

清水江文书整理工作十分繁重，我们分成几个步骤来展开：一是我们必须有图版，图版保持原貌，进行精心编目排比。类似的工作，中山大学也做了，做得非常好，影响也很大，但是他们没有录文工作。录文是我们第二个方面的工作，我们是在图版的基础上再做录文，目的仍然是为了方便学者的使用。第三就是考释工作，这是在录文基础上进行考释。按照徽学专家栾成显先生的看法，录文特别是考释本身就是极为重要的研究工作了。当然，考释工作也碰到许多困难，主要是特殊称谓、专有名词、俚语俗语、专有量词的释读方面，由汉字记录的侗语、侗音、苗语、苗音，其中也有侗语、苗语的混用情况，需要花费大量精力进行解读。为了克服上述困难，今年（2011）四月我们专门到清水江流域，深入到当地垒处、远口、高酿、鲍塘等乡镇村寨，展开了深入细致的田野考察。同时又跟当地苗学会、侗学会专家举行了为期三天的调研座谈，认真听取了相关的乡土知识方面的意见，收获很大，解决问题很多。从调研返回途中，我们又在凯里银盘山与以徐晓光教授为首的凯里学院课题组专家进行了专门座谈。他们发表了很多指导性的意见，我们感到收获很大。我们前往当地开展田野调查的具体次数已难以记忆，但可以肯定的是每一次都有新的收获和体会。

通过田野作业获取的调研成果，已经反映在我们的文书考释中了，北京的相关专家在看过之后也给予了很高的评价。如果仅仅出版图版，我们的成果早就出来了。现在除了图版以外，我们全部文书的录文工作已经做完，考释工作也在加紧进行。明年上半年，第一批成果两千件文书大体定稿。我们计划要做一万六千件文书整理出版的，但国家给我们的经费只有这么多，不少省内外的同行专家都认为太少了，站在国家层面来讲，抢救、整理、编纂和出版如此珍贵的非物质文化遗产，理解当然地应有更大的经费投入。所以，我们已决定放弃原有的计划，以六千件文书的整理出版量为目标，以六千件文书的整理工作量来结题。以后更多的整理出版工作，希望其他省内外兄弟院校来主动承担，其他的年青学者来主动完成,我作为过渡人物的使命就算完成了。所以,我们争取在明年底把六千件文件的整理工作做完,任务完成之后我就当潜心自己的学术工作了。

出版经费的问题我们也在多方筹集,碰到的困难的确不少。我想,以一流的文献整理成果贡献社会,回馈清水江两岸的乡亲父老,首要的一条就是系统化,系统化才能全面反映出文书固有的学术研究价值;其次则为必须注意它的完整性,任何人为的割裂或分散保管都有可能减损文书的史料价值。最后就是必须注意保护它的归户性,不能让文书成为无来源根据的空中飘荡物,那会极大地破坏文书的研究利用价值。

允许我再多占用大家一点时间,特别强调一下归户性的重要,因为它关系文书价值评估的高低甚大。徽州文书就是因为流失分散,甚至后来完全市场化运作,成为脱离原有来源地的无身分的漂流物,导致了归户性的丧失,造成了更为巨大的、难以估量的学术损失。为什么归户性如此重要呢?因为归户性就相当于考古学的地层发掘依据,考古文物出土以后,无论如何也不能丢失出土地点来源信息,更不能缺少地层叠压所造成的年代学判断依据。这是大家都通晓的常识。譬如我手中有一个文物,但却不知道它的出土来源地,更不了解它的地层年代学依据,无论文化信息的链条还是学术研究的参照旁证都完全受到人为的轧断或搁置,试想文物的研究利用价值是否会受到极大的损害呢?难道成批成批的文书丢失了归户性,抹去了内涵在其中的大量学术信息,不也面临着同样的窘境,会造成巨大的学术灾难吗?

正是有鉴于此,我们才在文书的整理过程中,采取小心翼翼的态度,力图弥补徽州文书丧失归户性的缺憾,无论文书的来源地或文书的持有人,我们都严谨认真地逐条著录。而文书征集者和归类入档后的卷宗编号,我们也要采取必要的方式加以说明。这也是对世代珍藏文书的父老乡亲和档案工作者表示尊敬的一种方式，面对他们总会油然升起一种感激之情。我们拿到如实公布的每一份契约文书，不仅在时间上可以准确定位，而且在空间上也能够可靠定位，我们决不打乱原有的家族排列秩序，总是想提供更多的乡村生活的真实信息，还原民间交往方式的真实图景，提供从基层社会观察王朝帝国的窗口，了解乡民生存状况与国家权力的政治结构关系。缺少了归户性的交待或说明，当然就难以判断家族血缘组织秩序或宗法分布结构秩序，避免空间错位或时间淆乱可能导致的认知偏差，自然会节约研究者的时间和精力，方便他们发表有更多扎实史料为依据的学术成果。可见归户性所包含的年代和空间定位问题，仍然是帮助我们把握和获取文书一切可能具有的文化信息。

正是通过数量颇丰的契约文书，特别是凭借系统性、完整性、归户性等文书特有的诸多信息要素，我们才可以更好地研究社会变迁、文化调适、经济隆替、财富转移、地权运动、婚姻结构、族群组合、人口流动等一条列的重大学术问题。必须指出的是，社会结构是极为复杂，可以观察它的内部运作秩序，也不妨考察它的外部耦合秩序，既要看到上与下的纵向结构关系，也要分析左与右的横向流动方式。一定的时间空间关系和社会变迁过程结合，不能不有长时段、大跨度的宏阔观照眼光，也需要定时、定点的局部微观的分析，前提都是必须审慎、客观、可靠、准确地积累或甄采史料。

近年来，我们和敦煌文书研究中心也有所联系，希望凭借他们的成功经验将文书整理工作做得更好。敦煌文书尽管整理了近百年，研究成果也积累了近百年，但在文书解读训释方面，依然有许多问题没有把握。随便举个例子，譬如文书图版的长宽尺寸要不要说明或记录，整理研究敦煌文书的学者坚持一定要交待或说明。我们现在做不做类似的工作，不做当然会丢失很多文化信息，要做我们缺乏专门的设备。敦煌文书的研究者有日本进口的专门仪器，文书一放上去，尺寸马上就出来，相片马上也出来。我们经费匮乏，无力购置同样的设备。受多方面条件的限制，有待解决的困难实在太多。人家做了几十、上百年，都不能保证不出错，我们是后来者，缺乏前期经验，团队群体实际仍很稚嫩，当然感到压力很大。怎么高质量的完成课题，如何整理公布就是一大考量。契约文书的整理和一般古籍文献的整理，二者之间既有联系也有区别，碰到的问题不尽相当，解决的方法也不完全一致，需要发挥甘坐冷板凳的精神，共同克服碰到的挑战和困难。

第三，是有关研究方面的一些设想。我们原先论证设计并上报国家社科规划办的课题，主要有三个关键词：抢救、整理、研究。正式公布时，去掉了抢救，所以我们原来的设计方案共有八个子课题，都以抢救为中心而兼及整理和研究。现在的重点既然不在抢救，而在整理与研究，我们原有的设计方案当然就有必要重新调整。现在提交大家审阅的十二个研究专题，就是我们重新调整的一个提示性的大纲。严格说还不成熟完善，尚需大家反复讨论修改，不仅敷畅为新论，而且发扬为宏文。研究工作涉及历史学、民族学、人类学、社会学、法律学、经济学等多个学科，需要不同专业的学者共同努力，多学科交叉互渗互透，一旦深入文书背后深广复杂的社会文化天地，就会感到我们面对的是一个全息性的民众生活图景。需要解决的问题太多，亟待垦殖的荒地太广，不仅文书学本身的研究极为重要，而且新领域的开拓也势在必行。正是在这个意义上，我才提出在苗疆重新发现历史的命题。别的姑且不论，至少我知道，我们可以从中发现传统帝国赖以生存的民间社会如何运作的大秘密。

当然，文书学（包括史料的爬疏）本身的研究，仍然是其他研究的一个初步起点。譬如，清水江文书与徽州文书的比较研究，以及它与福建文书的比较研究等等，都有必要做出专门性的探讨，有必要展开深入广泛的讨论。因为清水江文书的史料价值定位，它在文书学系统中的总体意义评估，都应该放到全国范围内进行观察，才能作出较为客观公允的判断。其中一些特殊珍贵史料，如我们意外地发现了在天柱文书中的鱼鳞图册，文书学家栾成显先生看了都吃惊。这就足以说明王朝中赋役制度已深入到西南腹地，反映了当地从异域到边疆再到内地的巨大社会转型过程。通过契约文书等大量民间资料来研究传统赋役制度，我们不仅可以看到国家权力规约下的"死"的典章制度的空洞条文规定，而且能够展示国家典度制度下贯民间社会后必然产生的"活"的经验形态。也就是说，国家制度既有抽象的静态的不变的一面，也有落实到地方后经验的动态的变化的一面，我们必须两头打通互观，既关注国家权力意志的下贯，也重视地方活态经验的上移，才能一窥国家与地方长期复杂互动的历史真实性。譬如国家赋役制度是如何执行下贯的，如何经过众多中间环节推广落实的？它又如何变成具体的活生生的社会行为，如何融入乡民的日常生活，甚至改变个人或家族的命运形态的？它的国家权力形态与地方经验形态的联系与区分的关键点究竟是什么，我们如何从中找到一种既有地方微观个案又有国家宏观结构的分析解读模式？地方经验与国家话语之间的沟通渠道是如何产生和运作的？我想，只要一方面从国家看地方，一方面又从地方看国家，国家的制度形式和地方的经验形态，二者之间无论是下贯或上移，我们都同时予以高度的重视，就一定能凭借扎实的史料功夫，获取由新材料导出新问题，并不断开辟解决新途径的重大学术突破。

清水江文书以土地买卖和典当契约为大宗，但也有不少婚书或休书。休书又有休妻与休妾两类，不仅有男休女，甚至有女休男，后者主要反映了当地苗侗民族不落夫家的习俗，是与汉地有别的另外一套婚姻礼俗系统，反映了少数民族独特的恋爱观和婚姻观，也是文化运作机制必不可少的构成因素之一。婚姻的后面不仅是两个人的单独行为，实际牵涉家族之间的交往与协商，协商的过程也是礼俗秩序不断展开和实现的过程，体现了族群与族群之间的情感交往和联结方式，提供了大量难得的文化人类学解读的信息。举这些例证无非是想说明文书的史料价值和我们的研究思路，更详尽的学术选择目标当参看我们的各个子课题介绍。

根据提供给与会专家的十二个专题展开研究，我们的最终的目标是如实呈现清水江地区的复杂社会结构和社会变迁过程，帮助人们更好地了解多姿多彩的华夏文明的总体复杂结构面貌和差序格局地域面相；同时也客观揭示作为西南地区极为重要的文化大走廊的清水江，它在历史上所发挥的沟通东西南北文化的重要通道作用。依据现有的考古材料分析，清水江作为一种河流文明，尽管从国家视野出发，当地长期都是"外化"或"生界"的失控区，不能不是具有"殊俗"文化特征的"异域"，但自先秦以来，它仍具有突出的文化走廊的地缘战略意义，发挥了联结多种文化区域板块并促其互动交流的功能。从今湖南境内溯沅江而上，再折入清水江，即可进入今贵州东南部腹地。与此同时，沿江之古驿道也很早就得以开辟，无论水路陆路，均可凭借驿道，将其交往的路径向南延伸至云南乃至东南亚地区；而由清水江入沅江再汇入洞庭湖，又可向北经长江、运河连接更广大的文化区域，成为边缘与中心相互联结的一大重要纽带。换句话说，清水江及其所联结的水道交通要道，实际也是西南与中原相互交流往来的重要枢管，构成了王朝帝国庞大交通网络体系——当然也可看成是国家权力体系的地缘性延伸——的重要组成部分。由于清初多以"千里苗疆"概称清水江两岸这一湘黔毗邻狭长广袤地带,"开辟苗疆"又为当时震动朝野上下的绝大政治军事事件,因此,我们又可将清水江文化走廊称为"苗疆走廊",或径直依据族群分布和文化交流特征,称其为"汉侗苗文化走廊",当是"藏彝走廊"之外的又一重要民族文化交流走廊。

如同清水江的江水不断地流动一样,民族走廊的特殊地位也促进了涉及经济文化各个方面的人、财、物的流动。因此,凭借民族文化走廊的特殊观照视域,我们将可以更好地研究民族迁徙、文化交流、经济往来等诸多方面的情况,看到不同区域之间的民族文化实体消长互动及磨合认同的具体运作方式。而国家权力介入之后所发挥的巨大整合功能,也必然借助于民族文化走廊固有的交通便利及其所产生的认同与区分的倾向。一条流动的江水联结众多的异文化族群区,不能不有众多的研究题域刺激我们的探知热情。然而反观过去的汉语文献记载,概括地说,一方面清水江流域长期以来都是华夏文明中心区域的边缘地带,汉文化语境中的描述与研究始终显得不够,一方面当地很早以来便是多民族文化交流、碰撞、冲突、融合的文化核心区,必须依据新材料作出客观合理的再分析或再评价。至少南方与北方文化或汉族与少数民族文化的长期交流往来,国家和地方及地方与地方之间的沟通互动,以及地方族群之间认同与区分边界的移动变化,对照比读大量的契约文书及官私文献记载,我们正好可以从中找到华夏文明中心与边缘不断重新移动、改变、组合的客观事实,获取与大一统秩序建构活动有关的西南边疆体系经营开发的具体历史事例,了解边地民族接受或拒斥国家意识或礼法教化秩序的反应调节机制,看到国家政治整合统一与文化纷彩多元的复杂差序地理格局,从而更好地认识政治与文化中国的整体结构特征,摸清边缘与中心边界的调整移动与磨合变动过程。

正是有鉴于此,所以我们一贯提倡不仅要从王朝政权中心看中国,同时也要从王朝政权四周看中国,我们相信完整的中国是由中心与四周共同组成的,中心与四周从来都是谁也离不开谁的关系。我们需要培养上下远近层层比较互观的学术眼光,才能更好地将整体而全程的中国社会历史十字打开般地呈现给世人。

最后,我想我们能不能通过长时段的研究,重新撰写乡民社会的日常生活史。大家知道,生活史与政治史相比,前者发生变化的周期较长,后者发生变化的周期较短,王朝政权急遽更迭改换了,民众生活却依然照旧。所以乡民生活史的再现和书写,必须以长时段的周期为观照视域,凭借区域学的整合观照优势,改变过去单一民族的历史书写叙事方法,才能看出百姓伦常日用变化的生命规律,了解文化调适的真实意义,再现地域生活中多民族(族群)共同性与多样性并存的互动交流的完整历史。以乡民村落日常生活史为基础,可逐层分析经济、政治、艺术、宗教等与人的存在方式有关的复杂社会结构,揭示国家与地方相互交涉所形成的地方礼法秩序运作机制原理,力争以地域学研究的方式超越西方年鉴学派。更明白地说,凭借大量具有系统性、归户性特征的契约文书,同时参考各种官修私撰典籍文献,我们完全可以结合地质地貌、气候物种、生态环境、地方礼俗秩序、乡民日常生活,以及中层管理制度的上下沟通作用,国家权力与地方经验的耦合方式,做出纵向横向多方面立体结构的综合性分析,弥补既往学者撰写中国通史的不足,填补华夏文明西南史地研究薄弱的学术空白。

通观中国历史即不难看到,明代以前,譬如汉武帝的时代,至少在司马迁的笔下,西北学和西南学是同样重要的,国家在大力经营西北的同时,也在积极有为地经营西南,包括夜郎问题、南越问题，都必须着眼于西汉帝国整体边疆体系的建立来加以观察和解决。解决夜郎问题不仅着眼于夜郎问题本身，而且更重要的是如何解决南越问题。站在国家战略的高度进行观察，西北与西南的形势变化可说是相伏相倚，西南学和西北学在王朝国家的视野中也是同样重要的。当然，从整体上看，西北边疆危机较多，西南边疆危机较少，所以西北学更多地压倒了西南学。宋室南渡以后，权力中心南移，稳定南方才能从容应对北方，西南学一时又显得比较突出了。明代开国以后，西南地区的蒙古势力极为强大，一旦与西北蒙古联成腹形包围圈，就会构成夹击中央王朝的巨大威胁力量，所以西南学和西北学一样，它们都受到了士大夫群体的广泛关注。只是到了"鸦片战争"以后，西北边疆危机更为深重，加上敦煌文书和大量汉简的发现，西北学才明显压倒西南学。抗日战争时期，大批知识分子南迁，学术重心南移，西南学重又兴起。只是今天从整体上看，依然是西北学强，西南学弱。我们今天是不是可以通过数量颇丰的清水江文书的整理与研究，将西南学提升至与西北学同样重要的地位呢？我想答案当是肯定的。西南学完全可以凭借自己的研究成果，将西南地区民族交流与融合的经验，上升为国家话语经验，从而更好地化解民族冲突，处理好民族自治问题，并凭借东方特有的氏族融合成功的历史经验，更为积极地向国际社会类似问题提出有效的解决方案。

最后，我们的研究工作必须做到三个"一"。首先是培养一批人才队伍，形成强大的学科研究群体，推动贵州大学乃至贵州全省学术事业的健康发展；其次，要出一批高质量、高水准的学术研究成果，如刚才封校长所讲给国家规划办交一份满意的答卷；第三是通过未来五年的努力，力争形成一门国际的地域学科——清水江学。也就是说，希望通过我们深广扎实的基础性研究，凭借其他兄弟院校如凯里学院共同努力所创造的学术成果，如同已经颇受世人瞩目的敦煌学和徽学一样，共同将清水江学建设成一门国际性的专门学科。在研究上我们将持无限开放的态度，无论海内外的科研人才，都欢迎参加我们的研究队伍，形成多元多方、良性互动的健康发展局面，催生国际性学问所应有的雍容华贵气派。概括地说，出一批高水准的专家，出一批高质量的研究成果，形成一门专门性的国际学问——清水江学。这是我们现在的学术梦想，相信梦想一定能变为现实。

借此机会，还想感谢各兄弟院教和科研单位特别是贵州民族学院、贵州民族研究所、贵州师范大学、贵州社科院长期一贯的支持，对世代珍藏保护契约文书的乡民和广大的档案工作者更加表示由衷的敬意！缺少了他们的支持和帮助，便难以想象有如此珍贵系统的文书可供世人查阅和研究。

主持人：感谢张新民老师很重要的发言，做了一个清晰具体的介绍。下面我们请到会的知名专家作主题发言，首先请贵州省社科院原副院长冯祖贻研究员发表高见。

冯祖贻：非常感谢！有这个机会让我来学习。知道贵州大学在清水江研究方面已经取得了众多成果，这是大家有目共睹的。对清水江文书的认识，应该说，已经引起了全国的关注，事实上刚才我们的张院长也谈到了这一点。栾成显讲得好，是继徽学以后的又一个重大发现。我感到，他是说徽学——尽管从敦煌文献开始，然后是徽学——第三就是清水江文书。二十世纪以后，从全国范围来说，文书资料的发现，我们所能见到的就是这三大文书系统。所以，栾成显和张新民的定位是非常重要的。我也有同样的感觉，就是张新民教授特别提到的归户性。清水江文书和徽州文书、敦煌文书比较，其中特别是敦煌文书，大家知道，早已受到非法掠夺，分散在全世界了。徽州文书，由于发现得早，未能统一规范整理，也出现了一些问题。当然，二十世纪五十年代以来，因为一些专家发现了它的重要性，各种不同身份的人都云集徽州采购，徽州文书很快进入了市场。由于进入了市场，徽州文书成为卖买的对象，无序化的情况极为严重，流散也就成为历史的必然。当然，安徽收藏的数量相对多一点，但大量文书仍分散在全国各地。贵州的情况只能说比较好一点，因为发现得晚，虽然也有一些流失，但大部分还留存在当地。所以，我感到有幸，我们能够继承和研究这一珍贵的文化遗产。

清水江文书所反映的历史，持续的时间是那样的长，刚才看了你们的材料，明成化年间的文书都发现了，下限一直到1950年。这是五百多年历史的见证，非常完整地保存了清水江流域各种土地关系、财产关系、婚姻关系等多方面的情况，是有法律契约性的文书，史料价值是极高的。所以，我很想讲，敦煌有学了，徽州有学了，清水江能不能有学，清水江学能不能成立？今天，大家就是在为清水江学做奠基工作。

一个地区能有学，当然是值得庆贺的。据黔东南地区方志办的同志讲，目前大概已征集五万件，事实应该乘以五。如果已征集的有五万件的话，民间藏量应该是二十五万件。这样巨大的数量，恐怕其他地区是没有的。徽州文书没有，敦煌文书大家更知道了，能编号的数量很有限。我们去看敦煌文书，无论是法国的编号或俄罗斯的编号，数量就那么一点。而我们清水江的文书，流传世间的数量如此之多。所以，我感觉通过清水江文书的研究，诚如张新民教授刚才讲到的，还要通过地方志等文献的研究，包括田野实物资料的研究——清水江有很多碑刻，如果都以系统完整的收集、整理、公布资料为前提，清水江学是完全可以成立的。清水江文书的集中公布出版，才能显示它是巨大的宝物。所以，我很希望不管哪个单位接受了重大项目，我们知道，有三个单位接受了项目,都应该做好系统化的整理公布工作。而且通过清水江文书的研究,才能奠定清水江学的学科基础。我们经常叹息,贵州在学术高地上站不住。这就是天赐良机,老天爷给了我们这样一批清水江文书,给我们这样一个学术阵地,我们一定要认真参与。贵州大学一定要在占领学术高地的过程中,取得优异突出的成绩。

从开课报告所提供的材料看,贵州大学所要开展的课题立要有两大特点:

第一,从整理和考释入手,实际就是研究工作必不可少的第一步,足以反映贵州大学在这方面的专长和特点。这是以张新民教授为首的学人,具有非常扎实深厚的文献功夫的表现。如果不从文书的考释入手——文书解读存在很多很多必须解决的歧义——研究工作就会显得浮在表面或肤浅。我认为这是一个非常重要的特点,而考释又特别注意俗字的整理与研究,也表现出他们的眼光或见识。我也看过一些文书原件,知道它的一些特点。它用当地的一些方言——就是所谓酸汤话,和今天规范的汉语或规范的当地方言,都有区别,既有历史感,又是少数民族地区,所以很有少数民族特色。而整理工作重视方言,当然就非常重要,为进一步的研究工作,打下了良好的基础。所以我感觉他们做的工作,很多都是在为别人打基础。这会得到全国文书整理和研究者的极大地赞许,获得极大的赞誉。因为文书需要整理,而我们能够提供可靠的整理本,这就是我们的特点,是我们能够得到外界好评的特色。我觉得贵大的整理工作方案是完全正确的。

第二就是研究方面的特点。因为整理工作只能按一个地区一个地区地搞。然后就是考释与研究,每一个乡镇的文书的考释可能一样,研究工作怎么办?是强调一致性好,还是强调特殊性好?如果强调一致性,就显得没有地方风格,因为考释可能会产生共同性，所以怎么样在研究上，既掌握了它的一致性，又要把握它的特殊性，同时给合二者展开研究。最终看到是完整的清水江文书的系统整理工程，同时又看出各地文书的差异和特色。所以我希望能够在这方面做得更好一点，为下一步的研究打下更好的基础。文献基础工作做好后，研究工作才可能继续进行。

贵州大学的研究工作，一共列了十二个专题。十二个专题都很重要，都值得深入研究。其中清水江流域的社会变迁问题，题目非常大，如何做好这个大问题，我想应该加强中层次的研究。有一个上层次社会结构的研究，又有下层社会结构的研究，再加上中层社会结构的研究，三者合为一体。我想有关社会变迁的研究，不是出一本书，而是出若干本书，甚至是十几本或二十多本书才能叫变迁研究。现在，浅层次和高层次之间，中层次的问题应该考虑了。所谓中层次，比如法律问题（从法律上进行研究）、婚姻问题、家庭问题、家族问题等等，从多方面展开研究，最后汇总为社会变迁研究，变成一个大课题。不是每一个村一本专著，而是把所有村的资料用在里面。所以，我考虑需要加强中层次的研究。

主持人：感谢冯院长精彩的发言，一是肯定，再是提了很好的建议。下面请贵州省文史馆原副馆长史继忠研究员发言。

史继忠：首先是对贵州大学课题的成功申报表示祝贺。应该说去年是贵州民族研究所，今年是贵州大学中国文化书院，都获得了国家重大课题。这个说明两个问题：一个是贵州文化的问题在全国引起了重视；二是贵州学术界的研究能力获得了充分的肯定。我觉得两点都是可喜可贺的。这个课题确实很重要，因为历来我们写历史，靠的都是官方文献，但清水江流域的文书不是官方文书，它是民间世代珍藏的文书,这就是它的特点,体现了它的史料研究价值。

过去贵州不受外界重视,官方文献失载的地方很多。现在我们发现大量的清水江文书,当然应该像贵州大学一样系统整理和出版。正如刚才大家所讲的,最早受到重视的是敦煌文书,它对于西北学的发展有很大的推动作用,以后是徽学,当然也与徽州文书的发现有关。现在是我们贵州的清水江文书,不仅对研究贵州的问题,而且对研究中国历史,都有很大的意义。刚才张新民同志谈了不少他的想法,我觉得他的方法是很严谨认真的。我过去的老师方国瑜先生就是搞文献学的,方法就是首先要讲严谨。因为文献本身,如果不能考证真伪,不能说明它的来源根据,随便乱用乱立论,显然是不行的。所以我觉得贵州大学所做的工作很重要,做学问一定要要像他们一样采取严谨的态度。首先考证,把问题搞清楚,文书的具体内容是什么,然后才谈得上研究。而研究又要放开思路,不仅是从文献本身来的,更重要的是要反映贵州多民族地区的实情,再现社会经济文化变化的实况。贵州大学的清水江研究已有了很长一段历史,现在又获得了重大课题。这说明两个问题。第一点就是,我的老师方国瑜所说,研究不要掩没前人,但是要超越前人。这两句话,我一直铭记。就是说,我们的研究,前人已打下了研究基础,值得我们尊重,但是我们又不能局限于这个基础,我们要在前人的基础上——譬如敦煌学、徽学既有成果的基础上——有所建树和进步。当然,贵州大学作了很多清水江流域的课题,说明它有研究实力,有研究团队。我相信课题一定会圆满成功。

主持人:感谢史研究员的精彩发言,下面请吉首大学资深教授杨庭硕先生发言。

杨庭硕:首先,祝贺我们的贵州大学,获得国家重大课题立项。这是难得的盛事,是我们贵州省的大事好事,是学术研究工作在国家层面上的重大突破。我过去在贵州大学看过一些文书复印件，所以有一点想法提出来跟大家交流一下。

我认为清水江文书，作为重要的原始资料来加以利用，它与其他传统的文本史料、官方文献有很大的差距。一般而言，官方写作任何一件文献文本，作者对历史背景是非常熟悉的，他在掌握背景的情况下下笔描述，作评论或总结。但是，清水江文书是原始史料，它的写作者并不了解背景知识，他只了解他那个村的情况，全国性的背景他并不知道，甚至他处的区域的大势都不知。他是独立的，文书表面上也是独立的，所以要和传统史学研究反过来，要从全局入手把握具体的史料。传统史学将分散在不同的纪、传、志、书中的资料，重新归纳，复原边界，获取整体全局的可靠把握。而我们则要反过来，从背景入手从背景掌握每一份文书，熟悉他写这份文书的历史背景，要还原历史背景后，再去读文书文本，最后才能了解当时社会的实际，反映当时的实况。

我看过的清水江文书，都可提供鲜活的例子。就文书文本而言，似乎有时感觉差距不大，但一看背景差距就大了，比如说，文书中提到，几十种物种，他租地买地，买地种植的东西，都讲得很清楚。几十种物种一对比之后，别的东西会变，这个东西不会变。就是每种作物，适应什么土壤，在什么海拔高度，在什么土壤生长，都较少变化。例如种杉树，杉树本来不是低海拔植物，但在侗族的林业经营当中，一千米海拔以上生长的植物，经过人营林降到了三百米。这样的生长已经改变了。这一改变在文书中体现出来了。有了这个背景——当然不仅是生物背景——包括家族的背景，从开发史的角度看，物种在什么地方先落脚，宋代如何经营，明代如何驻军，码头的位置，驻军的位置，侗族、苗族的分布发展，必须把握整体格局，了解开发的先后秩序，才能更好地解读文书。历史背景清晰了，文书的意义就呈现了。所以，我建议反过来做。先通过大量文书的比较分析，专门探讨整体背景。背景框架明白了，何类文书出现在何种位置，何类作物出现在何种位置，也就有对应的关系可供把握了。

有了大量知识背景的总结归纳后，接下去解读文书就会一通百通，最终的工作，可能要反过来做。考释工作和整理工作，走到这一步，如冯院长讲的那样，中层次的研究很有必要。清水江文明的背景，如果有通盘的背景知识以后，下面的文书，每一份都可以落到实处，归户性就能发挥很大的长处。

顺便讲一点，徽州文书和敦煌文书。敦煌文书没有背景可言，没有归户性可言，它全都收在洞窟藏里，背景全都不清楚。徽州文书原来具有归户性，但后来完全搞乱了。最明显的例子是，明明是湖南和贵州侗族地区的资料，被编到徽州文书中了，原因是徽州文笔师爷把案子写在徽州文书上，收录的便误会为徽州文书。刚才张先生提到不落夫家，也就是婚姻关系，其实是侗族地区的，但外界人士无法谈起，归户性为我们带来了背景支撑，研究工作就可以落到实处，这是清水江学建立的一大资料优点。在方法论上，不是传统史学的做法，从宏观把握再到微观，而是系统归纳，从微观中还原宏观，这种反向研究可能要成为文书研究一个开创性的方法，如果能做好这一工作，就会依据三个因素而著名，就是贵大学术团队的创造性新意。

主持人：谢谢杨老师很好的建议，下面我们请贵州省民族研究所原所长翁家烈研究员发言。

翁家烈：仅就清水江项目提一些看法：

（一）富有特色

因为这是关于人地结合而进行的一项专题研究。就地域而言，是关于清水江流域的主体区域黔东南地区；就人而言，是关于该地区内苗侗民族有关林业生产、木材销售等之契约文书。颇为类似有关彝藏走廊关于茶马古道的研究,特色鲜明。清水江作为明清以来贵州与内地交通的重要水道之一,无论是对少数民族和内地的汉族来说,都是一大重要的研究课题。

(二)任务繁重

所搜集到有关文书资料本身分量就很厚重,已作出若干梳理及一定的研究,工作量异常巨大。

(三)意义深远

已集中大量系统的历史资料,为分析清水江流域或黔东南历史文化提供了坚实的史料依据。我国的历史著作基本上都是从政治、经济、文化等制度层面展开研究的,对社会史方面的关注较少,故清水江流域民族民间的文书显得更加珍贵,可以提供并开启社会史研究的新史料、新视角,也可使已有的研究更加拓展与深化,更能客观、全面地反映国家存在的社会基础。清水江文书遗存的大量、丰富的原始材料,为今后研究工作的继续深入开展提供了深厚的沃土和广阔的空间。根据以上三点,我认为:

第一,清水江文书的搜访、征集工作继续扩展,有些资料还可以深入挖掘。当年我去清水江调查隆里长官司,与其后裔访谈中,看到了康熙年间该司状告隆里千户所的文书原件,说明文书的调查范围犹可不断扩大。

第二,理论分析应该进一步提升,可从两方面考虑:一是丰富了多元一体的中华民族文化的具体内涵。秦汉以来,国家大一统的政治体制非常重要,文化的多元性也不可忽视。政治一体与文化多元是我们国家特有的机构。再则,从文化学角度看,中华文化是一个由多元文化共生、交融而成的特有文化丛。国内各族,既保持着突出的文化个性,亦有着鲜明的文化共性,清水江流域的黔东南地区即为范例之一。主要聚居着苗侗两族,就其契约文书所使用文字而言,均为汉文及相关文书的书写格式，苗侗两族间有着一些类似或相近的文化成份外，天柱县苗族支系之一的"草苗"更是苗、侗两个少数民族文化交融的一个典型。

主持人：感谢翁家烈研究员对课题设计的肯定和建议，今后还有很多研究工作要开展。下面请凯里学院院长徐晓光教授发言。

徐晓光：我先谈一个祝贺，一个感谢，再谈三点体会。祝贺贵州大学张新民教授获得了国家重大招标课题，同时也感谢张新民教授上报国家规划办的选题论证，我们凯里学院因此也搭了个边，获得了重大招标课题。星期天的时候我们也开了一个类似的会，也请了在座的好几个专家参加，给我们提了很多指导性的意见。我想简单的谈三点：第一是整合资源。刚才各位教授都说了，贵州大学在研究清水江问题上时间比较长，而且还取得了很多成果。贵州大学中国文化书院在这方面发挥了非常重要的作用。除了清水江地区的成果以外，还出了很多贵州历史文化方面的书籍。张老师都曾送过我，可见力量比较强。今天在座的还有这么多学生，有这么多研究生，有这么多年轻学者，都是清水江研究的生力军。凯里学院相对就小得多，2006年学校才升本，2007年我去了以后才开始注意到清水江契约文书，几位年轻人进行了一些有侧重点的征集和研究工作。虽然这两年取得了几项国家课题，也取得了一些学术成果，但跟贵大老大哥相比，我们还是差得很远。所以，我们觉得在很多方面是可以整合的，甚至把全省的有志于清水江研究的学者都整合进来。比如，就贵大和凯里学院来说，文献资料在计算机录入和文献数据库的问题上，我们是不是可以做整合。考据这方面，我们课题组也有两个学者，我们是不是可以参加张新民教授的队伍来带动来培养他们。因为我们课题组主要是一些年轻人，从事法律研究方面的人比较多，因为我本身就是研究法律的。去年,大概是十月份,我们在锦屏召开了"清水江文书与木商文化研讨会",张新民教授也去了,几乎从事清水江研究的省内老学者,还有省外学者栾成显、阿风都参加了,法学界的吴大华、谢晖也出席了。那次会开得很好,会议对我们报课题起到了很大的促进作用,和我们今年取得重大招标课题也是有联系的。前两天我见到了(锦屏县)王宗勋,希望他把会议情况再好好归纳总结一下。这是我讲整合资源的问题。第二是培养人才。实际上靠几个老学者,譬如我和张新民教授现在都从事这方面研究,但实际上时间不会很长,主要靠年轻一代学者的加入。我认为,一件事情只要基数大,从事的人员多,毕竟会出现一些人才,出有水平的学者。清水江文书的研究队伍,肯定会像敦煌文书和徽州文书一样出现年轻的大学者,关键是看你用不用功,用功到位了没有,用功的力度如何?我想我跟张老师也只能起到一段时间的领头作用,真正的研究还在于年轻学者。我在贵州大学带了不少研究生,我在贵州大学带所有的研究生都是从事清水江研究。我说,你们选老师的时候要不搞清水江就不要再选我了,别的都不能搞,只搞清水江。我把文书给他们,也让他们自己去找,自己去发现细小问题。有些问题可能是我们都没有发现,他们自己发现了,就是研究的题目。国家重大招标课题只是清水江文书研究工作的开始,我们以后可能还有重点课题,可能还有重大招标课题,可能还有后期资助课题等等,都是围绕着清水江文书展开,因为我们仅仅是开始,仅仅是早期第一步的工作。我们通过研究会发现很多问题,甚至还会发现重大的问题,所以不能不培养人才。第三是契约文书本身。现在来看,民间藏量可能有五十万份,可靠不可靠谁都不知道,有说二十万份的,有说三十万份的,有说四十万份的,有说五十万份的。据黔东南州档案馆说前些日子在黎平,对三个村子进行收集,就发现了一万份，可想而知其覆盖面的庞大、密度也大。再就是时间，原来我只知道清水江有明成化年间的，现在有一个研究地方学者说找到两份嘉靖的，你看时间越来越早。这说明什么呢？说明当时清水江流域只是黔湘桂木材商品经济链条的一个部分，在一个很大的范围里，只是后来木材越来越少，木材交换地上移，明朝在湖南的托口、清初在远口到清嘉庆年间的"内三江"的过程，才移到清水江这一带。这一经济开发过程也是中央王朝政治统治、汉文化的进入、民族融合的过程相一致的。清水江流域保留了大量契约文书，由于清水江流域林木种植产生了大量契约。林地、林木的买卖、交换、租赁才会形成契约关系，清水江林业边砍边种的林业生产形式才出现大量契约文书。前两天《锦屏契约》摄制组问我，我给他们说了两点，因为电视剧必须有看点。我说，首先要想到明朝王宫，那里的木头一部分就是黔湘桂的，称为"皇木"。因为朱棣迁都北京，可能还没有到清水江锦屏一带。像湖南"五溪"流域已开始砍伐了。后来那一带主要鼓励种植桐树、油茶树等。那时以洪江为中心的桐油贸易开始形成。木材的采伐逐渐溯清水江而上甚至到了小的支流，因为"苗木"的质量更好些。洪江后来又有了木材贸易的功能。郑和下西洋船上的木头，主要桅杆可能就是清水江流域的杉木？因为是电视性的，可以稍微想象一点，因为要有看点。二是白银的流入，肯定是一种贸易顺差。因为从《百苗图》上看，苗族侗族身上没有那么什么银饰，但是为什么到后来就有那么多了？说明清水江林木贸易顺差带来了大量白银，白银就成了财富的标志。渐渐就挂在苗族、侗族妇女的身上了。明朝中国对外贸易顺差，清水江流域木材贸易顺差，才出现了黔东南少数民族"银饰现象"。星期天的论证会上几个学者谈到了要在多元一体的大格局下看各种社会大问题，要从国家视角看黔湘桂木材商品经济的发展，这有助于清水江文书的了解和历史事件的研究。作为一个首席专家注意的应该是大问题。比如每项成果的前言和最后总结必须是我国多元一体大格局、民族交融大格局下，苗、侗等民族在分布、融合和文化变迁过程的成果以及研究清水江流域的社会、政治、经济、文化、法律等综合成果。这应该是首席专家负责的问题。

主持人：感谢徐院长很好的建议，下面请贵州省民族研究所所长李平凡先生发言。

李平凡：首先我要表明态度，今天来是来学习的。第二就是以张新民老师为首席专家的团队获得了重大国家课题，我觉得应该祝贺。

我认为贵州大学获得清水江文书整理研究国家重大课题，是和他们的长期努力和已有的科研成果分不开的。去年我们民族研究所获得了贵州山地文化研究的重大课题，影响当然很大。蔡中孚主任很关心我们，无论在北京或在贵阳，都给我们很大的支持，做了很多工作。课题操作一年以后，我有几点体会：课题计划写十本书，将近两百万字，国家给了六十万，贵州省民族事务委员会的领导表态再给五十万，我们心就有底气啦。但课题难度相当大，比如一年要在核心期刊发表十篇文章，好在我们手中有核心期刊。所以我认为张新民老师作为首席专家，既要培养年青学者，又要组织团队，难度非常大。以我的个人的体会来说，贵州大学课题研究的难度比我们的课题研究难度大，基础性的研究工作难度是非常大的。我看了开题论证文本，我感觉十分严谨规范。相信以张新民老师为首席专家的团队，通过他们的努力，一定能圆满完成课题。因为张老师和他的学生的功底，大家知道是完全能够胜任的。所以从贵州民族研究的角度来说，应该全力支持——全力支持他们申报课题，全力支持他们获得课题。这是我们的基本态度。

清水江文书的整理和研究，其中一部分涉及林业契约文书的问题。我们民研所有些专家调查过当地的林业契约。最近几年的议论非常多，但是我们的态度，对张老师是支持的。议论只是个人的意见，不代表我们民族研究所。你研究了以后别人可以研究，你没有研究清楚的东西，别人可以继续研究清楚，这有什么问题呢？我个人及民研所的态度，应该说没有问题的。我们支持贵州大学课题申报的成功！

主持人：非常感谢李平凡所长的发言和建议，他们首先获得了国家重大课题，他们的经验对我们有很好的启发。最后请贵州民族学院民族学与社会学院的院长石开忠教授发言。

石开忠：尊敬的各位前辈，各位同行，今天有机会在这里见到各位，向大家学习，感谢张新民老师。我认为贵州大学拿到国家重大课题，应该是水到渠成的事情。为什么这么说呢？也可以说整个与贵州大学合作的经历伴随着我自己的成长。史继忠老师曾经写了一篇文章，夸奖说石开忠是贵州六山六水调查走出来的教授，我看也不为过。当时我们就是六山六水调查走出来的，好在今天在场的人还能证明。调查工作怎么产生的？胡耀邦当时任总书记，新华社就有一个女记者到瑶山去，写了一个内参，说瑶山解放这么多年，依然十分贫穷。内参转到胡耀邦那里，就派相关人员进行研究，结果就转到我们学校。我们就组成了十个人的调查队，队长现在已经归西而去，副队长就是在座的史继忠老师，成员有与会的杨庭硕老师，还有贵大的张胜荣老师，袁明全是在武汉。当时我是年纪最轻的，还有一个比我年轻的是石海波。后来呢在瑶山，就是现在我们所说的荔波世界自然遗产，我们在荔波住了一个多月，回来后就一路做调查。五十年代当时还有陈燕佛和杨有赓等人做过典型的文书调查。贵州大学有一个人口研究中心，当时的中心主任就是英年早逝的吕左老师，他的两项国家课题就叫做清水江流域人口经济协调发展研究，其中一个是贵州高校唯一的国家自然科学基金项目。我记得我们都是 80 年代末 90 年代初参加课题调查的，我当时发表在权威期刊上的文章，就是清水江的林业开发及对当地苗侗的影响，就是在贵州大学课题调查的基础上成稿的。贵州大学人口研究中心主任吕左老师，他的课题引发了西南地区最早的一个硕士点——人口学硕士点，1990 年前后开始招生。这些都是我的亲身经历，说明贵州大学很早就开始了清水江的研究。

当时，贵州大学想调两个人进来，一个就是师大的张新民老师，调成功了。一个就是我，准备调来主持人口中心工作，没有成功。贵州大学有课题成果支撑，硕士点申报成功了，接着就报博士点。博士点经学术委员会答辩，以一票之差否定了。原因是个别人认为石开忠不是贵大的人，年轻不能顶得住。贵州省文科的博士点后来全都没有成功。但以清水江课题为支撑申报博士点，当时不少著名学者都有很高评价，所以我说贵州大学获得重大课题是水到渠成，今天的课题就是既有研究的继续发展。与张老师接触感到非常亲切，所以我愿意支持他们的课题工作。

主持人：非常感谢前面几位专家精彩的发言，有肯定的，有鼓励的，也有好的建议。我们课题组一定认真梳理大家的意见，争取出高质量的科研成果，给国家规划办交一份满意的答卷，也给社会公众交一份满意的答卷。下面我们以热烈的掌声欢迎贵州省社科规划办主任蔡中孚做总结。

蔡中孚：首先声明，在各位老先生面前，我不敢做什么总结，我只代表规划办简单说几句。我同意各位专家讲的，首先是表示祝贺。我们省的国家重大招标课题，从去年实现零的突破以来，省规划办一直希望发展的势头不要中断。每年至少都要有一个。今年呢我们终于如愿以偿，获得了清水江文书整理与研究重大招标课题，两个学校共同中标，覆盖面扩大。趁此机会，向张新民教授带领的团队，向我们封孝伦校长表示祝贺。第二是表示感谢，感谢今天的会议，感谢贵州大学，感谢封校长对开题的重视，感谢与会的各位专家——他们谈了非常好的意见。

国家规划办对开题报告非常重视，开题报告起什么作用呢？国家规划办认为，主要是夯实研究基础，端正研究方向，完善研究思路。它是这样来定位开题报告的。因为立项的过程中，有些问题认识上还欠缺深度。通过开题可以进一步深化思考，尤其是重大招标课题开题报告，做得好就对我们以后的研究功莫大焉。所以从省规划办的角度看，我们要感谢贵大，感谢我们张教授的团队，感谢各位与会的专家学者，包括没有与会发来评审意见的。第三点，从规划管理的角度看，我们要挖掘区域文化，传承民族文化，这是贵州最响亮的研究课题。我在好多场合都讲，怎么挖掘？怎么传承？我觉得挖掘区域文化，传承民族文化，就是看有没有国家重大课题。有就说明挖掘到位了，传承得很好了，没有便是空的。基于这样的考虑，从去年开始，我们把工作重点放在国家重大课题上。应该讲呢，在国家规划办的支持下，我们去年获得一个，今年又获得一个。这是一个重大的契机，也是重大的机遇，刚才张新民老师谈得很充分了。封校长也说大学应成为地方经济社会发展的支柱。他的这个意见，我非常同意，所以非常希望课题工作能搞好，真正挖掘区域文化到位，传承民族文化到位，对贵州经济社会发展做出最大贡献。因为是两家共同获得重大招标课题，希望两个团队能够经常沟通，在重大问题上相互磋商，尽可能地避免重复性劳动，各展所长。我们贵大考证考据方面特别突出，师大包括凯里学院以法律文化的研究见长。通过方法思路上的整合，最后给国家规划办交出高质量的成果，最终为挖掘区域文化，传承传统文化，提供一个非常有价值的研究成果。我就说这么多，不当的地方，请各位专家，请封校长、张老师批评指正。

主持人：感谢我们蔡主任的指导，下面我们进行最后一项，我们请与会专家到书院门口做一个合影。

人文世界
区域·传统·文化

地方文献资料整理与研究

王阳明《唐氏家乘赠序》

◎ 黄 诚 唐寿荣 校点

案：根据天柱县唐氏所存民国十九年续修《唐氏族谱》卷一（揖让堂）本点校。

尝闻黄河之水自天上来，源远流长，渺不知其几经曲折，几经隐伏矣。说者谓发源昆仑，其实探源星宿，本出沮洳之乡，登高一望，如列星然，可知河出于天，潴于沮洳迺历乎？昆仑也。即自昆仑以来，亦不知其几经曲折，几经隐伏矣。必欲一一缕述之，近于诬难，免于凿。从其本始，综其曲折，略其隐伏，是为得之而要，未尝不兼综条贯，一脉疏通也。物固如此，人亦有然如。唐君系氏本于帝譽，始于帝尧，尧佐挚初封陶，复封唐，后遂以国为氏，世为通侯。至周武王有天下，封其后于蓟，历汉而东园公出焉，迨晋、齐、唐、宋代有伟人。

洎夫！我朝人文蔚起，奕叶益蕃，而其源流，则自东西，而汇于吴会、吉安、泰和，其桑梓也。逆而溯之，曾不知其几经曲折，几经隐伏矣。窃尝类观之，迺恍然于天下之故，古今之迹，物本乎天，人本乎祖，其事异，其理同也。

故唐氏之受姓于尧,即水之源于天也。其自虞历夏商而大封于周者,即水之出星宿而为沮洳也。其曲折、隐伏可睹矣。由秦而汉显于商山东园公者,即水之历乎昆仑也。又几经曲折,几经隐伏,而蕃衍于燕之北江之西湖之南,亦犹河之曲折、隐伏逶迤,而经乎积石,历乎龙门,抵于潼关也,其源愈远,而流愈长矣。丙子之秋,予自龙场奉诏起复,抵黔阳官廨,唐君能与诏,携家乘,登请序之。余观其源流,同条共贯,一脉疏通,洵犹注水者,溯其本始,纪其曲折,疏其隐伏,使之脉落(络)分明,不伤凿,亦不致诬行,见九族分支有文可征,有献可证。虽散之四方,而原原本本,一目了然,又何异水之九曲,分流旁达无滞,一泻千里而无不滴滴归源乎!余旅觊匆匆,不遑润色,聊述所闻,以复唐君金玉之雅意焉,耳序云乎哉!

　　时,大明正德十一年秋月,兵部尚书兼左都御史、通家弟王守仁顿首、拜撰。

人 文 世 界
区域·传统·文化

书评与札记

《贵州古旧文献提要目录》简评

◎ 王 锳

在贵州历史文献研究会的精心组织下，经过编撰者十年的艰苦努力，《贵州古旧文献提要目录》终于在1996年杀青面世了。这部书目共计三十多万字，只印了500册，且属内部发行。但"十年辛苦不寻常"，可以并不夸张地说，这是一项弘扬贵州传统文化的基础工程。它的竣工，对进一步发展贵州当代文化，振兴贵州，提高并增强贵州人民的自信心和凝聚力，都会起到不可低估的作用。

《贵州古旧文献提要目录》共收书1154种，囊括了贵州省图书馆、省博物馆、贵州大学图书馆、贵州民院图书馆、贵州师大图书馆、遵义市图书馆六馆收藏的全部贵州地方古旧文献。据卷首的序言和凡例，这些文献大约包括以下几类：黔籍人士的著述；宦黔人士有关贵州的著作；外省人士撰写的有关贵州的著作；贵州地方出版物。至于图书的出版和流传形式，则有：1840年以前的古籍刻本；清末及民国时期的刻本、石印本、铅印本；各个时期的抄本、稿本；建国后依据各个时期的原始刻本复制油印、复印、晒印的古籍线装书。

中华民族历史悠久，载籍浩繁。据统计，虽经历代兵燹和其他自然灾害，流传至今的古籍仅汉文便在十万种以上。贵州建省较晚，加之自然条件的限制，长期以来经济欠发达，文化比较落后。但世代生息在这块土地上的贵州各族人民，从春秋战国时期就与中原地区交往频繁，两千年来涌现了不少政治上军事上文化上学术上优秀的历史人物，也流传下来一批珍贵的文化遗产。令人遗憾的是，这批遗产"长期以来一直没有得到系统的整理和研究。许多有价值的善本、抄本甚至珍本古籍，或深藏于图书馆，鲜为人知，或流传在社会上，濒于湮没。以至贵州的历史文化不仅省外人氏知者寥寥，就是长期生活在贵州的人也不甚了了"。

中共中央领导历来重视批判继承优秀的传统文化，早在八十年代初便发出加强古籍整理工作的指示和通知。许多省市闻风而动，至今已取得可喜的成果。贵州虽也做了一些工作，但与兄弟省市相比，还是落后了一大截。现在的任务是奋起直追，把整理和研究本省的珍贵的历史文化遗产提上议事日程。要整理和研究这份珍贵遗产，第一步的工作当然是摸清家底，编制书目。《贵州古旧文献提要目录》正是在这样的情势下应运而生的。在这部书目问世之前，由李独清先生编撰的民国《贵州通志·艺文志》也曾对贵州古籍文献做过一次系统全面的清理，搜集了相当丰富的材料。不过，《艺文志》成书于半个世纪以前，由于当时主客观条件的限制，其体例与内容已难于适应当代读者和研究者的需要。笔者前数年曾涉足贵州地方古籍的整理，参考过《贵州通志·艺文志》，受益不少，但遗憾处也不少；与《贵州古旧文献提要目录》两相对照，觉得《提要目录》在继承传统的基础上，于内容和体例上都作了较大的改进，可以当得起"前修未密，后出转精"这两句评语。

第一，从收录的数量看，《贵州通志·艺文志》收书

1628种（据黄永堂点校本的统计为1966部，但笔者逐卷逐类复核，实得此数），比《提要目录》多出474部。不过《贵州通志·艺文志》"无论其书存佚，尽列其名，若为前志及他书著录者，则摘原书之名于下"（序言），所以仅有目无书的情况不少，估计在一半以上；《提要目录》则按六馆所藏据实登录，且每书之下注明收藏之馆，读者可以按图索骥，方便不少。在收录的时限上，《艺文志》主要收录清代以前著作，"人民国者间亦收录，但不录生存，史例如是"。经过半个世纪之后，当时的生存者也已作古，《提要目录》将民国时期的黔人著述与地方文献悉数收录，也是为了适应已经变化了的情况，是完全正确的。又黎庶昌与杨守敬搜集刊刻的《古逸丛书》，使不少亡佚海外的珍本秘籍得以还归故土，当时即震动海内，饮誉士林，至今仍有很高的学术价值。《提要目录》吸收《中国丛书综录》和《中国古籍善本总目》的经验，增收"丛书"一类，详列子目和书名，也增强了本书的学术性和使用价值。

第二，传统书目按其内容和作用划分，约有三类：一是单纯书目，仅著录书名和作者及其时代，如各史《艺文志》是；二是辑录体书目，系采撷有关资料如序跋与他书评论略加编排而成，最早出现者当推元人马端临的《文献通考·经籍考》；三是解题式书目，编撰者不仅要搜集材料而且要根据全书体例对材料下一番去粗取精、去伪存真的功夫，并指出该书内容的得失和价值所在，如西汉刘向所撰《叙录》和清代的《四库全书总目提要》。三类书目虽各有其特定用途，但就"辨章学术，考镜源流"的要求来说，它们的排列顺序恰恰应当颠倒过来。《贵州通志·艺文志》部分条目属第一类，部分条目属第二类。其第二类条目虽有材料富赡的优点，但有类资料长编，缺乏熔裁和提炼的功夫，且造成全书条目详略之比相差过大。如卷三傅寿彤之《古音类表》，全录该书自序即达三千字,又录何绍基序、黄国瑾跋、聂树凯跋亦近三千字,而相当部分条目仅具书名撰人或略加按语,往往只有二三十字。《提要目录》所有条目则基本上属于第三类,每条之下大都能提要钩玄,并作出较为平实公允的评价。如第 37 页吴道安编《郑子尹先生年谱》一目下云:"赵凯、钱大成、凌惕安、姚大荣等人均编有郑子尹年谱。吴道安自求学时开始,历二十余年始成是编,曾四易其稿,被认为排比精严,精审过于姚、凌、赵、钱诸编。"寥寥数语,却为有意研究郑珍生平者指引了读书门径。

第三,在著录的体例上,《贵州通志·艺文志》基本不著录图书样式(刻本、印本、抄本)及版本源流。如卷三"小学类"《说文逸字》一目下云:"《说文逸字》二卷附录一卷,郑珍撰。"其后便照录自序、刘书年序、莫友芝序、郑知同后序,共占点校本六页半的篇幅约五千字。《提要目录》第八页该条则云:"《说文逸字》二卷,附郑知同附录一卷。(清)郑珍著。——民国二十九年(1940)贵州省政府据前溪吴鼎昌初印本翻刻《巢经巢全集》本。——二册(1358——此为收藏馆之代号,引者)"其后便对《说文》及《逸字》的来历作简要介绍:"许慎《说文》,古今学者为之研究极多,然失误者亦不少,大概有三个方面:一曰逸字,二曰伪字,三曰误字误注。段玉裁考证误字误注之大部,而是书则考出 165 逸字,另将郑知同附考 300 字收入,以明《说文逸字》所以不录之故,咸丰八年(1858)成书,书前有刘书年、独山莫友芝序各一篇,书末附郑知同《说文逸字附录》。"按,这里对该书的版本著录尚不完全,但于寥寥三百字中,却给读者提供了较多的信息。

第四,在全书的编排上,《提要目录》于每条之前冠以序号,后附"书目笔画索引",大大方便了读者检索。"后记"中列出"撰稿者条目号码",以示文责自负之意,也是值得肯定的做法。

　　以上将《贵州古旧文献提要目录》与民国《贵州通志·艺文志》就某些方面作了比较，这里并没有苛责前贤的意思，只是为了说明前者在后者的基础上有所改进而已。且"人无完人，书无完书"，《提要目录》也还存在某些不足之处，需要在今后修订时再加斟酌。一是有的书目失收，如任璇《桃花缘传奇》。《贵州古籍集粹》已予收录并出版问世，六馆中不可能没有收藏。二是版本著录往往不全，如郑珍的几种著作，本书目所列比黄万机所撰《郑珍评传》要少。三是编排体例上作者往往是前见后而不是后见前，也给读者造成某些不便；另同一部《说文逸字》却分为0043和0045两条，使人也不明其所以然。四是除了书末"勘误表"已经列举的排印错误之外，仅笔者随手翻检所得便有：21页左栏倒7行"雅淡"恐是"雅谈"之误，57页右栏倒11行"发启"当是"发起"之误，又同页右栏《营造法式》作者李诫之卒年"110"显系"1110"之误，58页0336条"龙方育"与"龙万育"前后互见，二者必有一误。另77页左栏《镇远府志》条下云："明钱大昕《元史·艺文志》卷二有《镇阳风土记》，又不止是排印问题了。"按钱氏为著名的乾嘉学者（1728−1804），乾隆十九年进士，《元史·艺文志》正是他的著作之一。

不信东风唤不回
——窃书小记

◎ 何 锐

一九七〇的冬天并不比往年冷。离过年还有十来天,我急匆匆从插队的乡下赶回安顺,又马不停蹄地乘火车赶到遵义。已是下午六点过。水西接到我,挤公交、转车,一路飞跑,抵拢十公里外的南郊舟水桥遵义碱厂,已快九点了。那年月我们多么年轻,不怎么知道累。何况我并不是去闲逛,要去干的事精彩且刺激,几乎可以说令人神往。行动计划两月前已在安顺南街我家小院中商定,时间当然也经过仔细计算。

水西是碱厂工人,我们才认识一年多,是我老哥介绍的,只能算是知青之外的新朋友。他比我大一两岁,黑瘦、精干,知道他干过不少异常凶狠的坏事好事,基本属于好勇斗狠一类,总归让人佩服。但能让我们快速贴近的是一个共同嗜好——爱书。他小学也没有怎么毕业,前两年有人讥讽他文化低,一发奋,居然用半年时间背下了《四角号码新词典》,我曾考过他,没错。

不过那年月里活下来不易，求温饱亦不易，想读书则更难。哪有地方读书？读什么书？能找到什么书读？老三篇可以倒背，样板戏已然烂熟……但我可不一样，至少我周围的这一小群人不一样。我们钻头觅缝、不择手段，居然弄到了不少先前出版、如今市面已绝迹的——到眼下我也说不清它们是好书、坏书、抑或有好有坏的书。只有一点是清楚的：对书的追求，也就是对多样自由的人生的追求是我们那一代（生于五〇前后）在那一段（七〇前后）晦暗生涯的亮点之一。是不是下乡知青则又另说。这是后话。

当晚我和水西在碱厂的一个什么车间的值班室狂撮了一顿，因为大事还没干，他说暂不见他那些朋友。之所以说狂，是因他早已备下那时下酒的老三样：卤牛肉，花生米，盐豆干，更绝的是新开了一瓶茅台酒。绿瓷土罐，软木塞蜡封。水西得意地叨咕：十多年前生产的，你大不了它几岁。倒在白瓷碗中果然沉着浓郁，微微泛绿，干完后似有浓液巴沾碗底。那恐怕是我第一次品尝这国酒，四十年了，至今似乎口颊尚留余香。不断追问，他就假装神秘地说：中秋节我在南宫山搞到了两件。不过只剩两瓶了。南宫山是遵义铁路货栈，我明白"搞到"的意思，实际上他很快将这事简略地吹嘘了一通，这又是另一个故事，且按下不表。

第二天起我们进城踩点。干这种事我当然不是新手。那时节在安顺的那一个小圈子里，准确地说在我南街老家的后院厢房，其中一个属于我起居的斗室里（彼时彼地，多数人家三代共挤一室，也就十来平方），常来走动、深夜不归的十多个朋友中，多有雄辩滔滔，不乏口若悬河，让众人心服的就一样：能弄到大家心仪的、知名或不知名的好书。多年后我知道，即善本书之一种：罕见难找的书。

这方面，我具备最狂热的追求，除了本能的喜欢之外，包括以此谋求异性的青睐，那不也是人生十八的狂野本能么？

　　下乡之前我已伙同姜有等人把母校的资料室洗白了。别人早已捷足先登，我们好歹捞出了两小捆，都是些不成套杂志类，没有古典诗词，也没有小说。怨愤之余收集了一堆老塑胶唱片，掰碎之后提到废品站，换了七八块钱，暴餐了数顿。

　　那几本旧杂志并不够翻好久，也没有多少可炫耀的。不久我巴结上了两个"文革"前的大学生，又弄到了些欧美的翻译作品。其中最拉风的是两大本手抄的《基督山恩仇记》，全文以类乎小4号字体抄在80克双面书写纸上，开本比原书略大，页码竟和原书一样。蓝色钢笔字，细而不瘦且疏朗，更绝的，全书没有一处涂改，是一笔清秀硬笔柳体（据关过"五七干校"的誊抄者说，他用了两年时间，一支金星金笔都换了三次笔尖）。显然是散篇抄誊好再精心装订的。还有更妙的，书中附有八幅精心描绘、笔风潇洒的钢笔插图——也许是照某一版原图描画的。它辗转流传，竟不知流落谁家，假若它还出现，今天我宁愿用一架藏书，哪怕是一千册书交换它。

　　老天有眼，距我家不远的南大街一侧，有座创于民国时期的图书馆，相隔仅五六十米。就是这近在咫尺的宝藏，让我难忍占有的欲望。结果是经过仔细观察，我发现只要沿着我家后院的墙头前行一小段，再翻过一道不算高的墙，就可直落那图书馆的后院，而且途中还有些可供攀援的小树。这真是个惊天大发现。此便宜不占，天理难容。于是，在一个月黑风高之夜，按照观察了多次的路线，我翻墙撬锁，顺利得手。虽然没太敢痛下狠手，但手到即擒，信心倍增，又连着光顾了三次。那年月图书馆并不开门营业，铁皮锁撬开容易且可假装关好。总之共弄出了好几个旅行袋的书，约两三百册。

那一段真是我们兄妹的狂欢节。妹妹甚至坦言：我是强盗她是接盗，因那些书她受益最多。获取的多是译文杂志和外国文艺类。有好些合订本，如《外国文学》、《译文》；书则都是成本成套的经典名著，如《沫若文集》、《托尔斯泰小说集》等。四十多年后，斗转星移，历经风雨沧桑，我书架上还有几集郭氏文集和托翁四册装《战争与和平》残书两本，算是那几次翻墙行动的些许痕迹。

有了这些市上几已绝迹的书刊，我辈意气风发，气冲斗牛，何其得意！穷读之后，自诩才高两斗，适逢一位佳人，她星眼皎洁，顾盼生辉，遂敢于大言炎炎，鼓足勇气表露爱慕之意。那时节，我才明白何谓书中自有颜如玉。这并非如今世人理解此话的意思，那太不够意思了。

得意了一久之后，又将贼眼盯上了贵阳。奈何北京路上的省图墙高门固，夜里四周还有军人巡逻。那时是军管时期，贵州各大些的城市由一支广西（或驻广西）部队军管，例如安顺军管部队代号485。省城里军警更多，不敢下手。自然又将目光转向省第二大城市遵义，更重要的是有个浑不知怕的内应。

踩点的结果还算满意。地区图书馆在湘江河畔，也在市中心，右隔壁是卫戍司令部（驻有483部队），但左后方都是公园，公园被湘江包住大半。只要从公园左侧门（一道矮铁门，晚上套上一把铁皮锁）进去，沿园中树林走一段，便到了。图书馆的青砖围墙，高约两米五。但墙内外都有参差大小树木，找个地方翻进去不是难事。我们也考虑到，人进馆容易，得手后弄书出来难。书的重量我早已领教，如何负重翻过这高墙？

一个干冷无月之夜，凌晨两点，借着不远处昏黄的路灯光我们轻松跳过公园铁门，到馆墙边找到一株枝杈多的柏树，上墙并不费多大劲。但墙顶用石灰垒成倒V型，两面还零落地插上些碎玻璃。这对如野猴子般的吾辈来说又算什么：东躲西闪、摇摇晃晃就走了过去——那年以后我并没有长高，却比现在轻了二十多公斤，你说何其敏捷。不一会找到墙内的一株落叶楸树，踆下地去，发觉里墙离地比外墙要矮一尺多。墙里黑幽幽的，摸出小电筒，很快找到了一栋栋书库：这是馆后部，阅览室等估计在大门那边。选准了三间易于打开的库门，便迅速回到墙边，找到一处树更弯、墙似更矮的所在，仔细看去，原是那墙顶断裂了一尺见方的一截，上面没有斜顶和碎玻璃，虽然墙边未见树，抓着墙壁往外吊起再跳下，已经轻快如游戏了。

离过年只有八九天时，我们按计划动手作案。是夜细雨飘飘，晚十点即身着蓝色工装，脚蹬劳保解放鞋，背上每个能装两百斤谷物的三个大麻袋和捆扎绳，揣手电、虎钳、改刀、短把小锤，疾行十公里，午夜赶到江边公园。天寒夜阑路断人稀正合杀人放火。两人溜进幽暗的树丛中，待一队持枪的士兵巡逻队过去、又一队扛梭标的工人保安队过去，即按前几天侦定的路线前进。不过十来分钟，已潜入先前选好的书库门前。明锁挂在铁皮绞连扣上，改刀撬几下，小锤敲两锤便如愿开门。

真所谓芝麻开门，每个打开的屋里都是宝藏，贪婪的双眼比电筒光更亮。我虽只读过几年初中，"文革"及当知青这几年，饥不择食地啃过、抄过不少书，古今中外都有。我本人本事不大，急躁激昂，干什么都快人数步，且终生以此为荣为大爽。而进库快速选书（偷书），更是独门强项。我有一块母亲给老哥、老哥又给我的"瓦斯针"老表，一点还差几分，我们拖出了三大麻袋书，文学为主，且基本上是外国文学译本。差不多是成套或成系列的，如朱生豪所译莎士比亚系列，柳鸣九、傅雷等译的法国雨果、巴尔扎克系列，冰心所译的泰戈尔散文诗，当然更多的还是俄国普希金、果戈里、萧洛霍夫、大小托尔斯泰等。都是我选，水西装袋。近现代中国文学一般不选，因为多数看过且较容易找。其实都想要，但扛得动吗？两人三袋码紧塞满的书（每袋有九十多公斤），一人背一袋，压弯了腰，还得各腾出一只手拽另一袋。

捱到馆墙边已相当勉强，没有梯子，如何将这几袋重物拖上并翻过两米多的墙？翻墙的地是有根弯弯树，但倒V形的墙顶插有碎玻璃，即使用钳子扳断也会有响声，那时节深夜并无车马喧嚣，清脆的响声起码会惊动几十米处卫戍司令部的哨兵。我们选择无树但墙顶有缺口处。但墙高还是两米多。

之后的很多年，我一直相信精神能变物质，也即精神的超强勃起能化为巨大的物质力量。否则，我们两个精瘦的小个子竟能将五六百斤且无处抓拿的三包重物托过两米多的高墙？公园里的那矮铁门自不在话下。而平地上拖拽的距离也很可观：到了公园门口已有三四百米，拖扛到河边稍僻处一个未完工的的废弃防空洞又有五六百米。这也是预先选好的，洞里黑暗但干爽，最适藏书，没有运载工具，不可能将如许战利品运回十多公里外的碱厂。运书行动应该更安全且方便，我们不是新手，已将"取"过书的房门简单钉回，不太注意发现不了，何况全国公共图书馆已好几年不开门了。

然而世事难料，难事能干不见得简单的事就好干。回到厂里已是五更将晓，能听到厂外雄鸡打鸣，也可能是厂内鸡在叫，那时工厂家属区偷养几只鸡也是常事。总之我们累并快活着，水西甚至捂嘴翘首啼出悠长高吭的鸡鸣。

第二天我们晚九点半就出发了。我们装成清洁工，其实还是蓝工作棉服，只是每人戴一顶旧帽子，套一个脏兮兮的口罩。不知他从哪儿弄来一辆清洁工用的有箱板的手推车，上面装些布片、旧纸和几小捆稻草——可以遮挡小雨，保护书。十多公里的沙石马路，弯多且不平，一多半没路灯，但都不算什么，想到躺在防空洞某个角落的三麻袋宝贝，而我们正年青，什么也没有，只有勇气和力气。最主要的，没有什么可失去的，对大地、对海洋、星空，对人生、对社会、对知识有执著、忘命的求索和追求——接近午夜，几乎是轻松愉快地抵达洞口。路上也碰上过巡逻队，用电筒照照我们肮脏的衣着嘴脸，车上那些垃圾，还以为我们是拼命干革命，半夜才回家。

没费多大事，装车就绪。书码车箱底上盖麻袋，再盖稻草，垃圾什么的，差不多装满了一车。只是人算不如天算，轻松并不等于安全，正如金钱，落袋也不一定为安。刚顺着湘江走了几百米，左侧卷子突然转出一队办事处级的五人巡逻队（临近过年，各级加强了巡防）。三男两女，一胖大姐喝问：半夜三更，干什么的！水西操一口还过得去的遵义土话，说是环卫站的，和朋友（指了指我）在丈母娘家酒喝多了，现在回站。胖大姐借路灯看了看车箱，似乎闻到不好闻的味。不耐烦地喝道：鬼才相信你们，把垃圾倒了（她指了指湘江河，那年月不知环保为何物，虽然大些的地级市，即地区也有所谓"环保站"，垃圾却是可以随便倒的。当然那时大中城市人口、垃圾不及如今十之一），把车子拉到办事处候审。原来她是怀疑这辆板车，怀疑我们是偷来的。其实也差不多，但要命的是车上的东西。

水西悄悄告我：倒掉！左边路旁就有个口子直通河里。拉车跟他们走，我有办法。我说那可是河水，东西下去就完了。他说没事，再去搞。犹豫了几秒钟，我确定，不能淹书，人怎么都行。不再商量，我走上前大声地用安顺家乡话叫：里边都是书，我们偷来的！我们跟你们走。

几人遂如临大敌，亮出梭标，吹起哨子呼来同伴，十余人把我们人车押到附近的中山路派出所。进得一个平房大院,板车放屋檐下,天上下着毛毛雨,我俩蹲在冰冷的院中,有小头目进正房和值班警察交接。半小时后,正房中走出一个四十多岁的警察叫我们进去。屋里不大,也就二十来平米,有几排办公桌,中央一个铁炉子烧得正旺,温暖无比。那警察问了一通例行问题,态度并不严厉,也没有记录,也许案情清楚,人赃俱获(实为自愿交赃),刚才已交接明白。也许这案由相当少见,在那个连温饱都保不齐的年代,居然有两个年青人(一个工人、一个知青)处心积虑地干这种孔乙己式的营生,总有些有悖情理?后来我一直怀疑这位公安大叔知道我们的身份和案底后,故意将我们叫进那温暖的正房办公室,让我们少挨冻(假若我们是一般的盗贼或流氓,说不定会在外面蹲一夜。若是政治犯、大刑事犯,可能当夜就押走了)。八十年代初我因撰写有关清代学者郑珍(子尹)的论文逗留遵义,曾到该派出所寻找这位警察,找不到线索。当时哪敢问人家贵姓,似乎又不兴警号?此时离天亮也只有两三个小时了,询问完后,便让我们俩在一张长木椅上坐着打盹。也没有捆或铐,直到早上天亮后按当时惯例由收容所来人把我们带走。进了收容所,也没有对我们进行搜身。只是因户口所在地不同,我们在收容所是分别关押,不知在哪个环节,水西居然将一厚册司各特的长篇《皇家猎宫》夹带在身上,带出收容所(几天后碱厂来人把他领了出去),后来给了我。可惜经书友们辗转传阅,这次行动中硕果仅存的宝贝也不知流落何人之手矣。

收容所,这个中国现代史上的怪胎,多少年后终于被冤死其中的孙氏大学生们及鞭挞呼喊的有良知的南方媒体朋友们用血和泪打掉了!这是人权、法理,也即普世价值的胜利。正义的牺牲迟早会有报偿,例如今年的诺贝尔和平奖。我从自己十多天的亲历证实,那种地方不论当时、之前还是以后都是人间地狱。阳光照不到,暖风吹不进,人落其中,不要说比宠物，比野狗、饿狼、蛆虫都不如。

监狱自古有之。不能说何时何地都正规，但多少还有些常制。"收容"本孳生谬种，必无法无天。那地方连地名都很恐怖，仅以黔渝一线为例，贵阳在豺狗湾，重庆叫二虎匋，遵义称雷公山，又呼雷打岩。

什么人该送收容所？没见过有关的法律条文。恐怕是没有。可能有些内部条例，也没有见过。一般以为是达不到犯罪——惯偷巨盗杀人放火，颠覆政权，攻击领袖，反党反革命反社会主义——那就进看守所候审待判。除这些之外，一切有各类轻罪小过（具体的谁都永远理不清讲不全，因为它们太多太杂且因时而异，碰上戒严、严打、整顿、两手都要硬等名目时更是"拎不清"）。但收容所存在的这五十多年，长期占据里边大通铺位的绝大部分就是一种人，统称为"盲流"，又基本是外地人。即非本地、本市户口的。在某些时期，连本县市已下乡的知青回家，包括过春节，都曾被军警民联防查出扔将进去。我安顺的好些朋友回城过节，都有在当地收容所（或临时收容所）"喜相逢"并熬过长夜。但只要是本城人，又不犯大罪，一两天便会通知家属、居委会或有关单位保领出去。

还是回到那个早上。我们被押进了雷公山遵义收容所。一道没有任何标志的黑漆铁门。可驶入卡车。两边是两三米高的青砖墙。进个大泥土院，又是墙和门，铁皮门不足一米宽，里边还有一进深短、左右长的小院。两边有几间厢房，后来知道是管教们的办公室，门外有岗亭，大门外是看不到的。门边有块方木牌，才见到"遵义收容所"几个字。

男号约有一个小学班教室宽，而左右长差不多相当两个教室。进门两米余，左右居中各有一条不足一米宽的走道，两边抵墙便是高出地面约二十厘米的水泥大通铺。铺的东西一个样：直接用小把的稻草用草绳简单捆扎起的草垫（离

"草席"还差得远。粗糙简陋，但比草席厚，暖和）。不怎么见被子（后来知道共配有十条套子被，那要大爷级的才能享用），枕头更别想了。

黔北的元月底是最冷的时节。但大出所料，那号子中水泥面虽只铺草而无被，竟无多少寒意，原来是人太多了。我这一辈子再也没有见过一个比火车箱略宽、却长不了多少的屋子竟可以住进两百四十多人还得除去右角上隔出几平方米的茅坑。七十年代，"文革"中期，中国百业凋零，天怨人怒，然而也可算是中国社会政治悲剧的某个转折点，或者叫必须救亡图存的新思维孕育期。仅从时间段上说，临近春节，哪怕是民穷国乱，毕竟是有几千年积淀的中华民族永远的第一盛节——市面上各类坏人丛生，为找年饭米，盲流横流，这地方不填闷才怪。其实这里天天有进有出，本地人无大罪且能找到保人的，关个天把也就踢出去了。连水西第三天也由厂里保卫科领出，在厂里又关了几天，这自然是后话。

此地既无法且无常规，便只有例规或因形势而变的临规。那时的临规似乎是：先塞进来。实在装不下了，则分人以分批加快审询，本地区县市的，被认为不入"罪犯"的尽快通知有关人领走。没人领的盲流行乞小偷斗殴打架之类，只要不碰上询问者特不痛快时——一般尽快滚蛋，腾笼换鸟。外地的麻烦得多，被认为送不了看守所的（这里和监狱一样，进来了就没有冤枉的，不可能没个特别说法就放你出去。百姓被诬，刚烈者要向政府或制冤者讨个说法：所谓你不给我个说法，我就要给你个说法。执政者抓了人，本身就是说法），等某方向凑齐了人，即约一卡车人，便押送出走。如当时遵义收容所主要转运三个方向：往贵阳、往重庆、往（贵州）毕节。那时似乎不押上火车转运，也许是火车都很挤，货车车皮更紧张，这些人不配使用较高的押送成本吧。

而以上这一切处理都没有任何常例：因时因人（管制者）而异、而随意。比如何时审，用什么手段审，文审武审文武兼用皆可。也不回避什么，一次可现场审多人。例如有五个重庆下到云南的知青，提前回家过年而没买车票混车坐，一路上和乘警列车员等周旋，快到遵义时还是被揪了出来，由站方直接送到收容所。案情简单，五个男生一道过堂，蹲在审讯室中一人问了几句话，长得高大壮实的王彬被管兵随性用添煤的火钳拍了两把。我进去时他们已关了几天，后来还让我看了腰上的两条红印痕，或许是当时看他不顺眼，这几位等着转运回原籍，即现户口所在的云南思茅。此间多以貌取名，不久我便和众人称奋哥的王彬成了朋友。他说从遵义到思茅，起码要转贵阳—安顺—曲靖—昆明—玉溪才到思茅，再到他们农场所在的景东，起码三四个月，谁熬得出来！五六个收容所，不被打死病死也得饿死，必须想办法自救。

所笼中又挤又脏又臭，二百多人，仅右角上有几平米用一米高的矮墙隔出的一个干茅坑，两个蹲位连着一便池，都无遮挡，靠墙有一缺口可进出，即所谓门。两三天叫犯人（管兵都这么叫，没听说什么嫌疑人之类）自己打整弄出去。冬天没蚊子，但虱子跳蚤猖獗。晚上还是冷。我因偷书而入，众人便叫我书贼（读如 zhuǐ），还能吹些大家不太熟知的牛皮，第二天都享受到十床棉被的一角，是冷不死了。当天过堂几分钟后便没人再理。老号儿讲：等倒起。年前总归会滚出去。能不能回家看命吧。记到：干不干，三两豆渣饭。

这后一句才是这种地方、即天底下所有关押人的所在最可怕最难熬的节骨眼。无论巴士底狱，还是古拉格群岛，还是京都秦城监狱或大西北的夹边沟，身陷其中，最难忍受的，无休无止的痛苦乃是饥饿（遭受严刑或受特别优待等不在讨论之列)。若在一般人尚无温饱之时则更是。那滋味没体验过的人怎么讲他都不明白,任何想象均不能感同身受。该所一日两餐。十一点,十七点。常规是每餐半小时,即包括两次放风。每收进一人,发可反复使用的铁皮瓷钵一个,上有红漆编号。听说发过瓦钵,但因有人弄破用作利器而作罢。再加一木勺。记住编号,放在铺位枕头上方统一的小水泥台上,出去时交回。

吃饭时抬来两个大木桶,一菜一饭。当然也是"表现好"的犯人抬来的,抬饭也是美差,起码可多得一瓢菜。陈米(混有玉米)不霉已是上等。菜也是一瓢,基本上是豆渣,那是供应市民的国营豆制品厂做豆腐时滤豆浆纱网上的皮渣,兑水煮开,里而常有些菜邦子之类,只有盐味,几乎没油。

头一天打饭时,那股霉烂的谷物及豆渣味还让我把饭钵稍抬远些,刚从外面进来还不算特别饿,吃喝稍有些慢,还剩些汤水,猛一抬头,四周已有几双饥渴的红眼盯着。稍一迟疑,饭钵已被人抢走。我来!一声吼叫,那汤水已被翻倒进别人钵里。到第二天,我就本能地护住瓷碗,舔掉最后一星渣饭。从此饱受饿魔的煎熬。在外面我当然有、且不少饥寒交迫的日子,我曾吃过自己剥下的杉树皮、蕨根、粗糠等,但只要人还能动(正处青少年时期),总要能想法往嘴里塞些什么,至少是存着能找到吃的希望。这里边我辈清汤寡水的饥肠中,每日绝对只有这两顿质差量少的渣饭。饭不可能多,众人只望每次豆渣汤多一点干一点,不掺菜邦却不减量更耐饿些。这里边,树皮草根、乃至观音土你都别想。据某些随常进宫的老号儿讲,某年某节这里曾加过半瓢豆干,某节甚至吃过肉皮!熬到今年年三十,说不准会有几块红烧肉。这号里日与夜的主要区别是夜里没饭吃,因为怕出事,整夜都有两三个灯泡仍亮着,而白天,靠门方向的四个半米多的铁条小窗透进的光线也相当有限。

犯人们公平享有的是大量的时间且没事可干,判了刑的服刑者才有干活的机会。闲扯吹牛不被禁止,除非你在不合适的时间大声喧闹可能被戴红帽徽的兵哥揪出去暴打。实际上,因饥肠辘辘,连喜欢高谈阔论的都尽量压低嗓门。谈天地,论鬼神,讲偷鸡摸狗,吹打架斗狠,自然也不少讲女人,甚至还碰上一老头讲评书,讲薛仁贵征东之类。但说得最多、最受欢迎又让人垂涎的乃是说吃,什么好吃,吃什么最爽之类。四十年了,我还清楚地记牢一位呼之"小双流"——他是成都双流人——的一句形容:最痛快的是金花(场镇名)的冒节子(猪小肠不撕边油,切段打结汤煮),热噜噜的放嘴一咬,油爆爆的,安逸!的确,当饥虫张牙舞爪、没日没夜地啮咬年轻的肚肠,理想、人生、情与性又何处安放!

不过话又得说回来,我一直认定,人是地球上最能适应环境的生物。而天地之间,最凶残无情的正是人类自己,至少在折磨同胞方面。于是古今中外,猛兽、老鼠、蛆虫乃至细菌、病毒都不能存活的场所,人竟能活下来,且还要有思想、有建树,否则你不能解释,在那种年月,我们,在狂风骤起的"文革"中期,被集体抛向偏僻的穷山恶水,失去温饱,不见前途,自生自灭,然而我和我的众多知青兄弟姐妹,仍义无反顾地爱上了那时更加稀缺的、阐述人类自由探索的精神宝物——书。我们没有钱,即使有钱也买不到,于是便只有去偷。殚精劳神弄到了书却被人拦截,人家命令我们把"垃圾"倒进河里,那是剜心剖肝之痛。宁可身陷囹圄,岂能殄灭天物!事实上,就凭这点初衷行动,在这种地方也得到了尊重,虽然我知道关在此间的各色人等并没有几个想读书之人。实际的好处是:第二天就盖上了被子,并一直远离茅坑。在岩下呆了十二天,结交了好些朋友,其中那几位下到云南的知青，我们之间来往了几十年。

这里边其实名堂多多，毕竟不是监牢，进来时搜身也相当草率，何况许多是行乞流浪之人，穿着冬天破旧古怪繁复的衣着，又多有三进五出的常客，藏点什么钱票之类还不容易？还有几个手段高超的家伙弄到每天跟司务兵外出挑米买菜的美差，更是可以带进吃食、香烟，翻倍卖给有钱有票的人。进去几天后，百无聊赖时我居然从旧棉衣絮中翻出了几元零钱和几斤粮票，那一定是老道的水西多了个心眼塞进去的，着实让我和奋哥等同道过了几天好日子。

看看临近过年，号中进的多出的少，快要装爆了。老油子们预告，你们贵阳方向的也凑得差不多了，年前准定滚蛋。有一位自称贵阳曲艺团拉板胡的瘦高个，四五十岁，都叫他黑眼哥。他姓黑，戴副眼镜。老婆是遵义人，团里没事，他在遵义混，不知怎么和小姨有染，被他老婆告发，又没抓到证据，便被街道办送了进来。再转送贵阳，再通知单位来领。无非让这家伙多受点罪。

黑哥和我及几个重庆崽已经商定，转贵阳时见机行事，跑脱一个是一个，决不能再进贵阳豸狗湾的大门。那时遵义到贵阳有两百多公里砂石盘山路，卡车可耗十个小时，机会应该有。

但事情仍有意外。直到年三十，几个方向的人都走了几拨，唯独贵阳方向的没有动静。我们天天咒骂，为何不多抓些这方的人！骂归骂，临到除夕，众人又盼这号中的年会吃到什么？专注于此，万念俱灰。

结果：上午每人领到了两块黄粑，外带一瓢常例豆渣。黄粑是用玉米，再加些糯米面蒸制而成，加了些糖精，有甜味也有股霉味，用时下的话说，管方太有才了。这创意连老号儿们都没听说过，恐怕是后无来者。别的不说，加上墙那边女犯，两百多号人，哪儿找人做的？这东西直到如今西南城乡年节常吃，平时不太做，因它做起来麻烦。一般食堂是做不出的。下午将豆渣换成了连渣水豆腐，有些油腥，一人两瓢，运气好的能捞到几块指头厚的肉皮。而米饭中也没有掺玉米沙。

应该说，长期被人践踏的中国人是很容易打发的。端着嗟来之食，众人似乎很感恩，有人甚至念出了万寿无疆。人们好像忘记了自己是怎么进来的，为什么进来的。

直到年初三上午，终于轮到了我们。八点过钟管兵点名，叫出了二十多人。在院中吃了上路的常例豆渣饭，再点一次名，押上一辆南京吉斯卡车。站在颠簸的卡车上八九个小时也不是好玩的，其中六人还因不老实被捆绑着，中途下车撒尿还要人帮忙。简而言之，车到息烽时跑了两个（包括曲艺团的黑眼哥。若干年后，我们在贵阳东山脚下暴喝了一顿米酒），等跑出了一百多米才有人叫：解放军，跑了。但那管兵并没有怎么追。他们只有四个人，包括开车的，或许是担心车上还有这么多人。到贵阳收容所门口时天已黑尽，估计已是七点多钟。车停在门口，除一个驾车的，三人都到三十米外的传达室办理交接。这是最后的机会，我早已解开王彬身上捆的绳索（这些天我很少看到用手拷，大约我等还没资格享用较为稀少的警用资源?)。不久，在细雨飘落的冷风中能听到传达室中传来的吵闹，应当是押到人数不符，贵阳方拒绝签收。兄弟们，走啦！一声低吼，有人掀开后篷，呼啦啦跳下十来个，估计非贵阳户口的都差不多已跳下。那时大门外还不成街市，基本上是田坝。我们四散奔逃，也没有人及时来追，灯光相当暗弱，待跑出百米开外才听到一声枪响，当是朝天鸣警。扭头回看，跑的追的都看不清。成了。

兜了个小圈后我找到街道，往灯光亮些的南边走，那是市中心。在寒风中踽踽独行，此时才感到饥饿难忍，清晨那点汤食早已化尽。找到个漏水的龙头好歹洗了把脸,想起曾在家里信封上看到姐夫家的地址,在市中心的一条巷子踅进了姐夫家。厚着脸皮自报家门诡称被摸了包,向二老借了四元钱,赶紧溜出。人家问吃饭了吗,只敢说吃过了。我知道十点半火车站有发安顺的车,那时火车票是一元七毛,街上倒有些卖吃的店铺还开,但我没有粮票,所有饭馆都是国营的,米食面食必须粮票,连带淀粉的糕饼也必须收粮票。不得已只有买了不要粮票的半斤水果糖。在候车室就着冷水嚼了许多,才发现人在绝对饥饿时吃这东西十分难受,简直想呕。

凌晨到家朝门已闩上,翻后墙回屋。还是四妹起来招呼,不及问安,先张罗吃的。虽才大年初三,我们家也不剩多少吃的。好在还有剩饭,用开水烫烫就好。记得还有半碗咸鱼,因其太咸才会剩下,比豆腐乳还咸几倍。我居然把它连同其他剩菜一扫而光。饥饿其实伟大,它不仅叫人不择食,还能令人不惜命。例如陈胜、吴广之属。

扯远了。六十年代末,我们在中国知青运动的高潮中加入,前有先行,后有来者,四〇至六〇后两代人心中留下永不泯灭的记忆。我们首先记住了"知识"这两个沉甸甸的字,虽然我们中大多数人下乡时并没有读过多少书,算不上真正的知识分子,但我们却将传统知识分子(也即"士")的担当铭刻于心。纵然衣食不保,性命堪忧,为了追求一种智慧、多样化的人生,唯有读书,从书本中接受再教育。这次偷书的得而复失,更让我一生走上与书打交道的不归路。

我和朋友们谋到农村代课教师行当。那可是背起挎包走村串寨现找的,一教就是十多年。尔后直接到川西某校混了个文献学硕士,便到一家地方古籍出版社编书谋生。由爱书偷书教书到编书,正如老友们所说,真是造化弄人,天道不欺。先前就知道秦王朝的焚书坑儒。知道"清风不识字,无事乱翻书"一类的惨烈文字狱,后来又亲历疯狂的文化革命。然地老天荒,死而不悔,这一生将书奉为安身立命之本。宋代横渠先生云:为天地立心,为生民立命,为往圣继绝学,为万世开太平。诚哉!斯言何其震撼人心,这真是中国传统士人的、也是任何朝代思想者的箴言誓言。吾等门外小小儒,知行虽远不逮,良知将永追随。作为吃笔杆子饭的,读书编书写书之外,报刊不可少读。几十年来不间断地自费订阅多种报刊,多有改换,但两刊一报从未脱订,那就是《读书》、《炎黄春秋》、《文汇读书周报》,个中透露的信息是:紧跟书界兴趣,学养有待提高,不作局外假道学。

今天的世界,今天的中国,固然还有许许多多的问题,毕竟比四十年前更加美好。交通飞速,信息爆炸,文化思想界已有了更多的自由思考和表达。那是百多年来、尤其是六十年来一代代知识精英们启蒙呼吁,乃至流血牺牲争取得来。而书籍在人类文明史上的举足轻重之要,自不待言。书厦巍峨,典籍犹在,寒风依旧如期来袭,杜鹃声声,那是对总会光临的春天的呼唤。

庚寅(2010)年冬至写于蜀中龙潭寺

盛世佛缘　佛恩浩荡
——读《虚云和尚全集》南老序言所感

◎ 刘先和

虚云大师是我学佛以来最为崇敬的佛学高僧，虚云的一生是求法、证法、弘法、护法的一生，他一生的神奇事迹我自学佛以来从相关的佛学、佛教书籍中读过一些，但从无系统地了解过他，也没有系统地从大师那里得以教诲。前几年从有关信息得知净慧大师历经心血，打算编辑出版《虚云和尚全集》，我心甚是欢喜。这无疑是当今佛学、佛教发展事业中的一大盛事，是虚云大师与众生的一大殊胜因缘，也是净慧大师的无量功德。我心底发愿，愿我能早日有缘读到这一巨著，从虚云大师那里得到佛法的浇灌，以除自己无明。后来又从一些渠道得知《虚云和尚全集》出版的信息，心底无比感叹：这正是显示盛世佛缘，佛恩浩荡，是当世学佛人的殊胜佛缘。至此我心中更是翘首以待，《虚云和尚全集》有缘于我。

菩萨圆我心愿，当我收到恒章老师给我邮来的《虚云和尚全集》时，心中的喜悦之情自是无法用言语表述，真是佛缘不可思议。当日我从邮局取回包裹，一进家门急不可待打开邮包，啊！多年的愿望今日得以实现，顿时心涌悲泪。感谢恒章老师！感谢菩萨！我当即取出全集第一分册，即刻打开扉页，敬仰虚云大师法相后，眼入首页，当即被南（怀瑾）老先生的序言所吸引，一口气埋头跟着文字读了下去。

南老的书我读过几本，比如：《金刚经别讲》、《楞严大义今释》、《楞伽大义今释》、《如何修正佛法》、《修禅日记》等等，久受南老佛恩，深感南老是当今佛学泰斗，大德之士。如今《虚云和尚全集》由南老作序，绝非世间所见，只是偶然之意，佛法因缘不可思议。

南老序言开篇从"传记与年谱"说起，以司马迁《史记》牵出东汉以来刘向首著的《列仙传》，再至慧皎著的《高僧传》，再到后来的《景德传灯录》，寥寥数言便将中华文史的脉搏展现。南老在说虚云之前列出明代四大老，说出《憨山大师年谱》后又引出虚云是憨山后身之传说，但南老一语"此一德清，彼一德清"深含佛学三世理义，为此传言盖定。南老在谈及民国佛教时，以"人间佛教"的创立，为佛教与当时政府相适宜而得以生存发展，这是历史，也是对后人的启迪。而此时期的虚云则"专志修建丛林，迎玉佛，波波奔走于缅甸、泰国等地"且与当时驻云南、广东军政要员有交往，这便成了虚云后来护法的世事基础。

南老谈及虚云以"护国息灾法会"为主线，忆及当时国家命运，忆及当时国家军政要人与佛教鲜为人知的佛缘，也忆及诸多高僧大德行佛的踪迹，以及虚云大师当时在教内外德高望重的影响。这一切事，一切人，一切境，深感佛教艰辛，佛法难兴，前辈足迹滴滴点点，历历在目，感人至深，无以言表。同时也为南老先生在如此高龄之际，还有如此清晰的记忆而惊叹。万言之序，本不多见，且年、月、日，且人物、地名、事由，如此详尽，真乃大智之南老。

在序言中，我看到了南老"大地平沉，豁然夜空一体"之境。也读到虚云大师："前路暗淡，你我各走各的，不必相扶。"的预言。虚云此言,正是后来南老与虚云各自的人生路径,的确令人不可思议。可见此时的虚云大师已知自身与他身的世缘,这证明大师的修持非我等之人可以衡量,或者评说。这在序言中虚云面对困境,所述"虚老自称为应劫之人,决不退避",再次证明虚云的修持佛果非同一般。

  序言中南老就禅门及虚云的相关疑情作答,又尤是上了一堂佛法课,一解学佛人善以别人之果作为自己之因的学佛习气,一解学佛人对虚云大师众多久久不解的质疑。解答之中,言语活泼幽默,深入浅出,深睿大智,处处显现出南老的大师风范,泰斗风格。

  我读序言还有一事可提,即是在数年前有一青年学者问我,如何看王阳明。我因没有读过王阳明的书而无从评价,当即这位学者找出王的一首诗,说这是王的最具有代表性的作品,此诗是"无善无恶心之体,有善有恶意之动。知善知恶是良知,为善去恶是格物"。我脱口说出:一位学者,并非道者。话说出口,唯恐迷了自己,误了他人。此次读序言,南老也说"阳明先生,亦欠透彻。"有南老这位泰斗作印证,我心中底气方足。

  读南老序言,概知中国近代禅门诸事,略知虚云大师虔诚奉佛,悲深行苦的一生,心中感慨自是无法数说。合十礼拜虚云大师!合十礼拜南老先生!

  合书之时,也有一感,本不敢说但还是说了出来。即是读到序言中虚云与蒋公会晤以及写信之事时,南老说出一"心之多年积愫。"并有"如虚老当时抄录蒋山赞元禅师答王安石语示之,想必当有截然不同之际会,惜哉!"此事此语虽透示出南老忧国忧民的无限悲切之情,但一个"想必",又一个"惜哉",使我心底生出释迦:"依法不依人"之理。我当下心中生出此念之际,自感这无疑是妄念。但此念已生,只好说出来。这真是起心便是错。

其实一切后学大可大胆地依南老先生，因为无论我们后学在对佛理的领悟上，还是在对佛法的修持上，与南老相较都如同地与天，大可依南老之人上路，能依南老已是今生殊胜佛缘，可喜可贺。其实依人依法都是缘。我自知此说是罪过！罪过！阿弥陀佛！

恒章老师前几年刚从南老那里回来时曾与我会面，记得他建议我一定要去拜望两位大师，一是净慧大师，还有一位就是南老，惜我至今还无缘与两位大师谋面，一但机缘适宜，我定当面向南老忏悔。

人文世界
区域·传统·文化

研究生论坛

从甘地的土布运动看英印文化之间的冲突

◎ 黄健琴

文化交流,是文化多样化共存的重要途径,然而在文化交流的过程中是会存在障碍的,也就是说会存在文化冲突,文化冲突是文化交流过程中一个难以避免的问题,在英国与印度这两种文化的交流过程中也是如此。英印二元对立的文化观,在甘地有效的动员下,激发了印度人民的民族自尊心,这种民族自尊心促使印度人民不断的起来反抗英国殖民主义的不平等统治。其中,甘地的"土布运动"主张在这一反抗运动中扮演着十分重要的角色,是印度历史上十分重要的部分。

一、土布运动之历史渊源

土布运动思想是甘地根据当时印度独特的社会背景以及甘地的亲身经历并吸收了印度及西方学者相关的思想而产生的,是有其独特的历史渊源。

1. 印度独特的社会背景

首先，十九世纪中叶，随着工业革命的完成和工业生产的进一步发展，英国加速海外殖民扩张，大量侵占殖民地，寻求新的产品销售市场和原料产地，以期在世界范围内确立其殖民霸主地位。随着英国加强对印度的殖民统治和剥夺，一方面使英国从印度掠取的财富越来越多，另一方面也激化了英国殖民者与印度各阶层之间的矛盾。

英国殖民者的统治和剥削，引起了印度各阶层的强烈不满，"手工业者由于大量英国工业品的输入而大批失业；农民则由于各种新土地制度的推行而大大增加了田赋的负担；部分王公的领地遭蚕食或兼并；士兵遭到歧视，其宗教习惯亦得不到尊重。凡此种种，都在不同程度上激化了印度各阶层与英国殖民者之间的矛盾。"[①] 此外，西方文化在印度的传播造成了一种较广泛的惊恐和仇视，而殖民者故意无视或亵渎当地宗教习惯的行为更加剧了这一趋势。1857年5月10日反抗英国殖民统治的印度民族大起义终于爆发，虽然这次起义在英国殖民者的镇压下最终失败，在此之后英国人"在近一个世纪的时间里，把法律、秩序和一整套精致的政治共同体的翻版强加给印度。政治上的骚乱始终存在，在第一次世界大战后，暴乱不但更加频繁，也变得更加激烈，这最终阻碍了印度实现完全的统一。"[②] 但是这次起义打击了英国在印度的殖民统治，在一定程度上唤醒了印度人民的民族意识，加深了他们对英国殖民者的仇恨和恶感，为后来印度民族独立运动的发展奠定了基础，加速了印度历史前进的步伐。

---

① 王觉非：《近代英国史》，南京大学出版社，1997年，第582页。
② 巴林顿·摩尔：《民主与专制的社会起源》，华夏出版社，1986年，第285页。

其次，第一次世界大战给印度社会带来了巨大的影响。英国为了自身的利益，"从印征集了150万士兵，还从印度运走500多吨物资。战后农业的歉收导致了1918-1919年的粮荒，加上西班牙型的流行性感冒，夺去了1200万农民和手工业者的生命。以大战开始的1914年的工资为100，到1919年印度工业主要部门的纺织职工工资，才增加了129％。这个数字是各行业中最高的。但粮食的批发价格在同期却增加了200％。"① 由此，我们不难得知，战争不仅带来的了生活方面的困苦，激化了印度广大人民群众同英国殖民统治者之间的矛盾。而且战后英国政府颁布的《罗拉特法案》授予英国总督以宣布戒严令，设立特别法庭和随意判决人民的特权，使印度民族主义者大失所望。

在印度处于十字路口的时刻，印度国大党起了关键性的作用，它既有悠久的历史又有丰富的政治经验，又有甘地这样的群众性领袖和甘地主义的理论作为行动的指导。在民族矛盾尖锐化和英国传播西方文明对印度传统文化构成威胁的社会危机条件下，印度走上了非暴力不合作的反抗道路。而土布运动又是非暴力不合作运动的主要内容之一，起到了非常重要的作用。

2. 甘地思想之理论来源

甘地出生于英国殖民桎梏统治下的印度，成长在一个虔诚信奉仁爱、不杀生、素食、苦行的印度教的家庭，从童年时代起便深受印度教教义的影响。印度是一个拥有几千年文明历史的古国，是东方两大系列宗教：印度教和佛教的发源地，印度教和佛教的核心思想：善恶有因果，人生有轮回，戒杀生以免报应，注重人与自然的和谐统一。很大程度上影

---

① 王钊：《论分析甘地非暴力不合作思想的形成及其实践》，载《沧州师范专科学校学报》2008第一期，第88页。

响了甘地思想的形成,他的崇尚自然文明,提倡节欲苦行,反对过分地物质享受等等,无不植根于印度传统历史文化。

甘地青年时代在英国留学的经历是他思想形成过程中的一个重要里程碑。面对被强大的英帝国主义统治这一残酷现实,从少年时代起甘地就开始对英国人的统治产生了厌恶之情。当他还是一个学生时,他认为印度人之所以孱弱,印度之所以沦落到殖民地的地步,是因为印度人是素食者。当时有一首流传于同学之间的古遮拉特诗人纳玛德的打油诗,这首诗的内容是:"英人雄纠纠,印人何其小;肉食者治人,昕昂寓奇妙。"① 甘地认为只要全印度人一致食肉,便可以将英国人打倒,从而可以使印度走向独立。

十九岁时,以开除种姓身份作为代价,他远涉重洋,赴伦敦求学。在那里甘地曾试图让自己变成一位英国绅士,他打领带,学跳舞,并且常常出没于晚会和沙龙之中,但是这些努力并没有获得成功。这样的结局和他内向的性格、深厚的宗教责任感和不善言辞有着不可分割的联系。此外,当时正值西方资本主义世界阶级矛盾尖锐化之际,资本主义社会暴露出来的无法掩饰的弊端使甘地更加清醒而且更加坚定的认识到:印度绝对不可以走西方式的发展道路。作为一个有色人种的他,在西方所受到的歧视和西方对印度疯狂的殖民掠夺,加深了他对西方工业化道路的憎恶心理。甘地在西方的经历并没有使他对西方文明产生非常大的向往,与其相反的是,他对现代工业文明和资本主义文化的负面结果也看得更清楚。

在甘地看来,作为一个印度人,他有责任也有义务去寻找一条符合印度国情的救国之道。随着年龄的增长和心智的逐渐成熟,甘地的思想有了一个质的飞跃,甘地意识到想要

---

① 甘地:《甘地自传》(中译本),商务印书馆,1959年,第16页。

使印度真正地走向独立，不能盲目的在外国文化中去找寻答案，而应从印度民族的传统观念中去寻找真理之源。他后来提出的经济和政治上的"自治"，便来源于梵文，其深层含义蕴涵于印度教的基本教义之中。

印度民族民主主义思想家、国大党激进派领袖提拉克对甘地的影响也是非常大的。早在1895年他就首先提出自治口号，1905-1908年印度民族斗争的实际领导人——温和派领袖戈克利于1915年去世后，开始了国大党历史上的提拉克时代。提拉克曾创办《雄狮周报》和《马拉特人报》，揭露殖民者的残暴和专横，宣传民族主义思想。1885年12月国大党成立之后，积极参与活动，逐渐成为激进派的领袖，反对温和派的改良主义，主张采取一切手段，依靠人民来推翻英国殖民统治，争取印度的完全独立。而且于1905年为抗议英国殖民当局的分割孟加拉的法案，提拉克领导激进派号召抗议，这种抗议活动后来发展为全国性的提倡国货和抵制英货、司瓦德希（自产）运动。甘地在这方面继承和发扬了提拉克的思想。

甘地思想的来源并不限于印度传统文化，西方一些人道主义思想家的著作对甘地也产生了非常重要的影响。甘地曾说过，有三位现代的人物在他的一生中产生了很重要的影响，并且能不断地使他产生钦佩之情，他们就是赖昌德巴伊、托尔斯泰、鲁斯金。在自传中，甘地曾多次提到约翰·鲁斯金，他说鲁斯金的《直到这最后一刻》激励了他一生，并且他还读过约翰·鲁斯金的著作——《给那后来的》，他说"我相信我在鲁斯金这部巨作中发现了我内心深处一些最深切的信念，这是它吸引我并改变我生活的根本原因。这些信念包括：一、个体的利益存在于集体之中；二、工作并无贵贱，律师同理发师具有同样的价值，依靠工作谋生是人们共有的权利；三、只有劳动者的生活，像种地的人和做手工的人的生活，才是有价值的。"① 为了体现这些信念，1904年甘地还在南非建立了凤凰村。对甘地影响较大的还有托尔斯泰，甘地说："托尔斯泰的著作《天国就在你心中》使我倾倒，这本书给我留下一个不可抹灭的印象。"② 1910年5月30日，甘地用一位德国籍好友卡伦巴赫无偿捐赠的农场建立了"托尔斯泰村"，这是一个没有暴力、人人平等的乌托邦王国。

总的来说，甘地的思想既源于印度传统哲学的影响，同时与这些对西方资本主义生产方式进行反思和批判的思想家们的想法又是不谋而合的，而且甘地的亲身经历和一些实践活动促成了他的这种思想的形成。

二、土布运动思想的产生及土布运动的发展

土布运动思想是甘地投身印度民族解放运动后开始萌发的，他主张实现印度自治，而实现这一目的的手段则是非暴力不合作。不合作的内容很多，其中之一是抵制英国生产的布匹，使用印度的土布。

1. 土布运动思想的产生

印度是一个有着数千年文化历史传统、宗教气氛浓厚的农业古国。英国殖民统治摧毁了印度传统的农业和手工业相结合的自然经济结构，使农民和手工业者陷入破产和贫困，他们对英国的殖民统治深恶痛绝，具有强烈的反英情绪。而甘地所处的时代，是英国殖民者用现代工业社会的文明猛烈冲击着印度农业社会的文明，并且向这种古老的文明提出了

---

① 莫·卡·甘地著，鲁良斌译：《甘地》，国际文化出版公司，2001年，第305页。
② 甘地：《甘地自传》（中译本），商务印书馆，1959年，第121页。

空前挑战的时代。而同时,这也是资本主义制度腐朽日益暴露的时代,资本主义的物质文明和精神文明的危机越来越严重。甘地亲眼看到了印度工人失业、生活贫困和欧美各国精神堕落的现实,正是在这样复杂的社会环境和时代背景下,在批判西方文明的过程中,甘地的土布运动思想也逐渐形成了。

土布运动,当时也称为经济自主运动,1908年甘地曾在《印度自治》一书中最早提出土布运动这个概念,并且他一再强调应该在国内提倡印度人民必须用自己的双手在家纺纱织布。他还"把织布机或纺车描绘为救治印度日益增长的贫困的灵丹妙药"。[①]"他认为,这是印度摆脱愈来愈严重的贫困的万全之策,如果纺纱织布的事是在全国普遍开展起来,如果这一事业已成为全国人民的自觉行动,如果自己的成果又被自己的人民所器重,一方面不仅会在人民之中构筑自力更生、独立自主的精神,另一方面又会有效地抵制英国的经济约束,抵制洋货洋布。"[②]

但是当时的他并没有见过那些东西,即使是到了1915年他从南非回到印度的时候,也一直没有真正见过一具纺车。尽管如此,甘地一直把土纺土织当成为一种运动,并伴随着他领导的非暴力抵抗运动的发展。1915年5月25日,随着真理学院在古遮拉特靠阿赫梅达吧的一个小村柯契拉普正式成立,甘地便决定从此刻开始他将开始实践土纺土织这一项光荣的劳作,并且使其形成规模然后推向全国。

不管遇到什么困难,甘地都始终认为,真理学院首开这样的先例,是要用实际行动织出自己的布料和布匹,并以此来告诫人们,自己动手,印度人民就可以摆脱贫困,而且通

---

① 莫·卡·甘地著,鲁良斌译:《甘地》,第494页。
② 宋子刚编著:《甘地》,辽海出版社,1998年,第102页。

过土纺土织,也可以了解千百万纺织工人种种苦难的真实情感。在甘地的倡导下和一些对土布运动满怀激情人们的共同努力下,一些最基本的问题得以解决,土布运动也风风火火地开展起来了。这样的结果使甘地感到异常的开心,他说:"纺车的声音对于我恢复健康起到了良好的效果。我承认,纺车的这种声音,实际上对我心理所产生的效果大于对我生理上产生的效果。"①

也就是从这时起,甘地开始着土布装。不仅如此,他还学会了纺纱织布,并且大张旗鼓地向社会广泛宣传土布,就连参加戈克利逝世一周年纪念大会演讲也不忘加入让他感到意义非凡的土布运动和土布精神的内容。他总是强调说:"我们自己的衣服式样,是最适合我们的生活环境的","我们应该大力提倡在语言、穿着、思想上表现土布精神。"②

甘地认为,他之所以要在全国发动一场土布运动,并不是一时头脑发热,也不是心血来潮,而是他的非暴力抵抗运动不可缺少的一个重要部分,是印度经济与道德自救的关键。从伦理道德上讲,他认为爱好华丽的服装正像嗜好烟酒、女色一样,会导致道德沦丧。而从更深层的政治经济角度讲,正是英国殖民者的入侵,破坏了印度以手纺手织为基础的社会结构,使其能以低廉价格购买印度的棉花,然后运往英国工厂加工成产品,以高昂的价格在英国垄断的纺织品市场上出售,从而获得高额的垄断利润。为了挫败英国工厂的机器,甘地多年来苦苦探索、实践,终于发掘了印度世代相传的木制纺车。他想让印度自纺自织代替进口洋布,以阻止印度的滚滚财源流入英国人的腰包。多年来甘地一直为这个发现做不懈的宣传。

---

① 莫·卡·甘地 著,鲁良斌 译:《甘地》,第499页。
② 宋子刚编著:《甘地》,第105页。

2. 土布运动的发展

土布运动的发展过程与非暴力不合作运动在时间方面基本上是相呼应的，然而，又不完全一致。因为当非暴力不合作运动被迫停止时，土布运动也从未停止过；当非暴力不合作运动结束，印度独立后，甘地也还在坚持推行土布运动，直到甘地逝世，土布运动才宣告结束。

1919年圣诞期间国大党在阿姆利则召开的年会，甘地主张的提倡手纺手织的土布运动的议案获得通过。继1921年7月国大党孟买会议提出中心工作限于9月30日以前加紧提倡土纺土织的土布工作之后，工作委员会号召国大党从当年8月1日起一律不准再穿洋布衣服而改着土纺土织的土布衣装。为表明禁绝洋布、推广土布的决心，7月31日，甘地在伯利的乌玛索巴里广场举行焚烧洋布的群众集会。数千群众参与了这一烧布壮举，他们将搜集到的洋布及其制成的衣服集中起来，付之一炬，当火焰腾空而起时，群众发出了震耳欲聋的欢笑声，仿佛他们因此挣脱了枷锁。8月1日，甘地召开一次大规模的群众大会，讲述了这次焚烧运动的深远意义，他说："不能实现土布运动，印度便不能自救。"

甘地聚众烧布令很多人感到不可思议，甚至包括甘地的追随者。然而，甘地在孟买点燃的烧毁洋布之火并未就此熄灭，印度各地争相效法，成批成批的英国布在烈火中化为灰烬，表明人们誓不穿洋布的决心。

1921年9月，为进一步推动土布运动的开展，甘地郑重宣布，在他有生之年，他决定放弃穿其他任何衣服，只穿手工纺织制作的缠腰和披巾。正因为这个原因，甘地后来惯常的装束是上身赤裸，下身用一片土布裹住，必要时才搭上一条土布披巾。不论是对群众演讲，还是同对手谈判，不论是在印度各地考察，还是到国外访问，他都不改常态。甘地每天抽出半小时纺线，从不间断，同时他敦促同事们也这样做。每天的纺线成了一个宗教仪式，纺线时间成为祈祷和禅坐的间歇。不管怎么说，从此以后，一项普通的纺线活动成为全国人民团结起来、独立自主、自力更生的象征，成为甘地领导和平革命的象征，成为民族团结和自由的标志。

1924年6月，刚出狱的甘地参加了国大党在阿赫梅达巴举行的年会，因为甘地提出的议案中包括"取消党员每月缴纳四先令党费的规定，改为党员每日至少半小时，每月15小时，至少需要向党组织交纳纺纱四英两"的提议，全印国大党委员会讨论甘地的建议案时，国大党元老尼赫鲁和达斯表示强烈反对，他们批判甘地行动专制。为了表示他们的不满和愤怒，在甘地正式提出第一个议案时，他们和一大批拥护者退出会场。尽管决议案最后都获得多数通过，但由于自由派退出会议和老尼赫鲁、达斯在这个问题上的坚决态度，也大大影响了甘地贯彻这项议案的决心，从顾全大局的角度考虑，最后甘地还是迁就自治派，比如纺纱的规定只作为任人选择的办法，等等。从这一点我们不难看出，甘地的土布运动的主张，并不能得到老尼赫鲁理解，他要推行自己的方案是何其艰难。但是甘地并没有因此淡化推广土布的感情。

同年8月31日，他在孟买的豪华剧院发表演说，在此阐述了他的建设性工作思想，主张把土纺土织与穆斯林亲善、解救"贱民"作为当前主要工作。

在以后的五年中，甘地几乎是将他所有精力都投入到了土布运动的宣传工作上，他无声无息的走遍全国，在他所到之处受到非常热烈的欢迎。一路所见所闻，甘地对他推行的土布运动非常满意。在孟加拉，他看到了国大党在这里首先实现了以缴纱代替交党费，土纺土织在甘地所到之处也蔚然成风。

为了更有效地促进土布运动的发展，甘地组织还成立了印度土布协会。1927年间甘地在与一位外国来访朋友交谈时，对土布运动的纲领发表了自己的看法，他说："我的理想是平均分配，但是就我们所看到的情形说，这是不可能出现的。因此，我为公平的分配工作。我是用通过土布运动来达到这一点。既然做到这一点，就一定能根本消除英国人的剥削，所以我预计它能澄清同英国人的关系。因此从这个意义上讲，土布运动可以导向自治。"①

　　不管在什么情形下，甘地都不忘他的土布运动的宣传。他的第三个儿子拉摩达斯结婚，甘地送给他们的厚礼竟是一架纺车。甘地鼓励他们一定要发扬土布精神。婚礼上，甘地同样号召所有真理学院的学员们要牢记自己的宗旨，通过自己的不懈努力，为祖国为人民谋利益。

　　在1928年9月国大党勒克瑙工作委员会会议上，甘地提出的国大党应该由贾瓦拉尔·尼赫鲁担任党的主席的提议终被通过。这段时间甘地总是避开政治，全心全意的投入到土布运动的宣传工作上。

　　在关于印度争取独立方面，甘地和尼赫鲁表现得非常的默契，他们都同意执行1929年12月加尔各答代表大会关于完全独立的决议，并着手准备。工作委员会号召把1930年1月26日作为独立日，并掀起一个光辉灿烂的群众示威游行。结果是甘地再一次被捕，但是迫于形势的压力，甘地及所有国大党领袖被释。在国大党工作委员会的建议下，甘地决定与欧文总督直接进行一次谈判，这次谈判的结果是签订了甘地—欧文协议。在尼赫鲁的支持下，国大党全印度委员会1931年3月29日在卡拉奇召开会议，通过了甘地—欧文协议，并提出由甘地代表国大党出席英国第二次圆桌会议。9月7日，第二次圆桌会议在伦敦召开，甘地在会议上提出印度自治和发展问题，没有成功。

---

① 宋子刚编著：《甘地》，第109页。

1932年1月2日，甘地主持召开了国大党工作会议，通过了恢复不合作运动的决议。1933年国大党领袖们在浦那召开了一次非常会议，根据甘地的意见，拟停止群众性不合作运动，斗争形式改为个别不合作运动。甘地首先将自己花了18年心血组织起来的真理学院解散，动员学员奔向各地开展个别不合作运动，自己则率领33名真理学院学员到农村去向广大农民宣传包括解救贱民在内的建设性方案。

因为甘地的想法，很多人都无法理解，于是甘地决定要退出国大党。1934年9月17日，甘地发表了一个声明，阐述自己的退党动机和理由，其理由之一是"使自己能把全部时间和精力花在建设性纲领上，比如发展土纺土织事业。"① 他说："他把土纺土织当作实现自治的有效途径，而有人则把这项建设性工作看成没有意义。"② 从此，他决心不在任何引起争议的政治问题上，发表公开的声明和演说，"只谈他关心的土布、农村工业、解救贱民、提倡办学和卫生、保护耕牛、节育，以及其他许多与政治无关的事情。"③

第二次世界大战的爆发，使得印度当局陷入窘境，甘地也没有太多精力投入到土布运动中。而且因为甘地提出的"退出印度"的主张，使甘地身陷囹圄，甘地被囚禁在邦拉维达监狱，这里是他几次光顾的地方。"过去关押在此地，他还有耐心进行纺纱，一边口里喃喃地念着'无主啊无主'，一边把破旧的纺车摇得吱吱嘎嘎地响。今天不行了，年事已高，精力和底气都不允许这样做了。"④

在后来的一段日子里，不管遇到什么困难，甘地从未放弃过土布运动这一方案，他始终都在坚持推广土布运动。

---

① 宋子刚编著：《甘地》，第109页。
② 《甘地》，第148页。
③ 《甘地》，第149页。
④ 《甘地》，第171页。

1947年8月14日是印度独立庆典的日子，甘地为此亲自设计了用印度土布制作的三色旗以取代大不列颠的旗帜，图案由三条臧红、白、绿色横带组成，横带中心精心设置了一架纺车。土纺土织是甘地孜孜追求的事业，也是鼓励人民以此作为和平自救的武器。1948年1月29日，甘地的一生中最后一个夜晚，也就是甘地被疯狂的印度教徒刺杀的前一个夜晚，他也依然纺了一段时间的纱。随着甘地的死去，土布运动也就自然而然的戛然而止了。

三、英印文化之间的冲突

甘地根据印度的国情探索出了一条使印度从英印帝国独立的成功之路。著名的非暴力不合作思想已成为甘地留给印度和世界的宝贵遗产，土布运动对印度的经济发展起了不可忽视的作用，对印度走上独立作出了重大贡献。甘地作为一个东方政治家，他对西方工业文明的批判以及对印度文明的尊崇，特别引人注目。

1. 英印文化冲突在土布运动中的体现

甘地所处的时代，是英国殖民统治者用现代工业社会的文明猛烈冲击着印度农业社会的文明，并且向这种古老的文明提出了空前严峻挑战的时代。现代西方的文明，首先是作为物质文明的工业化这种舶来品同殖民侵略、殖民压迫和殖民剥削一起闯入了印度。印度是英国工业发展的受害者，英国工业化是建立在印度小生产劳动者群众破产的基础之上。甘地亲眼目睹的残酷事实是：英国运走了印度的棉花，又用廉价的大工业纺织品打碎了印度的手工纺织业，从饥饿的农民和手工业者手中抢走了最后一碗饭。"作为一个饱尝西方物质文明苦果的印度民族主义政治家和思想家，甘地对西方物质文明,特别是工业化丧失了信任感。"①

他指责英国人把现代工业文明引入印度,工业文明引起人类对物欲的不断贪求,这一趋势有使人类生活目的被淹没于工业化之中的危险。"甘地反对权力和财富的集中,主张社会控制物质生产手段,用改变财产观念解决劳资对抗,认为机器的无限增加是罪恶。"②"他从根本上反对大机器生产体系。在他看来,大机器生产体系有两个致命结果:它使财富集中在少数人手中,帮助少数人剥削多数人;它使手工劳动消失,动力轴代替手工劳动就会产生犯罪。"③

甘地强调印度传统文明的重要性,其中尤其是作为印度文明的三要素之一的手纺车。甘地不仅把手纺车当作复兴印度的物质武器,更重要的是他把手纺车当作对抗西方文明的精神武器。在他看来,"振兴农村经济的关键在于用土布对抗洋布,手工纺纱还是通往真正精神自救的途径。"④

甘地发动土布运动主要是通过提倡手工纺织,发展民族经济,抵制西方物质文明。甘地认为,"西方资本主义制度所代表的现代文明导致社会产生种种弊端,也是违背真理的,印度的未来社会不应是现代文明的社会,而应是一个以男耕女织为基础的、自给自足的没有剥削没有暴力的社会。"⑤

甘地认为,"西方工业文明是建筑在社会解体和丧失灵魂的基础之上的,工业主义只能带来实利主义和暴力倾向""欧洲是现代工业文明的牺牲品"。⑥ 在经济方面,甘地主张

---

① 彭树智:《东方民族主义思潮》,西北大学出版社,1992年,第164页。
② 《东方民族主义思潮》,第118页。
③ 彭树智:《现代民族主义运动史》,西北大学出版社,1987年,第28页。
④ 《东方民族主义思潮》,第174页。
⑤ 莫·卡·甘地 著,鲁良斌 译:《甘地》,第338页。
⑥ 何新华:《评甘地的反工业化主义思想——对世界反现代化思潮的个案分析》,在《南亚研究季刊》,1999年第一期,第51—52页。

"以小农家庭村社为最基本生产单位;寓农业与手工业于一体的生产结构;保持农村经济与城市大工业的平衡;维护道德精神与物质生活的和谐。"①

2. 文化冲突的本质

甘地主张土布运动的目标是恢复传统的村社式的印度。就像他在1933年所说的:"我唯一所思者就是那千百万村民,我的幸福与他们中间的最贫困者同在。只有当他们能够生存时,我也才有生活下去的愿望。除了小纺轮上的小纺锤,我那简单的头脑并无所求,因为我能带着它四处奔走,毫无困难地纺纱织布。"②

甘地认为,发展土布运动既能使印度广大群众摆脱日益增长的贫困化,又能使印度获得自治。土布运动的根本目标是破坏英国在印度的统治大厦,摧毁其经济基础。"二十五年来,甘地以惊人的毅力奋斗不息,号召整个印度拒绝使用洋布,穿用数百万辆木制纺车纺织的本色土布。甘地认为,印度人民贫困的根源,首先在于农村织布机的衰落,因而恢复这项手工劳动是振兴广大农村的关键。至于城镇居民,防线是他们通往真正精神救世的道路,不断提醒他们想到与边远印度的关系,想到与印度五十万个农村的关系。"③

对西方物质文明的批判,是甘地土布运动思想的出发点。但是与其他民族主义思想家所不同的是,他是用他独有的人道主义的道德观对西方文明和西方城市大工业经济进行批判的。他曾经这样说,"虽然当今机器时代的目标是把人

---

① 彭树智:《东方民族主义思潮》,第160页。
② 巴林顿·摩尔:《民主与专制的社会起源》,华夏出版社,1986年,第303—304页。
③ [法]多米尼克·拉皮埃尔,[美]拉里·科林斯:《圣雄甘地》,新华出版社,1986年,第63页。

变成机器,我的目标则是重新让变成机器的人还原。"① 为了达到这一目标,他选择了在印度这个古老的农业国度里领导人民发动土布运动,主张通过人民的手工劳动摆脱英国殖民者的统治。他指出,"西方经济秩序建筑在工业文明基础之上,建筑在社会解体和公众涣散的基础之上,这是它的不治之症和罪恶之所在。"② 他还说:"确实,西方工业文明和剥削过度了。事实上这种文明全是罪恶。我不是同汽船和电报过不去。只要没有工业主义的支持,汽船和电报可以存在。""我关心的是,不惜任何代价摧毁工业主义,在此之后适当地使用蒸汽机和电力。"③ "甘地对现代生产工具、机械化工业的反感同样是出自人道主义的道德观。他认为,这造成了强者对弱者的剥削。机器之所以是反社会的,因为它意味着取代人的劳动,并由此造成了失业人数的增加。"④

甘地只是想以发动土布运动的方式使印度的自然经济得到发展,以弥补大工业发展模式的不足。在后来他也曾表示过并不反对现代科学以及大工业的有限度的发展,只不过他主张的是现代科学和大工业都要为人的精神完善服务。

甘地的反工业化主张是一位东方殖民地思想家对英帝国残酷统治作出的回应,在对西方工业化产生不满情绪时,他带着对印度独立的向往和对传统文化难以割舍的依恋。甘地的反工业化有着深刻的积极的历史意义。

当时的印度忍受着西方工业文明的无情扩张,被摧残的不仅是印度传统文化,就连国家主权也被西方列强掳掠而去。甘地的反工业化主张"既反映了印度民族主义者企图利

---

① 《哈里真》1942年1月18日,转引自 彭树智:《东方民族主义思潮》,第161页。
② 《青年印度》1926年10月9日,转引自彭树智:《东方民族主义思潮》,第162—163页。
③④ 彭树智:《东方民族主义思潮》,第163页。

用古老的本土文化来对抗西方殖民者的心态,也包含了东方农业文明对近代西方文明的无奈和抗争。"①

但是我们不难看出的是,甘地之所以竭力反对印度走西方的工业化道路,即是因为他把精神道德的腐化完全归罪于物质技术的进步。这与当时印度殖民地半殖民地的社会背景有着紧密的联系,当时印度的生产力极为落后,尤其是农业和手工业濒临崩溃的边缘,英国先进的工业生产固然需要引进,但是,英国乃至世界各国的工业革命都是在农业和手工业的基础上发展起来的,印度缺乏发展工业生产的经济基础;即使印度发展了工业生产,也无力与强大的英国工业文明相对抗,恢复发展自然经济,既能保存本国的经济基础,又能以自然经济抵御工业文明,是一种以退为进的良策。

土布运动为经济上濒临绝望的农民和手工业者提供了生计,既保存了印度最低的生产力,又激发了人民的爱国热情,土布运动不但是反英斗争的物质武器,更是反英斗争的精神武器。土布运动是当时印度人民生存的需要,经济基础是反侵略斗争的前提,通过发动土布运动使得许多手工业者不失业,保持最低生活水平。甘地提倡以手工纺织抵制英国经济侵略,使英货滞销,英国收入锐减,有利于印度摆脱西方资本主义市场体系的控制。更何况工业文明的发展确实带来了许多弊端,如:环境污染、物欲横流、道德沦丧等。

在现代化浪潮席卷全球之际,现代工业带来的一系列负面效应正无时无刻的警告着我们,人类世界有可能被自己创造的物质手段毁灭。在面临工业化过程艰巨任务的同时,我们如何能够避免工业化带来的弊端,甘地的限制物欲以追求人类精神的完善的主张对解决这一困境就有重要的启发作

---

① 何新华:《评甘地的反工业化主义思想——对世界反现代化思潮的个案分析》,在《南亚研究季刊》,1999年第一期,第54页。

用。正如美国第四十五任副总统、国际上著名的环境学家阿尔·戈尔在《寂静的春天》一书的引言所说过的一句话："一种思想的力量远比政治家的力量更强大。"我想用这句话来形容甘地也不为过吧。

甘地作为印度民族解放运动的杰出领袖，为印度的民族解放事业作出了重要贡献。尼赫鲁曾这样评价甘地，他说："在今天，我们第一个想到的就是我们自由的缔造者，我们的国父。他弘扬了印度立国的传统精神，高擎着自由的火炬，驱散了四周的黑暗。我们时常不配作他的追随者，违背他的指示，铭记这个伟人——他的信心与力量、勇敢与仁爱的精神。我们将决不让自由之火熄灭！"[①]

余 论

当英国殖民者踏上印度这块神秘的土地时，当英国殖民者决定要对印度进行侵略行为时，就已经注定了印度人民会为了保卫印度人民自身的利益而不顾一切的去反抗，不管用何种方式，印度人民都会为了那高贵的民族自尊心而与那可恶的英国殖民者抗衡到底。正是因为如此，他们需要一位有足够能力的人物来领导这场正义的反侵略斗争，"圣雄甘地"这样的伟人正是在这样的社会背景下产生的，他义无反顾的承担起这份沉重的责任和使命。

甘地领导的土布运动是甘地领导印度人民反抗英国殖民者的主要方式之一，而土布运动本身蕴涵了深厚的反工业化思想，这对处于工业化风靡全球的时代，无疑有着深刻的启发作用。

---

① 贾瓦哈拉尔·尼赫鲁：《印度的发现》，世界知识出版社，1956年，第410页。

梵净山三大古寺佛教文物考

◎金 波

前 言

梵净山位于贵州省东北部的铜仁地区印江、松桃、江口三县交界处，是云贵高原向湘西丘陵过渡地区同时也是武陵山脉的主峰。明清以来，梵净山成为了一大佛教名山，随着各种考古资料的发现，越来越能够有力地支撑梵净山作为第五大佛教名山以及弥勒道场的论断。梵净山总面积567平方公里，最高海拔2572米，历代所建的寺庙百余座，其中，明清两次敕封修建4大皇寺，48大脚庵，使梵净山成为驰名全国的佛教名山。

根据贵州大学中国文化书院张明老师在《梵净山佛教源流考》论述：① 梵净山载于史籍，始于汉代。两汉时期，梵净山称"三山谷"，因其三座主峰高耸，为沅江支游辰水发源而得名。故《汉书·地理志》云："武陵郡辰阳县……三

---

① 张明：《梵净山佛教源流考》，《佛学研究》，2005年第14期。

山谷，辰水所出。"两汉时期，梵净山属"武陵郡"，是武陵"五溪"之一"辰水"（今锦江）的源头。辰水向东经辰阳（今麻阳县）注入沅江，辰水河谷地带是当时出入贵州的孔道。今辰水流域内的松桃、麻阳等地均发现汉代墓群，足见汉代梵净山地区已经有一定开发。而且东汉马援将军征讨"五溪蛮"，朝廷也理当关注此地，故中原人士已知该山为辰水发源。"三山谷"沿用至南北朝时期，北魏郦道元《水经注》云："沅水又经辰阳县南，东合辰水，水出三山谷。"张明老师指出，梵净山是贵州历史上最悠久的历史文化名山，不仅具有两千多年传统文化底蕴，而且具有一千多年佛教传承历史。明清时期，梵净山两次敕封加冕，形成4大皇寺、48大脚庵、五方朝山道路的格局，为梵净山成为中国著名的弥勒菩萨道场奠定了基础。①

一、印江县西岩寺［北宋乾德三年（965）］

据《四库全书·史部·贵州通志》卷十：西岩寺，在印江县城西五里，甲山寨下，宋时古刹，后圮。明嘉靖间重修，毁于兵。国朝康熙十九年复建，纡曲而上，宏敞高旷，巨石壁立，林木葱蒨。下有敲梆岩，以石击之，声如梆然。《四库全书·史部·大清一统志》卷三百九十六载：西岩寺，在印江县西五里，宋时建，明嘉靖重修。

西岩寺位于印江县城甲山村，是梵净山核心地区最早的寺庙。现在仍保存有清代高僧临济第三十五世广超和尚墓塔和民国时期重修摩崖一方。据印江县文管所所长魏小松介绍，在西岩寺山脚原有古代摩崖多处，可惜因民国时期修筑

---

① 张明：《梵净山历代高僧考略》，《人文世界》第四辑，巴蜀书社2011年6月版，第318—319页。

印江至德江公路而被破坏。但在西岩寺隔河相对的李家边一村民庭院中，还保存有民国二十一年（1932）重修西岩寺的石碑三块。经实地考察，其中一块石碑明确记载西岩寺是宋元时期的古庙，这与《思南府志》、《印江县志》所记载的西岩始建于北宋乾德三年（965）相印证。这一重大发现将梵净山佛教历史从已知的明代向前推到了北宋初年，梵净山佛教历史因而也从四五百年前延伸到了一千多年之前。

此外，在印江县民族陈列馆还珍藏一块"西岩仙迹"古匾，是西岩寺流传下来的宋代文物。整块杂木，左端朽残，沧桑厚重，传递出悠久的历史信息。西岩寺古碑、古匾不仅证明西岩寺是当之无愧的梵净山祖庭，[①]而且证明梵净山作为一座贵州著名的千年佛教名山，的确实至名随。

二、印江天庆寺（明代）

天庆寺，位于印江县建厂乡金厂村，大约建于明代，明万历四十六年（1618）明神宗赐封为皇庵。[②]清康熙十二年（1673）第二次敕封。现存天庆寺有房屋四间，天井由大石板铺就，经过与铜仁政协龙云清处长共同测量，总面积为 23.1 米 * 8.5 米 = 196.35 平方米，其中长度最长的一块石板长 8.2 米、宽 2.1 米，面积 17.22 平方米，面积最大的一块长 6.7 米、宽 2.6 米，面积 17.42 平方米。传说这些石料都是韦陀率天上六丁六甲神将从开采工地上运来的。可见天庆寺当年在梵净山佛教中的地位。

---

① 西岩寺被称为梵净山祖庭，见张明：《梵净山佛教源初探》，《史志林》，1997 年第 1 期。
② 天庆寺被敕封为皇庵，见《敕赐碑》。另据《印江土家族苗族自治县志》载，天庆寺始建于唐贞观二十年（624），然未见任何史志或地方文献有此记载。不知何据，故暂且存疑。

在印江县民政局杨再荣老先生的笔记本上，考察组还看到了杨老先生转抄于李新茗先生《大清康熙帝敕封天庆寺皇庵文》抄本，经整理如下：

大清康熙帝敕封天庆寺皇庵文

伏以慈悲教义，愿佛主化世之微言。菩萨心肠，正观音救人之本性。其教虽产生于天竺，而其灵异则已普及夫中华。救苦救难，人民早沐其恩膏。化世化民政治多资其辅助。世运原平无争无夺。必须佛教之化解民心。家庭和顺，讲忠讲孝，亦以神道之能转移民性。夫天庆寺者，本梁代遗臣李如实之隐此开启著有一辞歌以传世。明末又得李皇妃之在此修行，颁来敕赐碑以阐扬。兹又得我朝翰苑文人弃官归隐法名深持，与佛结不解之因缘。为寺做辉煌之建树。现已厥功告成，殊堪嘉许。见其巍巍庙宇，神佛有所依归，坦坦井？人力非所能至。其神异亦有胜于天台灵隐之奇。且常有佛光普照，民登不夜之天。圣惠宏开，人乐康平之福。今特封尔寺庙为四大皇庵之首，命尔深持为四大皇庵之总领。并赐镇山印一枚及金刚经、法华经、楞严经各百二十卷。又赐所在地民间应纳丁粮一石。希即办好梵净山一切佛事，弘扬佛国普度功行，发挥道场慈悲教义以挽社会颓风。而登斯民于衽席之上。

  钦哉

敕命

        大清康熙十二年岁次癸丑十月十五日颁发①

以上《天庆寺赐敕文》说明梁代李如实在梵净山隐居并

---

① 据印江县民宗局杨再荣先生抄本整理。在此，对杨再荣先生的无私提供表示衷心感谢。

著有辞歌流传于世，明末李皇妃曾在此修行，因此，天庆寺受到明神宗敕赐得以更好弘扬佛法。清初翰林院官员弃官归隐，取法名深持，他重修并扩建天庆寺，为梵净山佛教发展做出了重要贡献。看到寺庙建筑巍峨宏伟，必为神佛所造，人所不能及且其神异胜过天台、灵隐的奇妙，并有佛光普照。故赐封天庆寺为四大皇庵之首，命深持为四大皇庵之总领。康熙帝赐镇山印一枚及佛经，希望深持带领四大皇庵办好梵净山的佛教事务，弘扬佛法，发挥佛教道场以慈悲教义挽救社会的颓废之风。文中提到明万历年间神宗皇帝赐封天庆寺镇山印，据印江县民族宗教事务局局长周延丰介绍：新近在天庆寺周边发现的几张票据也确实证明镇山印的存在，并且据传这枚皇印在印江县木黄及松桃县乌罗一带出现。印江县民宗局及文管所正在准备发布告征集梵净山佛教文物。《赐敕文》和天庆寺票据有力地证明：明末清初，梵净山佛教发展已经进入到新的阶段，得到中央政府及高层承认，并第二次赐封，梵净山佛教发展进入全盛时期。

此外，梵净山金顶有明万历四十六年《赐敕碑》，可与清康熙《天庆寺赐敕文》相印证。《赐敕碑》载："而不知此黔中间之胜地有古佛道场名曰梵净山者，则又天下众名岳之宗也！旧说者以弥勒、释迦二祖分管世界，用金刀劈破红云顶，于是一山分为二山。"[①] 这句话的意思是说，不知道此黔中胜景，还有古佛道场梵净山，则又是天下众名岳之宗。旧时传说由弥勒、释迦而为佛祖分管世界，用金刀劈破红云金顶，一座山分成两个山峰。《敕赐碑》是目前发现的较早的梵净山的文物，内容丰富文笔流畅，是梵净山作为佛教名山的不可多得的明证。以上《赐敕碑》和《天庆寺赐敕文》是

---

① （明）北京户部郎中李芝彦撰：《敕封梵净山重建金顶序》（明万历四十六年［1618］）。

梵净山明清两代的官方敕令，为梵净山弥勒道场的形成提供了最权威的文物证据。

三、松桃天马寺［明洪武六年（1373）］

天马寺，曾名永兴寺、永兴堂，该寺位于松桃县乌罗镇双凤岭山下。明洪武六年僧毁墨始建，明万历四十三年重修①。天马寺在梵净山是规模最大的寺院之一，兴盛之时，该寺曾拥有广大庙产：大四合院六个、大小房屋一百四十多间、大小菩萨塑像数百尊、田产一千六百多挑、林地六千多亩。1949年后被毁，现存国营天马寺农场即原天马寺的寺庙财产。

提到天马寺就必须要提到天马寺的所在地乌罗。乌罗在历史上有着重要的地位。据《四库全书·史部·钦定续通典》卷一百四十六记载：乌罗长官司，元乌罗龙千等处长官司，属思州安抚司。明洪武初更名，属思南宣慰司。永乐十一年二月置乌罗府，领朗西（溪）蛮夷长官司，乌罗、荅（答）意、治古、平头著可四长官司治于此。正统三年五月府废来属。《四库全书·史部·大清一统志》记载：乌罗长官司，在府城西二百里，元置乌罗龙千等处长官司，属思州军民安抚司，明洪武初改属思南宣慰司，永乐十一年改置乌罗府。正统三年废府仍为长官司属铜仁府，本朝改属铜仁县。正长官杨姓，副长官冉姓。

由以上资料可知，明永乐十一年（1413）设置乌罗府到明正统三年（1438）撤乌罗府恢复乌罗长官司，乌罗府共存在25年，其他时候都是乌罗长官司建制。永乐十一年（1413）明成祖朱棣废思州、思南两土司，置其地为八府，

---

① 道光《松桃厅志》。

即思南、铜仁、乌罗、黎平、石阡、镇宁、新化和思州（即现在的岑巩县）。以此为契机，明政府在贵阳建置贵州布政使司，也就是贵州省，贵州正式成为明朝的第十三个行省，永乐十一年建省与设置乌罗府的时间相同，可见乌罗等八府的设置与贵州行政建制地位的提高关系很大。通过以上材料，可见在历史上乌罗具有一定地位。

在这次调研中，发现天马寺中现存铸铁古钟一口，古钟高3.5尺，直径2.6尺，重七八百斤。古钟铭文清晰可见，铭文记载此钟成钟时间为"明万历元年三月十日"，当时寺院所在地的行政机构为"贵东道铜仁府乌罗长官司"。成钟时间系本次调研的重大发现，在此之前一直公认明万历四十六年（1618）所刻《敕赐梵净山重建金顶序》碑是目前所发现的关于梵净山的最早的佛教文物。天马寺古钟的发现将把明确记载的梵净山佛教历史往前推四十五年，也就是万历元年（1573）。同样当时所载天马寺所属行政单位为"贵东道铜仁府乌罗长官司"也与在《四库全书·史部·钦定续通典》、《四库全书·史部·大清一统志》中的介绍相对应：即正统三年（1438）撤乌罗府恢复乌罗长官司建制，也就有了万历元年成钟时对于所属行政区域为"乌罗长官司"的记载。其天马寺的始祖宗安自然和尚于洪武六年（1373）始建天马寺，证明比妙玄重建金顶早约二百五十年可见钟文所属的天马寺，在明万历元年（1573）就已经规模显赫，名播四方了。

考察组还了解到天马寺曾经保留下来百余块碑刻，但在"文革"时期毁于一旦，现在只有孤零零的道光二十五年《宪示精明》碑立在殿前院中。碑额正中刻有一枚"贵州松桃同知关防"印，该印使用满汉两种文字，但长期以来一直没有弄懂上面的满文，故对该碑没有引起足够重视。该碑"贵州松桃同知关防"满汉文印的发现，证明天马寺至少在清代是受到清朝廷正式敕封的皇寺之一。该碑和天马寺铁钟铭文是梵净山北路佛教文物的重大发现，对研究梵净山明清时期佛教具有非常重大的价值。

（明万历元年天马寺古钟）

余 论

当前各地文化旅游发展迅速，提到文化旅游自然不可缺少的就是提到某一地区的历史文化性知识。鉴于文化旅游产品所产生附加值远大于观光旅游产品，故当前被摆在一个较高的地位优先发展。历史文化是文化旅游的重要组成部分，且文化旅游具有客源市场稳定、吸引力大、生命周期长等特点，在带动地方经济发展等发挥出越来越大的作用。本次考察活动主要针对以上三座古寺的佛教文物进行调研，有不同程度的突破性发现，进一步调查和清理梵净山佛教文物并加强对梵净山佛教文化的研究，对发展梵净山文化旅游具有重要推动作用。同时，我们也应该看到，当前文物保护工作中存在许多问题，各种珍贵文物一经发现就必然带来各方面的关注，出现倒卖、盗窃，甚至保存过程中的失踪现象。因为现在对于文物的保护工作仍然有很多不成熟的地方，所以当前文物保护中"一发掘，就破坏"现象比较严重。各种文物古迹是重要的文化遗产，各级政府应该正确认识文物古迹的价值，切实落实好相关文物保护工作。

编 后 记

贵州大学中国文化书院长期兼顾大、小两种传统的研究，认为不仅要从中心来观察和认识中国，而且也要从四周来了解和分析中国。中心与边缘本来就不断叠加重压，凭借紊乱与秩序的调整建构过程，不断形成传统帝国王朝模式，并朝着统一稳定的方向发展。士大夫精英思想与乡民社会价值取向，尽管不啻天壤之别，但也未尝没有交流整合的可能，都构成了认识和了解完整全面的中国的不可或缺的具体内容。本辑——当然也包括其他已出版的各辑——的栏目编排设计，则大体反映了我们全面完整地认识传统中国的目的诉求。其中吴国凯先生分析《易经》哲学的现代性发展，刘梅兰等人讨论李约瑟难题，均说明传统资源可供创造性的空间或前景依然很大，即使回溯先秦以迄宋明时代，亦可发觇儒家思想不乏科学精神。其他如王胜军讨论张伯行既尊奉朱学，又兼采王学，颇能反映清代理学发展的一般特点。张志强、任雯则具体分析阮籍的死亡思想，呈现出实存生命面对死亡难以逃遁的困境。都以发人深思，值得推荐一读。

宗教方面的研究亦不可避免地涉及大、小两种传统，隋思喜探讨了北宋道教理论的转型，认为佛道由"对抗"而"对话"，乃是其中一大刺激因素，体现了尊重和吸取超越性智慧的新精神。而青岩、沿河、梵净山等地区的个案调查，则反映了宗教发展的多重地域面相，有利于从更深广的层面认识传统中国，触摸地方信仰世界所呈现出来的外在文化景观。而只要是真诚的学术研究，怀抱纯净的人文关怀，无论涉及任何认识领域，关联任何地理区位，都有裨于走进中国文化的世界；并透过中国文化的了解，更好地把握我们自身当下的处境，获得更大的主体性修身和认知的自由。

清水江学的研究近年来颇受国内外学术界的关注，其中一大原因便是大量契约文书的征集、整理和利用。栾成显先生从宏观视域出发，介绍了明清文书档案的地域遗存状况；其中也有部分文字涉及清水江文书，大有裨于全国范围内的自我评估和自我定位。张新民的调查手记则围绕清水江文书的释读问题而展开，亦有助于我们顺着作者的视角进入"活态"的历史时空场域。龙泽江、程泽时均利用清水江契约文书等第一手资料，分别探讨了地方边缘族群的国家认同，以及影响甚大的木行"当江"利权分配，既关系宗族秩序的建构，也涉及史实的辨析澄清。他们的研究成果足以说明，无论衡以取材题域或人才队伍，清水江研究的阵容已在明显壮大，清水江学的未来远景亦极为诱人。至于贵州大学中国文化书院拟推动清水江学专门学科迅速发展的思路，透过《开创文书学研究的新天地》一文，亦可获得大致的了解；该文为较少加工润色的完整原始笔录，细心的读者均可从中发现来自四面八方关注和支持的声音。而"苗疆走廊"、"清水江学"、"清水江文明"等一系列概念的提出，则是为了以区域——地方性与民族性统一的方法论原则——研究的方式，包容更多的具有复杂社会结构关系的民族群体，采取多学科比观互照或交叉研究的致思进路，推动相关领域获取更多的扎实而深入的学术成果。

最后，尚要感谢王锳先生惠赐专稿，感谢何锐先生长期担任责任编辑所付出的心血。众多年青博士关注和参与办刊的热情，也让我们看到了薪火相传的学术繁荣的希望。

贵州省中华传统文化与贵州地域文化研究中心
《人文世界》编辑部
2012年3月23日于贵州大学中国文化书院励道楼

图书在版编目(CIP)数据

人文世界——区域·传统·文化(第五辑)/张新民主编.
—成都:巴蜀书社,2012.8
ISBN 978-7-5531-0066-1

Ⅰ.①人… Ⅱ.①张… Ⅲ.①人文科学—文集
Ⅳ.①C53

中国版本图书馆 CIP 数据核字(2012)第 143295 号

人文世界——区域·传统·文化(第五辑)　　张新民　主编

策划组稿	何　锐
责任编辑	何　锐
封面设计	何东琳
封面题签	章维崧
内文设计	古　蓉
出　　版	四川出版集团巴蜀书社
	成都市槐树街2号　邮编:610031
	总编室电话:(028)86259397
网　　址	www.bsbook.com
发　　行	巴蜀书社
	发行科电话:(028)86259422　86259423
经　　销	新华书店
印　　刷	四川机投印务有限公司(028)87487333
版　　次	2012年10月第1版
印　　次	2012年10月第1次印刷
成品尺寸	210mm×148mm
印　　张	17
字　　数	460千
书　　号	ISBN 978-7-5531-0066-1
定　　价	48.00元

本书若出现印装质量问题,请与工厂联系调换